Glass of the Avant-Garde
From Vienna Secession to Bauhaus
The Torsten Bröhan Collection
from the Museo Nacional de Artes Decorativas, Madrid

Cristal de vanguardia
De la Secesión Vienesa a la Bauhaus
Colección Torsten Bröhan
del Museo Nacional de Artes Decorativas, Madrid

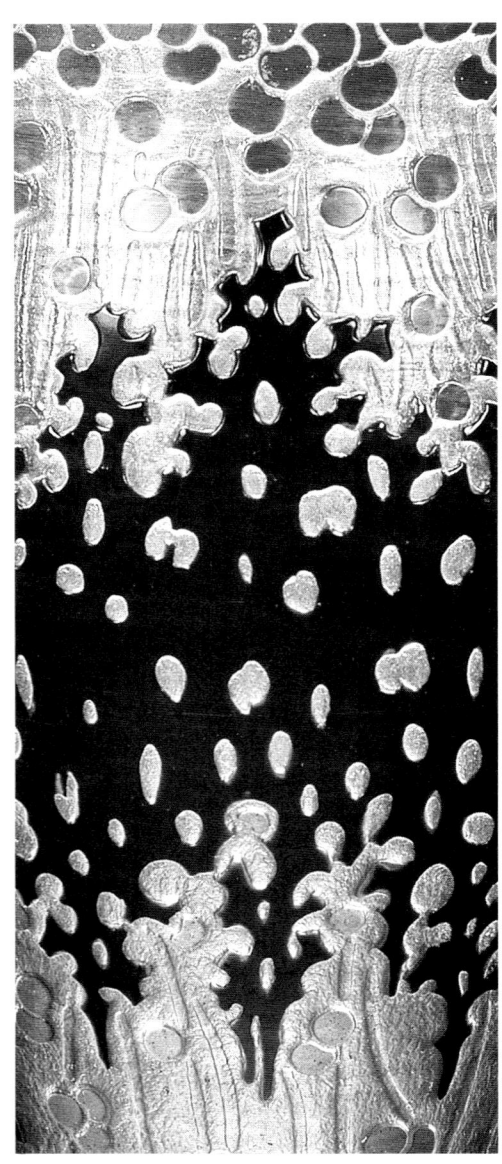
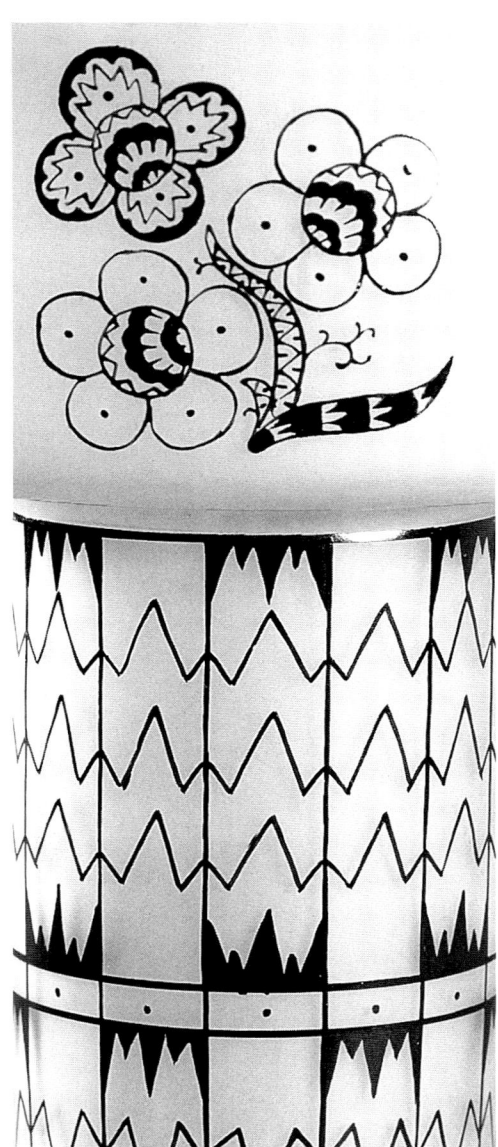
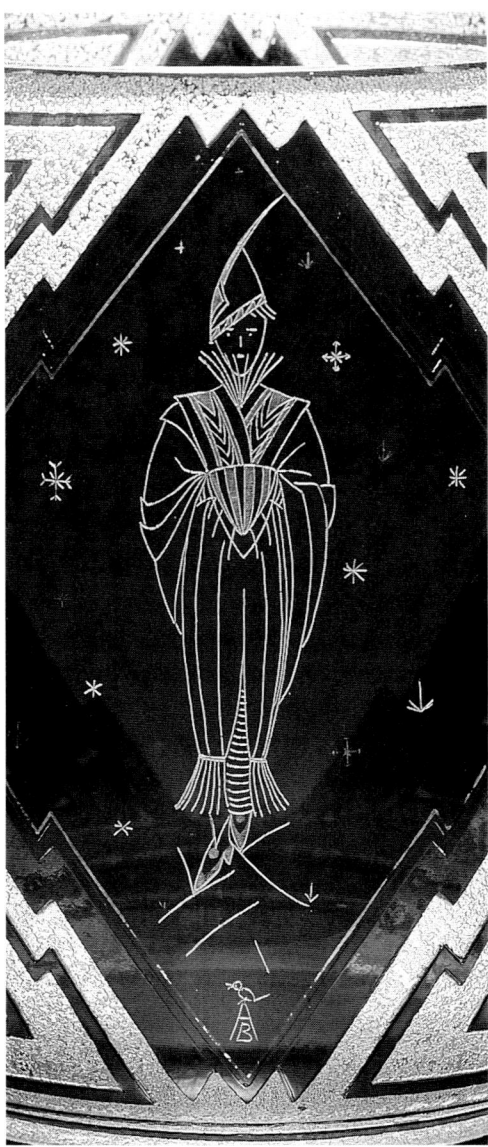

Glass of the Avant-Garde
From Vienna Secession to Bauhaus

The Torsten Bröhan Collection
from the Museo Nacional de Artes Decorativas, Madrid

Cristal de vanguardia
De la Secesión Vienesa a la Bauhaus

Colección Torsten Bröhan
del Museo Nacional de Artes Decorativas, Madrid

Torsten Bröhan · Martin Eidelberg

Photography by/Fotografía Angela Bröhan

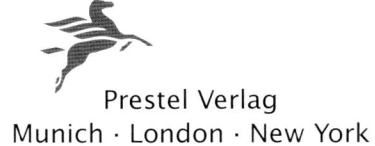

Prestel Verlag
Munich · London · New York

In association with / En colaboración con
Exhibitions International, New York,
and Cooper-Hewitt, National Design Museum, Smithsonian Institution

This volume is published on the occasion of the exhibition *Glass of the Avant-Garde: From Vienna Secession to Bauhaus* organized by Exhibitions International, New York, in cooperation with Cooper-Hewitt, National Design Museum, Smithsonian Institution.

Participating institutions:

Cooper-Hewitt, National Design Museum, New York City
(21 August 2001–6 January 2002)
Birmingham Museum of Art, Birmingham, Alabama
(5 February–7 April 2002)
Cheekwood Museum of Art, Nashville, Tennessee
(4 February–12 May 2003)
Museum of Glass, An International Center for Contemporary Art, Tacoma, Washington
(15 June–14 September 2003)

The exhibition and its American tour are under the patronage of His Excellency, Javier Rupérez, Ambassador of Spain to the United States.

Front cover: Alfred Dorn department, c. 1931 (cat. no. 93)
Frontispiece: Adolf Beckert, c. 1909 (cat. no. 5)
Josef Hoffmann, c. 1914 (cat. no. 34)
Adolf Beckert, 1923 (cat. no. 97)
Back cover: Josef Hoffmann, 1914 (cat. no. 22)
Adolf Beckert, c. 1920 (cat. no. 60)
Wilhelm Wagenfeld, 1938 (cat. no. 182)

Translated from the English by Paloma Muñoz-Campos García and Sofía Rodríguez Bernis, Madrid

Library of Congress Control Number: 2001089184

© Prestel Verlag, Munich · London · New York, 2001

Photo credits: see page 192

Prestel books are available worldwide. Please contact your nearest bookseller or one of the following Prestel offices for information concerning your local distributor.

www.prestel.com

Prestel Verlag
Mandlstrasse 26, 80802 Munich
Tel. 49 (89) 38 17 09-0, Fax 49 (89) 38 17 09-35
e-mail: sales@prestel.de

4 Bloomsbury Place, London WC1A 2QA
Tel. 44 (20) 7323-5004, Fax 44 (20) 7636-8004
e-mail: sales@prestel-uk.co.uk

175 Fifth Avenue, New York, NY 10010
Tel. 1 (212) 995-2720, Fax 1 (212) 995-2733
e-mail: sales@prestel-usa.com

Design and typography by Rainald Schwarz, Munich
Lithography by ReproLine, Munich
Printed and bound by Fotolito Longo, Bolzano, Italy

Printed in Italy on acid-free paper

ISBN 3-7913-2511-6 (hardcover edition)

El presente volumen ha sido publicado con motivo de la exposición *Cristal de vanguardia de la Secesión Vienesa a la Bauhaus*, organizada por Exhibitions International, Nueva York, en colaboración con el Cooper-Hewitt, National Design Museum, Smithsonian Institution.

Instituciones participantes:

Cooper-Hewitt, National Design Museum,
Nueva York
(21 de agosto de 2001 – 6 de enero de 2002)
Birmingham Museum of Art, Birmingham, Alabama
(5 de febrero – 7 de abril de 2002)
Cheekwood Museum of Art, Nashville, Tennessee
(4 de febrero – 12 de mayo de 2003)
Museum of Glass, An International Center for Contemporary Art, Tacoma, Washington
(15 de junio – 14 de septiembre de 2003)

La exposición y su itinierancia por Estados Unidos se realizan bajo el patronazgo de Su Excelencia Javier Rupérez, Embakjador de España en los Estados Unidos.

Portada: Departamento de Alfred Dorn, h. 1931 (cat. num. 93)
Frontispicio: Adolf Beckert, h. 1909 (cat. num. 5)
Josef Hoffmann, h. 1914 (cat. num. 34)
Adolf Beckert, 1923 (cat. num. 97)
Contraportada: Josef Hoffmann, 1914 (cat. num. 22)
Adolf Beckert, h. 1920 (cat. num. 60)
Wilhelm Wagenfeld, 1938 (cat. num. 182)

Traducido del inglés por Paloma Muñoz-Campos García y Sofía Rodríguez Bernis, Madrid.

Disponible el número de ficha de catálogo de la Biblioteca del Congreso.

© Prestel Verlag, Munich · Londres · Nueva York, 2001

Créditos fotográficos: ver página 192

Los libros Prestel pueden encargarse en todo el mundo. Por favor, póngase en contacto con la librería más cercana o con una de las siguientes oficinas de Prestel para que le informe sobre su distribuidor local.

www.prestel.com

Prestel Verlag
Mandlstrasse 26, 80802 Munich
Tel: 49 (89) 38 17 09-0, Fax: 49 (89) 38 17 09-35
e-mail: sales@prestel.de

4 Bloomsbury Place, London WC1A 2QA
Tel: 44 (20) 7323-5004, Fax: 44(29) 7636-8004
e-mail: sales@prestel-uk.co.uk

175 Fifth Avenue, Nueva York, NY 10010
Tel: 1 (212) 995-2720, Fax: 1 (212) 995-2733
e-mail: sales@prestel-usa.com

Diseño y tipografía Rainald Schwarz, Munich
Litografía ReproLine, Munich
Impreso y encuadernado por Fotolito Longo, Bolzano, Italia

Impreso en Italia en papel libre de ácido

Contents / Contenido

Foreword	6	Presentación
Sponsor's Statement	8	Palabras del patrocinador
Preface	9	Prefacio
The Geography of Central Europe	11	Geografía de Europa Central
Art and Industry	14	Arte e industria
Notes on the Use of the Catalogue	23	Notas sobre el uso de este catálogo
Style 1900	25	Estilo 1900
Viennese Secession	36	La Secesión Vienesa
The Later Work of the Wiener Werkstätte	60	Obra tardía de la Wiener Werkstätte
Avant-Garde Ornament	74	Ornamento de Vanguardia
Redefining the Engraver's Art	122	Una nueva definición del arte del grabador
Designing for Industry	150	Diseño para la industria
Additional Glass Objects in the Bröhan Collection	178	Otros objetos cristal de la Colección Bröhan
Table of Marks	188	Elenco de marcas
Index	191	Indice

Foreword

It is a great pleasure to bring to the North American public this exhibition of remarkable works in glass by many of the masters of early modernism which have recently entered the collection of the Museo Nacional de Artes Decorativas in Madrid. The original institution, the Museo Industrial, founded in 1871 following the example of London's South Kensington Museum (now the Victoria and Albert Museum), existed for only a relatively brief period. The current museum, its successor, was created by royal decree in 1912, and was intended as a laboratory for the reform of the applied arts, and the uniting of artists, artisans, and manufacturers. Its collections were to serve as a resource and teaching tool so that modern artists might find inspiration in the styles and techniques of the past. In 1932, the museum moved to its present location, a small palace built by the Duchess of Santoña in the 1880s.

Presentación

Es para nosotros una gran satisfacción presentar al público norteamericano esta exposición compuesta por destacadas obras en cristal de varios maestros de la temprana modernidad, que han sido recientemente incorporadas a las colecciones del Museo Nacional de Artes Decorativas de Madrid. Este tuvo su origen en el efímero Museo Industrial, fundado en 1871 siguiendo el ejemplo del South Kensington Museum (hoy Victoria and Albert Museum) de Londres. El museo actual, su sucesor, fue creado por Real Decreto de 1912, con la intención de ser un espacio para la reforma de las artes aplicadas y la unión de artistas, artesanos y fabricantes. Sus colecciones iban a servir de referencia y enseñanza para que los creadores modernos pudieran encontrar inspiración en los estilos y técnicas del pasado. En 1932, el museo se trasladó a su actual emplazamiento, un pequeño palacio mandado construir por la Duquesa de Santoña en la década de 1880.

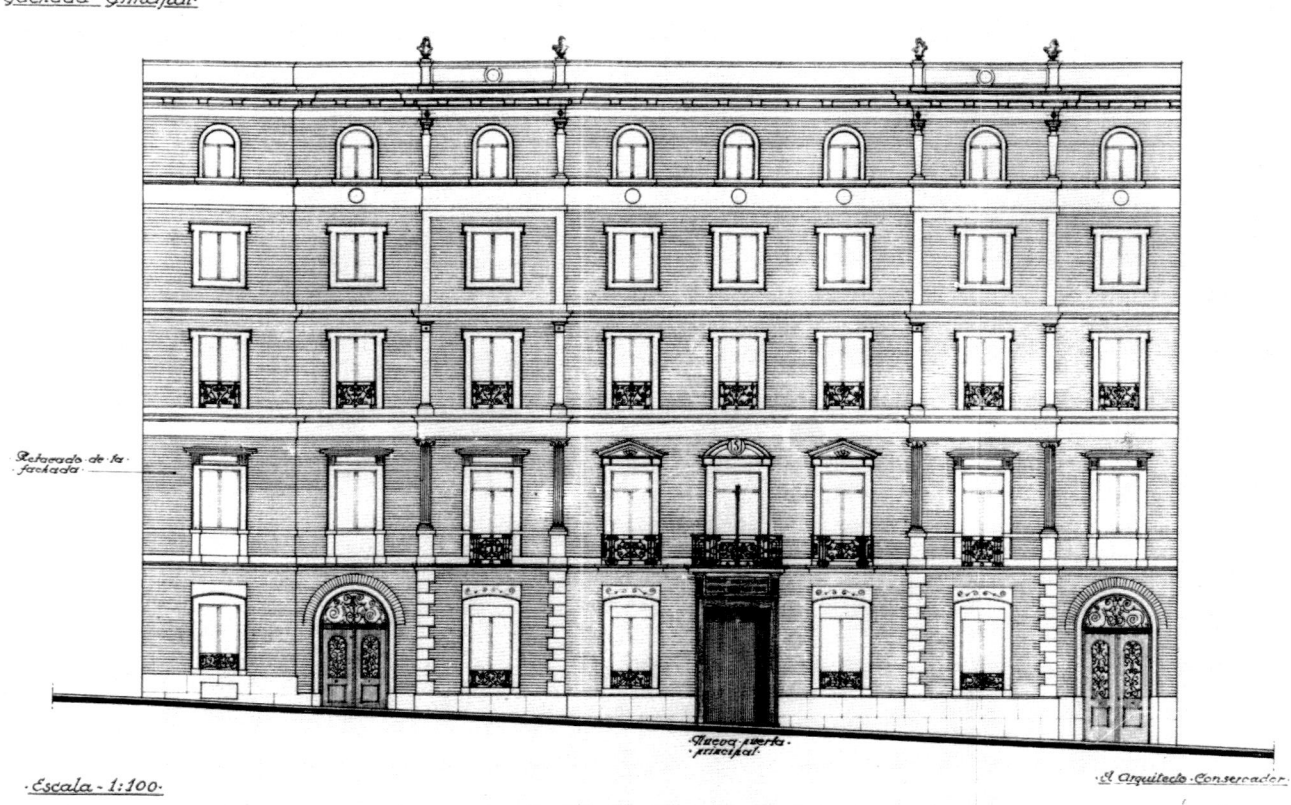

Facade of the Museo Nacional de Artes Decorativas, Madrid.

Fachada del Museo Nacional de Artes Decorativas, Madrid.

With more than forty thousand objects, the museum has a wide scope, encompassing the decorative arts of many cultures and many centuries, but with a primary strength in the decorative arts of Spain. Now, after the acquisition of the Torsten Bröhan Collection, the Museo Nacional de Artes Decorativas has become

Con más de cuarenta mil objetos, el museo abarca ampliamente las artes decorativas de diferentes culturas a través de los siglos, centrándose de manera especial en las artes decorativas españolas. Ahora, con la adquisición de la colección Torsten Bröhan, el Museo Nacional de Artes Decorativas se ha convertido en un

a leading study center for twentieth-century design. That these objects, created in Germany and Central Europe, find their home in Spain is a telling symbol of the new European and even global perspective that we must all adopt toward the cultural legacy of our common past.

Deborah Sampson Shinn, Assistant Curator of Applied Arts and Industrial Design, Cooper-Hewitt, National Design Museum, Smithsonian Institution, was an invaluable member of the curatorial team. Her active participation as we shaped the exhibition is greatly appreciated. Her colleague Todd Olson generously devoted much time and effort to the project. We wish to thank Linda Dunne, Acting Director, and additional staff at the Cooper-Hewitt with whom this exhibition was cooperatively organized: Ina Sorens Clark, Susan Yelavich, Lindsay Stamm Shapiro, Jennifer Roos, Steven Langehough, Elizabeth Johnson, Gillian Moss, Marilyn Symmes, Joanne Kosuda Warner, Stephen Van Dyk, Carol Grossman, and Sarah Schleuning.

At Exhibitions International, Joan T. Rosasco, the exhibition coordinator, has presided over all aspects of the project with her special tact and taste. Dorys Codina advised on many practical details. We thank as well Jan Spak and Sheila Tabakoff, each of whom contributed many hours to make the project a reality.

We are especially indebted to the generosity of Afinsa, the sponsor of this exhibition and its North American tour. Esteban Pérez Herrero has been unfailingly supportive of our efforts. Also, we are grateful to Torsten Bröhan for having contributed his inestimable knowledge of this collection and the field, both to the exhibition and to the beautiful catalogue accompanying it.

Alberto Bartolomé Arraiza, Director, Museo Nacional de Artes Decorativas, Madrid
David A. Hanks, Director, Exhibitions International, New York

centro destacado para el estudio del diseño del siglo XX. El hecho de que estos objetos, creados en Alemania y Europa Central, hayan encontrado su hogar en España, es símbolo revelador del nuevo enfoque europeísta, e incluso globalizador, que todos debemos adoptar con respecto al legado cultural de nuestro pasado común.

Deborah Sampson Shinn, Ayudante de Conservación de Artes Aplicadas y Diseño Industrial del Cooper-Hewitt, National Design Museum, Smithsonian Institution, ha sido miembro inestimable del equipo de conservación. Consideramos fundamental su activa participación a medida que la exposición se iba perfilando. Su colega Todd Olson aportó de forma generosa su tiempo y su esfuerzo al proyecto. Deseamos dar las gracias a Linda Dunne, Directora en funciones, y al resto del personal del Cooper-Hewitt que ha colaborado en la organización de esta exposición: Ina Sorens Clark, Susan Yelavich, Lindsay Stamm Shapiro, Jennifer Roos, Steven Langehough, Elizabeth Johnson, Gillian Moss, Marilyn Symmes, Joanne Kosuda Warner, Stephen Van Dyk, Carol Grossman, y Sarah Schleuning.

Joan T. Rosasco, como coordinadora de la exposición en Exhibitions International, se ha hecho cargo de todos los aspectos del proyecto con el especial tacto y gusto que le caracterizan. Dorys Codina nos asesoró en infinidad de cuestiones prácticas. Agradecemos también a Jan Spak y a Sheila Tabakoff, que dedicaron muchas horas a convertir este proyecto en realidad.

Nos sentimos especialmente deudores de la generosidad de Afinsa, patrocinador de esta exposición y de su itinerancia por Norteamérica. Esteban Pérez Herrero nos ha brindado su apoyo inquebrantable. Por último, nuestro agradecimiento a Torsten Bröhan por haber contribuido con su inestimable conocimiento de esta colección y de su entorno, tanto a la exposición como al magnífico catálogo que la acompaña.

Alberto Bartolomé Arraiza, Director, Museo Nacional de Artes Decorativas, Madrid
David A. Hanks, Director, Exhibitions International, Nueva York

Sponsor's Statement

"The strength of a tree is in the depth of its roots." That country wisdom is a metaphor that applies well to Afinsa. Founded in 1980, the company has grown steadily over twenty years and stands today as a world leader in the tangible assets market. With our far-reaching alliances and subsidiaries, Afinsa is now a global business that spans five continents, combining professional performance in traditional economic models with a strong and decisive presence in the business practices of the new economy.

Intimately involved with all facets of collecting in innumerable fields, Afinsa is a nexus linking artists, art dealers, collectors, and investors. With our deep commitment to excellence in the world of art and collecting, it is natural for Afinsa to encourage the endeavors of pioneer collectors and to involve ourselves with imaginative projects in the arts. We are proud to have played a role in facilitating the acquisition of the magnificent Torsten Bröhan Collection of early modern glass by the Museo Nacional de Artes Decorativas. This extraordinary collection, assembled by one discerning collector over many years, is the greatest of its kind in the world. Madrid will now be a destination for anyone who appreciates or studies the decorative arts of the early twentieth century. Before the collection goes on view at the museum, we are particularly pleased that these rare masterpieces of glass will be seen and enjoyed by a wide public on this North American tour.

Albertino de Figueiredo, President, Afinsa

Palabras del patrocinador

"La fuerza del árbol reside en la profundidad de sus raíces." Este dicho popular podría muy bien aplicarse metafóricamente a Afinsa. Fundada en 1980, nuestra compañía ha ido creciendo a un ritmo constante durante veinte años, ocupando en estos momentos una posición líder en el mercado de los bienes tangibles. Con sólidas alianzas y filiales estratégicas, Afinsa es hoy por hoy un negocio global que se extiende por los cinco continentes, combinando el buen quehacer profesional basado en modelos económicos tradicionales con una fuerte y decisiva presencia en la nueva economía.

Intimamente involucrada en todas las facetas del coleccionismo en sus diversos campos, Afinsa constituye un vínculo de unión entre artistas, marchantes de arte, coleccionistas e inversores. Debido a nuestro profundo compromiso con la calidad en el mundo del arte y del coleccionismo, es una práctica innata en nosotros el respaldar los esfuerzos de coleccionistas pioneros e involucrarnos en proyectos imaginativos en el mundo de las artes. Sentimos una legítima satisfacción por haber contribuido a facilitar la adquisición de la magnífica colección Torsten Bröhan de cristal de la temprana modernidad para el Museo Nacional de Artes Decorativas. Esta extraordinaria colección, recopilada durante muchos años por tan lúcido coleccionista, puede ser considerada como la mejor de su clase en el mundo. Madrid será a partir de ahora un destino clave para todo aquel que aprecie o estudie las artes decorativas de principios del siglo XX. Antes de que la colección sea expuesta de manera permanente en el museo, nos es especialmente grato el hecho de que estas piezas únicas de vidrio puedan ser vistas y disfrutadas por el gran público de Norteamérica.

Albertino de Figueiredo, Presidente, Afinsa

Preface

This publication documents the collection I lovingly amassed over a period of more than twenty years, and which is now in the Museo Nacional de Artes Decorativas, Madrid. This collection was assembled according to certain art historical concepts. Above all, the important publication *Kunstgläser der Gegenwart* (Leipzig, 1925) by the legendary German scholar Gustav E. Pazaurek provided the academic framework which guided me at the outset and which ever since has remained an important standard in my deliberations. Through the process of collecting and the continual evaluation of a great many potential acquisitions, as well as through a continuing study of all available literature, the foundation and the parameters of my collection were defined. As will be seen, I have tried to reestablish a sense of the history of this glassmaking and also define the qualitative standards within specific categories of glassmaking.

Geographically, the collection is limited to Austria, the Czech Republic, and Germany. Glass design reached its artistic peak in the glass centers of these regions in the period from the turn of the century to the years between the two World Wars. Threatened by industrialization, many glass artisans and owners of small factories (*Hütten*) found a common ground in the social-utopian ideas and design concepts of young artists associated with the Reform Movement, and this led to a great flourishing of ideas. Moreover, a great many glass companies felt the need to enlist the participation of important artists. Since these designs did not suit the taste of the general public, many were executed as unique pieces or in very limited editions. Even at exhibitions of the time, the pieces were dismissed by conservative critics as inconceivable *faux-pas* but, in fact, they constituted significant high points in glassmaking. In addition, the collection also includes examples of serially produced glassware which provide an insight into important aspects of industrial glass design during the same period. Set against the backdrop of changing political circumstances, this collection offers a cultural/historical view of the German-speaking regions of Central Europe.

Through more than two decades of collecting these objects, my enthusiasm and motivation have been kept alive by the discoveries of unknown glass artists and unrecognized workshops; the dramatic undervaluation of these objects at the beginning of my collecting; and, of course, by the abundance and uniqueness of the works which have been brought to light. This catalogue and the exhibition it accompanies seek to reach both connoisseurs and the uninitiated, and to reveal to them the magical artistry of glass. I would like to thank my many friends and associates who,

Prefacio

Esta publicación documenta la colección que he reunido con gran dedicación durante más de veinte años y que ahora pertenece a las colecciones del Museo Nacional de Artes Decorativas de Madrid. Esta colección ha sido articulada de acuerdo con criterios histórico-artísticos muy concretos. La publicación fundamental del legendario especialista alemán Gustav E. Pazaurek *Kunstgläser der Gegenwart* (Leipzig, 1925) fue el marco académico que guió mis primeros pasos, y desde entonces ha permanecido como un importante punto de referencia en mi toma de decisiones. Los cimientos y los parámetros que definieron mi colección se han perfilado, tanto a través del proceso de selección y continua evaluación de adquisiciones potenciales, como a través del estudio de la bibliografía disponible. Como podrá apreciarse, he intentado fundamentar un sentido de la historia de las artes del vidrio y también definir niveles de calidad en cada una de sus categorías.

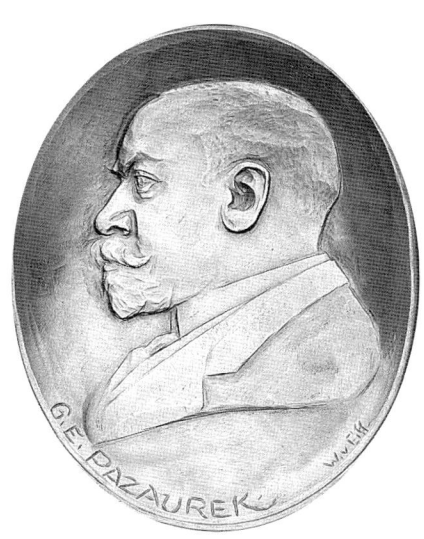

Wilhelm von Eiff, Portrait of Gustav E. Pazaurek (detail of covered jar), 1919.

Wilhelm von Eiff: Retrato de Gustav E. Pazaurek, (detalle de un tarro con tapa), 1919.

Desde un punto de vista geográfico, la colección se circunscribe a Austria, la República Checa y Alemania. El diseño del vidrio alcanzó su cota artística más alta en los centros productores de estas regiones durante el período que abarca desde finales del siglo XIX a los años comprendidos entre las dos guerras mundiales. Amenazados por la industrialización, muchos artistas del vidrio y propietarios de pequeñas fábricas (*Hütten*), encontraron una base ideológica común en el socialismo utópico y en los conceptos sobre el diseño de jóvenes artistas relacionados con el Movimiento Reformista, lo que condujo a una gran efervescencia de ideas. Más aún, un buen número de fábricas de cristal se vieron en la necesidad de contar con la participación de artistas importantes. Debido a que los diseños no satisfacían el gusto del gran público, muchas de las piezas fueron ejecutadas como únicas o en ediciones muy limitadas. Incluso en las exposiciones de la época, estos objetos fueron calificados por los críticos como "disparates inconcebibles" pero, en realidad, constituyeron hitos importantes dentro de las artes del cristal. Además, la colección también incluye ejemplos de cristal producido en serie que facilitan la comprensión de importantes aspectos del diseño del vidrio industrial durante el mismo período. Esta colección ofrece una visión histórico-cultural de las áreas germanoparlantes de Europa Central en el contexto de las cambiantes circunstancias políticas del momento.

over the years and in different ways, were so helpful to me in the building of this collection. To Thomas Berg and other European colleagues who have shared their knowledge over the years, I am most grateful. And on this particular project I am deeply indebted to my collaborator and trusted friend, Dr. Martin Eidelberg, who took on the great responsibilities of co-authoring this book and assuming the role of editor.

I and my co-author are beholden to the great many people who have helped this project move forward successfully. Alberto Bartolomé Arraiza, Director of the Museo Nacional de Artes Decorativas, and the members of his staff have been unfailingly cooperative and we are grateful to them all. We especially thank Sofía Rodríguez Bernis and Paloma Muñoz-Campos, both of whom also translated the English text into Spanish. *¡Muchas gracias!*

At Prestel Verlag, Jürgen Tesch has been most supportive of this undertaking and we are extremely grateful to him for all he has done on our behalf. Claudine Weber-Hof and Daniela Küster were of great assistance in the initial stages of this publication, and Courtenay Smith of Prestel's English Editorial Department attentively watched over its development.

Last but certainly not least, special thanks are due to my sister, Angela Bröhan, whose wonderful photographs help convey the sense of artistry that is within this glass.

Torsten Bröhan

Mi entusiasmo y motivación al coleccionar estos objetos a lo largo de más de dos décadas, se han mantenido vivos gracias a diversos factores: el descubrimiento de artistas del vidrio desconocidos y de talleres no reconocidos; la tremenda infravaloración de estos objetos en los albores de mi colección; y, por supuesto, la cantidad y singularidad de las obras que han salido a la luz. Este catálogo y la exposición que lo acompaña pretenden llegar tanto a los conocedores como a los no iniciados, para revelarles la magia del arte del vidrio.

Me gustaría dar las gracias a los muchos amigos y colegas que durante años me han ayudado de diferentes maneras a crear esta colección. Mi más sincero agradecimiento a Thomas Berg y a otros colegas europeos que han compartido conmigo sus conocimientos durante estos años. Estoy profundamente en deuda con mi fiel amigo y colaborador Dr. Martin Eidelberg, que ha compartido conmigo la gran responsabilidad de la redacción de este catálogo, además de asumir el papel de editor.

Ambos estamos en deuda con las muchas personas que nos ayudado a sacar este proyecto adelante con éxito. Damos las gracias a Alberto Bartolomé Arraiza, Director del Museo Nacional de Artes Decorativas, y al resto del personal del museo por su infatigable ayuda. De forma especial, agradecemos a Paloma Muñoz-Campos y a Sofía Rodríguez Bernis, quienes además han traducido el texto al español. ¡Muchas gracias!

Jürgen Tesch, de Prestel Verlag, nos ha apoyado mucho en esta empresa y le agradecemos todo lo que ha hecho por nosotros. Claudine Weber-Hof y Daniela Küster fueron de gran ayuda en la etapa inicial de esta publicación y Courtenay Smith, del Departamento de Ediciones en Inglés de Prestel, ha puesto toda su atención en el desarrollo del libro.

Por último, pero no por ello menos importante, le debo un agradecimiento especial a mi hermana, Angela Bröhan, autora de las maravillosas fotografías que contribuyen a comunicar el sentido artístico que encierra el vidrio.

Torsten Bröhan

The Geography of Central Europe

Geografía de Europa Central

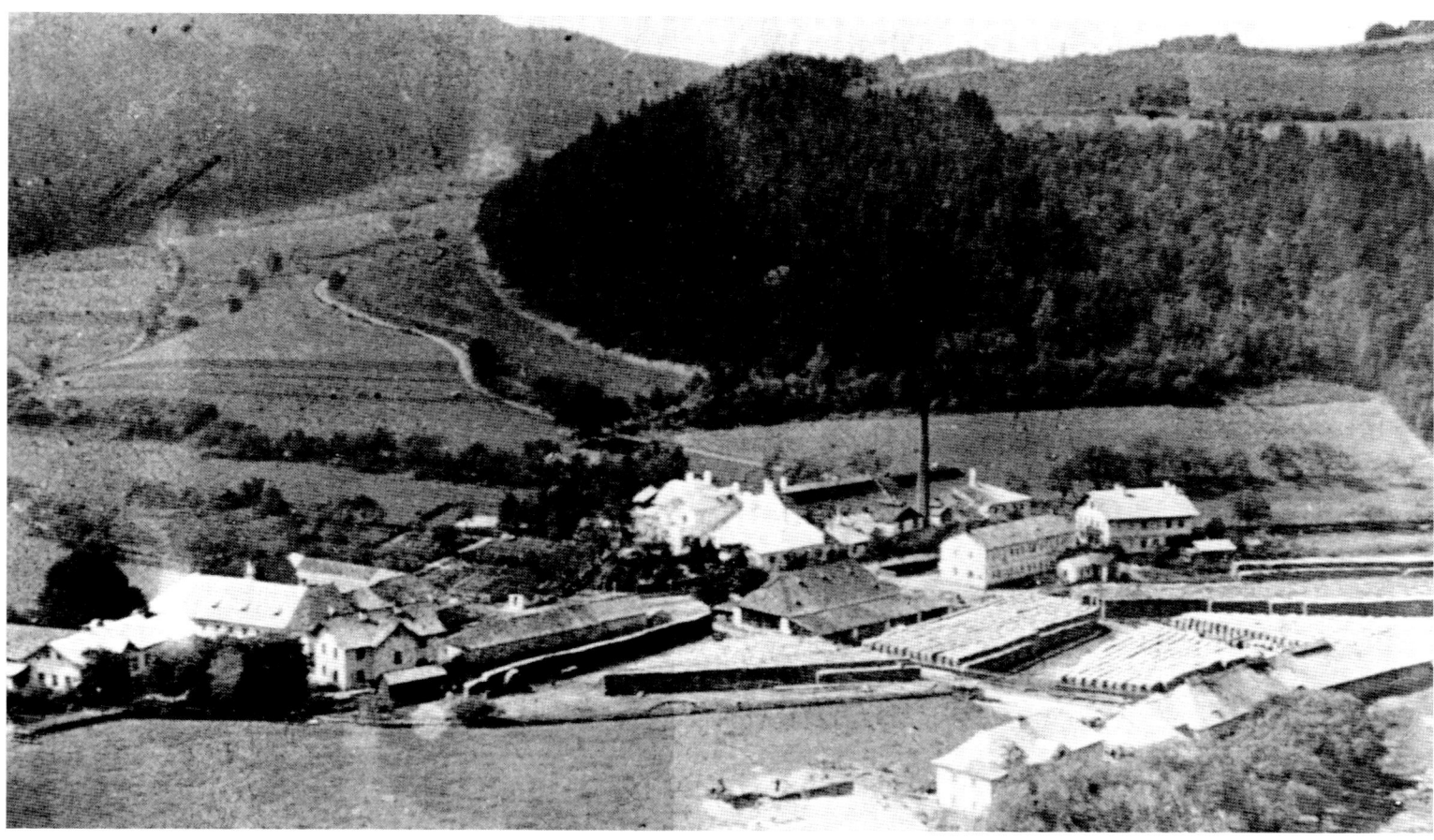

The glass that is presented here comes from an area often designated as "Central Europe." Beginning at the Rhine in the west, this territory includes Germany, Austria, the Czech Republic, Slovakia, and Poland, but these are modern distinctions. Once parts of the Holy Roman and Great Moravian Empires, the regional borders have shifted back and forth endlessly, determined more by politics than natural geographical boundaries.

The short period of time which is covered by this exhibition—from 1900 to 1940—reveals the complex nature of this terrain. At the beginning of the twentieth century, much of this land was part of the Austro-Hungarian Empire under the Hapsburg emperor Franz Josef. Also coming to the fore was the recently unified Germany, a conglomeration of states joined together with Prussia and ruled over by Emperor Wilhelm II. Things changed dramatically at the end of World War I with the defeat of both powers. Hungary was separated from Austria, Poland was reconstituted, and small states such as Czechoslovakia and Yugoslavia were carved out of the Austro-Hungarian Empire in accord with the League of Nations' policy of self-determination. Hitler reversed the process in the late 1930s

Las obras de cristal que aquí presentamos proceden de un área que ha sido denominada con frecuencia "Europa Central". Lindando con el Rhin al oeste, dicho territorio incluye Alemania, Austria, la República Checa, Eslovaquia y Polonia, en su denominación moderna. Otrora partes del Sacro Imperio Romano Germánico y de la Gran Moravia, sus fronteras han retrocedido y avanzado innumerables veces, debido más bien a razones políticas que geográficas.

El breve período de tiempo que abarca esta exposición –de 1900 a 1940– revela la compleja naturaleza de este territorio. En los albores del siglo XX, gran parte de éste pertenecía al Imperio Austro-Húngaro, gobernado por el emperador Francisco José de Habsburgo. El otro núcleo político preponderante era Alemania, una conglomeración de estados anexionados a Prusia bajo el gobierno del emperador Guillermo II. Con la derrota de ambas potencias al final de la Primera Guerra Mundial, las circunstancias cambiaron radicalmente. Siguiendo la política de autodeterminación acordada por la Sociedad de Naciones, Hungría se separó de Austria, las fronteras polacas fueron trazadas de nuevo y pequeños estados como Checoslova-

View, c. 1900, of the town of Klostermühle in Austria-Hungary (now Klásterŝy Mlýn in the Czech Republic) and the Lötz Witwe factory.

Vista del pueblo de Klostermühle en Austria-Hungría (hoy Klásterŝy Mlýn en la República Checa) y de la fábrica Viuda Lötz, h. 1900.

when he annexed Austria to Germany, and conquered Poland, Czechoslovakia, and Hungary. At the conclusion of World War II, borders shifted yet again. Czechoslovakia, Poland, and Hungary fell behind the Iron Curtain, while Germany was divided into Eastern and Western sections. Following recent political upheavals and the breakup of the USSR, there have been still further changes, such as the separation of the Czech and Slovak Republics, and the reunification of Germany.

The consequences of these shifting political alliances is best registered by considering the history of specific sites. For example, the town of Haida, once in the Kingdom of Bohemia, was absorbed into the Austro-Hungarian Empire and then, after World War I, became part of the newly-created Czechoslovakia. After being ruled by Germany, it was returned to Czechoslovakia, but now is part of the Czech Republic and its Czech name of Nový Bor has been restored. Despite these bewildering changes, the town's tradition of fine glassmaking has remained constant.

quia y Yugoslavia fueron desgajados del Imperio Austro-Húngaro. A finales de los años 30, Hitler invierte el proceso con la anexión de Austria a Alemania y la conquista de Polonia, Checoslovaquia y Hungría. Al concluir la Segunda Guerra Mundial, las fronteras vuelven a cambiar de nuevo. Checoslovaquia, Polonia y Hungría quedaron detrás del Telón de Acero, mientras Alemania resultó dividida en dos partes: Alemania Oriental y Occidental. Como resultado de las recientes convulsiones políticas y del desmembramiento de la URSS, se han producido aún más cambios, tales como la división de Checoslovaquia en las Repúblicas Checa y Eslovaca y la reunificación alemana.

Las consecuencias de estas cambiantes alianzas políticas se entienden mejor si consideramos la historia de uno de estos emplazamientos. Por ejemplo, la ciudad de Haida, que fue parte del Reino de Bohemia, fue absorbida por el Imperio Austro-Húngaro y, más tarde, después de la Primera Guerra Mundial, pasó a formar parte de la recientemente creada Checoslovaquia. Tras pasar al dominio alemán durante la Segunda Guerra Mundial, al final de la misma fue devuelta a Checoslovaquia. Ahora pertenece a la República Checa y ha recuperado el nombre checo de Nový Bor. A pesar de todos los cambios traumáticos que ha sufrido, la ciudad ha conservado su tradición en la fabricación de vidrio de gran calidad.

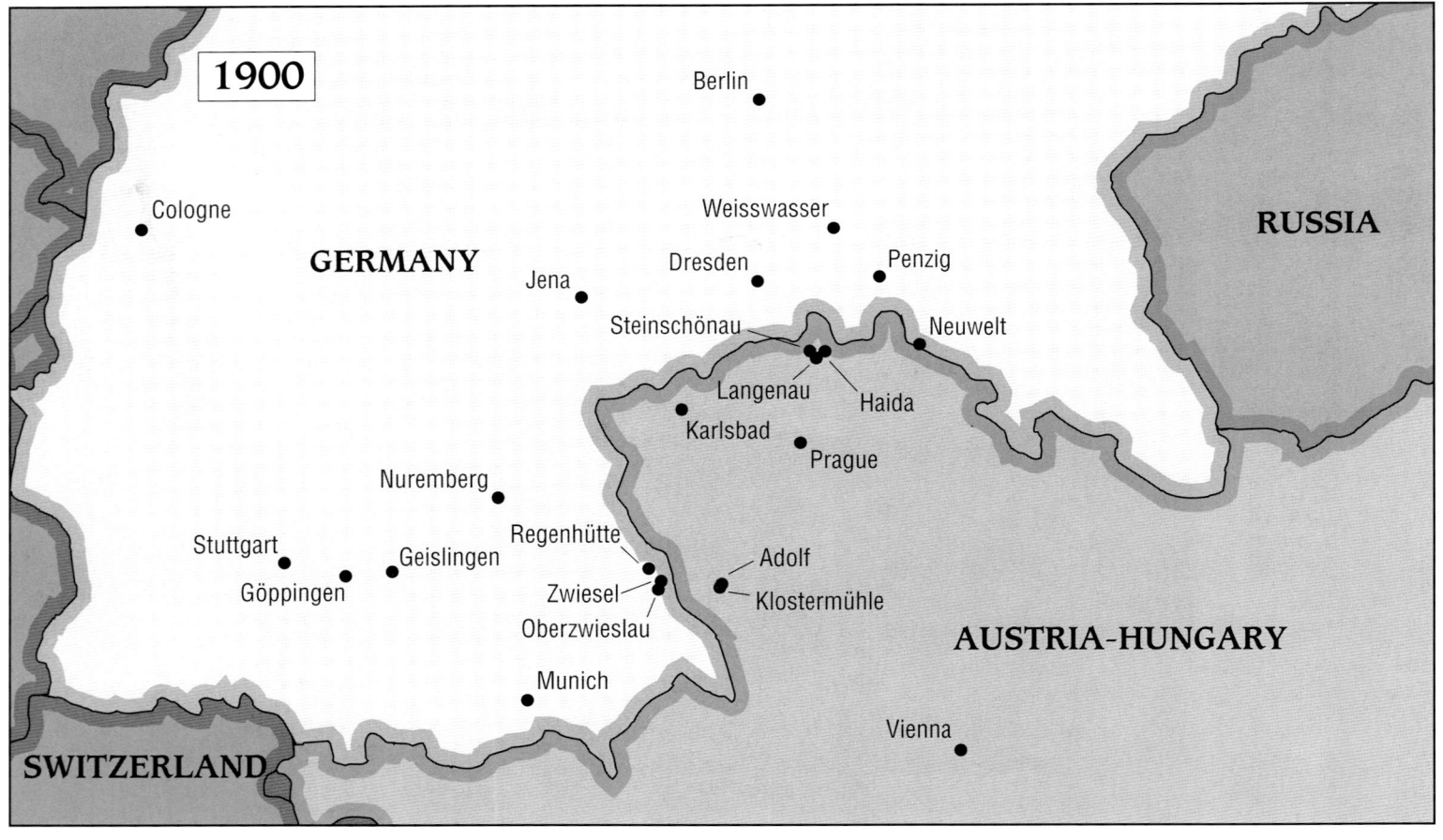

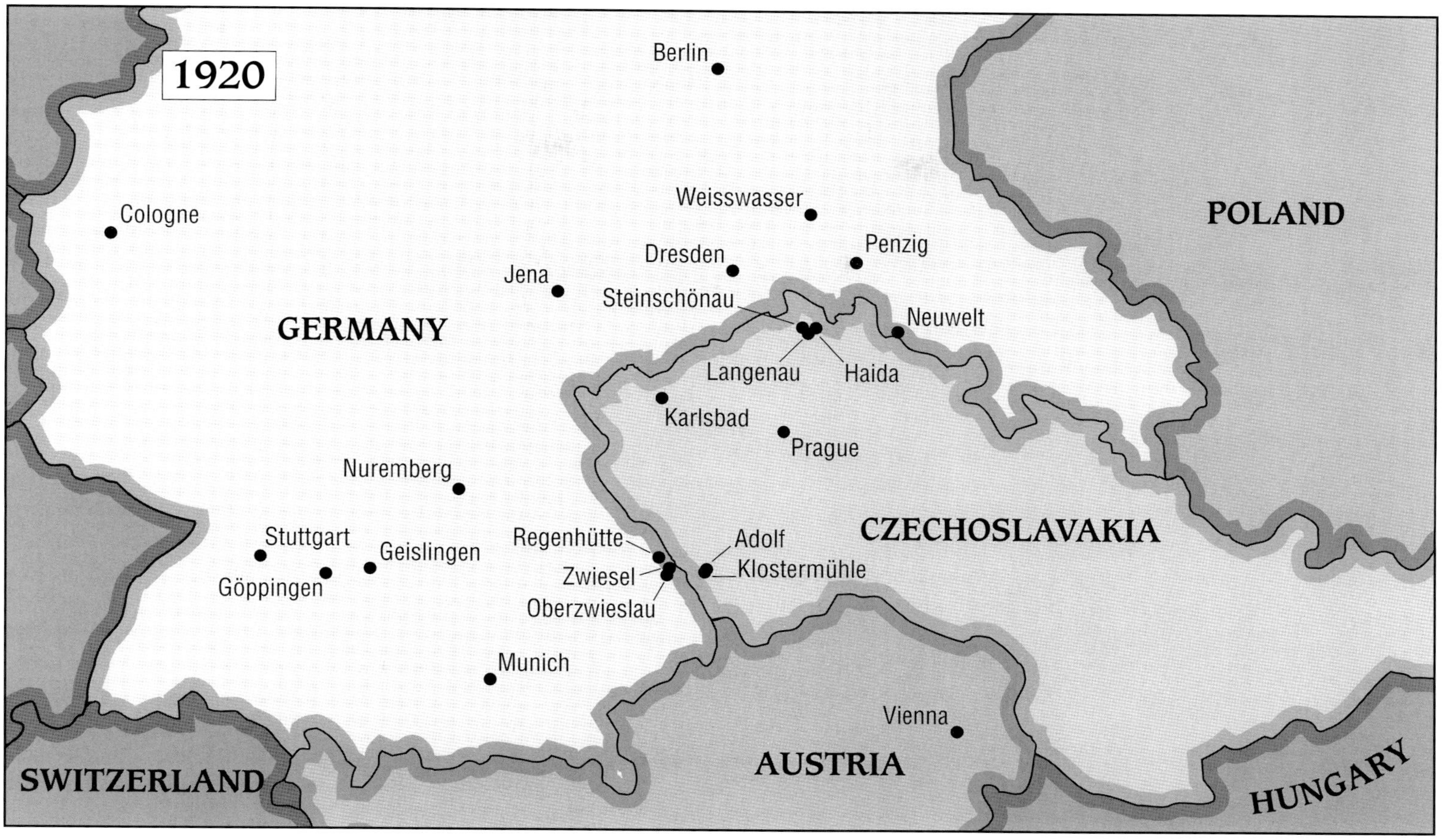

1920

- Berlin
- Cologne
- Weisswasser
- Dresden
- Penzig
- Jena
- Steinschönau
- Neuwelt
- Langenau
- Haida
- Karlsbad
- Prague
- Nuremberg
- Stuttgart
- Regenhütte
- Adolf
- Geislingen
- Göppingen
- Zwiesel
- Klostermühle
- Oberzwieslau
- Munich
- Vienna

GERMANY · POLAND · CZECHOSLAVAKIA · SWITZERLAND · AUSTRIA · HUNGARY

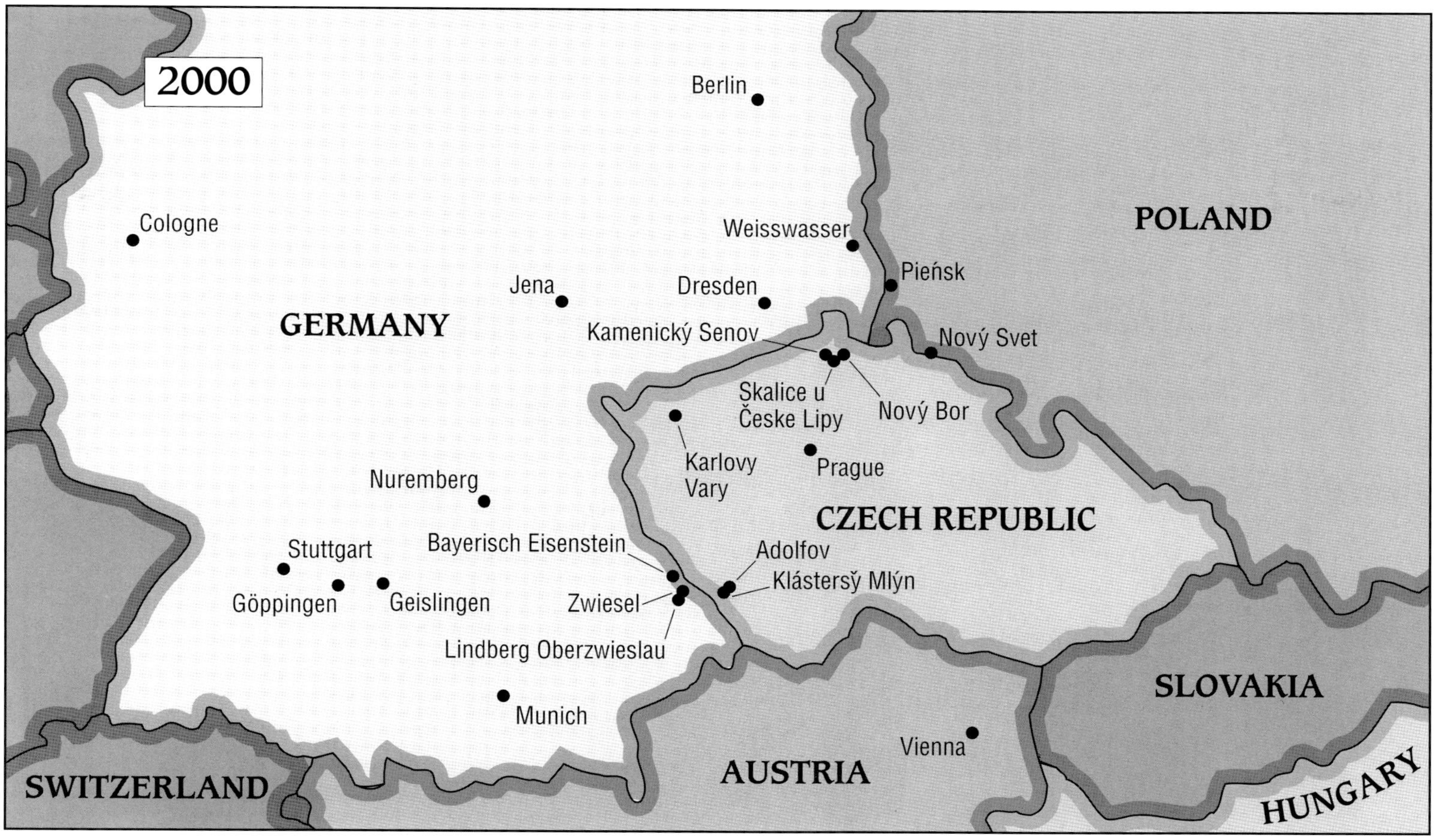

2000

- Berlin
- Cologne
- Weisswasser
- Dresden
- Pieńsk
- Jena
- Kamenický Senov
- Nový Svet
- Skalice u Česke Lipy
- Nový Bor
- Karlovy Vary
- Prague
- Nuremberg
- Stuttgart
- Bayerisch Eisenstein
- Adolfov
- Göppingen
- Geislingen
- Zwiesel
- Klástersÿ Mlýn
- Lindberg Oberzwieslau
- Munich
- Vienna

GERMANY · POLAND · CZECH REPUBLIC · SWITZERLAND · AUSTRIA · SLOVAKIA · HUNGARY

Geografía de Europa Central

Art and Industry

Glass from Vienna Secession to Bauhaus

The glass that was created in German-speaking Europe in the first decades of the twentieth century represents a series of significant ideas. Although these ideas shifted somewhat from one period to the next, and from one region to another, there were common concerns nonetheless. In the beginning, the central focus was the establishment of a language of modern forms and ornament. Although stylistic issues remained a major concern both before and after World War I, issues such as truth to materials and functionalism also came into focus. A central issue was the reconciliation of the centuries-old local traditions of fine, handcrafted glass with the demands of large-scale industry and a democratic society. All these ideas, of course, were central issues of the twentieth century and were part of a dialogue that involved the whole of applied arts.

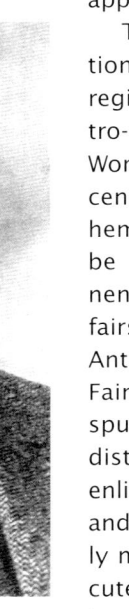

Josef Hoffmann, c. 1927.

There was a long-standing tradition of glassmaking in these regions. Bohemia, part of the Austro-Hungarian Empire prior to World War I, was the leading glass center in Central Europe, and Bohemian glass, as it is continued to be known, was featured prominently in the many international fairs of the late nineteenth century. Anticipation of the Paris World's Fair of 1900 was yet one more spur to activity. Entrepreneur and distributor E. Bakalowitz Söhne enlisted the help of Josef Hoffmann and Koloman Moser, whose daringly modern designs were then executed in Lötz's iridescent glass, itself a recent innovation. These works were exhibited with great success at the Paris fair. In addition, some of their pupils at the Vienna School of Decorative Arts (Wiener Kunstgewerbeschule) such as Jutta Sika and Robert Holubetz also received such commissions. Not surprisingly, Viennese-designed glass stole the spotlight again at the 1902 Turin International Exposition of Decorative Arts. This model of a glasshouse working in conjunction with both a distributor and prominent artists to create and promote strikingly modern designs set an important pattern which would be successfully repeated several times over.

Another important force in Vienna for the promulgation of modern design was the Wiener Werkstätte (Viennese Workshops), an organization dedicated to

Arte e industria

El cristal, de la Secesión Vienesa a la Bauhaus

El vidrio que fue creado en la Europa germanoparlante en las primeras décadas del siglo veinte representa una serie de conceptos muy significativos. Aunque éstos variaban algo de un período a otro y de una región a otra, existían diversas inquietudes comunes. Al principio, la atención estaba centrada en el establecimiento de un lenguaje moderno de formas y ornamentos. Temas tales como la fidelidad hacia los materiales y la funcionalidad empezaron a cobrar importancia, aunque las cuestiones estilísticas continuaron siendo una preocupación primordial, tanto antes como después de la Segunda Guerra Mundial. Una cuestión fundamental fue la reconciliación de la tradición local secular del vidrio fino artesanal con las demandas de la industria a gran escala y de la sociedad democrática. Todos estos conceptos fueron, por supuesto, puntos clave en el siglo veinte, como parte de un debate que afectaría a todas las artes aplicadas.

Existía en estas regiones una larga tradición en la fabricación de vidrio. Bohemia, parte del Imperio Austro-húngaro antes de la Primera Guerra Mundial, era el centro productor de vidrio más importante de la Europa Central, y el cristal de Bohemia, como se seguiría denominando, ocupó un lugar relevante en las diferentes ferias internacionales de finales del siglo XIX. La preparación para la Exposición Internacional de París de 1900 constituyó un estímulo más para su actividad. El empresario y distribuidor E. Bakalowitz Söhne consiguió el apoyo de Josef Hoffmann y Koloman Moser, cuyos atrevidos diseños modernos fueron realizados en cristal iridiscente de Lötz, el cual constituía en sí mismo una reciente innovación. Estas obras tuvieron un gran éxito en la Exposición de París. Más aún, algunos de sus alumnos en la Escuela de Artes Decorativas de Viena (Wiener Kunstgewerbeschule), como Jutta Sika y Robert Holubetz, también recibieron encargos de este tipo. No resulta extraño así que el cristal de diseño vienés acaparara de nuevo la atención en la Exposición Internacional de Artes Decorativas de Turín en 1902. Esta idea de trabajo en equipo, tanto en colaboración con el distribuidor como con artistas sobresalientes, para crear y promover diseños rabiosamente modernos, sentó un precedente que se repetiría varias veces con éxito en lo sucesivo.

La Wiener Werkstätte (Talleres Vieneses), una organización dedicada al movimiento artesanal, constituyó un impulso fundamental para la divulgación del diseño moderno. Fue fundada en 1903 por Hoffmann, Moser y el acaudalado mecenas Fritz Wärndorfer, inspirados tanto por el Movimiento Reformista Británico, especialmente por las obras de C. R. Ashbee y de su

the crafts movement. It was founded in 1903 by Hoffmann, Moser, and the wealthy patron Fritz Wärndorfer; these men had been inspired by the British Reform Movement, especially the work of C. R. Ashbee and his Guild of Handicraft, as well as that of Charles Rennie Mackintosh and his Glasgow colleagues. Although active in many media, it would be almost another decade until the Wiener Werkstätte would directly affect the course of the glass industry.

In Germany, similar associations of artists were formed. One of the most important was created before the turn of the century in Munich, a center for the modern movement in the decorative arts. At the end of 1897, leading artists of that city joined together to establish the United Workshops for Art in Handicraft (Vereinigte Werkstätten für Kunst im Handwerk) and among its members were Richard Riemerschmid and Peter Behrens. Despite the society's name, it actively worked with industry, as can be seen in the strikingly simple wine glasses Riemerschmid designed to be executed by the Benedikt von Poschinger factory in the Bavarian Forest, and which were then distributed by Keller & Reiner, the leading Berlin gallery for decorative arts. Similar events played out in Darmstadt, where the Anglophilic prince of Hesse invited Josef Maria Olbrich from Vienna, Behrens from Munich, and others to head an artists' colony at the Matildenhöhe. Interestingly, Josef Emil Schneckendorf made art glass at Darmstadt which, like the glass from the Lötz factory, was iridescent but without the architectonic forms of his Viennese contemporaries. Here too, both Behrens and Albin Müller designed functional drinking ware which necessitated working with the glass industry. Behrens' tentative contact presaged a crucial shift in his career, for in 1907 he became an industrial designer and architect, working in Berlin for AEG, Germany's largest electrical company. This shift away from handicraft was prophetic of a major conflict that would soon arise in Germany.

The year 1907 was significant in another respect as well, for it marked the creation in Munich of the German Werkbund (Deutscher Werkbund), a confederation of designers, artists' associations, and commercial firms with the common goal of raising the standards of production. Among the twelve founding members are familiar names: Behrens, Riemerschmid, Olbrich, and, crossing national boundaries, both Hoffmann and the Wiener Werkstätte. (A separate Austrian Werkbund [Österreichischer Werkbund] was established in 1912.) The struggle within the German Werkbund to define the course that modern design should take was intense and resulted in a split between those who, like the designer Henry van de Velde, believed in the importance of the artist and individualistic expression, and those who, siding with Hermann Muthesius, favored standardization and an impersonal functionalism. The debate, so fierce that it almost brought the

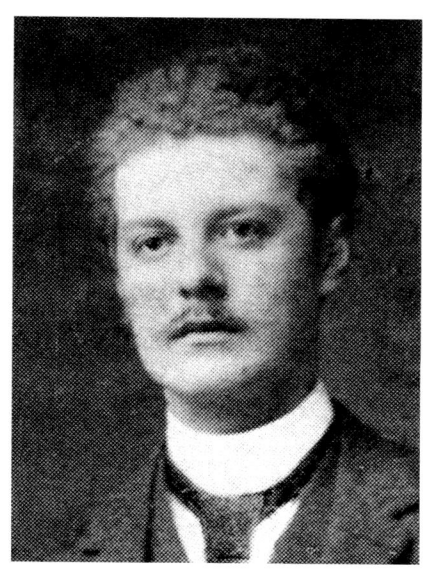

Peter Behrens, 1889.

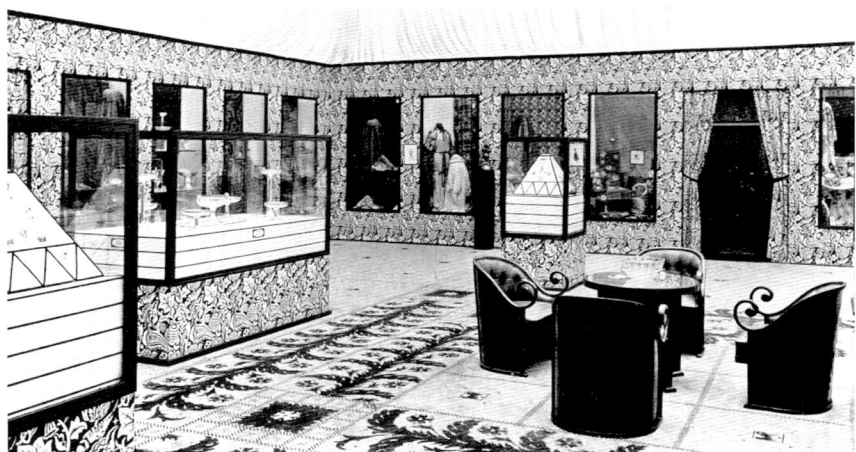

Carl Witzmann, interior of the Austrian Pavilion, Cologne, 1914.
Carl Witzmann, interior del Pabellón austríaco, Colonia, 1914.

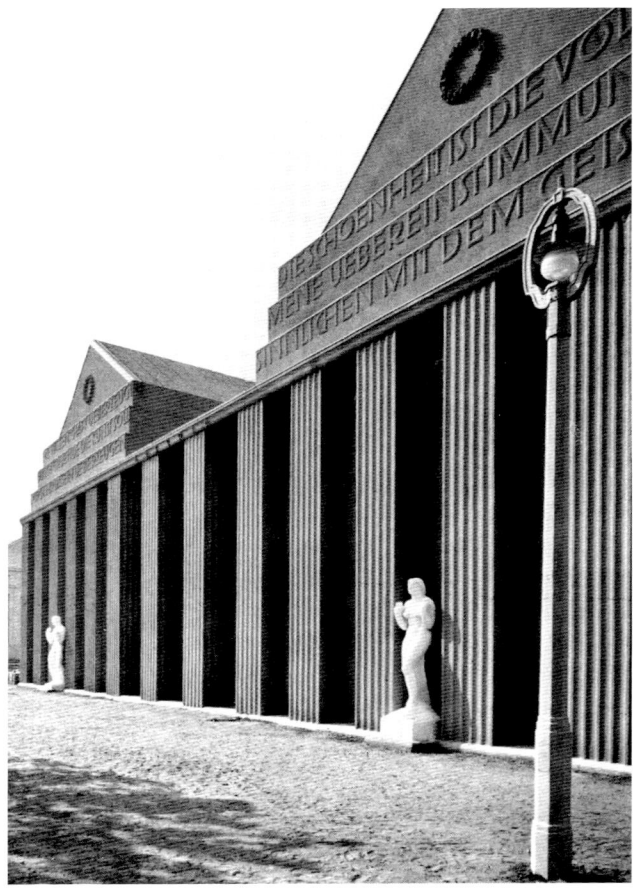

Josef Hoffmann, Austrian Pavilion at the German Werkbund exhibition, Cologne, 1914.

Josef Hoffmann, Pabellón austríaco de la exposición de la Werkbund Alemana, Colonia, 1914.

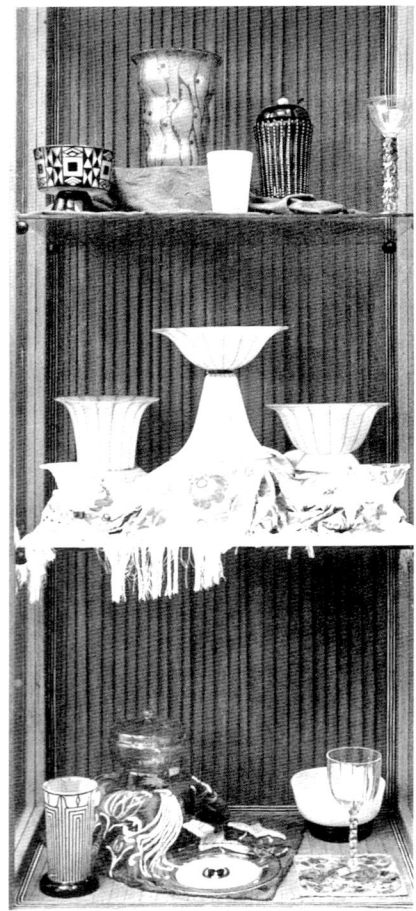
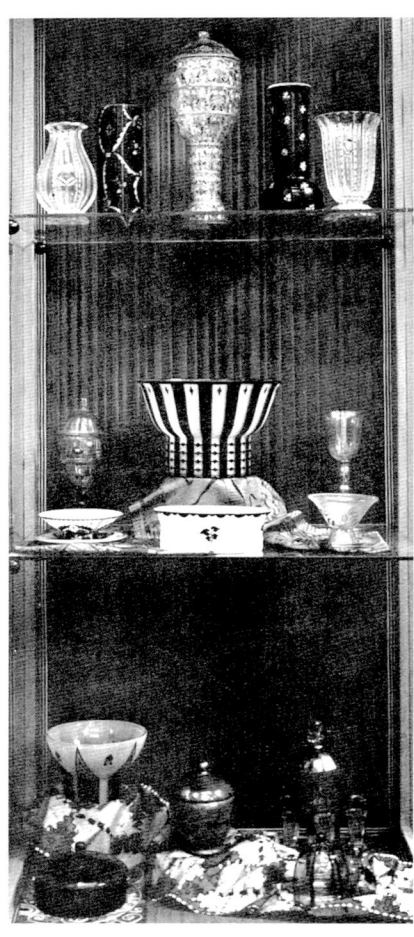

Displays of Austrian glass at the German Werkbund exhibition, Cologne, 1914.

Cristal austríaco en la exposición de la Werkbund Alemana, Colonia, 1914.

demise of the Werkbund, was to affect glassmaking as well.

Josef Hoffmann and other leaders of the Viennese avant-garde who were closely connected to him—often through Vienna's School of Decorative Arts—maintained close ties with the glass industry. The Austrian Museum for Art and Industry (Österreichisches Museum für Kunst und Industrie) also took an active role, commissioning designs from Hoffmann, Otto

reichischer Werkbund). La lucha en el seno de la Werkbund alemana para definir el camino a seguir por el diseño moderno fue intensa y tuvo como resultado la separación entre aquellos que, como el diseñador Henry van de Velde, creían en la importancia del artista y su expresión individualista y aquellos que, alineándose con Hermann Muthesius, estaban a favor de la estandarización y el funcionalismo impersonal. Este debate, que afectó también a la fabricación del vidrio, fue tan duro que estuvo a punto de significar la desaparición de la Werkbund.

Josef Hoffmann y otros líderes de la vanguardia vienesa que estaban en íntimo contacto con él, generalmente a través de la Escuela de Artes Decorativas de Viena, mantuvieron fuertes lazos con la industria del vidrio. El Museo de Arte e Industria de Austria (Österreichisches Museum für Kunst und Industrie) también jugó un papel importante, haciendo encargos a diseñadores tales como Hoffmann, Otto Prutscher y Michael Powolny, entre otros; estos trabajos, ejecutados por Lötz, eran expuestos en importantes exposiciones organizadas por el museo en sus propias instalaciones. La mayor parte de estos cristales mostraban las rotundas formas geométricas y elementos decorativos

Prutscher, and Michael Powolny, among others; these works, executed by Lötz, were displayed in important exhibitions which the museum staged within its own halls. Much of this glass displayed the strong geometric forms and decorative elements that marked Vienna's distinctive, architectonic approach to design.

Hoffmann established a second partnership for the creation of glass, this time with the Viennese entrepreneur and distributor J. & L. Lobmeyr. His first designs were intended for execution with *Bronzite* ornamentation, a technique developed only a short time previously by Hugo Max in Steinschönau. In addition to Hoffmann, a distinguished new group of artists from the Viennese avant-garde also created innovative designs for Lobmeyr—whose regular program, however, was still dominated by glass with historicizing designs. Lobmeyr also commissioned designs for engraving from some of Vienna's leading artists and designers: special mention should be made of the elaborate figurative designs by Powolny.

Often overlooked is the fact that the Austrian Werkbund also took a role in commissioning designs from Hoffmann, Powolny, Dagobert Peche, and Carl Witzmann of the Wiener Werkstätte, which were then executed by Lötz. These works were displayed at the great exhibition staged by the German Werkbund in Cologne in 1914, on the eve of World War I. Like the exhibition building itself, designed by Hoffmann, they marked a highpoint in the collaboration of art and industry, and the triumph of Viennese modernism.

Most of the glass that has been mentioned constituted refined *objets d'art*, made only in very small quantities, and were not part of the various firms' regular production schedules. Still, they had a seminal influence on the Austrian glass industry. These designs, first considered revolutionary, were frequently modified by the glass companies, sometimes successfully, but oftentimes opposite to the original intent. Above all, the influence of the Wiener Werkstätte was felt at the technical schools at Steinschönau and Haida, as many of the teachers there had studied under Hoffmann and Powolny at the Vienna School of Decorative Arts.

As was evident in the exhibits at the Werkbund show in Cologne in 1914, the outstanding design contributions from Austrian artists were almost exclusively in the field of ornamental art glass. This was in stark contrast to the exhibits from Germany, whose designers concentrated on commercial glassware for serial production. Germany, nevertheless, was also home to a movement that viewed glass design as an art of applied decoration. Bruno Mauder, who in 1910 became director of the Technical School for the Glass Industry in Zwiesel (Fachschule für Glasindustrie), emerged as a leading designer who encouraged the appreciation of both approaches. The seriousness of the Germans in regard to the issues of design is evi-

que marcaron el enfoque arquitectónico aplicado al diseño, característico de la escuela vienesa.

Hoffmann estableció una segunda asociación para la creación de vidrio, esta vez con el empresario y distribuidor vienés J. & L. Lobmeyr. Sus primeros diseños fueron realizados con el fin de ser ejecutados con ornamentación tipo *bronzite*, técnica que había sido desarrollada hacía muy poco tiempo por Hugo Max en Steinschönau. Además de Hoffmann, un grupo nuevo de artistas destacados de la vanguardia vienesa crearon también diseños innovadores para Lobmeyr, cuyo repertorio habitual estaba, no obstante, dominado todavía por diseños historicistas. Este también encargó diseños para ser grabados a algunos de los artistas y diseñadores más importantes de Viena, entre los que merecen especial mención los elaborados diseños figurativos de Powolny.

A menudo se ha pasado por alto el hecho de que también la Werkbund austríaca encargara diseños a Hoffmann, Powolny, Dagobert Peche y Carl Witzmann, de la Wiener Werkstätte, que luego serían ejecutados por Lötz. Estas obras fueron mostradas en la gran exposición que organizó la Werkbund alemana en Colonia en 1914, en vísperas de la Primera Guerra Mundial. Al igual que el propio edificio de la exposición, diseñado por Hoffmann, estas obras hicieron patente el triunfo de la modernidad vienesa y marcaron un hito en la colaboración entre el arte y la industria.

La mayor parte de estas obras, constituyeron refinados *objets d'art*, realizados sólo en cantidades limitadas y que no formaban parte de los repertorios habituales de producción de las diferentes firmas. Aún así, ejercieron una gran influencia en la industria del vidrio austríaca. Estos diseños que, en un principio fueron considerados revolucionarios, se vieron a menudo modificados por las fábricas, a veces con éxito, pero muchas otras veces con resultados opuestos a la idea original. La influencia de la Wiener Werkstätte se dejó sentir, ante todo, en las escuelas técnicas de Steinschönau y Haida, muchos de cuyos profesores habían estudiado con Hoffmann y Powolny en la Escuela de Artes Decorativas de Viena.

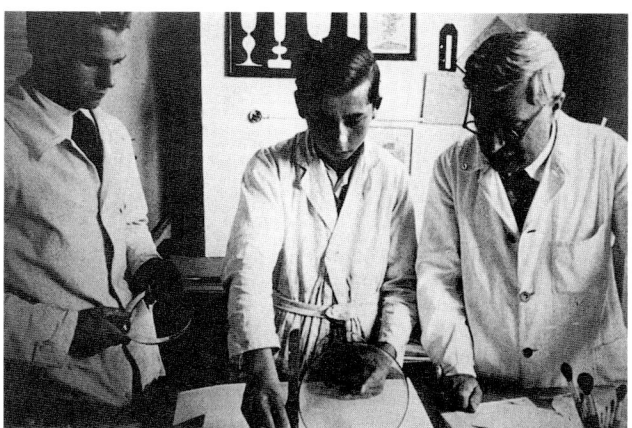

Bruno Mauder (right) with his students at the Fachschule für Glasindustrie, Zwiesel, c. 1940.

Bruno Mauder (a la derecha) con sus alumnos de la Fachschule für Glasindustrie, Zwiesel, h. 1940.

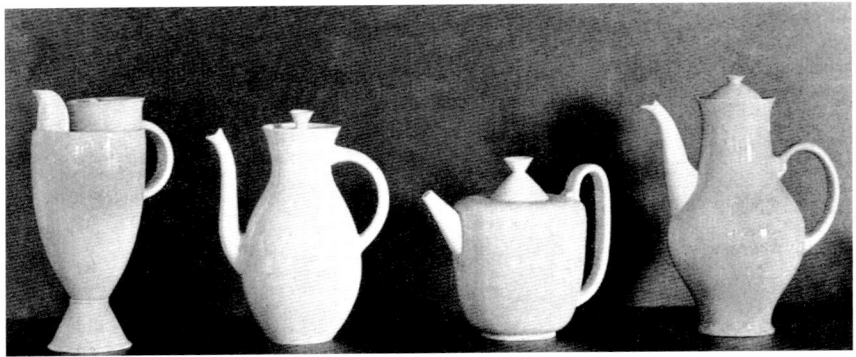

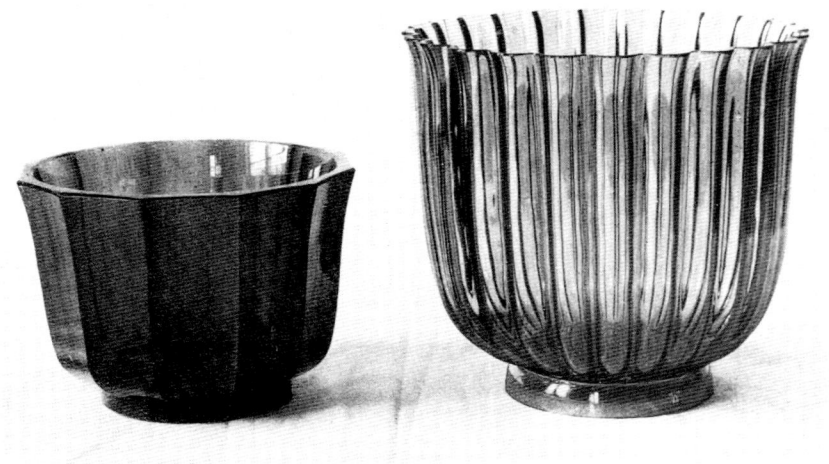

Porcelain coffee and tea pots designed at the Bauhaus and glass vases designed by Josef Hoffmann exhibited at "Form Without Ornament," Stuttgart, 1924.

Cafetera y tetera de porcelana diseñadas en la Bauhaus y jarrones de vidrio diseñados por Josef Hoffmann expuestos en "Forma sin ornamento", Stuttgart, 1924.

dent in a slim book by Mauder, *Glass: Masterpieces of Craftsmanship* (*Glas: Meisterleistungen des Kunsthandwerks*, Berlin, 1944) which, although written as late as it was, offers insight into the philosophic position of the German avant-garde in the 1910s:

> In 1904, the School for the Glass Industry, now a school for master craftspeople, was established in Zwiesel as the first and only such school in prewar Germany. This writer was appointed director in 1910. The state wanted to provide assistance and secure suitable young talent for the glass industry. Although the main focus at the beginning was on ornamentation, the form of the glass itself soon became the pivotal point of all work: without a correct and suitable form there can be no glass decoration of value. Close cooperation and coordination between school and glassworks was a prerequisite for success, and only with a strong sense of partnership could goals be reached. Theory, therefore, was somewhat restricted in this area, and was supplemented by practice in cases where it was found inadequate.
>
> It soon became clear how to tackle the task at hand. Fine examples were constructed and displayed to stimulate all concerned to strive toward the highest quality. It was therefore important that a comprehensive stock of models be available, i.e., that new creations of all types be made. But this

La extraordinaria contribución al diseño de los artistas austríacos se centró casi exclusivamente en el campo del vidrio artístico ornamental, como se hizo patente en las muestras de la Exposición de la Werkbund en Colonia en 1914. Esto contrastaba en gran medida con lo que se exhibía en Alemania, cuyos diseñadores se dedicaron más a la cristalería comercial para la producción en serie. Sin embargo, Alemania constituiría el seno de un movimiento que consideraba el diseño del vidrio como un arte aplicado a la decoración. Bruno Mauder, que en 1910 se convirtió en director de la Escuela Técnica para la Industria del Vidrio en Zwiesel (Fachschule für Glasindustrie), se reveló como un diseñador destacado y fomentó el reconocimiento de ambas tendencias. La seriedad con la que los alemanes se tomaban las cuestiones del diseño se puso de manifiesto en un librito de Mauder, *Obras Maestras del Vidrio Artesanal* (*Glas, Meisterleistungen des Kunsthandwerks, Berlín: 1944*) en el que, a pesar de haber sido escrito tan tarde, se nos ofrece la oportunidad de entender la postura filosófica de la vanguardia alemana en la década de 1910:

> En 1904, se creó en Zwiesel La Escuela para la Industria del Vidrio, hoy escuela para maestros artesanos, y que fue primera y única en su categoría en la Alemania de antes de la guerra. Este escritor fue nombrado director en 1910. El gobierno pretendía apoyar a la industria del vidrio y asegurarle buenos y jóvenes talentos. Aunque la atención se centró al principio en la ornamentación, la forma se convirtió pronto en el eje central de cualquier objeto: sin una forma correcta y apropiada no puede haber decoración que se precie. La cooperación y la coordinación íntimas entre la escuela y las fábricas de vidrio era requisito indispensable para el éxito y sólo con un fuerte sentido del trabajo en equipo podían alcanzarse los objetivos marcados. Por ello, en muchas ocasiones la teoría era restringida en favor de la práctica.
>
> Pronto se hizo evidente cómo abordar el trabajo. Se construyeron y expusieron los mejores modelos con el fin de estimular a todos los involucrados en el proceso para que se esforzaran por conseguir la calidad más alta. Así pues, era importante contar con un repertorio exhaustivo de modelos, es decir, debían hacerse nuevas creaciones de todos los tipos. Pero el propósito de estas obras no era permanecer como objeto estático de admiración dentro de la escuela, sino servir de reclamo publicitario. La idea era conquistar al gran público y, en especial, a los marchantes de arte. De esta forma, la escuela jugó un importante papel en el desarrollo del cristal. Hoy podemos decir que los resultados fueron altamente gratificantes. Nuestro trabajo habría de servir más tarde de ejemplo a otros.

work was not to remain a static display for admiration within the school: the purpose was to advertise. The general public, and particularly dealers, were to be won over. The school thus had a part to play in the development of glass. We know today that the results were highly rewarding; our work was later seen as an example for others.

Even while World War I was being fought, the production of artistic glass continued in Vienna. Hoffmann stopped creating decorative schemes as he devoted his energies to the creation of beautifully proportioned forms, shapes which set a new standard and which greatly influenced not only Austrian but also German glass. Some of the manufacturers of his designs for glass have not yet been identified, but the pieces were sold directly in the Wiener Werkstätte's own stores. We do know that some of his strong, faceted forms were executed first by Meyr's Neffe in Adolf, and later by Ludwig Moser & Söhne in Karlsbad after the merger of these two companies in 1922. These works were distributed by the Wiener Werkstätte and then also by Moser. Despite the seeming simplicity of Hoffmann's designs, they were expensive to produce, largely because the individual facets were cut and polished by hand.

As well as supplying designs for glass producers and distributors, during the war the artists of the Wiener Werkstätte developed a range of glass that was marketed through their own branch stores and retail outlets. Almost all the forms were designed by Josef Hoffmann, and were supplied by the glass producer Johann Oertel of Haida, who in turn obtained them from various regional workshops. They were conceived to be enameled with vibrantly witty ornament designed by Dagobert Peche and the women artists of the Wiener Werkstätte, and were evidently executed by decorators in the organization's own workshops.

After the German Werkbund exhibition at Cologne in 1914, the Viennese achievements began to motivate the young Bohemian designers. Also, the success of the Wiener Werkstätte had a strong influence on the technical schools at Haida and Steinschönau. The two Bohemian schools, however, had different emphases. Whereas Haida earned its reputation in the area of enameling and etching, often employing cased glass, Steinschönau's best work was in glass with black and gold enameled decoration and faceted cutting. The Wiener Werkstätte also exerted great influence on the glass executed by Bruno Mauder and the Zwiesel school, whose shapes and ornament reveal the style of Hoffmann and Peche. These state-sponsored institutions encouraged the various skills of painting and cutting glass, and thus promoted the production of elaborate designs, albeit in the modern style.

Although the German Werkbund still made room for craftsmanship in the postwar years, it increasingly

Viena continuó fabricando vidrio artístico, incluso durante la Primera Guerra Mundial. Hoffmann dejó de diseñar bocetos decorativos, ya que dedicó sus energías a la creación de formas bellamente proporcionadas, con las que estableció nuevos parámetros y que influyeron decisivamente no sólo en el cristal austríaco sino también en el alemán. Algunos de los fabricantes de los diseños por él creados aún no han sido identificados, ya que dichos diseños fueron vendidos directamente en los propios almacenes de la Wiener Werkstätte. Sabemos que algunas de sus formas rotundas y facetadas fueron ejecutadas primero por Meyr's Neffe en Adolf, y posteriormente por Ludwig Moser & Söhne en Karlsbad, después de la fusión de ambas compañías en 1922. Sabemos también que estas obras fueron distribuidas por la Wiener Werkstätte y más tarde también por Moser. A pesar de la aparente simplicidad de Hoffmann, estas piezas resultaban caras de fabricar, en gran parte porque cada faceta era cortada y pulida a mano.

Durante la guerra, los artistas de la Wiener Werkstätte no sólo proporcionaron diseños a los productores y distribuidores de vidrio, sino que también desarrollaron una variedad de cristal que se comercializó a través de sus propias sucursales y de la venta al por menor. La inmensa mayoría de los objetos habían sido diseñados por Josef Hoffmann y suministrados por el productor de vidrio Johann Oertel de Haida, quien a su vez los había obtenido de diversos talleres regionales. Eran concebidos para ser esmaltados con una ornamentación vitalista diseñada por Dagobert Peche y las artistas de la Wiener Werkstätte y, evidentemente, fueron ejecutados por los decoradores en los talleres de la propia organización.

Después de la exposición de la Werkbund alemana en Colonia en 1914, los logros de la Werkbund vienesa empezaron a motivar a los jóvenes diseñadores de Bohemia. Además, el éxito de la Wiener Werkstätte tuvo una gran influencia en las escuelas técnicas de Haida y Steinschönau. No obstante, las dos escuelas de Bohemia tenían enfoques diferentes. Mientras la Escuela de Haida construyó su reputación sobre el área del esmaltado y el grabado al aguafuerte, y sobre el empleo del vidrio doblado, las mejores producciones de Steinschönau fueron las de cristal con decoración esmaltada en negro y oro y tallada en facetas. La Wiener Werkstätte también ejerció una gran influencia en el cristal ejecutado por Bruno Mauder y la escuela de Zwiesel, cuyas formas y ornamentos revelan el estilo de Hoffmann y Peche. Estas instituciones patrocinadas por el estado favorecieron el desarrollo de las diferentes técnicas de vidrio pintado y facetado y, por lo tanto, promovieron la producción de diseños elaborados, bien es verdad que en estilo moderno.

Aunque la Werkbund alemana continuó dando cabida a la artesanía durante la posguerra, se fue centrando progresivamente en la cooperación con la indus-

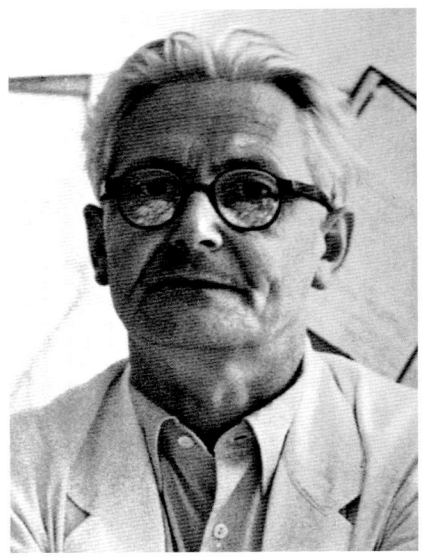

Wilhelm Wagenfeld, c. 1950.

focused on cooperation with industry and promulgated artistic theory in accord with that point of view. Its primary goal, after all, was to maintain and increase Germany's place in the world market by improving the design and quality of its manufactured goods. The Werkbund was not merely commercial or material, however, because it also believed that well-designed objects would improve man's environment and raise the quality of life. A highpoint was the 1924 exhibition that the Werkbund mounted in Stuttgart. The general theme was "Form," but there was also a special program devoted to the subject "Form Without Ornament." This portion pointed out that throughout history different civilizations had fashioned beautiful objects, objects whose beauty came not from applied adornment but from well-proportioned forms. Ancient and Oriental objects were juxtaposed with modern Western ones to demonstrate that there are eternal values in design and these are, in effect, ideals for standardization and industrialization.

A dominant force in this development was, of course, the Bauhaus. In its early days in Weimar, the Bauhaus' artistic program under Johannes Itten had been imbued with spiritualism and painterly effects, but by the time it moved to Dessau in 1925, its aesthetic was decidedly Constructivist and oriented to industrial production. It should be remembered that Walter Gropius, its director, had been a student of Peter Behrens at the time when Behrens began designing for AEG. More than any other institution, the Bauhaus maintained the ideals of the Werkbund—which entailed functionalism, the ability to produce designs industrially, and the emphasis on social responsibility and affordability. Although there was no glass workshop at the Bauhaus, industrially produced glass was often incorporated in the objects created in the metal shop.

It is not surprising, then, that the most significant glass designer to emerge in Germany in the 1930s was Wilhelm Wagenfeld, the extremely talented industrial designer who had trained in the metal workshop at the Weimar Bauhaus and then directed that department when it became part of the Bauhochschule. Wagenfeld subsequently became the artistic director of the Vereinigte Lausitzer Glaswerke and was extremely successful in realizing his ideas for artistically designed glass to be executed industrially, in serial production. People were always the focus of Wagenfeld's design interests. All things affecting man in his daily life, he believed, influence his mind: good design in a

tria, y promulgó su teoría artística de acuerdo con ese punto de vista. Después de todo, su objetivo primordial era mantener y aumentar la presencia alemana en el mercado internacional, a través del perfeccionamiento del diseño y de la calidad de los productos que se fabricaban. El enfoque de la Werkbund no era, sin embargo, meramente comercial o materialista, porque también creía que los objetos bien diseñados podían mejorar el entorno del hombre e incrementar su calidad de vida. La exposición que organizó en Stuttgart en 1924 constituyó un hito fundamental. El tema general era "La Forma", pero también había un programa especial dedicado a la "Forma Sin Ornamento". Esta parte relataba cómo a través de la historia las diferentes civilizaciones habían creado obras bellas, objetos cuya belleza no provenía de la ornamentación aplicada sino de sus formas bien proporcionadas. Se exponían objetos orientales y antiguos junto a objetos occidentales modernos, con el fin de demostrar que en el diseño existen valores eternos, que constituyen, en efecto, los ideales para la estandarización y la industrialización.

La Bauhaus sería una fuerza dominante en esta dinámica. Durante sus primeros tiempos en Weimar, el programa artístico de la Bauhaus bajo Johannes Itten, se había imbuido de espiritualidad y efectos pictóricos, pero cuando se trasladó a Dessau en 1925, su estética era decididamente constructivista y estaba orientada hacia la producción industrial. Debemos recordar que su director, Walter Gropius, había sido alumno de Peter Behrens en la época en que éste empezó a diseñar para AEG. La Bauhaus, más que ninguna otra institución, mantuvo los ideales de la Werkbund, entre los que se incluían el funcionalismo, la capacidad para producir diseños industrialmente y el énfasis en la responsabilidad social y los precios asequibles. Aunque la Bauhaus no tenía taller de vidrio, el cristal de producción industrial era con frecuencia incorporado a los objetos creados en el taller de metales.

Por ello, no resulta sorprendente que el diseñador de cristal más significativo que surgiría en Alemania en los años 30 fuera Wilhelm Wagenfeld, el brillante diseñador industrial que daba clases en el taller de metales de la Bauhaus de Weimar y que se había hecho cargo de la dirección de ese departamento cuando se integró en la Bauhochschule. Posteriormente, Wagenfeld llegó a ser director artístico de la Vereinigte Lausitzer Glaswerke y cosechó grandes éxitos en la materialización de sus ideas para vidrio diseñado artísticamente y ejecutado industrialmente, como producción en serie. Wagenfeld centró siempre su diseño en el interés por las personas. Creía que todo lo que afectaba al hombre en su vida diaria también afectaba su mente. El buen diseño, influía positivamente y el diseño pobre, de modo negativo. En oposición a aquellos que buscaban abiertamente diseños originales, Wagen-

positive way, poor design in a negative way. In contrast to those who sought outspokenly original designs, Wagenfeld preferred inconspicuous, elegant designs that were minimalist yet timeless. Moreover, the output of this factory was not merely the program of an industrial plant but also a cultural one.

Turning back to the text of Bruno Mauder, who wrote his book in 1944, we see aspects of these later developments in the world of glass but from his slightly different point of view:

> Today we speak a great deal about industrial design, simplicity, and clarity of form. There is a deep truth in this. But one thing should not be forgotten: much more than with all other materials, the craftsman working with glass is an artisan. Apart from molded glass, which is really a derivation of hollow glassware, glassmaking must always be counted among the pure craft trades. The glass furnace where a glassmaker plies his trade does not even look like an industrial workplace. There is no material that requires such intricate and interesting processing, so much deftness and precise workmanship as glass. Not only must this material be worked entirely by hand, but the craftsman must always take the greatest care when working with a molten mass that reacts in such different ways, depending on its viscosity or liquidity.
>
> Industrial form and practical design are, however, very closely connected to industrial production in which machines play the major role. The machine is, after all, no stranger to glasswork, which uses hand presses, semiautomatic and fully automatic machines in its production. Molded glass manufactured by machines comes close to the quality of hollow glass, but is still quite different from the hollow glass we buy as crystal for our tables. Our crystal glasses, whether colored or white, whether lead crystal, potassium or sodium glass, are after all artifacts; they bring us pleasure. The industrial form is always more or less mechanized, and objects of simplicity also lead to mechanization. However, it is precisely the handmade quality of glass that interests us so much. We can therefore predict that it is going to take some time before this material, hollow glass, falls prey to the machine.
>
> We can, however, also assume that all the individuals and groups with a keen interest in reaching this goal must first solve a series of problems. A story related at a conference of glass experts entitles us to make this assumption. The task was to produce some type of glass by a purely mechanical process in order to obtain a sizeable quantity at a low price. New machines were studied and considered: one produced scarcely more glass than manual craftsmanship could and was rejected as uneconomical, while the other was too rational and

feld prefería los diseños discretos y elegantes que, aunque minimalistas, eran intemporales. Más aún, la producción de esta fábrica no era meramente el programa de una planta industrial, sino todo un programa cultural.

Si volvemos de nuevo al texto de Bruno Mauder, escrito en 1944, podemos encontrar aspectos de estos últimos avances en el mundo del vidrio, pero enfocados desde un punto de vista ligeramente distinto:

> Hoy en día se habla mucho sobre diseño industrial, simplicidad y claridad de la forma. Todo ello es muy cierto. Pero hay algo que no podemos olvidar: más claramente que con ningún otro material, el hombre que trabaja el vidrio es un artesano. Aparte del vidrio a molde, que en realidad es una derivación del vidrio vaciado, el oficio de vidriero debe ser siempre considerado una artesanía pura. El horno de cocción, donde el vidriero ejerce su oficio, ni siquiera tiene la apariencia de una fábrica industrial. No existe ningún material que requiera un procesamiento tan complejo e interesante como el vidrio, tanta habilidad y tan meticulosa destreza. No es solamente que este material haya de ser enteramente trabajado a mano, sino que el artesano debe extremar el cuidado al manejar una masa fundida que se comporta de maneras tan diversas, dependiendo de su viscosidad o liquidez.
>
> La forma industrial y el diseño práctico están, no obstante, íntimamente relacionadas con la producción industrial, en la que la máquina juega un papel fundamental. Esta máquina no resulta, después de todo, extraña en el trabajo del vidrio, que emplea en su producción prensas manuales, máquinas semiautomáticas o totalmente automáticas. El vidrio a molde fabricado por las máquinas se aproxima a la calidad del vidrio vaciado, pero todavía hay bastante diferencia con el vidrio vaciado que compramos como cristal para poner en la mesa. Nuestros vasos de cristal, ya sean blancos o de color, ya sean de cristal de plomo, de potasio o de sodio son, después de todo, artefactos; nos proporcionan placer. La forma industrial siempre está más o menos mecanizada y los objetos de simplicidad también nos conducen a la mecanización. Sin embargo, es precisamente la calidad de lo hecho a mano lo que tanto nos cautiva del vidrio. Y es por ello por lo que podemos aventurar que todavía ha de pasar cierto tiempo antes de que este material, el vidrio vaciado, sea presa de la máquina.
>
> No obstante, asumimos también que todos los individuos y grupos interesados en alcanzar esta meta deben antes resolver una serie de cuestiones. Una historia que alguien contó en una reunión de expertos en vidrio nos permite hacer esta suposición. La cuestión era producir cierto tipo de vidrio por un procedimiento puramente mecánico con el

produced so much glass that enormous overproduction resulted. Despite its high output, this machine was also rejected. However, this matter always poses a problem for those commercial interests that arise whenever there is a call to revolutionize a material. There is no doubt that machines will always be able to produce the largest quantities, and at very low prices. They can also satisfy the highest demand in the shortest possible time, and the result would be abundant surpluses. The question of absorbing young talent in glasswork, a major problem today, would also be solved immediately. But would all of this be a major benefit for glass in the long run? For the glass industry, it certainly would not.

This train of thought is triggered by a range of phenomena evident today, but common sense will ultimately prevail. We must do something to make sure the market gets what it needs. Machines, however, generally only produce articles that are absolutely essential, and which can be used in the same way for many different functions. In this way we can produce a glass that will fulfill its purpose and, for a time, enjoy great popularity. But once the saturation point is reached, the desire to buy quality and beautiful objects, which from time immemorial have been deemed of value, will return. People will always resist being objectified, typified; our cultural consciousness goes back too far for that.

Certain ideas emerge from this rapid cavalcade of events and personalities. All too often we see works of glass in isolation, as museum objects, but we also need to recognize that they are the results of complex interrelationships between individual designers and artisans, art groups, commercial distributors, and factories. They embody not only artistry but social values. Although these works are from the past and have a sense of remove and distance, they also represent ideas which are still of importance and relevance today.

fin de obtener una cantidad considerable a bajo precio. Se estudiaron y examinaron nuevas máquinas: una de ellas producía sólo algo más de vidrio que el proceso manual, por lo que fue desechada por resultar poco económica, mientras que la otra era demasiado racional y producía tanta cantidad de vidrio que condujo a una sobreproducción descomunal. A pesar de su alto rendimiento, esta máquina también fue desechada. No obstante, este asunto siempre constituye un problema para los intereses comerciales que surgen cada vez que se presenta la necesidad de revolucionar un material. No hay duda de que las máquinas siempre estarán disponibles para producir en grandes cantidades y a un coste muy bajo. También pueden satisfacer la mayor demanda en el menor tiempo posible, dando como resultado copiosos excedentes. También se resolvería inmediatamente el problema de atraer talentos jóvenes al trabajo del vidrio. Pero ¿constituiría todo ello un beneficio importante para el vidrio a largo plazo?. Para la industria del vidrio, ciertamente no. Esta línea de pensamiento ha sido desencadenada por una serie de fenómenos evidentes en estos momentos, pero finalmente prevalecerá el sentido común. Debemos hacer algo para asegurarnos de que el mercado obtenga lo que necesita. Las máquinas, no obstante, sólo producen artículos que son absolutamente esenciales y que pueden usarse de del mismo modo para diferentes funciones. En este sentido, podemos producir un cristal que cumpla su función y que, durante un tiempo, disfrute de gran popularidad. Pero una vez alcanzado el punto de saturación, reaparecerá el deseo de comprar calidad y objetos bellos, algo que desde tiempo inmemorial ha sido digno de valor. La gente siempre se resistirá a ser objetuada, tipificada; nuestra consciencia cultural se remonta demasiado en el tiempo para que esto suceda.

De este vertiginoso desfile de acontecimientos y personalidades emergen ciertas ideas. Demasiado a menudo contemplamos las piezas de vidrio aisladas, como objetos de museo, pero es necesario reconocer que estos objetos son el resultado de complejas interrelaciones entre diseñadores y artesanos, grupos artísticos, distribuidores comerciales y factorías. Encarnan no sólo valores artísticos sino también sociales. Aunque estas obras pertenecen ya a la historia y poseen un sentido de lejanía y distancia, también representan ideas que todavía son relevantes hoy en día.

Catalogue   Catálogo

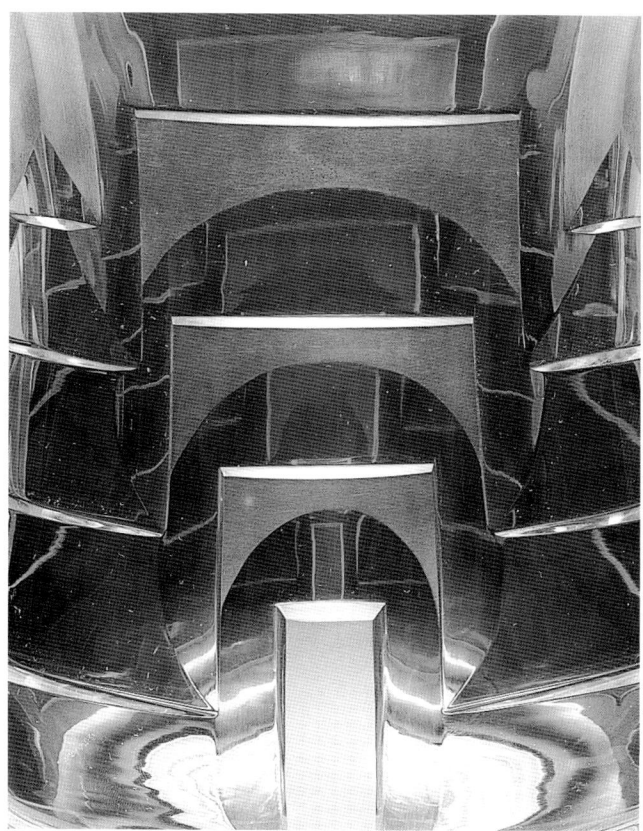

Notes on the Use of the Catalogue

The names of cities and countries are given in terms of modern geographical designations, with the older, traditional names of cities in parentheses.

In the dimensions given, height precedes width precedes depth. References to the signatures on objects are keyed to the Table of Marks on pages 188–90.

Notas sobre el uso de este catálogo

Los nombres de ciudades se presentan en su denominación geográfica actual, con los nombres antiguos o tradicionales entre paréntesis.

En las dimensiones se reseñan altura, anchura y profundidad, por este orden. Las referencias a las firmas sobre los objetos se detallan en el elenco de marcas en las páginas 188–90.

Style 1900

Estilo 1900

The first years of the twentieth century were marked by the movement known as "Art Nouveau." In Germany it was often called "Jugendstil," after *Jugend* (Youth), a magazine devoted to modern literature and art. In Austria it was identified as "Sezessionstil," a name associated with young modernists who had seceded from an older, conservative group of artists in Vienna and founded their own society. Under the umbrella of all these different names was a wide spectrum of styles or, at least, related styles with very different emphases. Some artists preferred to accentuate Nature in accord with the imagery of Japanese prints, others turned to a purely abstract style of organically curving lines, and then there were those who were intrigued by the Symbolists and their poetically veiled meanings. Moreover, some artists and designers combined different aspects of these modes.

Glassmaking responded to all these aesthetics. The most celebrated Austrian glass manufactory around 1900 was the firm of Lötz Witwe, which, in its production of iridescent glass, had taken its cues from the innovations of Louis C. Tiffany's glass. Yet Lötz's bright palette and decorative patterns of wavy lines and spots also suggest analogies with Viennese painting, especially works by Gustav Klimt and Koloman Moser. Also, the geometric clarity of many of Lötz's shapes reveals Vienna's distinctive sense of modern

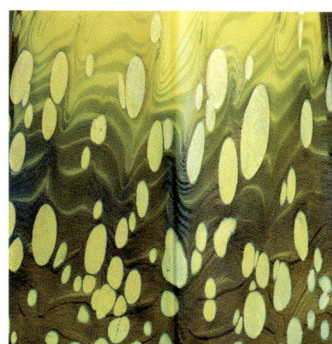

Lötz Witwe, *Phenomenon* glass (detail), 1904 (cat. no. 4).

Viuda Lötz, Cristal *Phenomenon* (detalle), 1904 (cat. num. 4).

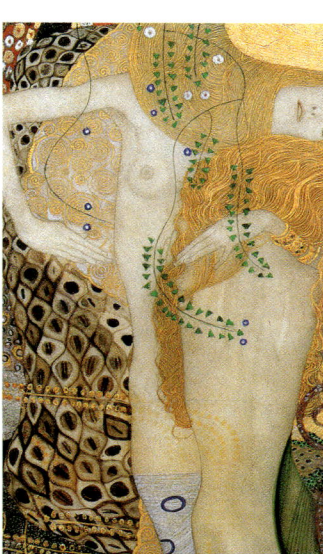

Gustav Klimt, *Judith* (detail), 1902, Österreichische Galerie, Vienna.

Gustav Klimt, *Judith* (detalle), 1902, Österreichische Galerie, Viena.

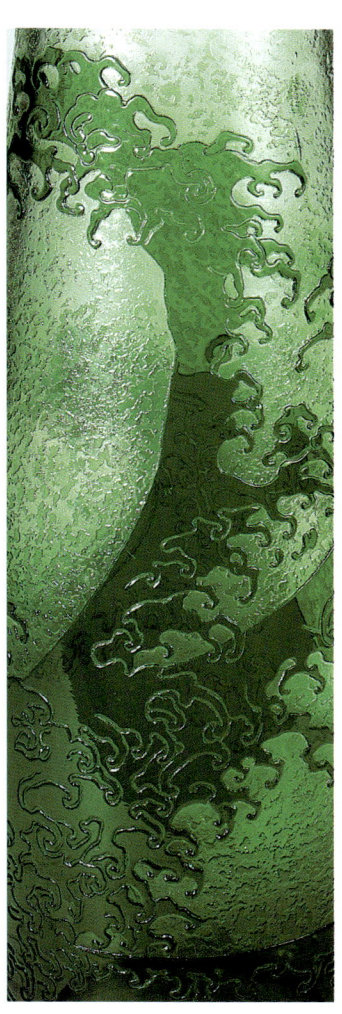

Adolf Beckert, Vase (detail), 1905 (cat. no. 6).

Adolf Beckert, Jarrón (detalle), 1905 (cat. num. 6).

Los primeros años del siglo veinte estuvieron marcados por el movimiento conocido como "Art Nouveau." En Alemania se denominó a menudo "Jugendstil," derivado de *Jugend* (juventud), una revista dedicada a la literatura y el arte modernos. En Austria se identificó como "Sezessionstil," nombre asociado a los jóvenes modernistas que, en Viena, se habían desgajado de un grupo de artistas conservadores y de mayor edad y habían formado su propia sociedad. Bajo el manto de todas estas diferentes denominaciones se aglutinaba un amplio espectro de estilos o, al menos, ciertos estilos relacionados entre sí con planteamientos muy diversos. Algunos artistas preferían enfatizar la naturaleza, siguiendo las imágenes de los grabados japoneses; otros se volcaron en un estilo puramente abstracto de líneas que se curvaban orgánicamente; y finalmente estaban los fascinados por los Simbolistas y los significados poéticamente velados. Más aún, algunos artistas y diseñadores combinaron diferentes aspectos de estas modalidades.

La fabricación de vidrio fue sensible a toda esta estética. Viuda Lötz era la manufactura vienesa de cristal más célebre en torno a 1900. Su producción de vidrio iridiscente había sido estimulada por las innovaciones de Louis C. Tiffany. Además, la brillante paleta de Lötz y sus motivos decorativos de líneas y puntos ondulantes sugieren analogías con la pintura vienesa,

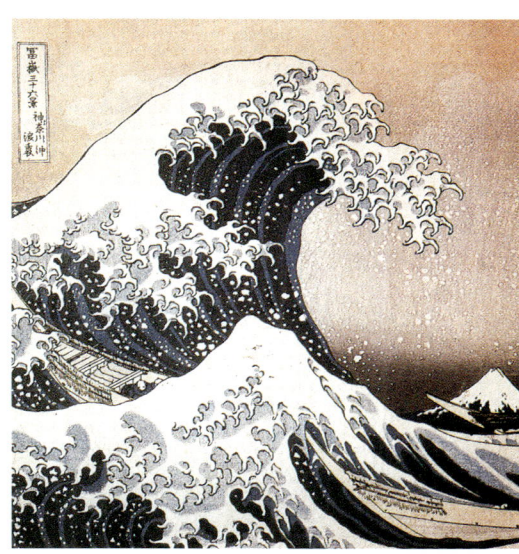

Katsushika Hokusai, *The Great Wave Off Kanagawa* from *Thirty-Six Views of Mt. Fuji* (detail), 1823–31, private collection.

Katsushika Hokusai, *La gran ola de Kanagawa,* de *Treinta y seis vistas del monte Fujii* (detalle), 1823–31, col. part.

form, and parallels the architecture of Josef Hoffmann and his colleagues. After 1905, Lötz often favored the technique of using two or more layers of colored glass, with etched decoration. Here Lötz was following in the footsteps of Emile Gallé and his many European followers. Adolf Beckert, the company's designer, supplied patterns suggestive of plants and waves, but their flat, linear schemes recall prints by both Japanese and Jugendstil artists.

especialmente con las obras de Gustav Klimt y Koloman Moser. Más aún, la claridad geométrica de muchas de las formas de Lötz revela el sentido típicamente vienés de la forma moderna, y parangona la arquitectura de Josef Hoffmann y sus colegas. Después de 1905, Lötz fomentó frecuentemente la técnica de emplear dos o más capas de cristal coloreado con decoración grabada al aguafuerte. En esto Lötz seguía el camino abierto por Emile Gallé y sus numerosos seguidores europeos. Adolf Beckert, diseñador de la compañía, proporcionaba sugerentes diseños de plantas y olas marinas, cuyos esquemas planos y lineales recuerdan a los grabados tanto de artistas japoneses como del Jugendstil.

1. **Vase**, 1900
Josef Hoffmann
Produced by Lötz Witwe, Klásteršý Mlýn (Klostermühle), Czech Republic

Blown opalescent glass, overlaid colored glass, iridized
18 × 12.4 × 12.4 cm, unsigned

This vase is one of the earliest glass vessels designed by of Josef Hoffmann, a pivotal figure in early twentieth-century Viennese architecture and design. While the iridescent surface created by the Lötz factory reflects the influence of glass made by Tiffany Studios, Hoffmann's architectonic sense of form—especially the three columnar struts and the flat lip—announce the Viennese approach to design, one which so captivated everyone at the turn of the century.

1. **Jarrón**, 1900.
Josef Hoffmann.
Producido por Viuda Lötz, Klásteršý Mlýn (Klostermühle), República Checa.

Cristal soplado opalescente, cristal coloreado superpuesto, irisado.
18 × 12'4 × 12'4 cm, sin firma.

Este jarrón es uno de los primeros modelos concebidos para vidrio por Josef Hoffmann, una figura fundamental de la arquitectura y el diseño vieneses en los albores del siglo veinte. Mientras la superficie iridiscente creada por la factoría Lötz refleja la influencia del vidrio hecho en Tiffany Studios, el sentido arquitectónico de la forma de Hoffmann –especialmente las tres riostras columnares y el borde aplanado– anuncian el enfoque vienés del diseño. que habría de cautivar a tantos en el cambio de siglo.

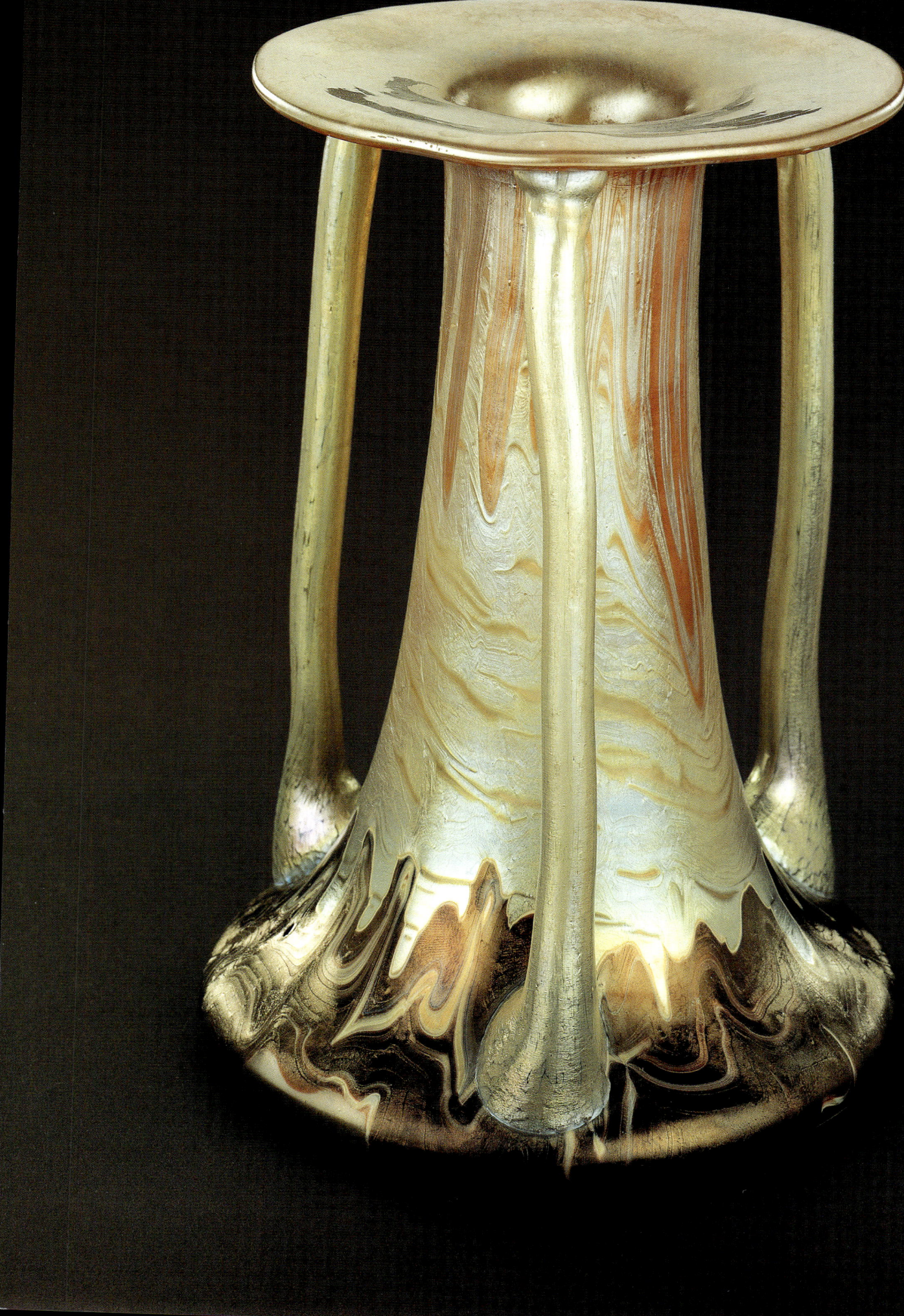

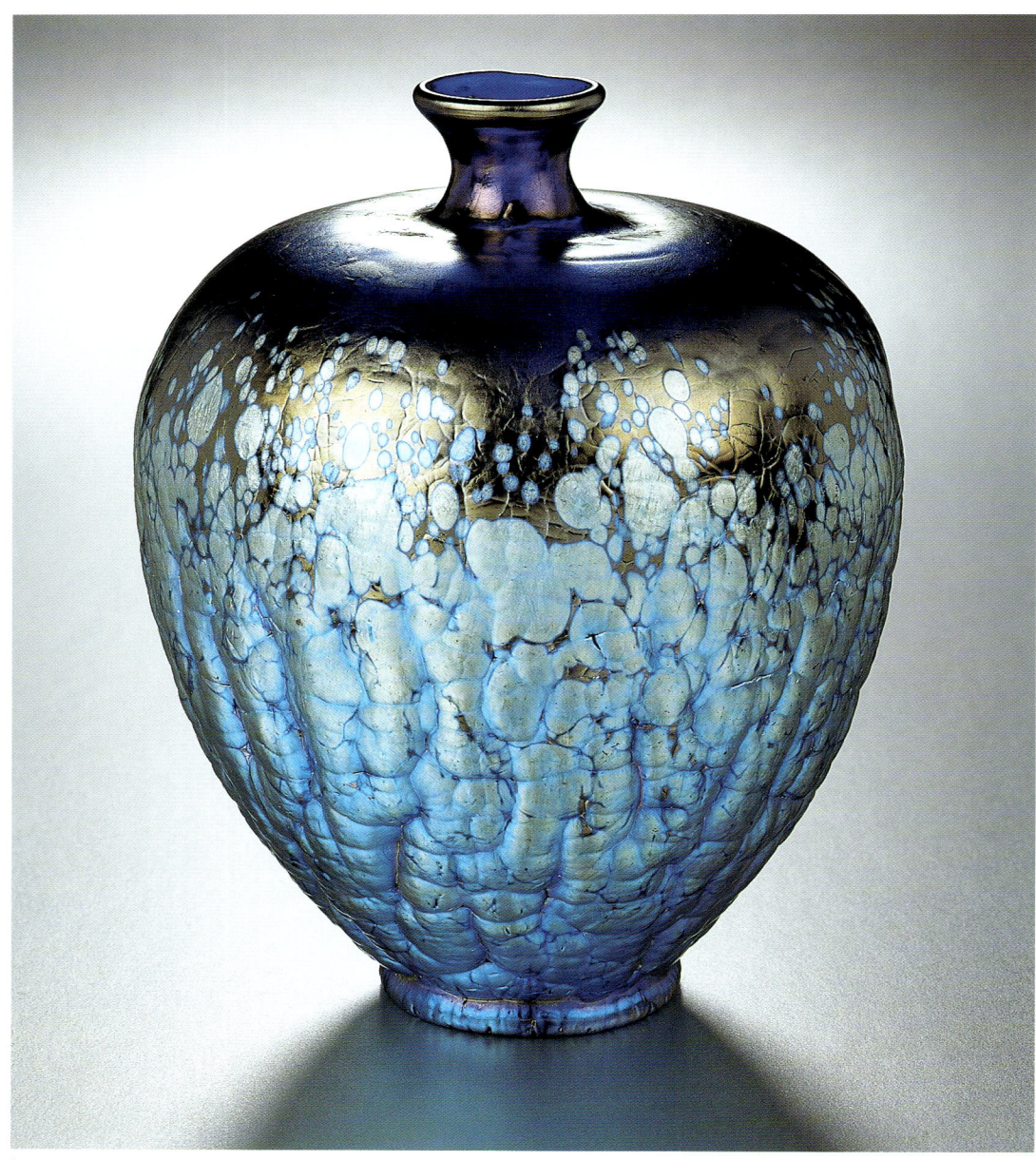

2

2. **Vase**, 1900
Designer unknown
Produced by Lötz Witwe, Klásterš ý Mlýn
(Klostermühle), Czech Republic

Blown colored glass, overlaid colored glass,
iridized
16 × 5.3 × 5.3 cm, signed: mark 22

2. **Jarrón**, 1900.
Diseñador desconocido.
Producido por Viuda Lötz, Klásterš ý Mlýn
(Klostermühle), República Checa.

Cristal coloreado soplado, cristal coloreado
superpuesto, irisado.
16 × 5'3 × 5'3 cm, firmado: ver marca
num. 22.

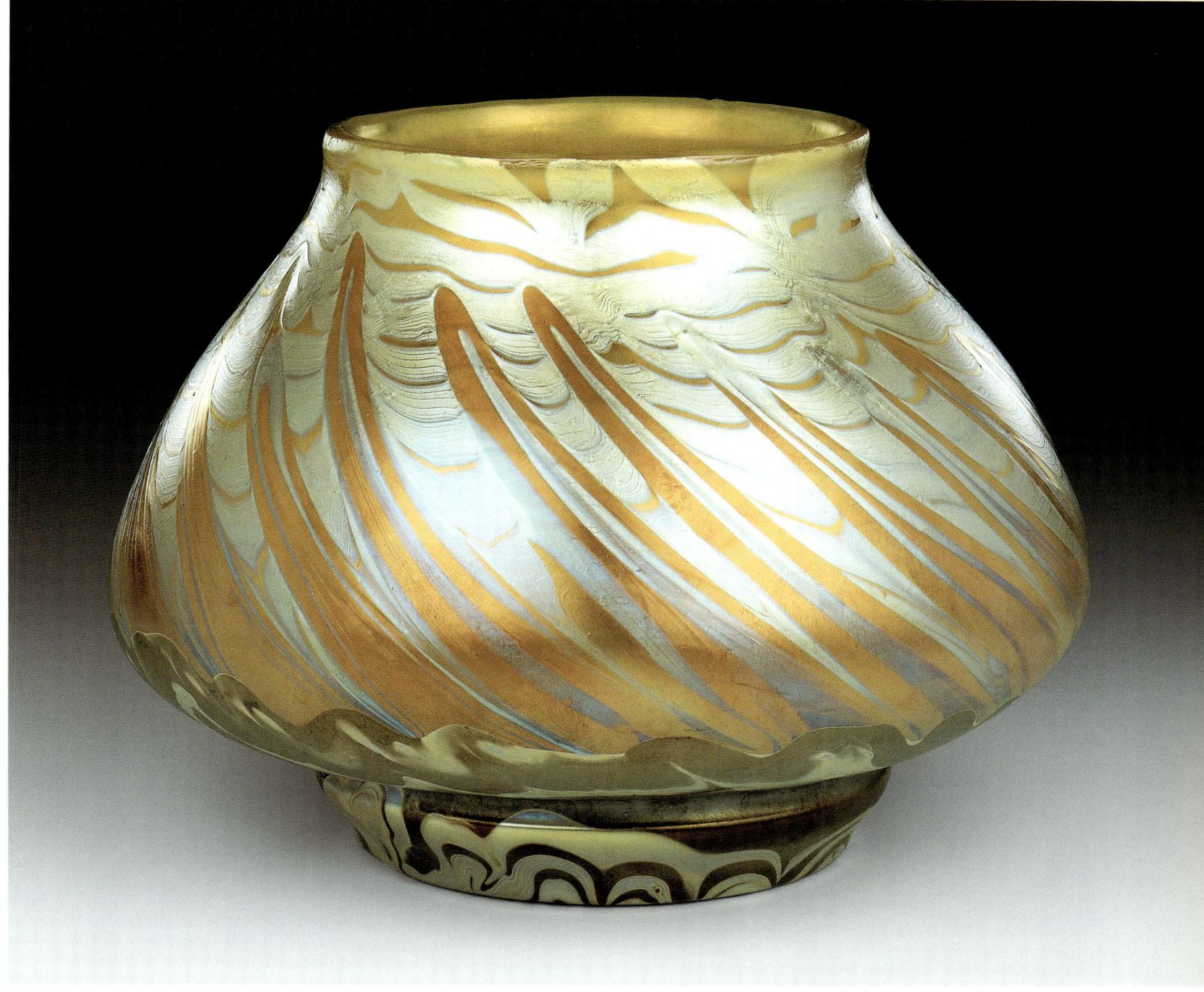

3. **Vase**, 1900
Franz Hofstätter
Produced by Lötz Witwe, Klásterský Mlýn (Klostermühle), Czech Republic

Blown clear glass, overlaid colored glass, iridized
13.5 × 17.5 × 17.5 cm, unsigned

The Lötz Witwe glassworks, established in southern Bohemia, became one of the most renowned glass factories shortly before the turn of the century owing to its bold, iridescent colors which it called *Phenomenon* glass. It achieved these effects through metallic oxides, different overlays, and chemical manipulation of the surface. Although at first influenced by the works of Louis C. Tiffany, Lötz soon developed its own distinctive colors and textures. This model is one that was included in the company's exhibit at the Paris World's Fair of 1900, where the firm was awarded a Grand Prize and two silver medals.

3. **Jarrón**, 1900.
Franz Hofstätter.
Producido por Viuda Lötz, Klásterský Mlýn (Klostermühle), República Checa.

Cristal transparente soplado, cristal coloreado superpuesto, irisado.
13'5 × 17'5 × 17'5 cm, sin firma.

La fábrica de cristales Viuda Lötz, establecida en el sur de Bohemia, se convirtió en una de las fábricas de mayor renombre poco antes del cambio de siglo, sobre la base de sus colores fuertes e iridiscentes denominados cristal *Phenomenon*. Este efecto se conseguía por medio del empleo de óxidos metálicos, de la superposición de diferentes capas y de la manipulación química de las superficies. Aunque al principio se vio influenciada por las obras de Louis C. Tiffany, Lötz pronto desarrolló sus propios colores y texturas distintivas. Este modelo fue incluido en la muestra de la compañía en la Exposición Universal de París de 1900, en la que la firma fue galardonada con un Gran Premio y dos medallas de plata.

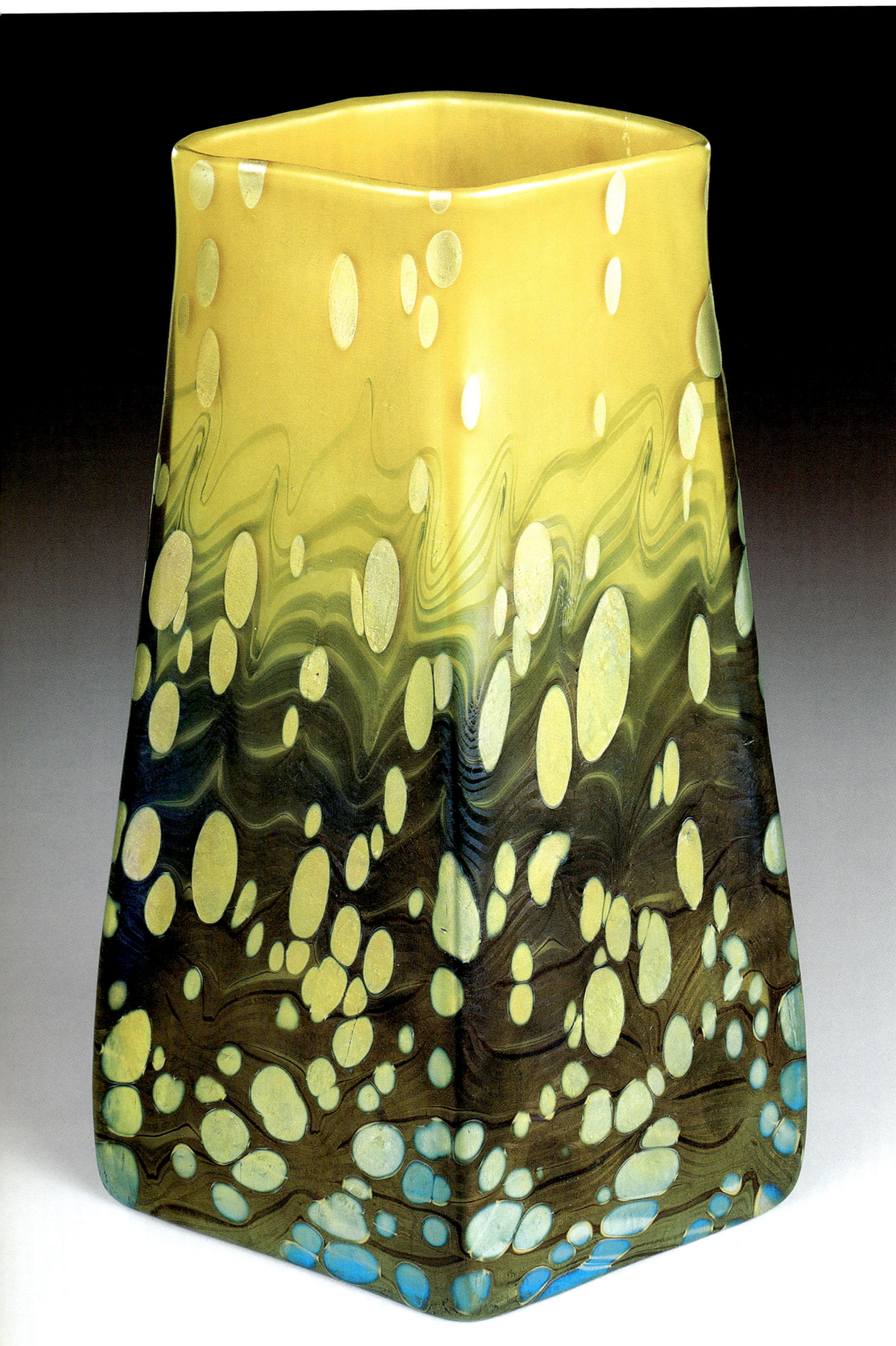

4. **Vase**, 1904
Designer unknown
Produced by Lötz Witwe, Klásterśý Mlýn (Klostermühle), Czech Republic

Blown colored glass, overlaid clear and colored glass, iridized
23 × 14 × 14 cm, unsigned

Unlike the many organic shapes which were developed at the Lötz factory, the rhomboid shape of this model evokes the Secessionist and early Wiener Werkstätte forms of Josef Hoffmann and Koloman Moser. Also, the dotted golden pattern set against the deep blue glass echoes some of Moser's and Gustav Klimt's paintings, where similar combinations of gold and saturated colors create a sense of Byzantine richness.

4. **Jarrón**, 1904.
Diseñador desconocido.
Producido por Viuda Lötz, Klásterśý Mlýn (Klostermühle), República Checa.

Cristal soplado transparente, cristal transparente y coloreado superpuesto, irisado.
23 × 14 × 14 cm, sin firma.

A diferencia de las numerosas formas orgánicas que fueron desarrolladas en la fábrica Lötz, la forma romboidal de este modelo evoca los perfiles secesionistas y de la temprana Wiener Werkstätte de Josef Hoffmann y Koloman Moser. Además, el dibujo de manchas doradas dispersas sobre el cristal azul oscuro imita algunas de las pinturas de Moser y Gustav Klimt, donde combinaciones similares de oro y colores saturados crean una sensación de riqueza bizantinesca.

5. **Vase**, c. 1909
Adolf Beckert
Produced by Lötz Witwe, Klásterŝý Mlýn (Klostermühle), Czech Republic

Blown clear glass, overlaid colored glass, acid-etched
22 × 9.6 × 9.6 cm, signed: mark 23

Adolf Beckert, one of the most influential glass designers working in Bohemia, was trained at the Benedikt von Poschinger factory in Oberzwieselau and then became artistic director of the Lötz glassworks from 1909 to 1911. There he created compositions incorporating sophisticated combinations of cased colored glass and acid etching, recalling the glasswork of Emile Gallé and his many European imitators. Beckert's designs reflect his interest in Chinese ceramics, Japanese design, and themes from nature. The pattern on this vase may suggest coral or foamy water, but it is brilliantly abstracted. This model was shown at the landmark 1909–10 exhibition at the Museum for Art and Industry in Vienna.

5. **Jarrón**, h. 1909.
Adolf Beckert.
Producido por Viuda Lötz, Klásterŝý Mlýn (Klostermühle), República Checa.

Cristal soplado transparente, cristal coloreado superpuesto, grabado al aguafuerte.
22 × 9'6 × 9'6 cm, firmado: ver marca núm. 23.

Adolf Beckert, uno de los diseñadores más prestigiosos de los que trabajaron en Bohemia, se formó en la fábrica Benedikt von Poschinger en Oberzwieselau y después fue director artístico de la fábrica de cristales Lötz entre 1909 y 1911. Allí creó composiciones que incorporaban combinaciones sofisticadas de cristal coloreado doblado y grabado al aguafuerte, parangonando las obras en cristal de Emile Gallé y de sus numerosos imitadores europeos. Los diseños de Beckert reflejan su interés por la cerámica china, el diseño japonés y la temática de la naturaleza. El dibujo de este jarrón puede sugerir el coral o el agua espumeante, pero es genialmente abstracto. Este modelo fue expuesto en la conocida exposición de 1909–1910 en el Museo de Arte e Industria de Viena.

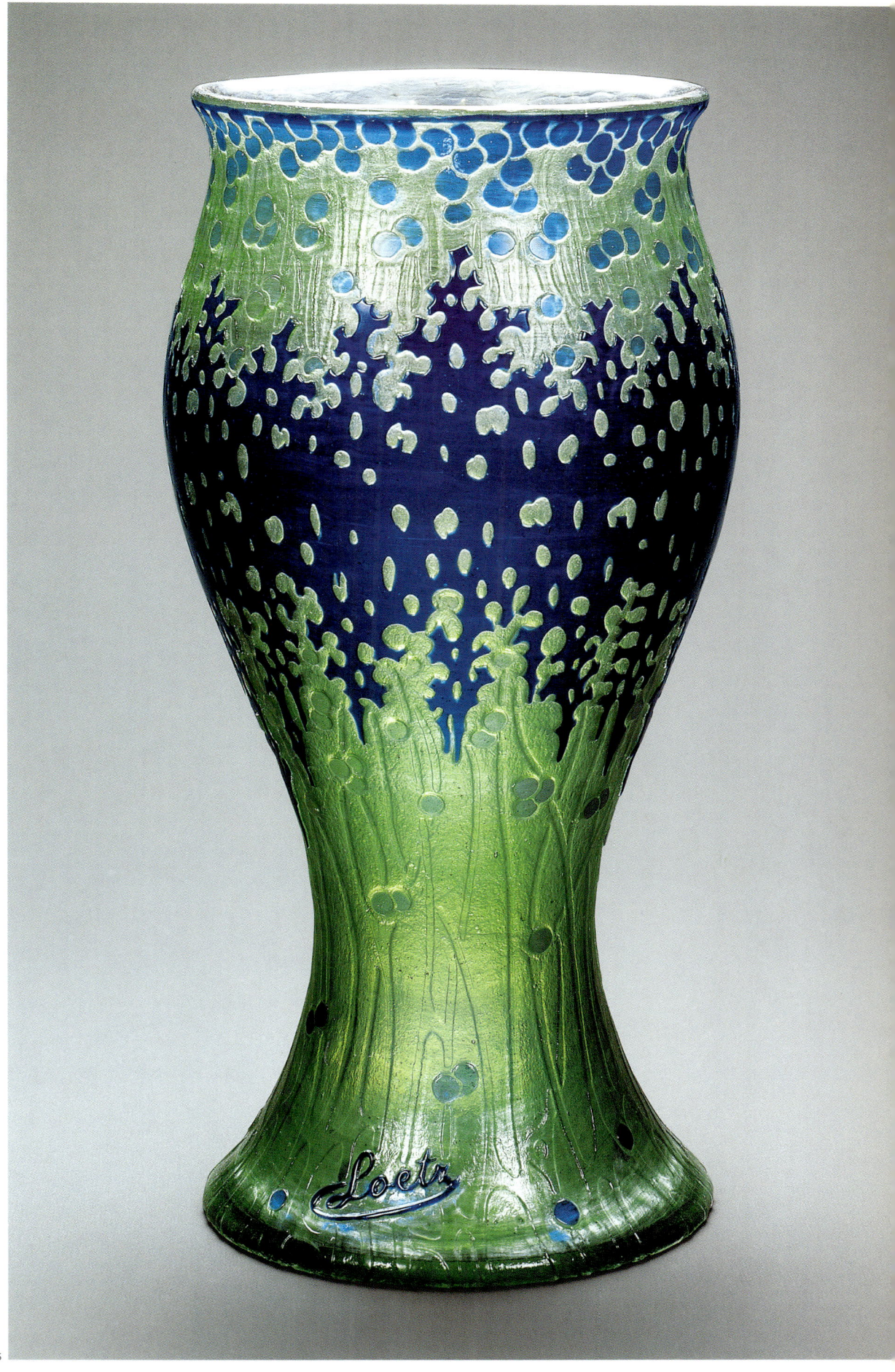

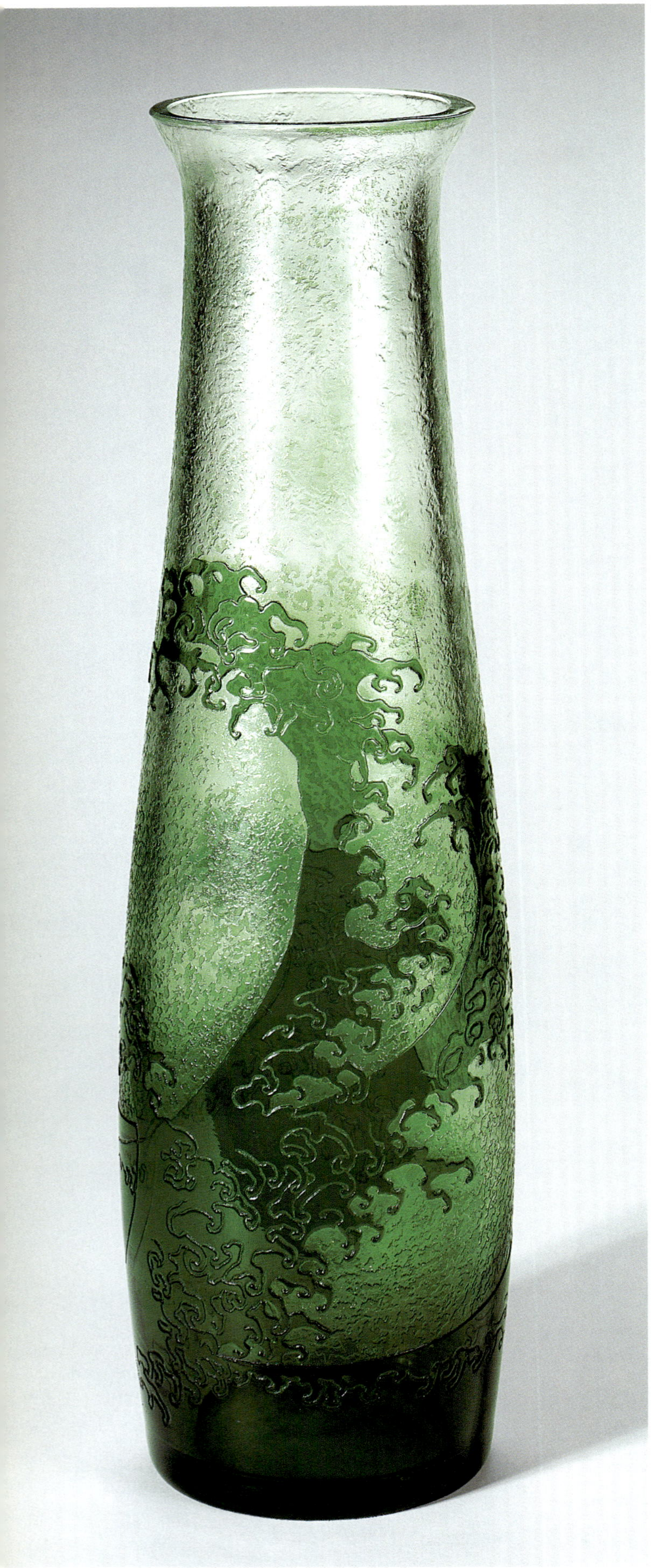

6.

6. **Vase**, 1905
Form and decoration: Adolf Beckert
Produced by Kristallglasfabrik Benedikt von Poschinger, Lindberg Oberzwieselau (Oberzwieselau), Germany

Blown clear glass, overlaid colored glass, acid-etched
25.2 × 6 × 6 cm, signed: mark 2

6. **Jarrón**, 1905.
Forma y decoración: Adolf Beckert.
Producido por Kristallglasfabrik Benedikt von Poschinger, Lindberg Oberzwieselau (Oberzwieselau), Alemania.

Cristal soplado transparente, cristal coloreado superpuesto, grabado al aguafuerte.
25'2 × 6 × 6 cm, firmado: ver marca num. 2.

7. **Vase**, 1909
Adolf Beckert
Produced by Lötz Witwe, Klásterský Mlýn (Klostermühle), Czech Republic

Blown clear glass, overlaid colored glass, acid-etched
20.5 × 26 × 26 cm, signed: mark 23

7. **Jarrón**, 1909.
Adolf Beckert.
Producido por Viuda Lötz, Klásterský Mlýn (Klostermühle), República Checa.

Cristal soplado transparente, cristal coloreado superpuesto, grabado al aguafuerte.
20'5 × 26 × 26 cm, firmado: ver marca num. 23.

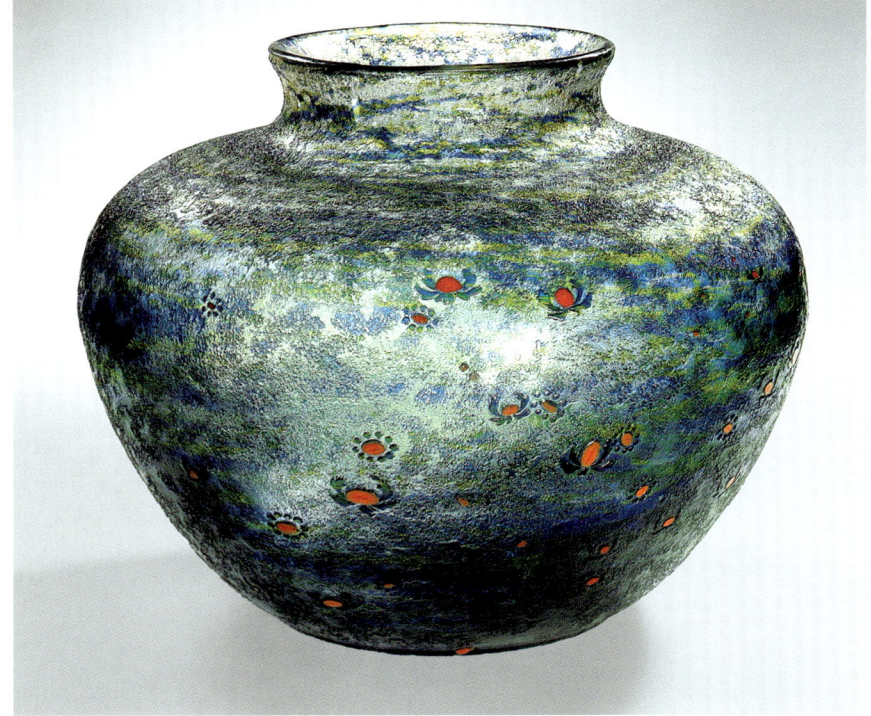

7.

32 — Style 1900

8. **Vase**, c. 1906
Leopold Bauer
Produced by Lötz Witwe, Klásteršý Mlýn
(Klostermühle), Czech Republic

Mold-blown colored glass, overlaid colored
and clear glass, iridized
25 × 11.5 × 11.5 cm, unsigned

8. **Jarrón**, h. 1906.
Leopold Bauer.
Producido por Viuda Lötz, Klásteršý Mlýn
(Klostermühle), República Checa.

Cristal coloreado soplado a molde, cristal
coloreado y transparente superpuestos,
irisado.
25 × 11'5 × 11'5 cm, sin firma.

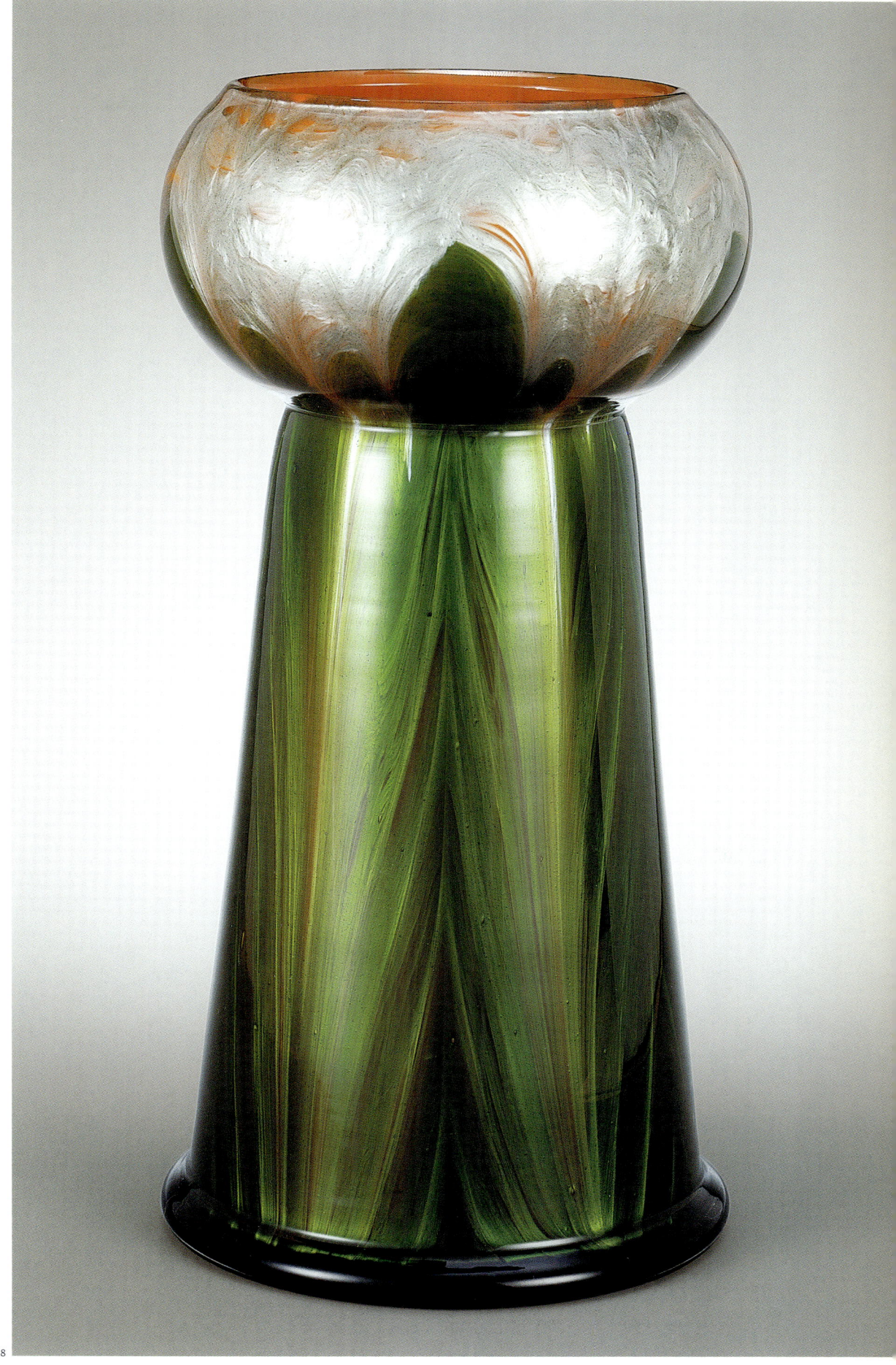

Estilo 1900 —— 33 ——

9. **Vase**, 1909
Form: Marie Kirschner
Produced by Lötz Witwe, Klásterŝý Mlýn (Klostermühle), Czech Republic

Blown colored glass, overlaid clear glass, iridized
12.5 × 12.5 × 12.5 cm, signed: mark 16

9. **Jarrón**, 1909.
Forma: Marie Kirschner.
Producido por Viuda Lötz, Klásterŝý Mlýn (Klostermühle), República Checa.

Cristal soplado transparente, cristal transparente superpuesto, irisado.
12'5 × 12'5 × 12'5 cm, firmado: ver marca num. 16.

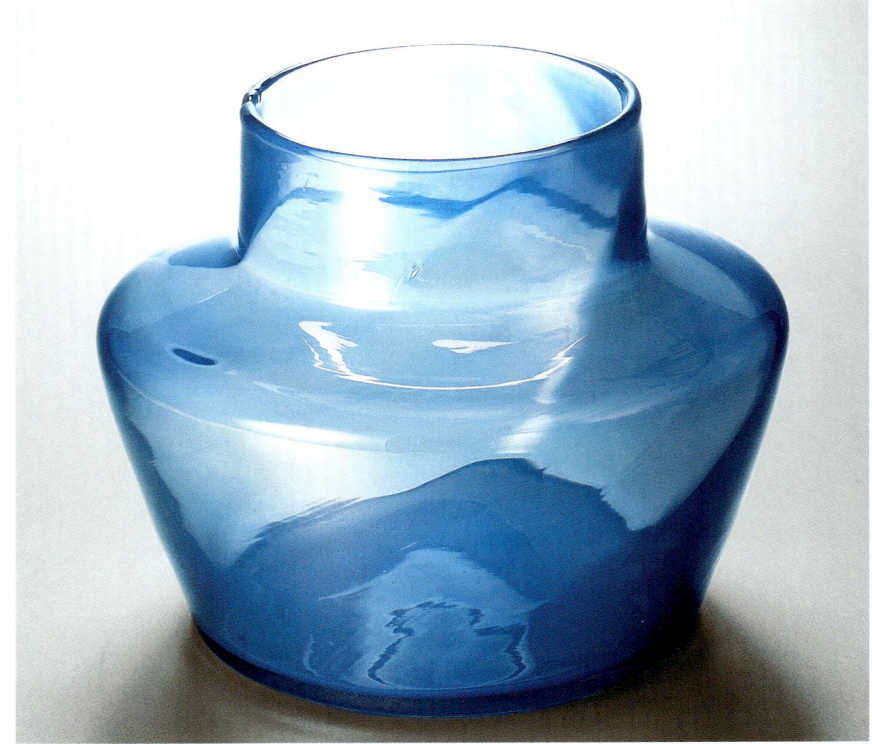

9

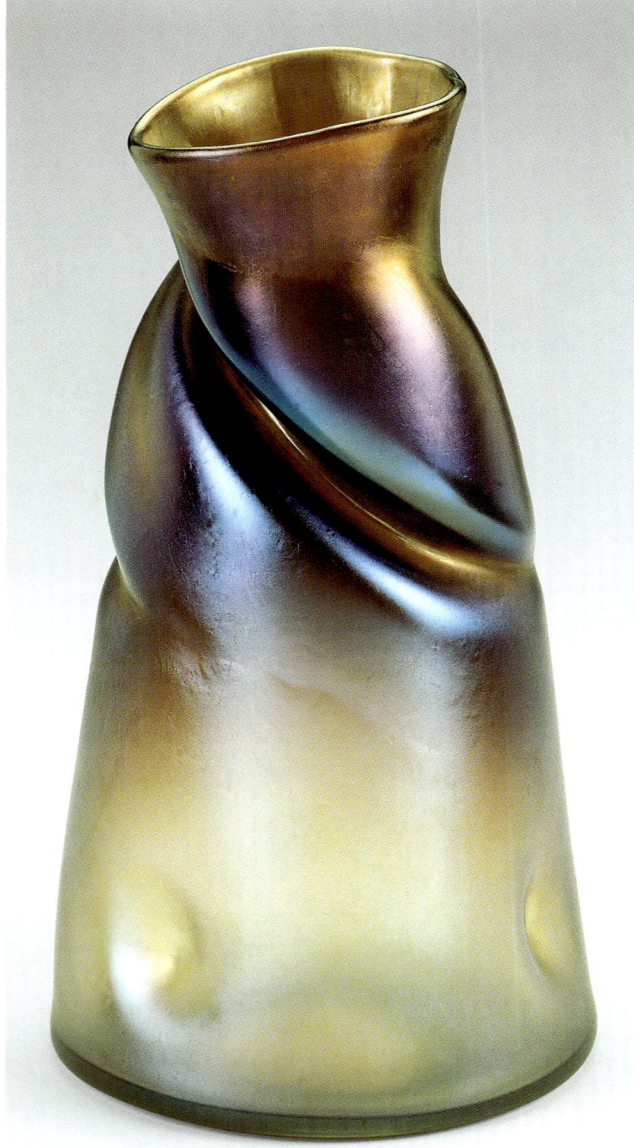

10. **Vase**, 1902
Jutta Sika
Produced by Lötz Witwe, Klásterŝý Mlýn (Klostermühle), Czech Republic

Blown colored glass, overlaid clear glass, iridized
19.8 × 10.5 × 10.5 cm, unsigned

10. **Jarrón**, 1902.
Jutta Sika.
Producido por Viuda Lötz, Klásterŝý Mlýn (Klostermühle), República Checa.

Cristal soplado transparente, cristal transparente superpuesto, irisado.
19'8 × 10'5 × 10'5 cm, sin firma.

10

—— 34 —— Style 1900

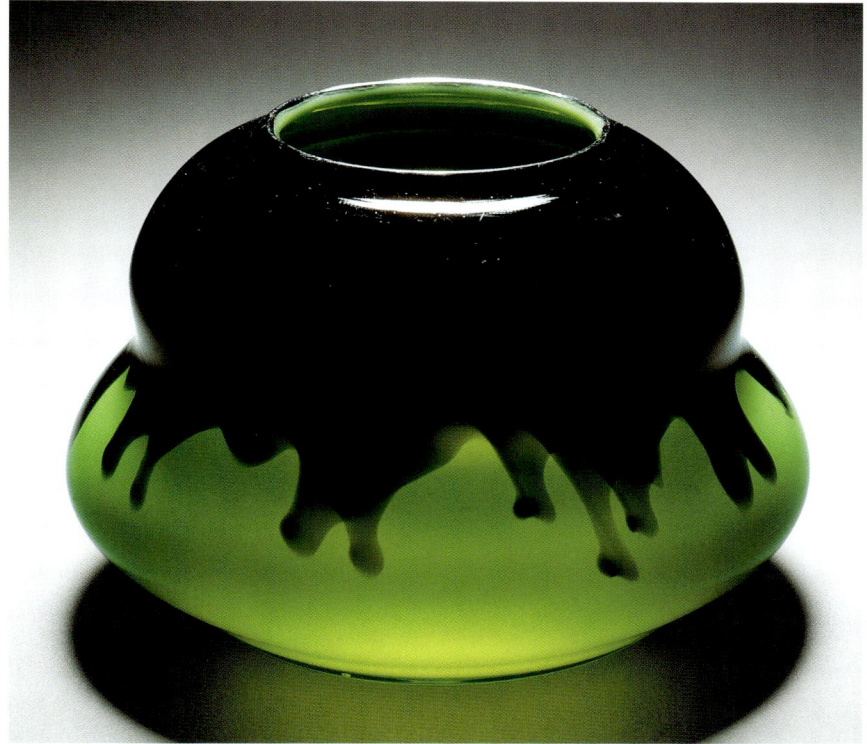

11.

11. Vase, c. 1908
Eduard Prochaska
Produced by Lötz Witwe, Klásterśý Mlýn (Klostermühle), Czech Republic

Blown colored glass, overlaid colored and clear glass
11 × 10 × 10 cm, unsigned

11. Jarrón, h. 1908.
Eduard Prochaska.
Producido por Viuda Lötz, Klásterśý Mlýn (Klostermühle), República Checa.

Cristal soplado coloreado, cristal coloreado y transparente superpuestos.
11 × 10 × 10 cm, sin firma.

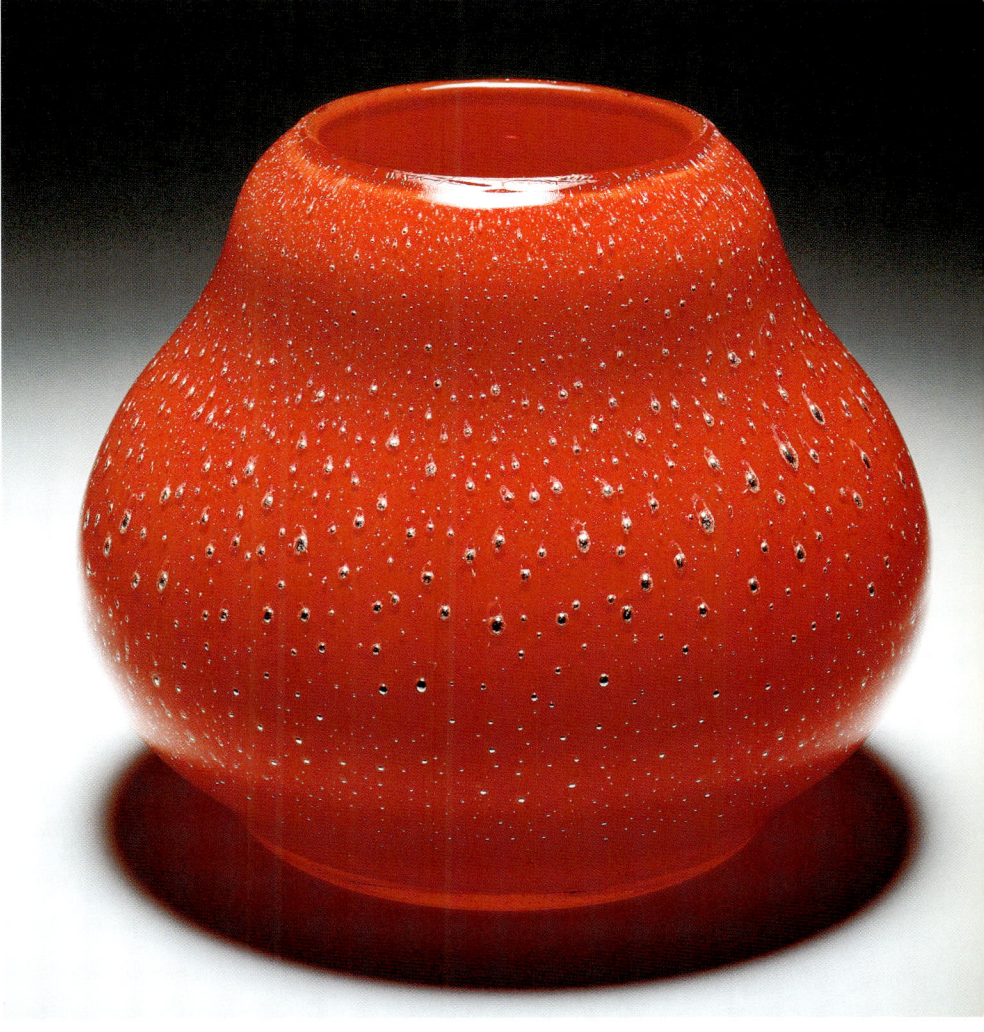

12. Vase, 1908
Otto Prutscher
Produced by Lötz Witwe, Klásterśý Mlýn (Klostermühle), Czech Republic

Mold-blown colored glass, overlaid clear glass, silver-colored pellets
12 × 14.7 × 14.7 cm, unsigned

Although Otto Prutscher's geometric designs made him one of the most significant exponents of the Viennese school, for this vase he experimented in a different direction, using a then-popular technique known as "bead glass." The sparkling bubbles were created by embedding tiny silver globules in the clear glass flashing that surrounds the intense red of the inner core. The overall silhouette remains essentially geometric, as we would expect from Vienna, but the slightly organic shape, brilliant color, and internal bubbly texture prefigure glass of the 1920s.

12. Jarrón, 1908.
Otto Prutscher.
Producido por Viuda Lötz, Klásterśý Mlýn (Klostermühle), República Checa.

Cristal coloreado soplado a molde, cristal transparente superpuesto, gránulos coloreados en plata.
12 × 14'7 × 14'7 cm, sin firma.

Aunque los diseños más geométricos de Otto Prutscher hicieron de él uno de los exponentes más sobresalientes de la escuela vienesa, en este jarrón experimentó en una dirección distinta, empleando una técnica común en esa época conocida como "cristal de cuentas". Las burbujas centelleantes se han creado incrustando pequeños glóbulos de plata en la capa de cristal transparente que circunda el rojo intenso del núcleo interior. La silueta en su conjunto permanece esencialmente geométrica, como es de esperar en Viena, pero la forma ligeramente orgánica, el color brillante y la textura interna burbujeante preconizan el cristal de los años 20.

Viennese Secession

Vienna was home to an austere form of modernism but, with the exception of Adolf Loos, most of its leading designers were ornamentalists with a wonderfully distinctive style of their own. Josef Hoffmann, Koloman Moser, and the other members of the newly-founded Wiener Werkstätte created elaborate decorative schemes in all media—architectural friezes, silver, textiles, and, not least, glass. The ornament lies directly on the surface and the preference for flat, two-dimensional Nature is emphasized by silhouetting. A favorite color combination was black against white, but other strongly contrasting combinations could achieve the same end. There is also a distinctive repertoire of motifs—bell flowers, heart-shaped leaves, and scrolling, spiraling stems. Although often profuse and extending over large areas of the surface, Viennese ornament retained a decidedly architectural feeling—often contained within sharply defined panels. A comparison of the ornament on some of these vases with both small-scale jewelry and the monumental friezes in the Stoclet Palace reveals the unity and distinctive nature of this city's approach to design.

Moreover, this style was disseminated through the pedagogy of the Vienna School of Decorative Arts (Wiener Kunstgewerbeschule), where classes were taught by Hoffmann and Moser, as well as Michael Powolny, an important designer of glass and ceramics. Thus, many of the leading practitioners of this Viennese style, such as Hans Bolek and Otto Prutscher, who were not members of the Wiener Werkstätte, also naturally adopted this

La Secesión Vienesa

Viena fue el seno de una modalidad austera del modernismo pero, con la excepción de Adolf Loos, la mayoría de sus diseñadores destacados eran ornamentalistas que poseían un estilo propio asombrosamente característico. Josef Hoffmann, Koloman Moser y los demás miembros de la recién fundada Wiener Werkstätte crearon esquemas decorativos elaborados para todos los medios: frisos arquitectónicos, plata, tejidos y, ante todo, vidrio. El ornamento se extiende directamente sobre la superficie y la preferencia por la naturaleza plana, en dos dimensiones, es enfatizada por el silueteado; mientras que el negro sobre blanco era una de las combinaciones favoritas, también tuvieron éxito otras, de colores fuertemente contrastados. Existe también un elenco de motivos característicos: flores acampanadas, hojas con forma de corazón y tallos que se enrollan en espiral. A pesar de que a menudo era profuso y se extendía sobre grandes áreas de la superficie, el ornamento vienés siempre conservó una sensibilidad específicamente arquitectónica, inscribiéndose con frecuencia dentro de paneles claramente delimitados. La unidad y peculiar naturaleza de la aproximación de Viena al diseño se hace patente si comparamos la ornamentación de algunos de estos jarrones con la decoración semipreciosa y los frisos monumentales en el Palacio Stoclet.

Más aún, este estilo se divulgó a través de la pedagogía de la Escuela de Artes Decorativas de Viena (Wiener Kunstgewerbeschule), donde impartían clases Hoffmann y Moser, así como Michael Powolny, destacado diseñador de vidrio y cerámica. De

Left: Josef Hoffmann, Vase (detail), 1914 (cat. no. 22).

Izquierda: Josef Hoffmann, Jarrón (detalle), 1914 (cat. num. 22).

Right: Josef Hoffmann and Koloman Moser, Entrance to the Wiener Werkstätte exhibition at the Hohenzollern Kunstgewerbehaus, Berlin, 1904

Derecha: Josef Hoffmann y Koloman Moser, entrada a la exposición de la Wiener Werkstätte en la Hohenzollern Kunstgewerbehaus, Berlin, 1904

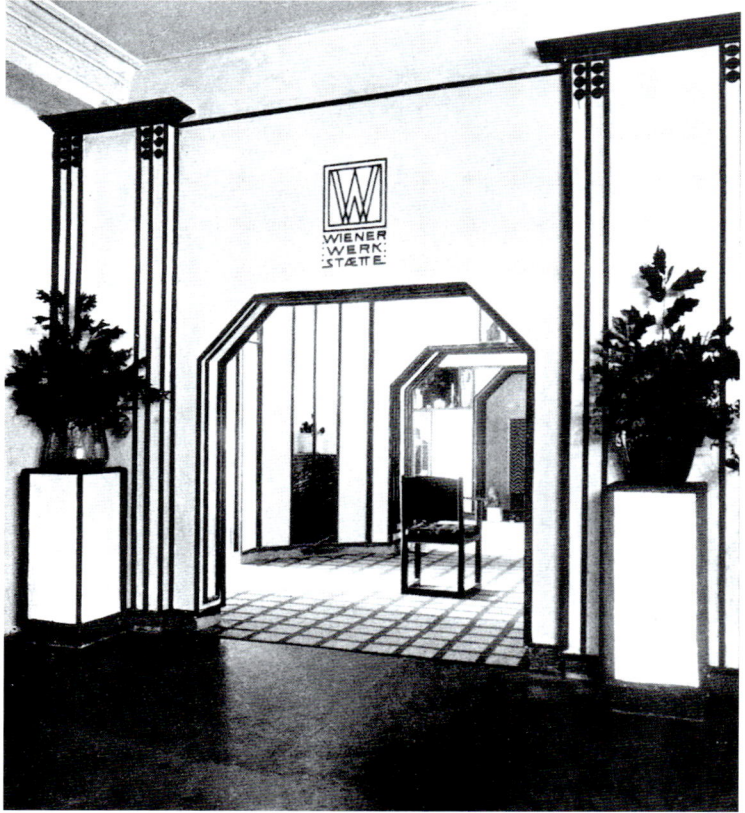

Josef Hoffmann, Vase (detail), c. 1912 (cat. no. 18).

Josef Hoffmann, Jarrón (detalle), h. 1912 (cat. num. 18).

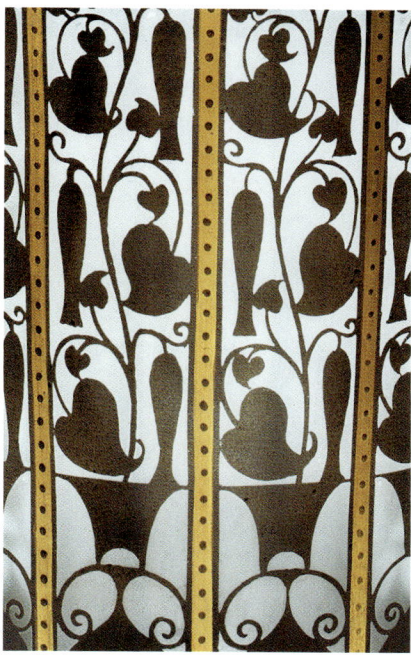

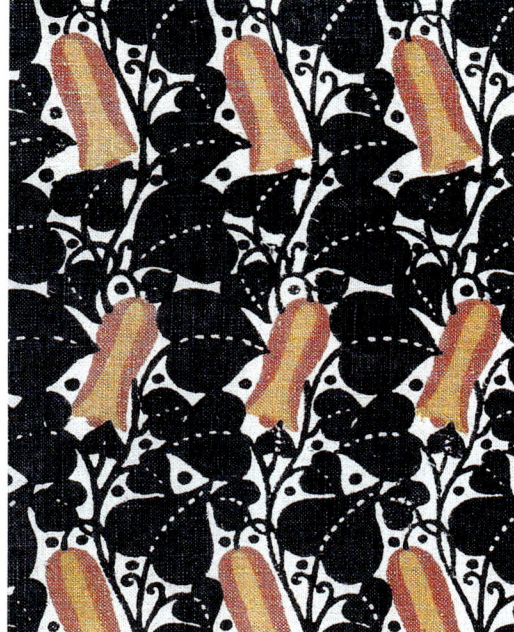

Josef Hoffmann, *Apollo*, printed linen, c. 1915, Cooper-Hewitt, National Design Museum, Smithsonian Institution/Art Resource, NY.

Josef Hoffmann, seda estampada *Apollo*, h. 1915, Nueva York, Cooper-Hewitt, National Design Museum, Smithsonian Institution/Art Resource, NY.

style. Other institutions helped to promulgate the modern, Secession style. The Austrian Museum for Art and Industry (Österreichisches Museum für Kunst und Industrie), for example, not only staged important exhibitions, but also commissioned works from these designers, most notably for the important 1914 exhibition of the German Werkbund in Cologne.

este modo, muchos de los profesionales importantes del estilo vienés, tales como Hans Bolek y Otto Prutscher, que no eran miembros de la Wiener Werkstätte, también adoptaron este estilo con facilidad. Otras instituciones también contribuyeron a la divulgación del estilo moderno de la Secesión. El Museo Austríaco de Arte e Industria (Österreichisches Museum für Kunst und Industrie), por ejemplo, no solamente organizó importantes exposiciones, sino que también hizo encargos directamente a estos diseñadores, en particular para la famosa exposición de la Werkbund alemana en Colonia en 1914.

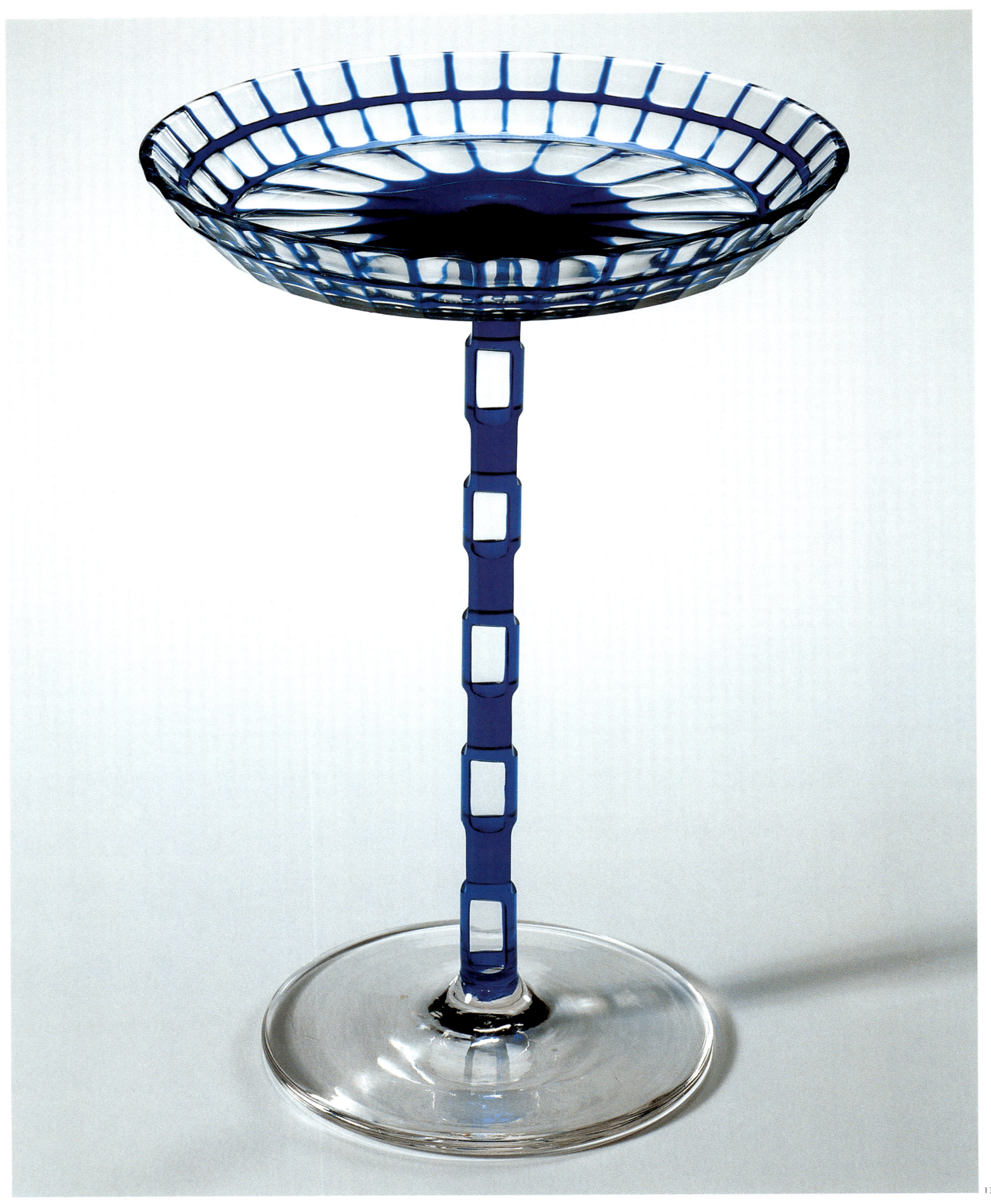

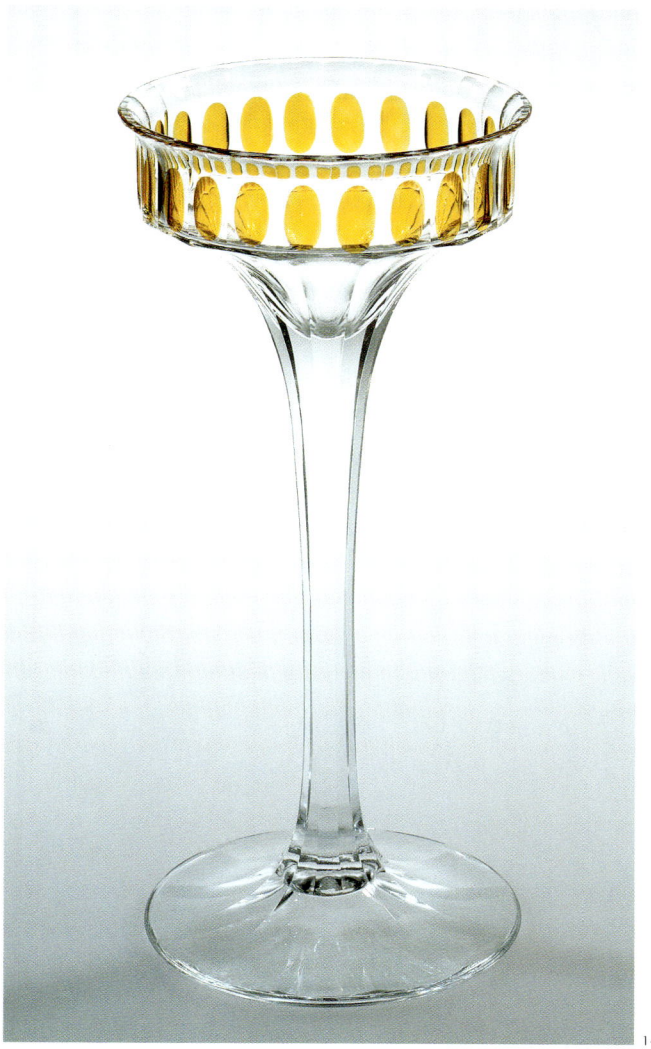

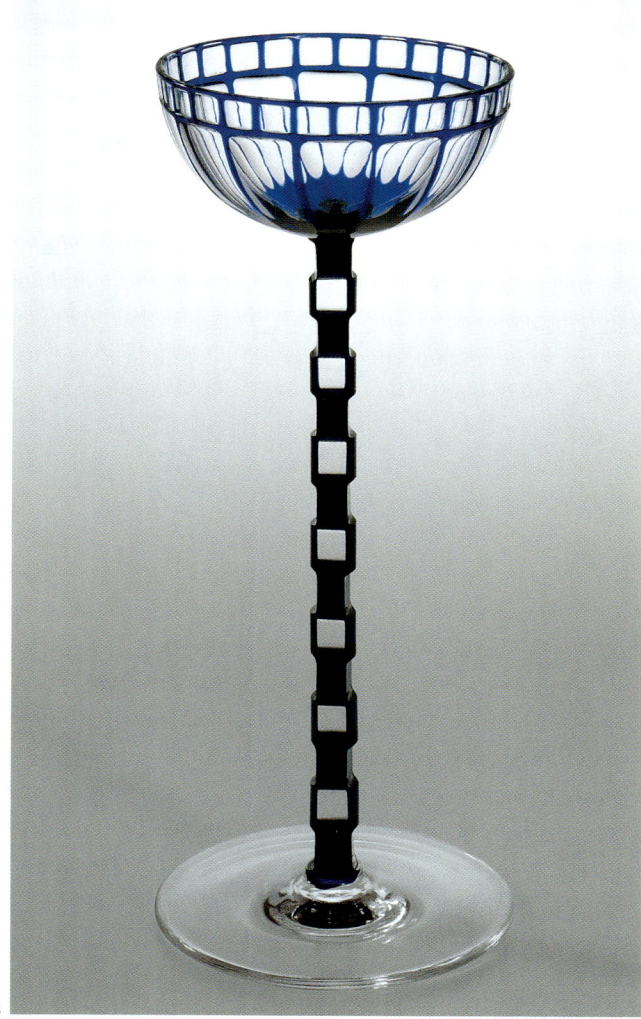

13. **Champagne glass**, c. 1907
Otto Prutscher
Produced by Meyr's Neffe, Adolfov (Adolf), Czech Republic
Retailed by E. Bakalowitz Söhne, Vienna, Austria

Mold-blown clear glass, overlaid colored glass, cut
20.3 × 15 × 15 cm, unsigned

The square, the characteristic motif of Josef Hoffmann and Koloman Moser, was used by many of Vienna's avant-garde designers. The blue squares that decorate Prutscher's elegant drinking vessel were made by cutting away a thin layer of blue glass flashed over a colorless glass body. The stem is cut so that, when turned, it appears to be composed of a supportive but extremely delicate blue chain.

13. **Copa de champán**, h. 1907.
Otto Prutscher.
Producido por Meyr's Neffe, Adolfov (Adolf), República Checa.
Comercializado por E. Bakalowitz Söhne, Viena, Austria.

Cristal transparente soplado a molde, cristal coloreado superpuesto, tallado.
20'3 × 15 × 15 cm, sin firma.

Muchos de los diseñadores de la vanguardia vienesa emplearon el cuadrado, motivo característico de Josef Hoffmann y Koloman Moser. Los cuadros azules que decoran esta elegante copa de Prutscher se consiguieron cortando transversalmente una fina capa de cristal azul que destaca sobre un cuerpo de cristal incoloro. El pie está cortado de tal forma que, al girarlo, parece una frágil cadena azul.

14. **Goblet**, c. 1907
Otto Prutscher
Produced by Meyr's Neffe, Adolfov (Adolf), Czech Republic

Mold-blown clear glass, cut, stained
21 × 9 × 8.6 cm, unsigned

14. **Copa**, h. 1907.
Otto Prutscher.
Producida por Meyr's Neffe, Adolfov (Adolf), República Checa.

Cristal transparente soplado a molde, tallado, pintado.
21 × 9 × 8'6 cm, sin firma.

15. **Goblet**, c. 1907
Otto Prutscher
Produced by Meyr's Neffe, Adolfov (Adolf), Czech Republic
Retailed by E. Bakalowitz Söhne, Vienna, Austria

Mold-blown clear glass, overlaid colored glass, cut
21.4 × 8.4 × 8.4 cm, unsigned

15. **Copa**, h. 1907.
Otto Prutscher.
Producido por Meyr's Neffe, Adolfov (Adolf), República Checa.
Comercializado E. Bakalowitz Söhne, Viena, Austria.

Cristal transparente soplado a molde, cristal coloreado superpuesto, tallado.
21'4 × 8'4 × 8'4 cm, sin firma.

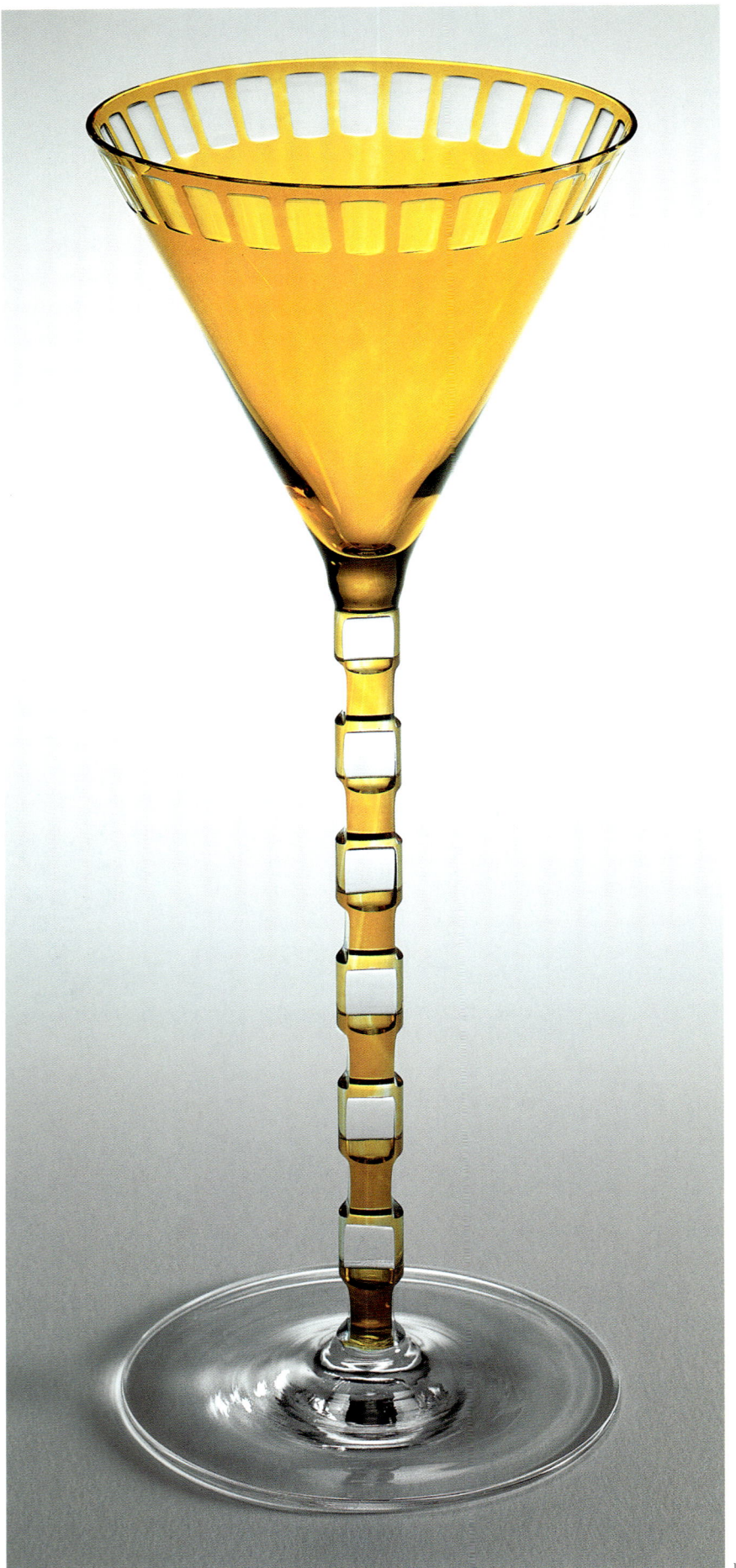

16. **Goblet**, c. 1907
Otto Prutscher
Produced by Meyr's Neffe, Adolfov (Adolf), Czech Republic
Retailed by E. Bakalowitz Söhne, Vienna, Austria

Mold-blown clear glass, stained, cut
21.5 × 8.6 × 8.6 cm, unsigned

16. **Copa**, h. 1907.
Otto Prutscher.
Producido por Meyr's Neffe, Adolfov (Adolf), República Checa.
Comercializado por E. Bakalowitz Söhne, Viena, Austria.

Cristal transparente soplado a molde, pintado y tallado.
21'5 × 8'6 × 8'6 cm, sin firma.

17. **Liqueur bottle**, c. 1910
Designer unknown
Produced by Meyr's Neffe, Adolfov (Adolf), Czech Republic

Mold-blown clear glass, overlaid colored glass, cut
28 × 9 × 9 cm, unsigned

17. **Botella de licor**, h. 1910.
Diseñador desconocido.
Producido por Meyr's Neffe, Adolfov (Adolf), República Checa.

Cristal transparente soplado a molde, cristal coloreado superpuesto, tallado.
28 × 9 × 9 cm, sin firma.

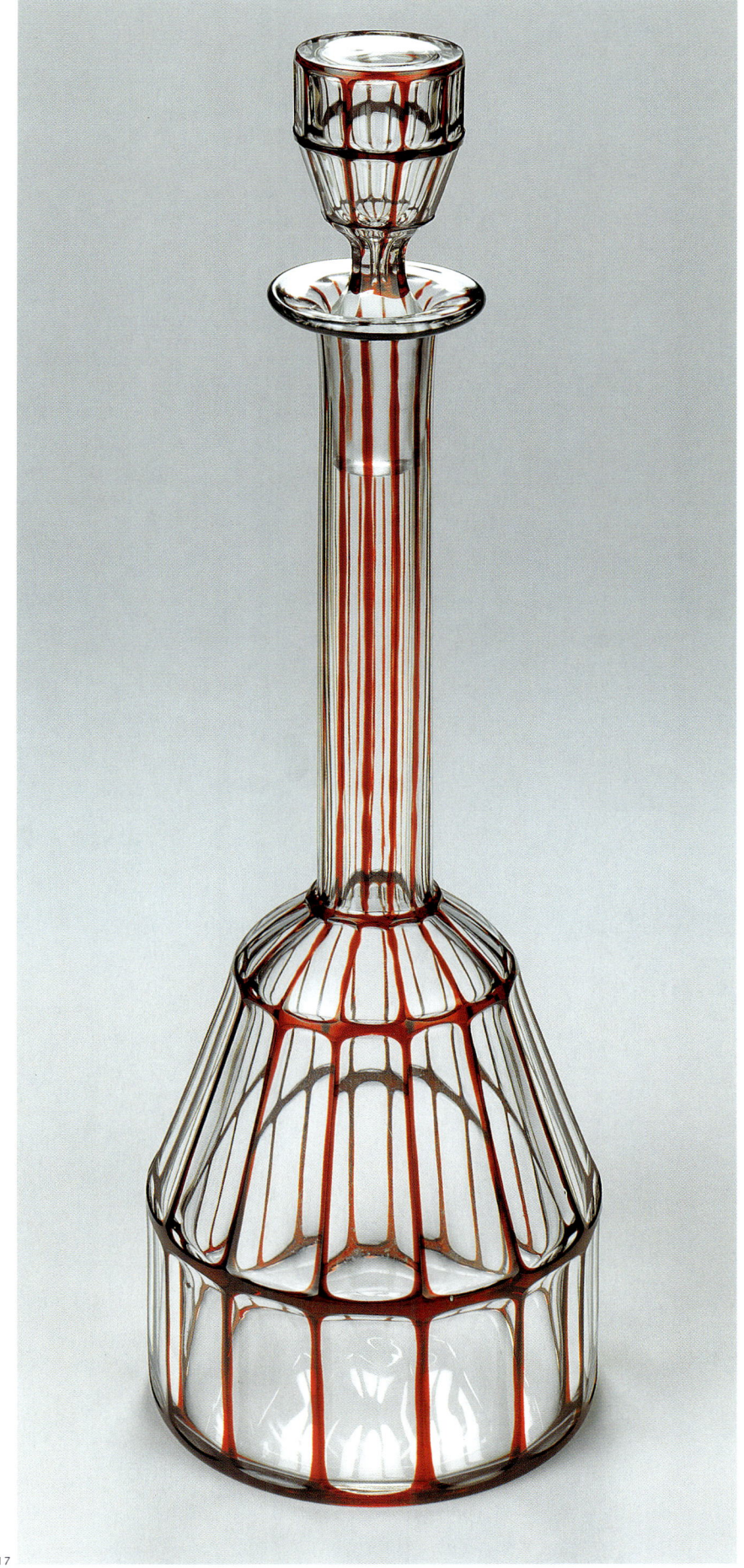

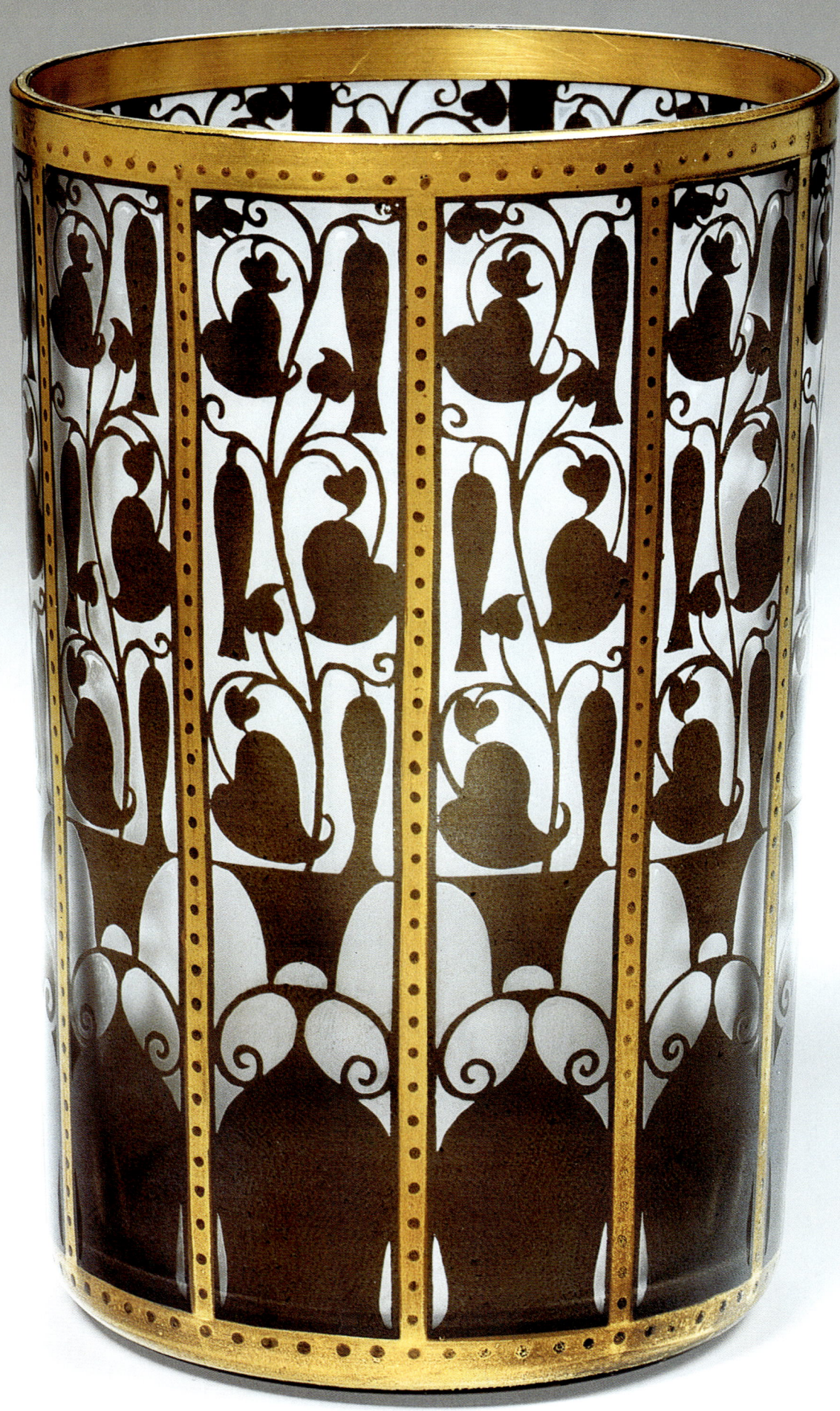

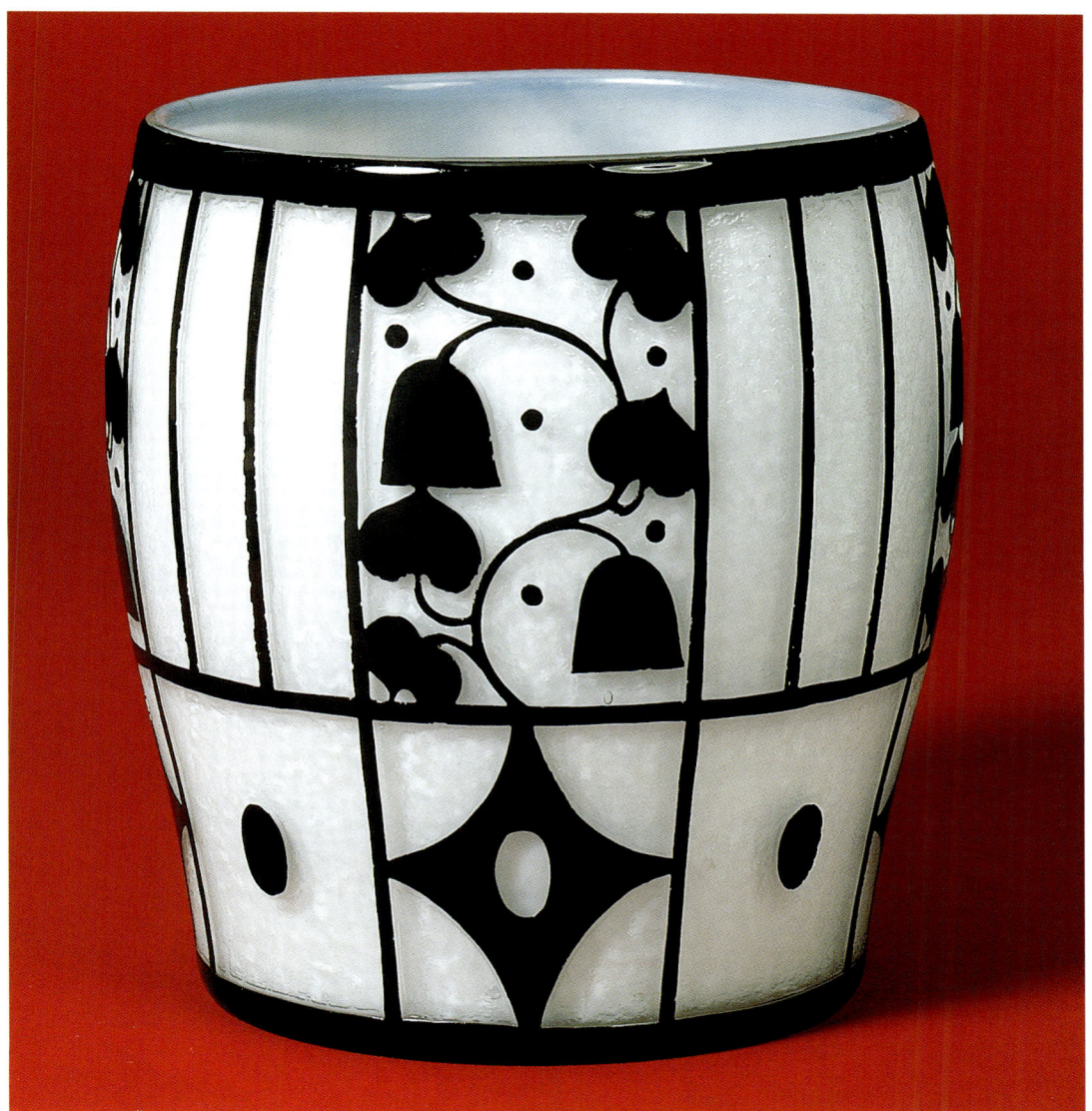

19

19. **Vase**, 1911
Josef Hoffmann
Produced by Lötz Witwe, Klásteršý Mlýn (Klostermühle), Czech Republic

Mold-blown clear glass, overlaid colored glass, acid-etched
11 × 10.5 × 10.5 cm, unsigned

19. **Jarrón**, 1911.
Josef Hoffmann.
Producido por Viuda Lötz, Klásteršý Mlýn (Klostermühle), República Checa.

Cristal transparente soplado a molde, cristal coloreado superpuesto, grabado al aguafuerte.
11 × 10'5 × 10'5 cm, sin firma.

18. **Tumbler**, c. 1912
Josef Hoffmann
Retailed by J. & L. Lobmeyr, Vienna, Austria

Mold-blown clear glass, frosted, *Bronzite*, gilt
10.5 × 6.8 cm, unsigned

Some of Hoffmann's favorite ornamental devices—scrolling vines, heart-shaped leaves, and pendant bell flowers—are featured in the decoration on this tumbler and demonstrate how the Viennese abstracted Nature into modern pattern. Typical of Hoffmann's approach to design around 1910, the pattern is conceived as strong contrasts of dark, silhouetted forms set against a light ground, and confined within vertical panels.

The ornament is executed in *Bronzite*, a costly technique developed at the Steinschönau technical school, which involved coating colorless glass with a metallic alloy, painting a pattern over it with protective varnish, and then removing the unvarnished areas with caustic acid. This leaves a flat pattern with a slightly metallic surface set against a background of frosted glass.

18. **Vaso**, h. 1912.
Josef Hoffmann.
Comercializado por J. & L. Lobmeyr, Viena, Austria.

Cristal transparente soplado a molde, esmerilado, *Bronzite*, dorado.
10'5 × 6'8 cm, sin firma.

En la decoración de este vaso figuran algunos de los recursos ornamentales favoritos de Hoffmann –parras enrolladas, hojas con forma de corazón y flores acampanadas colgantes–, demostrando así cómo la escuela vienesa hacía abstracción de la naturaleza en sus modelos modernos. Típica del enfoque del diseño de Hoffmann en torno a 1910, esta pieza está concebida para contrastar las oscuras formas silueteadas sobre el fondo claro, que a su vez están delimitadas por bandas verticales.

El ornamento está ejecutado en *Bronzite*, una técnica costosa desarrollada en la escuela técnica de Steinschönau. Este procedimiento consistía en cubrir cristal incoloro con una capa de una aleación metálica, sobre la que se pintaba un dibujo con barniz protector, eliminando las zonas de reserva con ácido cáustico. Así queda un dibujo plano con una leve superficie metálica, haciendo contraste sobre el fondo de cristal esmerilado.

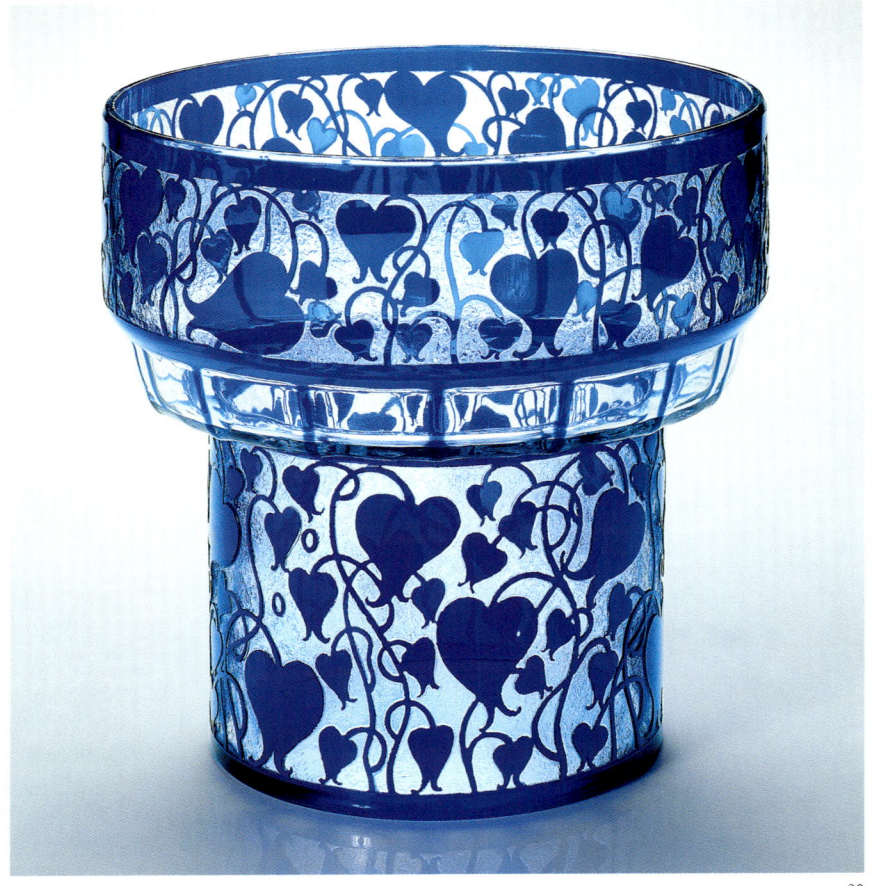

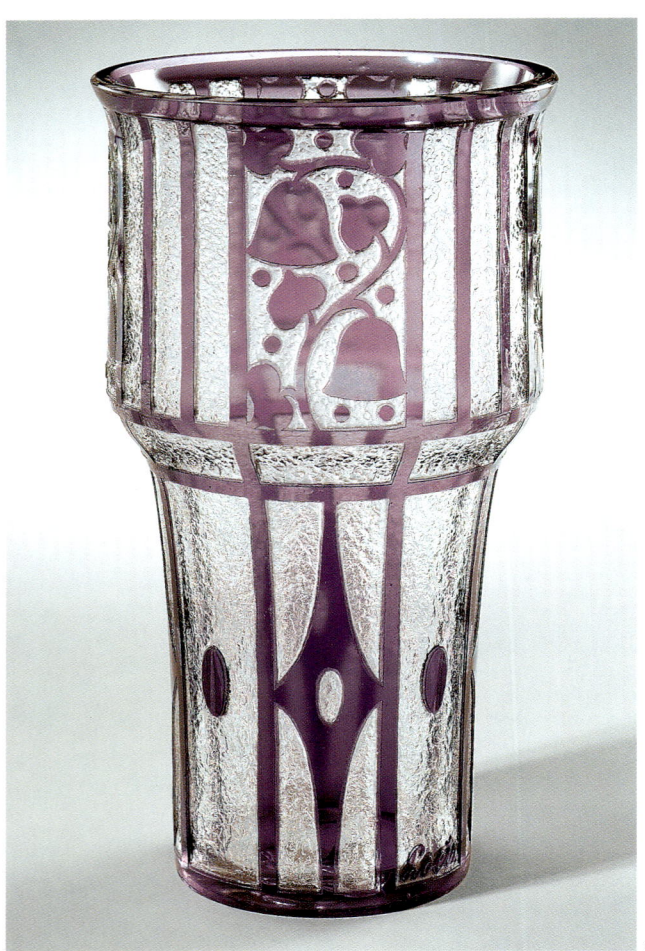

20. **Flower bowl**, 1915
Hans Bolek
Produced by Lötz Witwe, Klásterský Mlýn (Klostermühle),
Czech Republic
Produced for Österreichisches Museum für Kunst und Industrie,
Vienna, Austria

Mold-blown clear glass, overlaid colored glass, acid-etched
17.8 × 17.6 × 17.6 cm, unsigned

20. **Cuenco para flores**, 1915.
Hans Bolek.
Producido por Viuda Lötz, Klásterský Mlýn (Klostermühle),
República Checa.
Realizado para el Österreichisches Museum für Kunst und
Industrie, Viena, Austria.

Cristal transparente soplado a molde, cristal coloreado superpuesto,
grabado al aguafuerte.
17'8 × 17'6 × 17'6 cm, sin firma.

21. **Vase**, 1912
Josef Hoffmann
Produced by Lötz Witwe, Klásterský Mlýn (Klostermühle),
Czech Republic

Mold-blown clear glass, overlaid colored glass, acid-etched
18 × 10.3 × 10.3 cm, signed: marks 15, 24

21. **Jarrón**, 1912.
Josef Hoffmann.
Producido por Viuda Lötz, Klásterský Mlýn (Klostermühle),
República Checa.

Cristal transparente soplado a molde, cristal coloreado superpuesto,
grabado al aguafuerte.
18 × 10'3 × 10'3 cm, firmado: ver marcas num. 15 y 24.

22. **Vase**, 1914
Josef Hoffmann
Produced by Lötz Witwe, Klásterský Mlýn (Klostermühle),
Czech Republic
Commissioned by the Austrian Werkbund, Vienna, Austria

Blown opalescent glass, overlaid clear and colored glass, acid-etched
17 × 9 × 9 cm, signed: mark 15

This vase, exhibited at the 1914 German Werkbund exhibition in
Cologne, is made of three layers of glass—colorless, opalescent, and
red. The red overlay bears an etched linear ornament of concentric
rectangles resembling inset coffers or a fluted pilaster, and these architectural allusions are heightened by the columnar form of the vase
itself. Such classicizing elements were present as well in the Austrian
pavilion at Cologne, also designed by Hoffmann, and register the interesting combination of historicism and modernism that pervaded
his work around 1910.

22. **Jarrón**, 1914.
Josef Hoffmann.
Producido por Viuda Lötz, Klásterský Mlýn (Klostermühle),
República Checa.
Encargo de la Werkbund austríaca, Viena, Austria.

Cristal soplado opalescente, cristal transparente y coloreado superpuestos, grabado al aguafuerte.
17 × 9 × 9 cm, firmado: ver marca num. 15.

Este jarrón, mostrado en la exposición de la Werkbund Alemana de
1914 en Colonia, está constituido por tres capas de vidrio: incoloro,
opalescente y rojo. La capa roja tiene una ornamentación lineal grabada de rectángulos concéntricos que asemejan artesones insertados
o pilastras estriadas. Estas alusiones arquitectónicas se acentúan por
la forma columnar del propio jarrón. Tales elementos clasicistas
también estuvieron presentes en el pabellón austríaco en Colonia,
también diseñado por Hoffmann, y representan la interesante combinación de historicismo y modernidad que dominaba su obra alrededor de 1910.

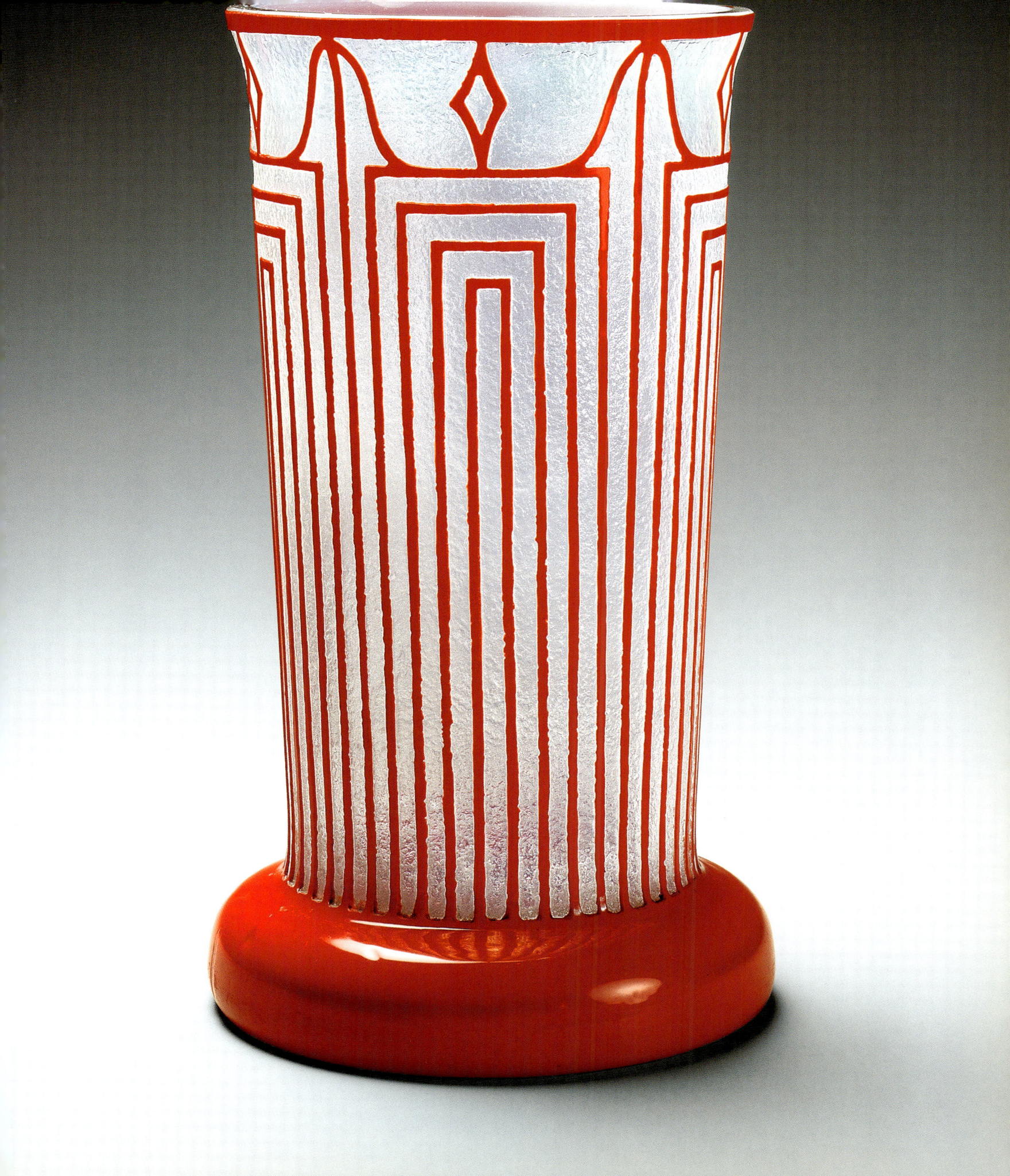

23. **Bowl**, 1914
Michael Powolny
Produced by Lötz Witwe, Klásterŝý Mlýn (Klostermühle), Czech Republic
Commissioned by the Austrian Werkbund, Vienna, Austria

Blown colored glass, overlaid colored and clear glass
12.5 × 20 × 20 cm, unsigned

23. **Cuenco**, 1914.
Michael Powolny.
Producido por Viuda Lötz, Klásterŝý Mlýn (Klostermühle), República Checa.
Encargo de la Werkbund austríaca, Viena, Austria.

Cristal coloreado soplado, cristal coloreado y transparente superpuestos.
12'5 × 20 × 20 cm, sin firma.

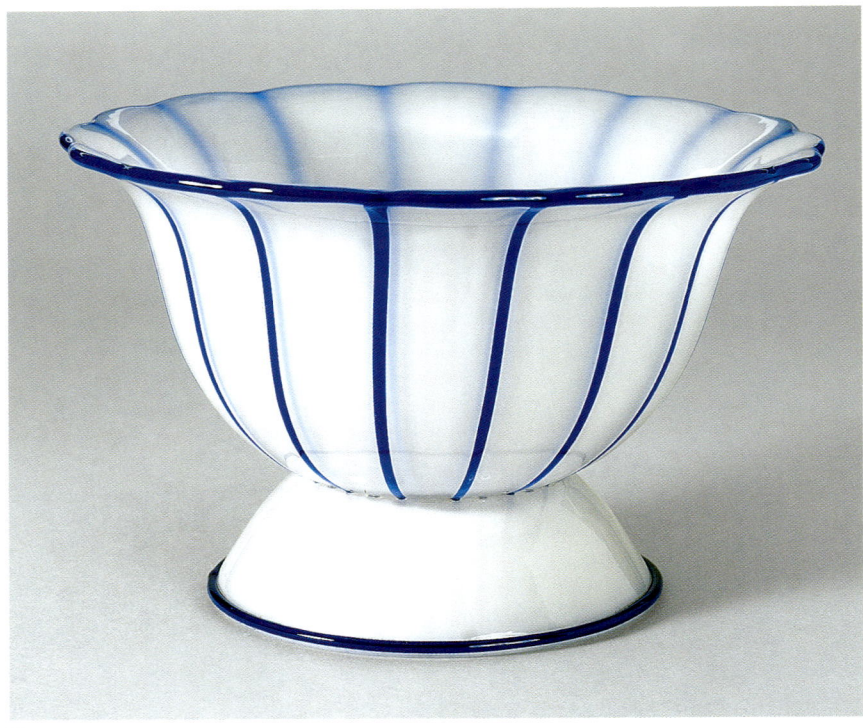

23

24. **Vase**, 1914
Michael Powolny
Produced by Lötz Witwe, Klásterŝý Mlýn (Klostermühle), Czech Republic
Commissioned by the Austrian Werkbund, Vienna, Austria

Blown colored glass, overlaid colored and clear glass
13 × 18.5 × 18.5 cm, unsigned

24. **Jarrón**, 1914.
Michael Powolny.
Producido por Viuda Lötz, Klásterŝý Mlýn (Klostermühle), República Checa.
Encargo de la Werkbund austríaca, Viena, Austria.

Cristal coloreado soplado, cristal coloreado y transparente superpuestos.
13 × 18'5 × 18'5 cm, sin firma.

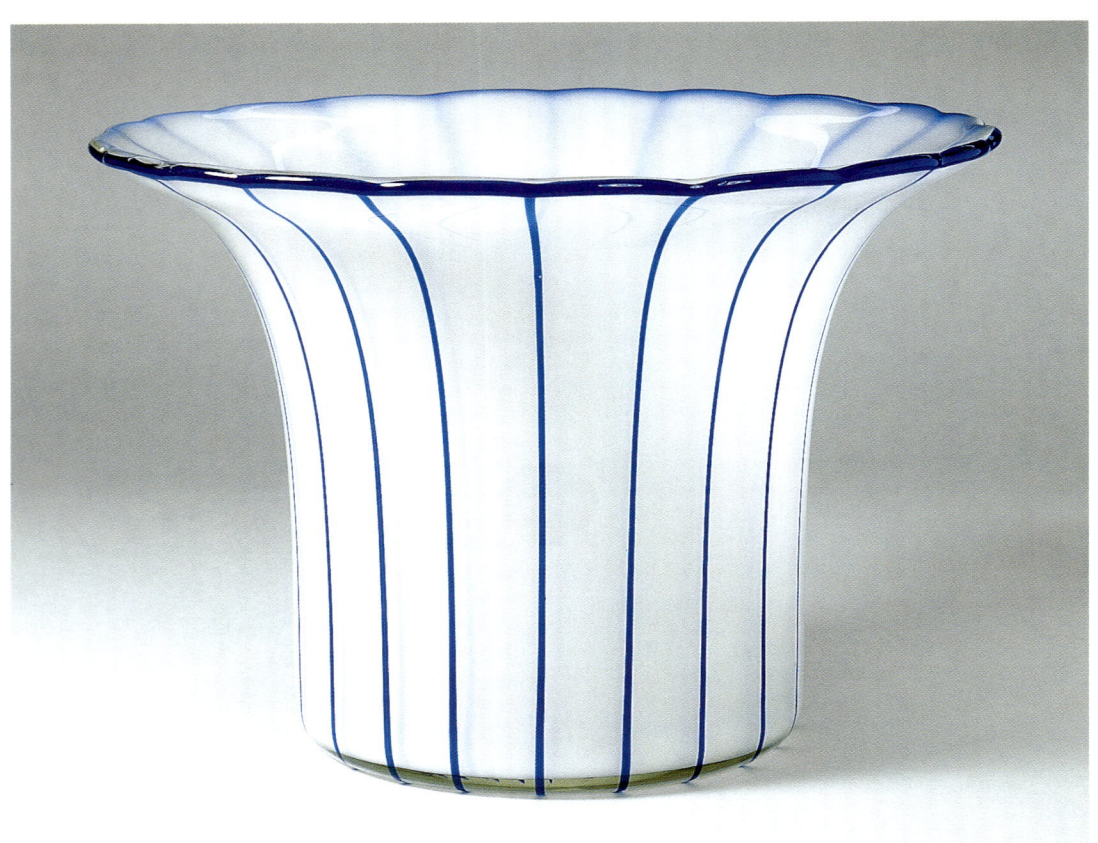

24

Viennese Secession

25. **Vase**, 1914
Michael Powolny
Produced by Lötz Witwe, Klásterŝý Mlýn
(Klostermühle), Czech Republic
Commissioned by the Austrian Werkbund,
Vienna, Austria

Blown colored glass, overlaid colored and
clear glass
23 × 11.7 × 11.7 cm, unsigned

Michael Powolny, best known for his ceramic work, also conceived many strong, formal designs for glass. In both media he often featured dark striping or grid-like patterns over white backgrounds. Several of Powolny's glass vases with this type of decoration were shown at the 1914 German Werkbund Exhibition in Cologne.

25. **Jarrón**, 1914.
Michael Powolny.
Producido por Viuda Lötz, Klásterŝý Mlýn
(Klostermühle), República Checa.
Encargo de la Werkbund austríaca, Viena,
Austria.

Cristal coloreado soplado, cristal coloreado
y transparente superpuestos.
23 × 11'7 × 11'7 cm, sin firma.

Michael Powolny, más conocido por su obra en cerámica, contribuyó también con muchos diseños de vidrio rotundos y convencionales. En ambos medios, con frecuencia diseñó modelos con bandas oscuras o a modo de rejilla sobre fondos blancos. Varios de los jarrones de cristal de Powolny con este tipo de decoración se expusieron en la muestra de la Werkbund Alemana en Colonia en 1914.

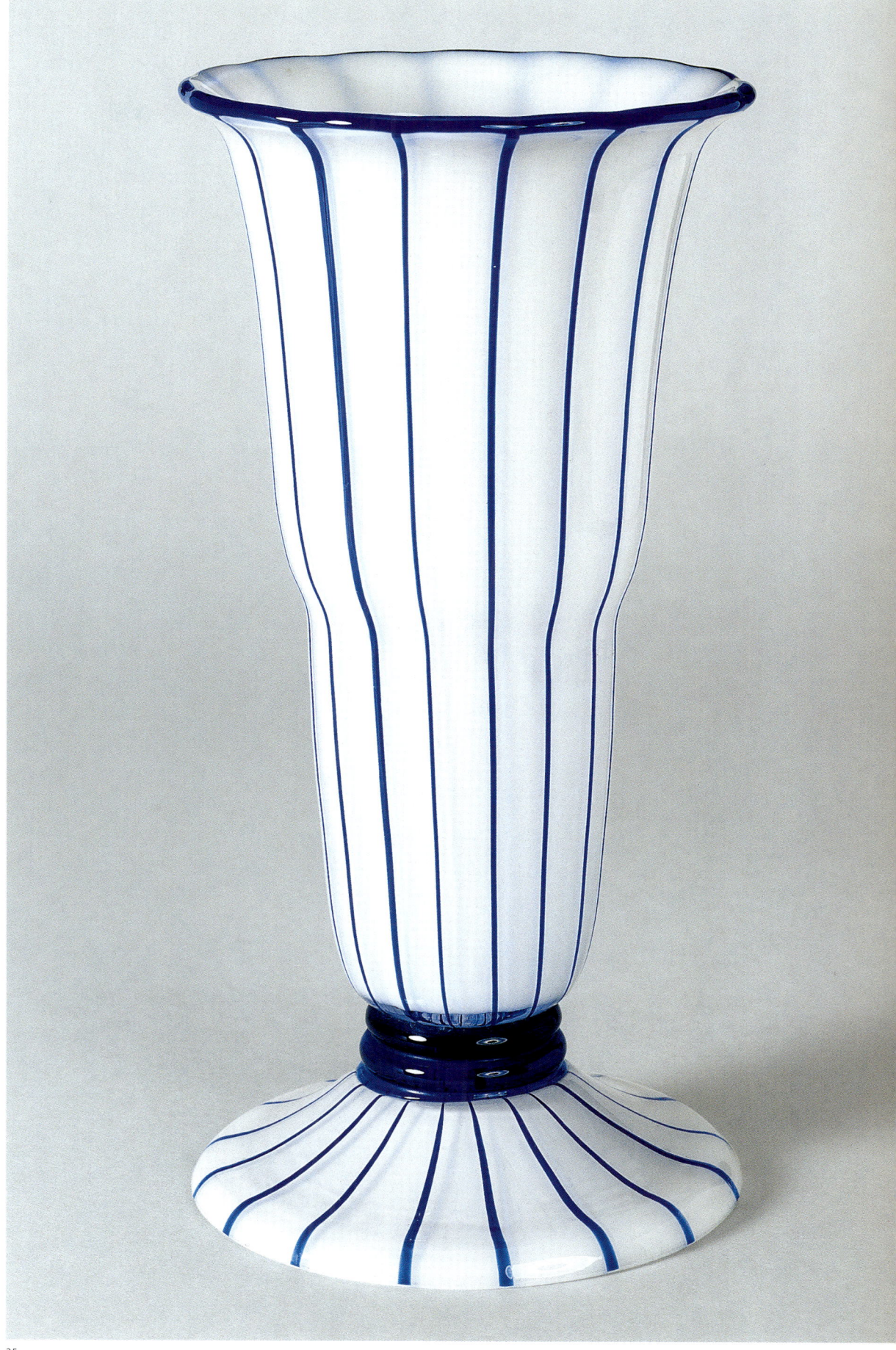

25

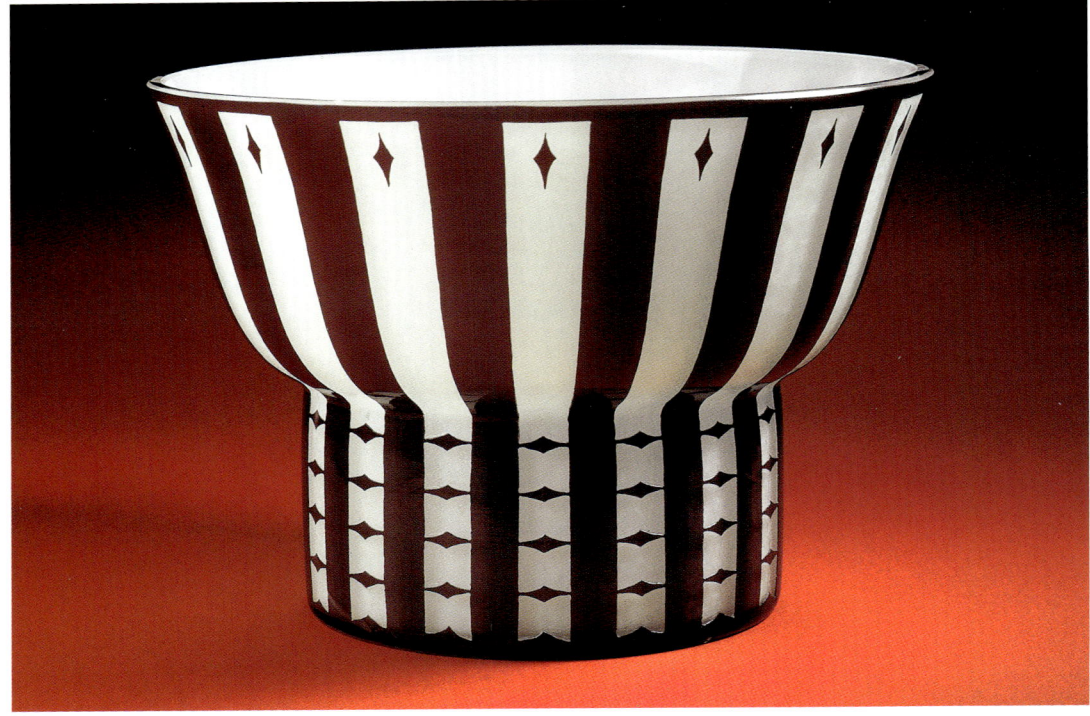

26

26. **Bowl**, 1913
Carl Witzmann
Produced by Lötz Witwe, Klásteršý Mlýn (Klostermühle), Czech Republic
Commissioned by the Austrian Werkbund, Vienna, Austria

Mold-blown clear glass, overlaid colored glass, acid-etched
16.3 × 23 × 23 cm, unsigned

27. **Bowl**, 1914
Dagobert Peche
Produced by Lötz Witwe, Klásteršý Mlýn (Klostermühle), Czech Republic
Commissioned by the Austrian Werkbund, Vienna, Austria

Blown colored glass, overlaid clear glass, acid-etched
7 × 18.2 × 11.3 cm, unsigned

26. **Cuenco**, 1913.
Carl Witzmann.
Producido por Viuda Lötz, Klásteršý Mlýn (Klostermühle), República Checa.
Encargo de la Werkbund austríaca, Viena, Austria.

Cristal transparente soplado a molde, cristal coloreado superpuesto, grabado al aguafuerte.
16'3 × 23 × 23 cm, sin firma.

27. **Cuenco**, 1914.
Dagobert Peche.
Producido por Viuda Lötz, Klásteršý Mlýn (Klostermühle), República Checa.
Encargo de la Werkbund austríaca, Viena, Austria.

Cristal transparente soplado a molde, cristal coloreado superpuesto, grabado al aguafuerte.
7 × 18'2 × 11'3 cm, sin firma.

28. **Covered vessel**, 1914
Hans Bolek
Produced by Lötz Witwe, Klásteršý Mlýn (Klostermühle), Czech Republic
Commissioned by the Austrian Werkbund, Vienna, Austria, for the 1914 German Werkbund Exhibition in Cologne, Germany

Blown clear glass, cut, enameled, gilt
32.5 × 11.2 × 11.2 cm, signed: mark 6

Commissioned by the Austrian Werkbund for the 1914 German Werkbund Exhibition in Cologne, the form of this tall covered cup harks back to grand presentation pieces made in the seventeenth and eighteenth centuries. However, Hans Bolek, a pupil of Josef Hoffmann, established a vessel of modern form with clarified volumes, and embellished it with a rich surface ornament. The horizontal bands of gold and black enamel with stylized leaves, triangles, and checkerboard squares are typical of Vienna's decorative vocabulary in the years around 1910. Moreover, lozenge-shaped motifs with cut diamond patterns add an additional accent of optical richness to this object, which so splendidly demonstrates both the strength and the charm of Viennese art.

28. **Copa con tapa**, 1914.
Hans Bolek.
Producido por Viuda Lötz, Klásteršý Mlýn (Klostermühle), República Checa.
Encargo de la Werkbund austríaca, Viena, Austria para la Exposición de la Werkbund Alemana de 1914 en Colonia, Alemania.

Cristal soplado transparente, tallado, esmaltado y dorado.
32'5 × 11'2 × 11'2 cm, firmado: ver marca num. 6.

Realizada por encargo de la Werkbund Alemana para la exposición de 1914 en Colonia, la forma de esta copa alta con tapa evoca las magníficas piezas ceremoniales fabricadas durante los siglos XVII y XVIII. Sin embargo, Hans Bolek, discípulo de Josef Hoffmann, creó una copa de forma moderna y volúmenes purificados, y la embelleció con una rica ornamentación de superficie. Las bandas horizontales de esmalte dorado y negro con hojas estilizadas, los triángulos y los ajedrezados, son típicos del vocabulario decorativo de Viena en los años de alrededor de 1910. Más aún, los motivos de losange con dibujos cortados con talla de diamante, subrayan la riqueza óptica de este objeto que, de manera tan generosa, exhibe tanto la fuerza como el encanto del arte vienés.

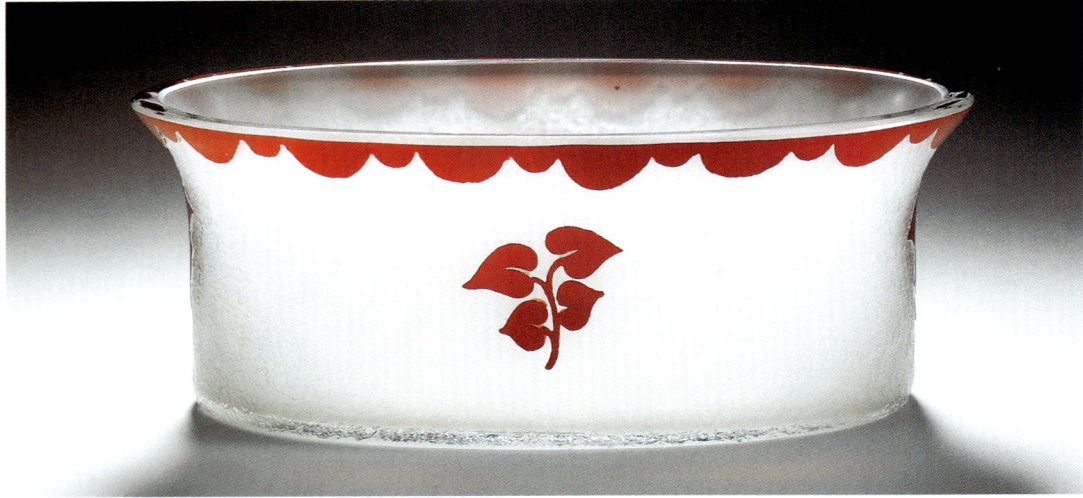

27

Viennese Secession

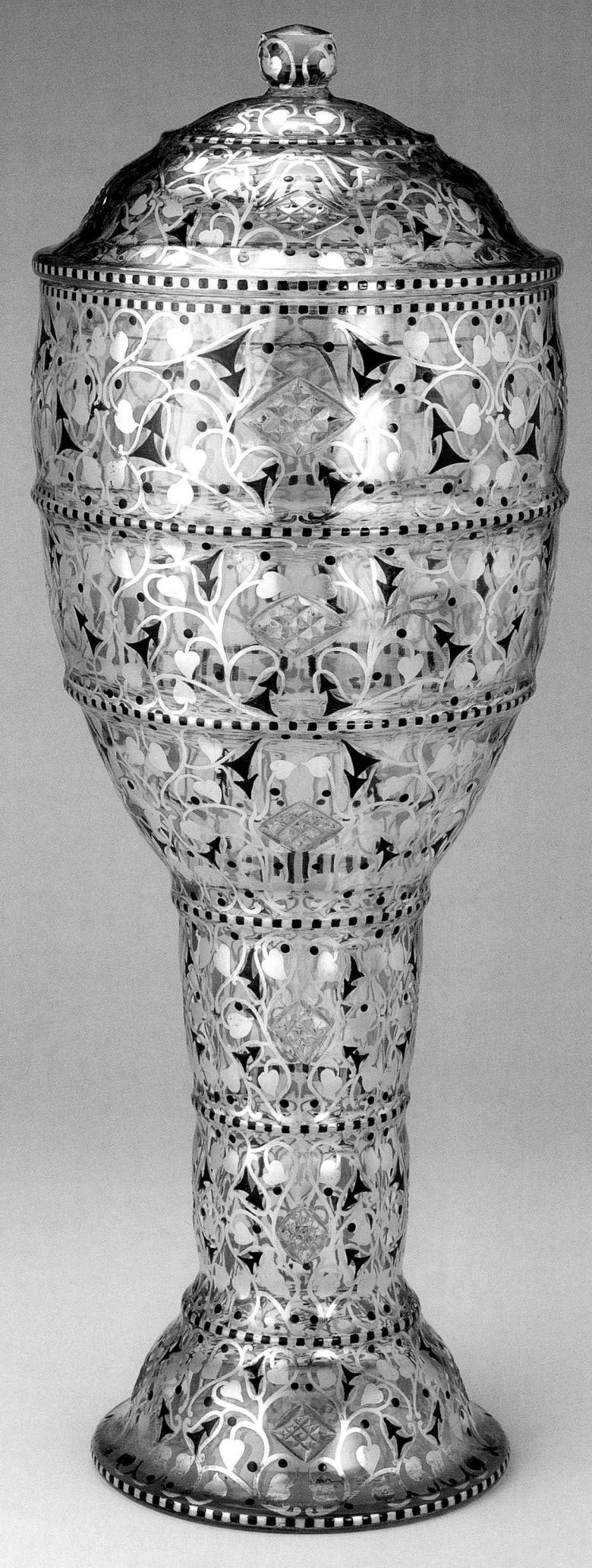

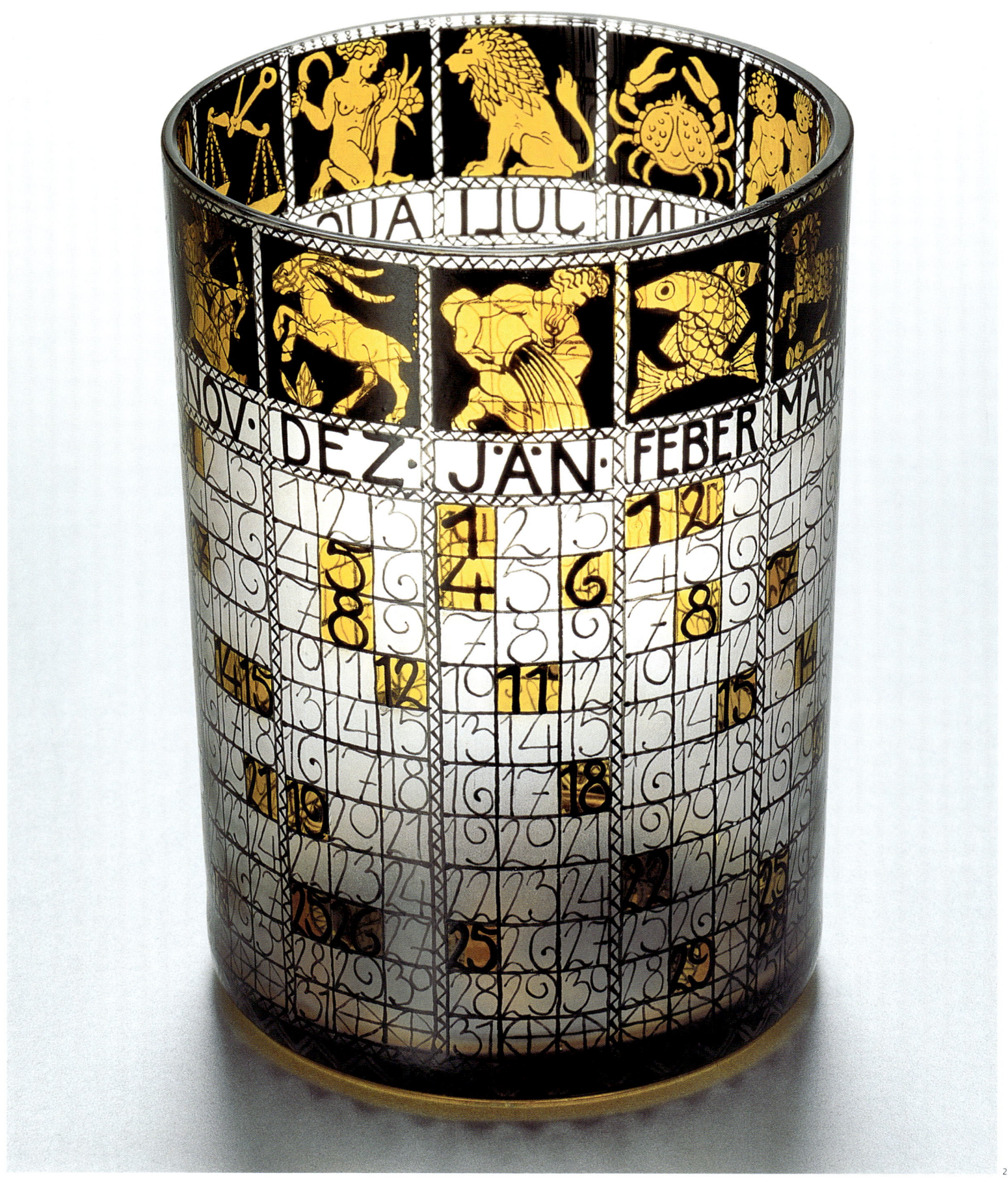

50 — Viennese Secession

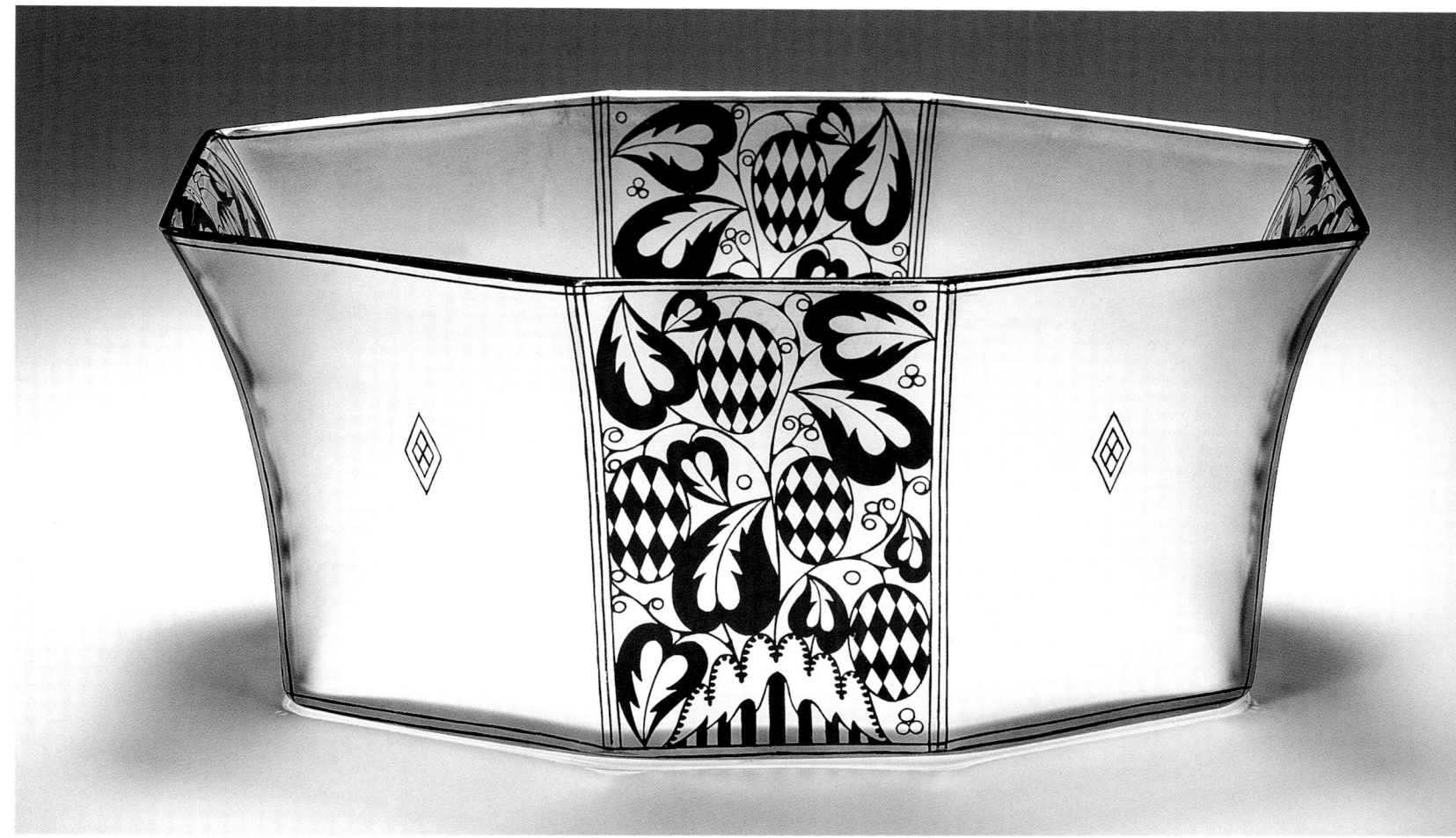

30

29. **Tumbler**, 1919
Michael Powolny
Retailed by J. & L. Lobmeyr, Vienna, Austria

Blown clear glass, frosted, stained, enameled
10.5 × 7.8 × 7.8 cm, unsigned

This drinking glass is one of the few glass designs by Michael Powolny to be executed with enameled decoration and was apparently made as a special commission. It revives a Biedermeier form—a tumbler with a calendar for the new year—but this work, created in 1919, proclaims Vienna's modern graphic style. Especially noteworthy is the elegant calligraphy of the numbers. Using a square grid, the Viennese motif par excellence, Powolny has arranged each month in a vertical panel topped by its appropriate zodiacal sign. At the bottom, visible after the liquid contents have been drunk, is an image of Venus riding on a dolphin and the inscription "1920" to announce the coming year.

29. **Vaso**, 1919.
Michael Powolny.
Comercializado por J. & L. Lobmeyr, Viena, Austria.

Cristal soplado transparente, esmerilado, pintado y esmaltado.
10'5 × 7'8 × 7'8 cm, sin firma.

Este vaso es uno de los pocos diseños de Michael Powolny concebidos para ser realizados con decoración esmaltada y parece ser que se trató de un encargo especial. El objeto, creado en 1919, revive la forma de un *Biedermeier* (vaso de paredes rectas con un calendario para el año nuevo) pero revela el estilo gráfico moderno de Viena. Resulta de particular interés la elegante caligrafía de los números. Powolny, utilizando una retícula de cuadrados, el motivo vienés por excelencia, coloca cada mes en un panel vertical coronado por el signo del zodíaco correspondiente. En el fondo apreciamos –hecha para ser vista una vez apurado el contenido- una imagen de Venus cabalgando sobre un delfín con la inscripción "1920" que anuncia la llegada del año nuevo.

30. **Bowl**, 1914
Josef Hoffmann
Retailed by J. & L. Lobmeyr, Vienna, Austria

Mold-blown clear glass, frosted, *Bronzite*
9.5 × 22.2 × 13.8 cm, unsigned

Bronzite ornament, featuring a slightly metallic black pattern set against a frosted surface, was a specialty of Hoffmann, Jungnickel, and other Viennese designers of the 1910s. It allowed them to create rich ornamented patterns in that combination of dark and light which was the hallmark of the Viennese school. Commissioned and distributed by J. & L. Lobmeyr of Vienna, one of the world's major retailers of artistic glass during the late nineteenth and early twentieth centuries, this bowl was shown at the 1914 German Werkbund exhibition in Cologne.

30. **Cuenco**, 1914.
Josef Hoffmann.
Comercializado por J. & L. Lobmeyr, Viena, Austria.

Cristal transparente soplado a molde, esmerilado, *Bronzite*.
9'5 × 22'2 × 13'8 cm, sin firma.

La ornamentación tipo *Bronzite*, que se caracteriza por un dibujo negro ligeramente metálico sobre una superficie esmerilada, fue una especialidad de Hoffmann, Jungnickel y otros diseñadores vieneses de la década de 1910. Les permitía crear modelos ricamente ornamentados utilizando la combinación de oscuro y claro que constituyó el sello de la escuela vienesa. Este cuenco se exhibió en la exposición de la Werkbund alemana de 1914 en Colonia y había sido encargado y comercializado por J. & L. Lobmeyr de Viena, uno de los comerciantes de vidrio artístico más importantes de finales del siglo XIX y principios del XX.

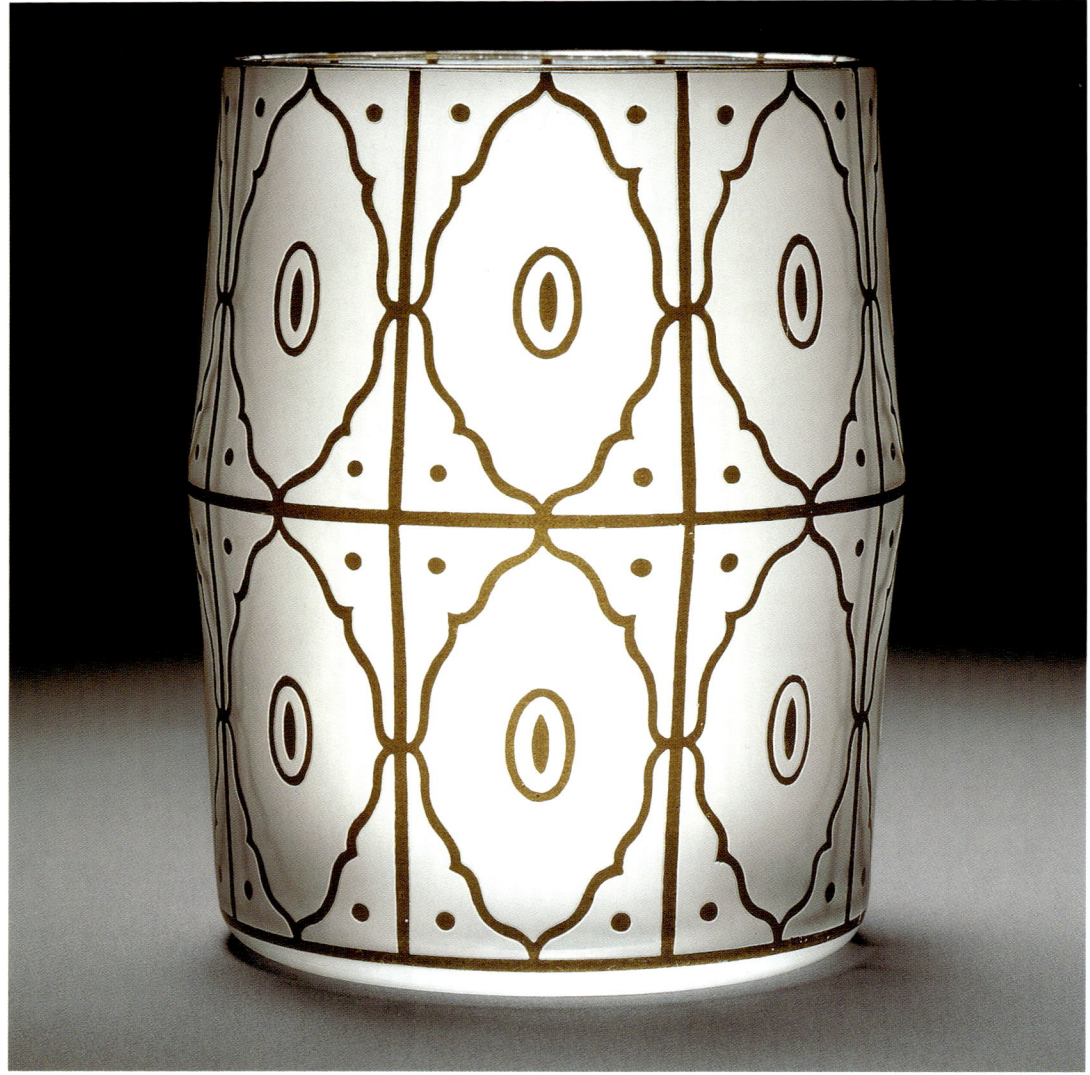

31.

31. **Tumbler**, 1911
Josef Hoffmann
Retailed by J. & L. Lobmeyr, Vienna, Austria

Blown clear glass, frosted, *Bronzite*
10.3 × 8 × 8 cm, unsigned

32. **Wine glass**, 1911
Form: Designer unknown
Decoration: Ludwig Heinrich Jungnickel
Retailed by J. & L. Lobmeyr, Vienna, Austria

Mold-blown clear glass, frosted, *Bronzite*
18.7 × 8 × 8 cm, unsigned

Shown at the 1911–12 exhibition at the Museum for Art and Industry in Vienna, this *Bronzite* wine glass features a lively decorative frieze of checkerboard bands enframing monkeys and a scrolling vine. Jungnickel's specialty was patterns incorporating animals stylized in the Viennese mode, and the motif of monkeys here relates closely to a textile he designed for the Wiener Werkstätte, as well as to wall decoration for a children's room in the Stoclet Palace, the Wiener Werkstätte's most important architectural commission.

31. **Vaso**, 1911.
Josef Hoffmann.
Comercializado J. & L. Lobmeyr, Viena, Austria.

Cristal soplado transparente, esmerilado, *Bronzite*.
10'3 × 8 × 8 cm, sin firma.

32. **Copa de vino**, 1911.
Forma: diseñador desconocido.
Decoración: Ludwig Heinrich Jungnickel.
Comercializado por J. & L. Lobmeyr, Viena, Austria.

Cristal transparente soplado a molde, esmerilado, *Bronzite*.
18'7 × 8 × 8 cm, sin firma.

Mostrada en la exposición de 1911–1912 en el Museo de Arte e Industria de Viena, esta copa de vino con decoración en *Bronzite* presenta un friso vivamente decorativo con bandas ajedrezadas que enmarcan monos y una parra enroscada. La especialidad de Jungnickel eran los modelos con animales estilizados al estilo vienés, y este motivo de monos está íntimamente relacionado con un tejido que diseñó para la Wiener Werkstätte, así como con la decoración mural para un cuarto de niños del Palacio Stoclet, el encargo arquitectónico más importante de la Wiener Werkstätte.

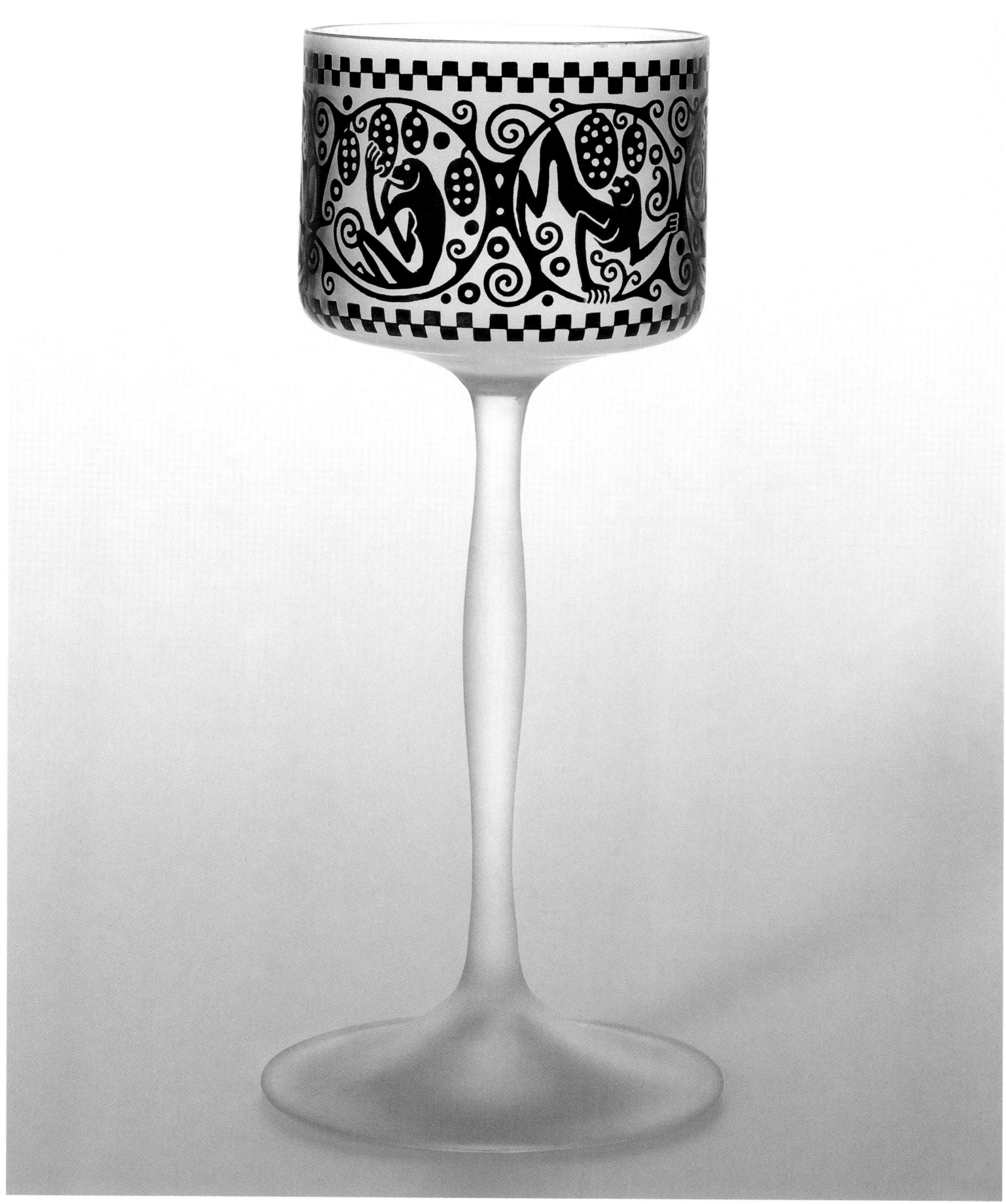

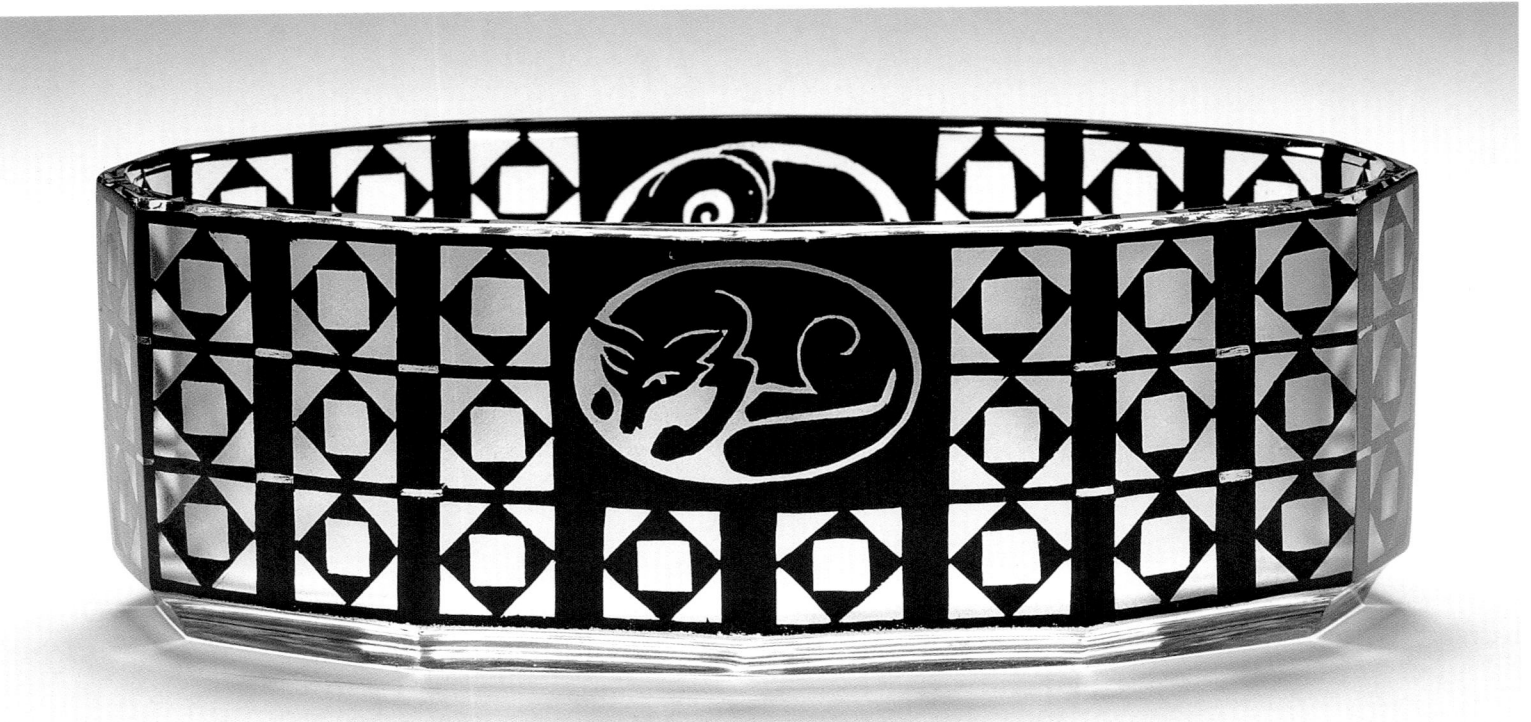

33

33. **Bowl**, 1911
Form: Designer unknown
Decoration: Urban Janke and Ludwig Heinrich Jungnickel
Retailed by J. & L. Lobmeyr, Vienna, Austria

Mold-blown clear glass, frosted, *Bronzite*, cut
4 × 11.2 × 5.5 cm, unsigned

33. **Cuenco**, 1911.
Forma: diseñador desconocido.
Decoración: Urban Janke y Ludwig Heinrich Jungnickel.
Comercializado por J. & L. Lobmeyr, Viena, Austria.

Cristal transparente soplado a molde, esmerilado, *Bronzite*, tallado.
4 × 11'2 × 5'5 cm, sin firma.

34. **Vessel**, c. 1914
Form: Josef Hoffmann
Retailed by J. & L. Lobmeyr, Vienna, Austria

Blown clear glass, frosted, *Bronzite*
14.3 × 8.2 × 8.2 cm, signed: mark 21

34. **Recipiente**, h. 1914.
Forma: Josef Hoffmann.
Comercializado por J. & L. Lobmeyr, Viena, Austria.

Cristal transparente soplado, esmerilado, *Bronzite*.
14'3 × 8'2 × 8'2 cm, firmado: ver marca num. 21.

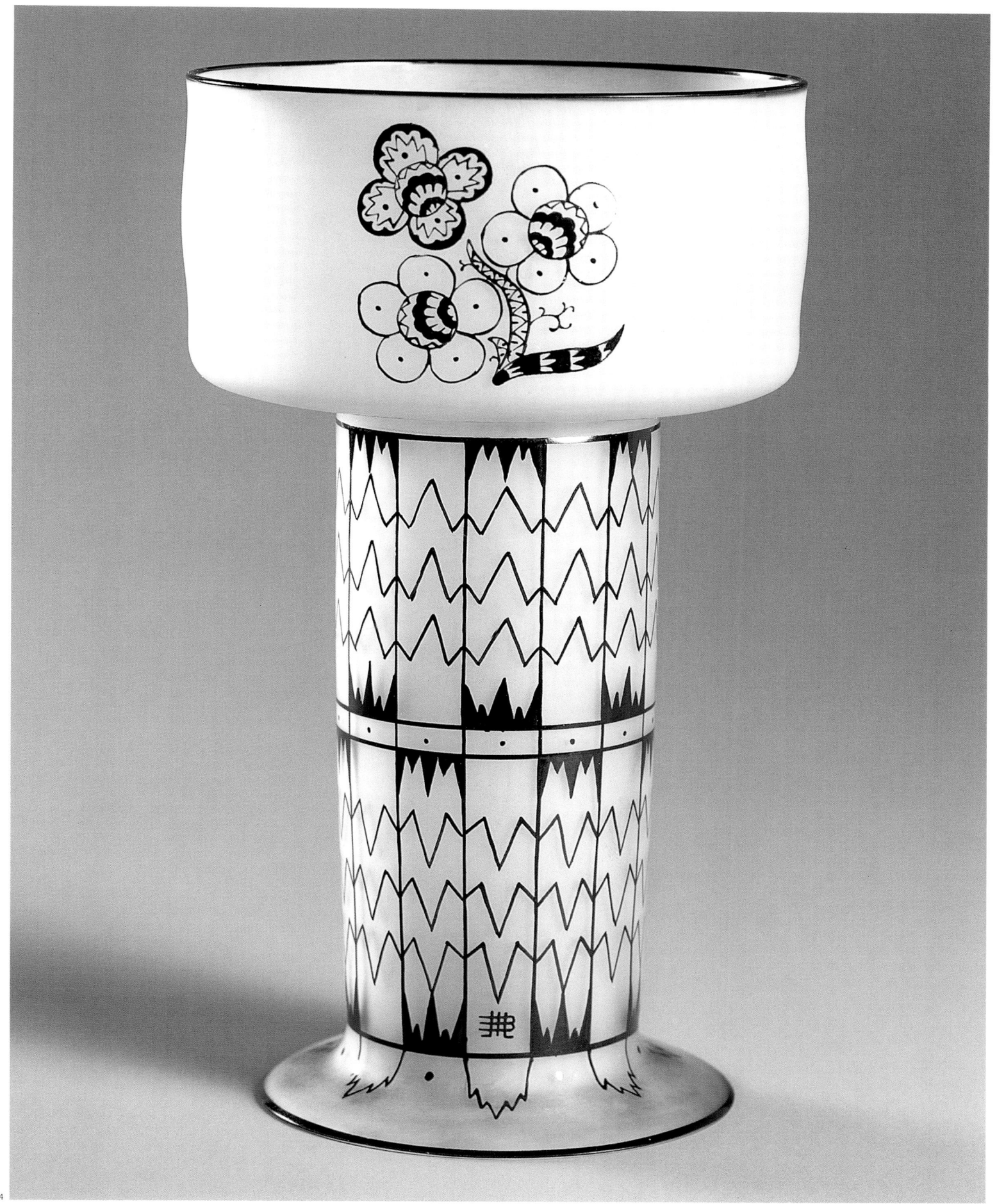

34

La Secesión Vienesa —— 55 ——

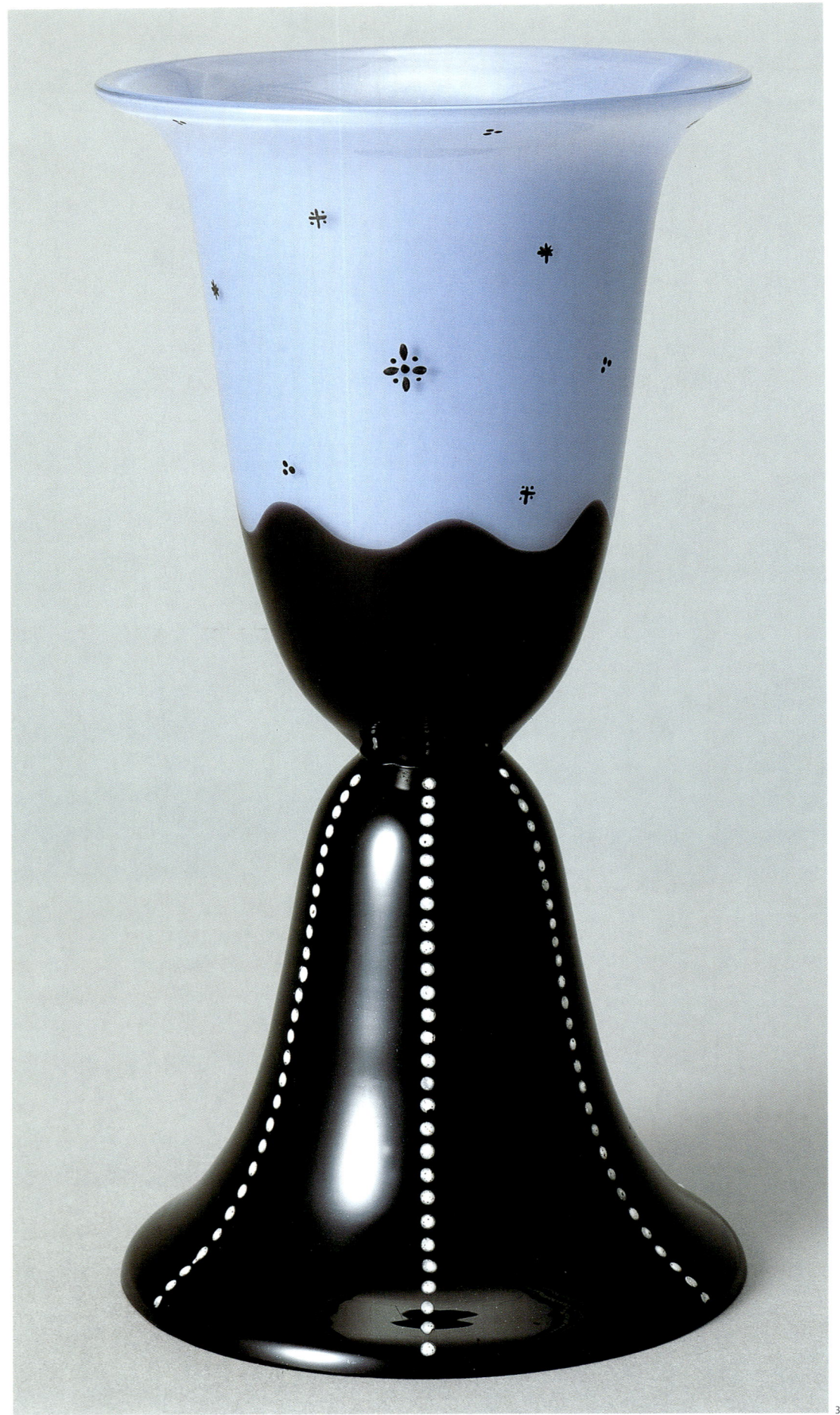

35. Vase, c. 1916/17
Dagobert Peche
Produced by Lötz Witwe, Klásterŝý Mlýn (Klostermühle), Czech Republic

Blown colored glass, overlaid colored and clear glass, enameled
22.2 × 12 × 12 cm, unsigned

From the moment he joined the Wiener Werkstätte in 1915, Dagobert Peche established himself as a brilliant ornamentalist, changing the group's artistic orientation toward sprightly humor and eccentric forms. Although the form and dotted stripes of this vessel still recall Hoffmann's architectonic vocabulary, other aspects announce Peche's new idiom: the unusual violet color, the way the dark overlay of the base laps organically onto the body, and the seemingly random organization of the small snowflakes or florets.

35. Jarrón, h. 1916/17.
Dagobert Peche.
Producido por Viuda Lötz, Klásterŝý Mlýn (Klostermühle), República Checa.

Cristal soplado transparente, cristal transparente y coloreado superpuestos, esmaltado.
22'2 × 12 × 12 cm, sin firma.

Desde el momento en que se unió a la Wiener Werkstätte en 1915, Dagobert Peche se consolidó como un ornamentista genial, cambiando la orientación del grupo artístico hacia formas vivas, humorísticas y excéntricas. Aún cuando la forma de la vasija y sus bandas moteadas todavía recuerdan el vocabulario arquitectónico de Hoffmann, hay otros aspectos que anuncian el nuevo lenguaje de Peche: el inusual color violeta, el modo en que la capa oscura superpuesta de la base se solapa orgánicamente sobre el cuerpo y la organización aparentemente aleatoria de los pequeños copos de nieve y de las florecillas.

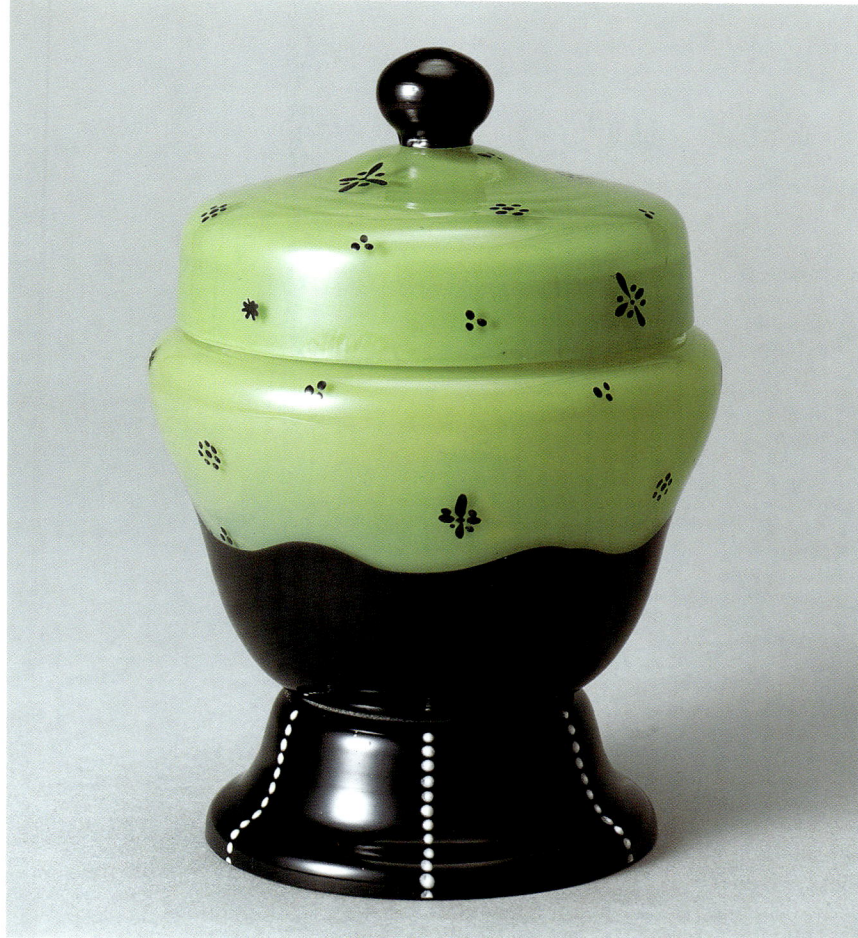

36.

36. **Covered jar**, c. 1916/17
Dagobert Peche
Produced by Lötz Witwe, Klásterśý Mlýn (Klostermühle), Czech Republic

Blown colored glass, overlaid colored and clear glass, enameled
15.4 × 10.5 × 10.5 cm, unsigned

36. **Tarro con tapa**, h. 1916/17.
Dagobert Peche.
Producido por Viuda Lötz, Klásterśý Mlýn (Klostermühle), República Checa.

Cristal soplado transparente, cristal transparente y coloreado superpuestos, esmaltado.
15'4 × 10'5 × 10'5 cm, sin firma.

37. **Vase**, c. 1916/17
Dagobert Peche
Produced by Lötz Witwe, Klásterśý Mlýn (Klostermühle), Czech Republic

Blown colored glass, overlaid colored and clear glass, enameled
16 × 7.4 × 7.4 cm, unsigned

37. **Jarrón**, h. 1916/17.
Dagobert Peche.
Producido por Viuda Lötz, Klásterśý Mlýn (Klostermühle), República Checa.

Cristal soplado transparente, cristal transparente y coloreado superpuestos, esmaltado.
16 × 7'4 × 7'4 cm, sin firma.

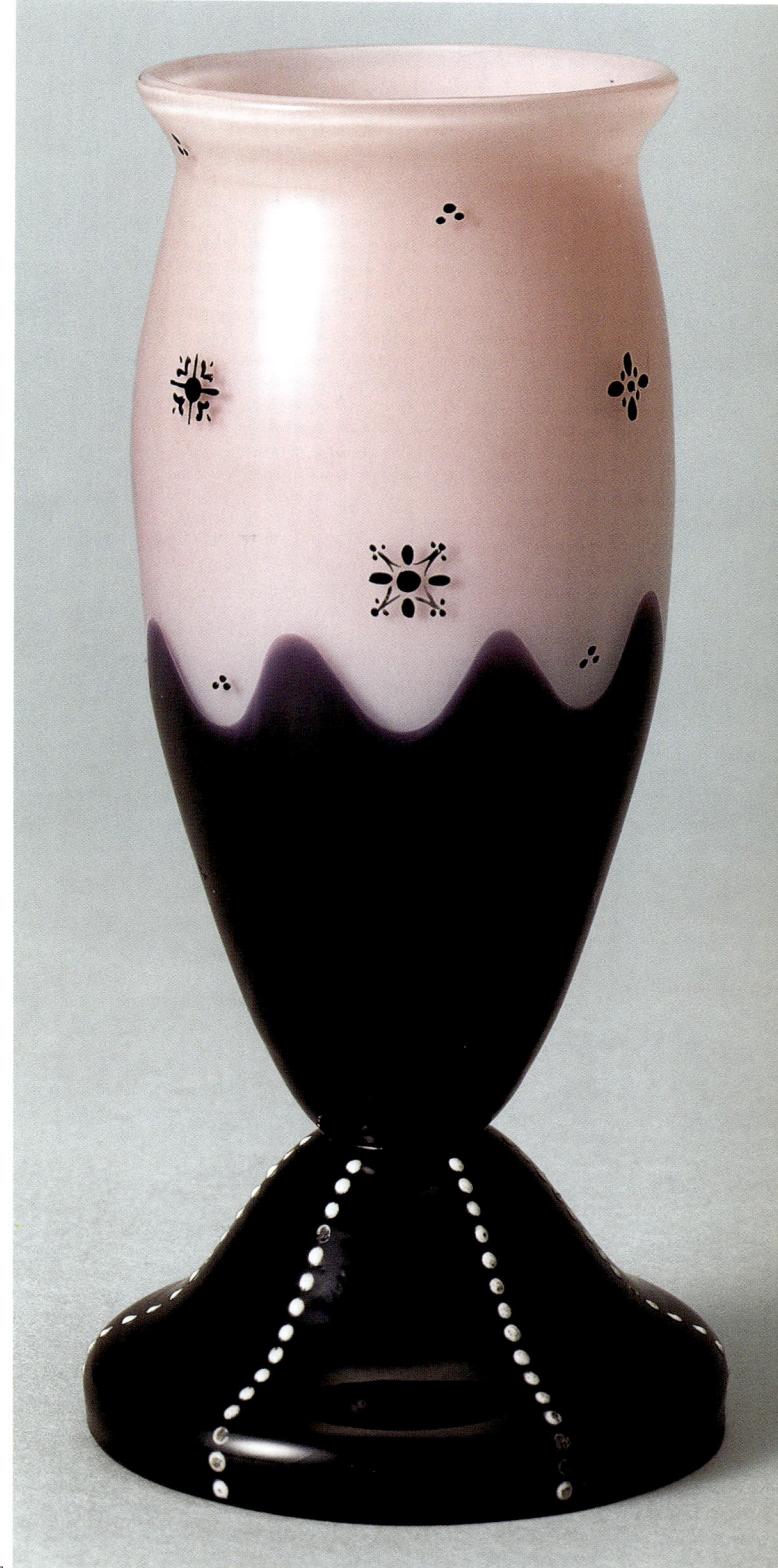

37.

La Secesión Vienesa — 57 —

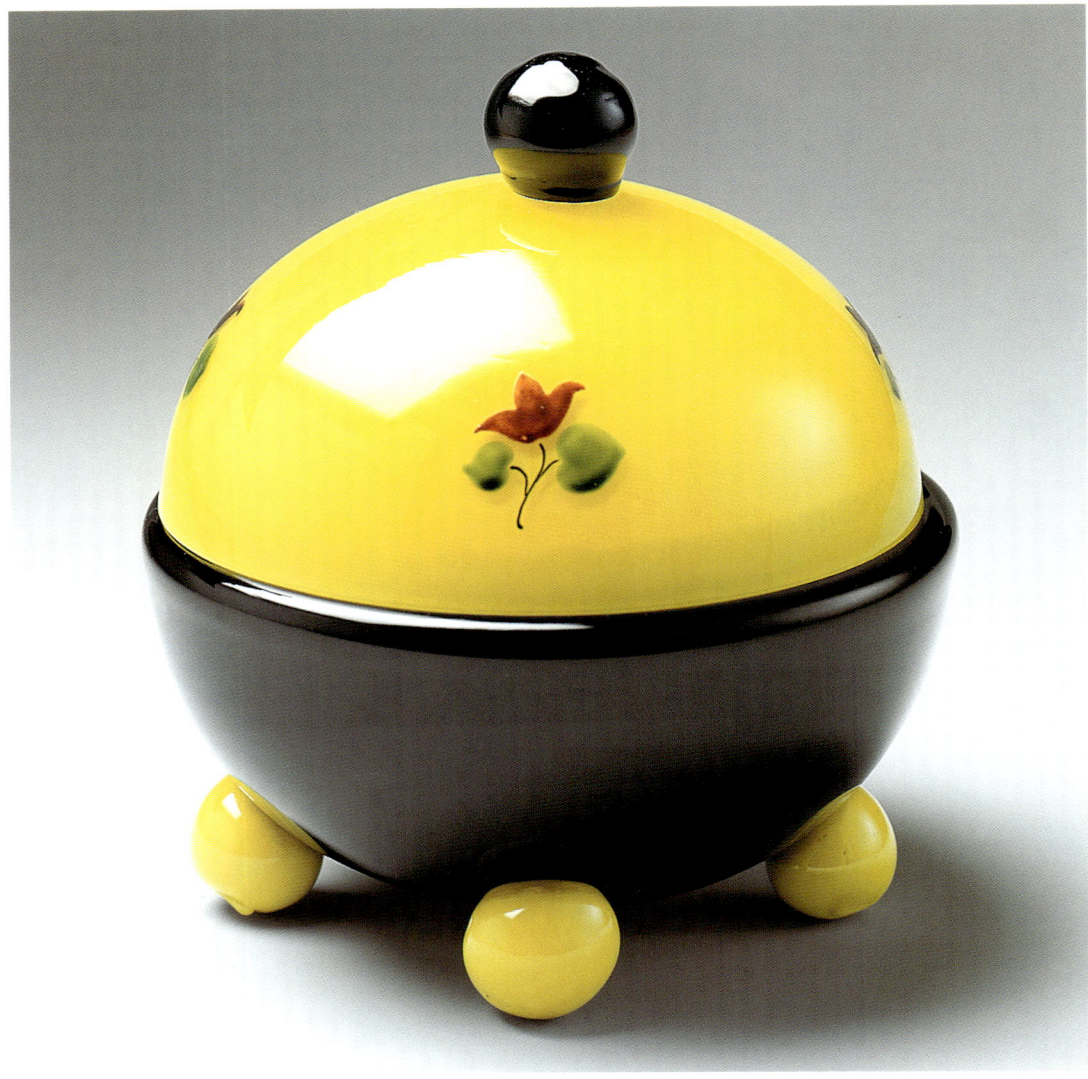

38. Covered jar, 1916
Hans Bolek
Produced by Lötz Witwe, Klásterŝý Mlýn (Klostermühle), Czech Republic

Blown colored glass, overlaid clear glass, enameled
12.5 × 11.2 × 11.2 cm, unsigned

38. Tarro con tapa, 1916.
Hans Bolek.
Producido por Viuda Viuda Lötz, Klásterŝý Mlýn (Klostermühle), República Checa.

Cristal soplado transparente, cristal transparente y coloreado superpuestos, esmaltado.
12'5 × 11'2 × 11'2 cm, sin firma.

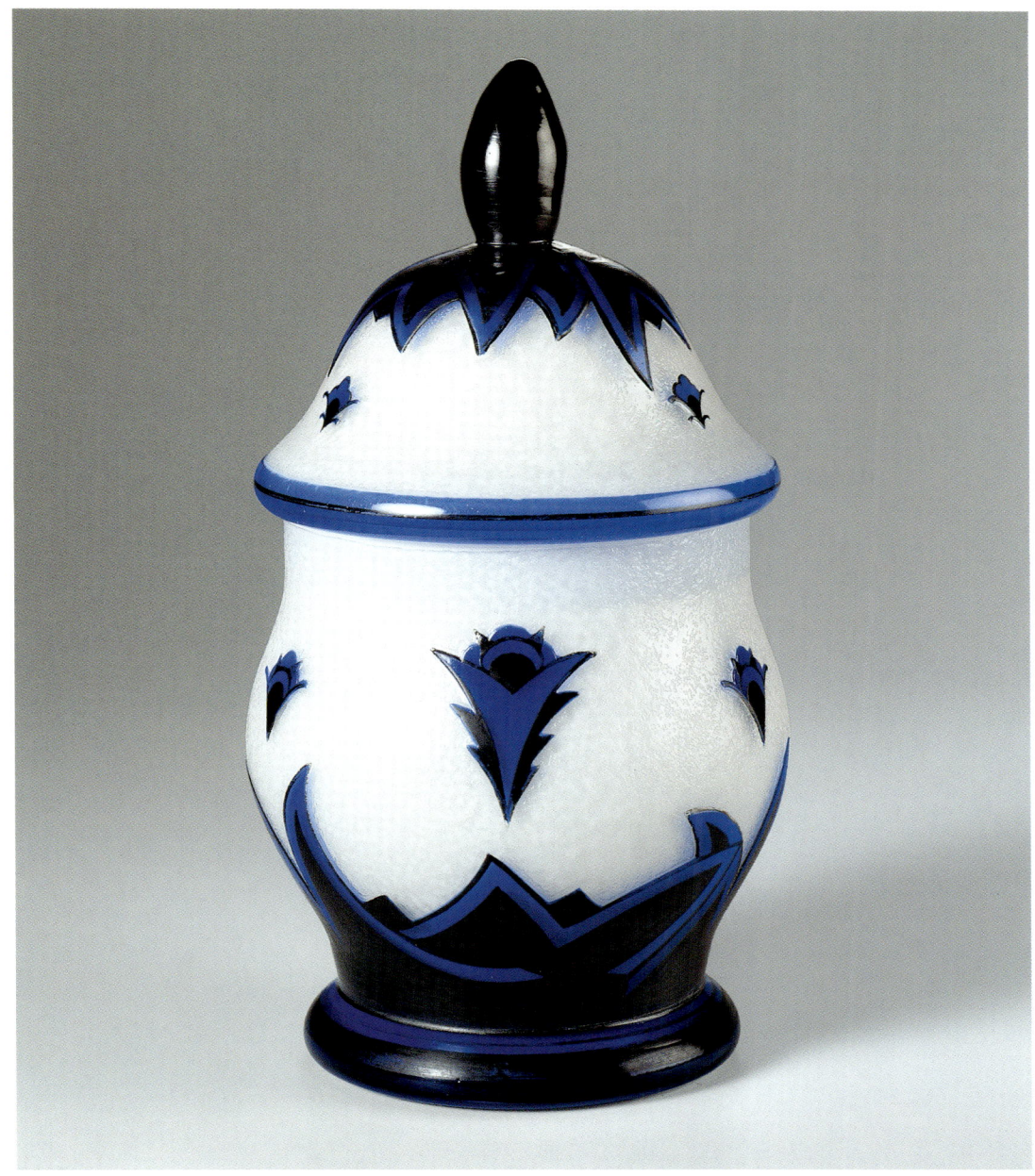

39

39. **Covered jar**, c. 1924/25
Form: Designer unknown
Decoration: Marey Beckert (-Schider)
Produced by Lötz Witwe, Klásteršý Mlýn (Klostermühle), Czech Republic

Blown clear glass, overlaid colored glass, acid-etched, enameled
20 × 10 × 10 cm, unsigned

39. **Tarro con tapa**, h. 1924/25.
Forma: diseñador desconocido.
Decoración: Marey Beckert (-Schider).
Producido por Viuda Lötz, Klásteršý Mlýn (Klostermühle), República Checa.

Cristal soplado transparente, cristal coloreado superpuesto, grabado al aguafuerte, esmaltado.
20 × 10 × 10 cm, sin firma.

The Later Work of the Wiener Werkstätte

Obra tardía de la Wiener Werkstätte

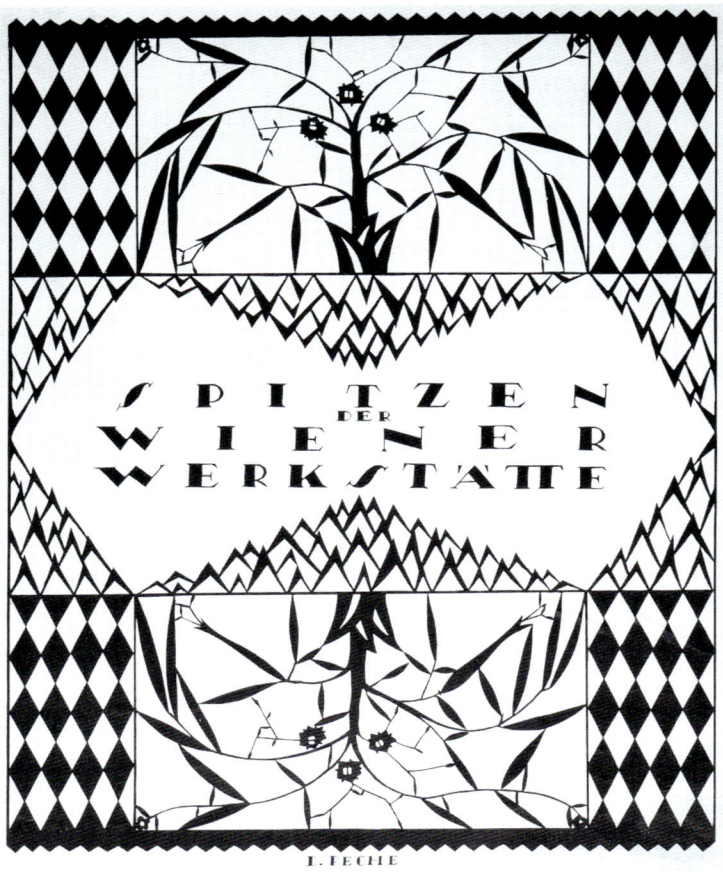

Dagobert Peche, poster for the Wiener Werkstätte lace department, 1918, MAK-Österreichisches Museum für angewandte Kunst, Vienna.

Dagobert Peche, cartel para el departamento de encajes de la Wiener Werkstätte, 1918, MAK-Österreichisches Museum für angewandte Kunst, Viena.

The Wiener Werkstätte underwent significant changes in the mid-1910s. Whereas it had earlier established a worldwide reputation for a rationalist approach to design, it now veered in a diametrically opposite direction. Much of the change can be attributed to the presence of Dagobert Peche, who joined the group in 1915 and by 1919 had assumed the post of artistic director. He introduced a new repertoire of quixotic, delightfully bizarre forms, attenuated elegance, and florid ornamentation. Most important of all, these new stylistic impulses were tied to Expressionism and early Surrealism. Moreover, this came at a time when the organization's financial status was in a precarious position and Josef Hoffmann had come to the conclusion that it was impossible to convert the public at large to good taste; the group's profits came from catering to a select elite.

A new department for glass decorating was set up by the Wiener Werkstätte in 1916. The vessels were the same sorts of pure geometric forms that Hoffmann had designed before the war, and the blanks were supplied by Johann Oertel & Co. of Haida, who had them made at various regional glassworks. But there the similarity with the past ends. Peche and a number of

La Wiener Werkstätte sufrió cambios significativos a mediados de la década de 1910. Mientras que con anterioridad había alcanzado prestigio universal por su aproximación racionalista al diseño, tomó entonces una dirección diametralmente opuesta. Gran parte de este cambio puede atribuirse a la presencia de Dagobert Peche, el cual se unió al grupo en 1915, y en 1919 ya ocupaba el cargo de director artístico. Introdujo un nuevo repertorio de formas pintorescas y deliciosamente estrafalarias, una sutil elegancia y una ornamentación florida. Lo que resulta más relevante es el hecho de que estos nuevos impulsos estilísticos estaban ligados al Expresionismo y al Surrealismo temprano. Más aún, todo esto ocurrió cuando la situación financiera de la organización se encontraba en una posición precaria y cuando Josef Hoffmann había llegado a la conclusión de que era imposible conseguir que el público en general tuviera buen gusto; las ganancias del grupo procedían de ofrecer sus obras a una minoría selecta.

En 1916 la Wiener Werkstätte crea un nuevo departamento para la decoración de cristal. Los recipientes tenían los mismos tipos de formas geométricas puras que Hoffmann había diseñado antes de la guerra, y los cuerpos sin decorar eran suministrados por Johann Oertel & Co. de Haida, que los mandaba hacer en diferentes fábricas de vidrio. Pero aquí termina la similitud con el pasado. Peche y una serie de decoradores destacados de la Werkstätte, tales como Mathilde Flögl, Hilda Jesser, Vally Wie-

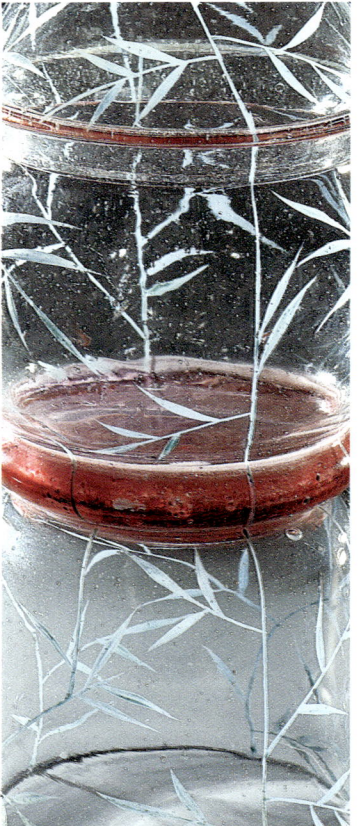

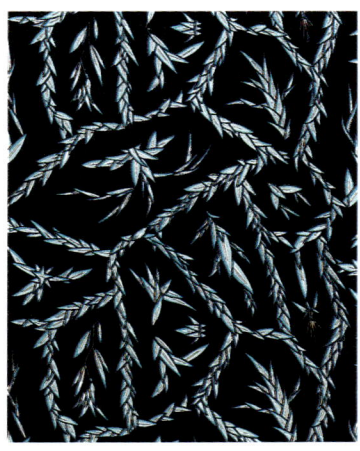

Hilda Jesser, Covered vessel (detail), 1917 (cat. no. 41).

Hilda Jesser, Recipiente con tapa (detalle), 1917 (cat. num. 41).

Dagobert Peche, *Irrgarten (Maze)* textile, 1913, Archiv der Wiener Werkstätte, MAK-Österreichisches Museum für angewandte Kunst, Vienna.

Dagobert Peche, *Irrgarten (Laberinto)* textil, 1913, Archiv der Wiener Werkstätte, MAK-Österreichisches Museum für angewandte Kunst, Viena.

the leading decorators at the Werkstätte, including Mathilde Flögl, Hilda Jesser, Vally Wieselthier, and others of the predominantly female staff created master designs that were witty and high-spirited, and often with bold combinations of color. These patterns were then enameled on the glass by decorators in the organization's own workshop. Some of the decoration suggests chic fashion prints issued by the Werkstätte itself, much in the manner of Paul Poiret. Elsewhere there are evocations of eighteenth-century arabesques and Pompeiian wall frescoes. The most constant features are the Expressionist elements of jagged lines and purposefully exaggerated forms. These stylistic threads were woven into a remarkable fabric of charm and delight.

Just as the Wiener Werkstätte had been the stylistic leader after the turn of the century, so too it was highly influential after World War I. The impact of its late style can be seen in much of the enameled glassware that was produced in Austrian, Czech, and German studios and factories, as these spritely designs and colors became the new vogue.

selthier, y otras decoradoras que formaban parte de la plantilla, en su mayoría femenina, crearon diseños maestros que eran ingeniosos y enérgicos, con frecuencia con combinaciones atrevidas de color. Estos modelos eran luego esmaltados en los propios talleres de la organización. Algunas de estas decoraciones evocan los elegantes grabados de moda realizados por la propia Werkstätte, muy a la manera de Paul Poiret. Otras sugieren los arabescos dieciochescos y los frescos pompeyanos. El rasgo distintivo que más se repite son los elementos expresionistas de líneas discontinuas y formas intencionadamente exageradas. Resulta extraordinario que con estos hilos tan dispares se tejieran tapices de tanto gusto y encanto.

La influencia de la Wiener Werkstätte como referencia estilística protagonista fue tan importante después de la Primera Guerra Mundial como lo había sido después del cambio de siglo. El impacto de este estilo tardío se puede constatar en las producciones de cristal esmaltado de los talleres y fábricas austríacos, checos y alemanes, ya que estos diseños y colores vivos se convirtieron en la nueva moda.

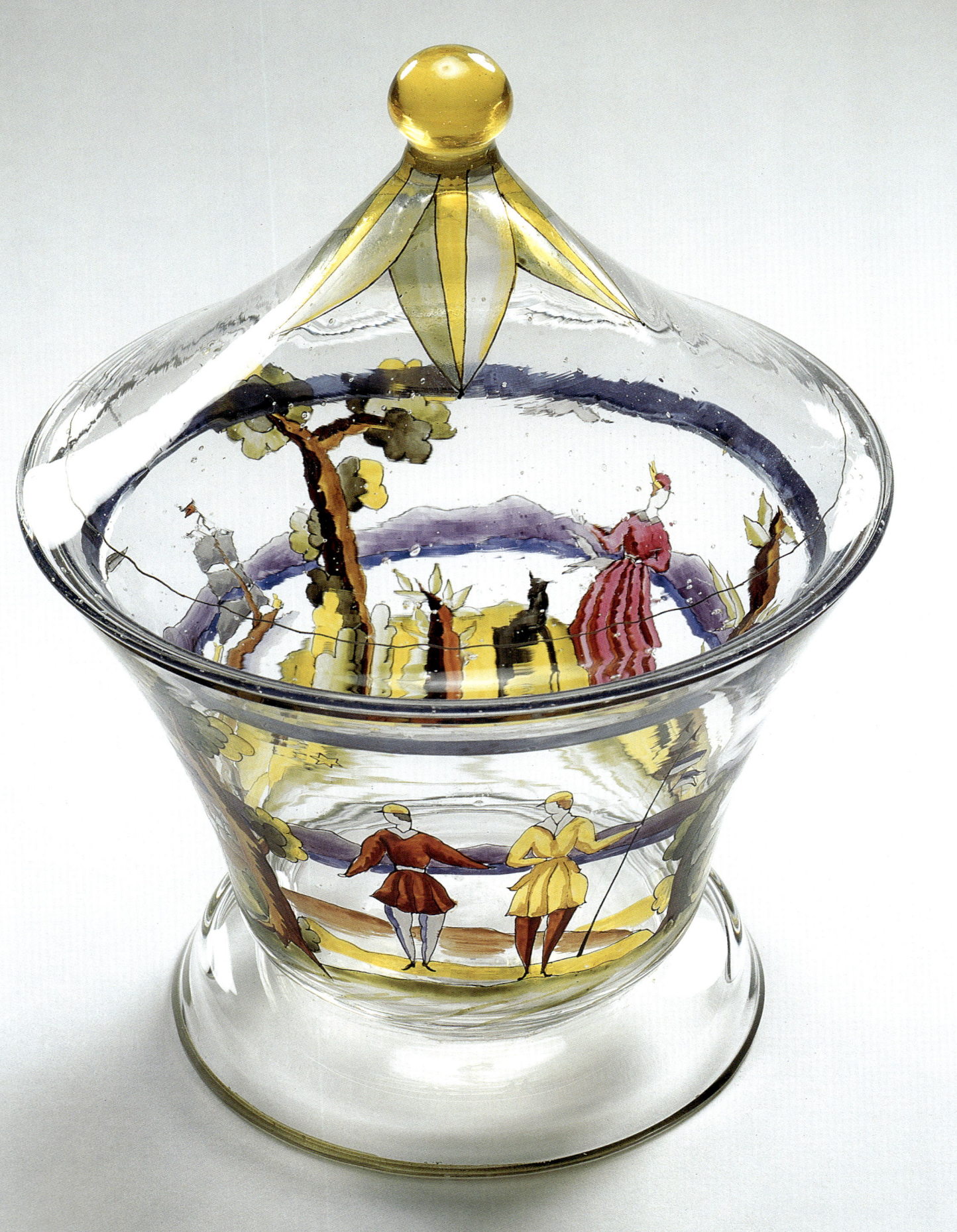

40. **Covered jar**, 1917
Form: Josef Hoffmann
Produced for Joh. Oertel & Co.,
Nový Bor (Haida), Czech Republic
Decoration: Hilda Jesser
Executed at the Wiener Werkstätte,
Vienna, Austria

Blown clear glass, enameled
19.5 × 14.8 × 14.8 cm, signed: mark 50

Hilda Jesser's sprightly scene of modishly dressed sportswomen embraces the deliberate naiveté and bright colors of Fauvism, and registers the free pictorial expression that characterized the Wiener Werkstätte after 1915, under the direction of Dagobert Peche. Josef Hoffmann designed the form of the vessel, which was used to quite different effects by the various Wiener Werkstätte decorators.

40. **Tarro con tapa**, 1917.
Forma: Josef Hoffmann.
Producido para Joh. Oertel & Co., Nový Bor (Haida), República Checa.
Decoración: Hilda Jesser.
Realizado en la Wiener Werkstätte, Viena, Austria.

Cristal soplado transparente, esmaltado.
19'5 × 14'8 × 14'8 cm, firmado: ver marca num. 50.

Hilda Jesser concibe esta vívida escena de mujeres deportistas ataviadas a la moda con el mismo candor intencionado y colores brillantes de los fauvistas, y refleja la expresión pictórica más libre que caracterizó a la Wiener Werkstätte después de 1915 bajo la dirección de Dagobert Peche. Josef Hoffmann diseñó la forma de la pieza, pero varios decoradores de la Wiener Werkstätte pudieron utilizar el mismo cuerpo sin decorar para conseguir efectos bastante diferentes.

41. **Covered vessel**, 1917
Form: Josef Hoffmann
Produced for Joh. Oertel & Co., Nový Bor (Haida), Czech Republic
Decoration: Hilda Jesser
Executed at the Wiener Werkstätte, Vienna, Austria

Clear glass, enameled
28.3 × 11.5 × 11.5 cm, signed: mark 50

41. **Recipiente con tapa**, 1917.
Forma: Josef Hoffmann.
Producida para Joh. Oertel & Co., Nový Bor (Haida), República Checa.
Decoración: Hilda Jesser.
Realizado en la Wiener Werkstätte, Viena, Austria.

Cristal transparente, esmaltado.
28'3 × 11'5 × 11'5 cm, firmado: ver marca num. 50.

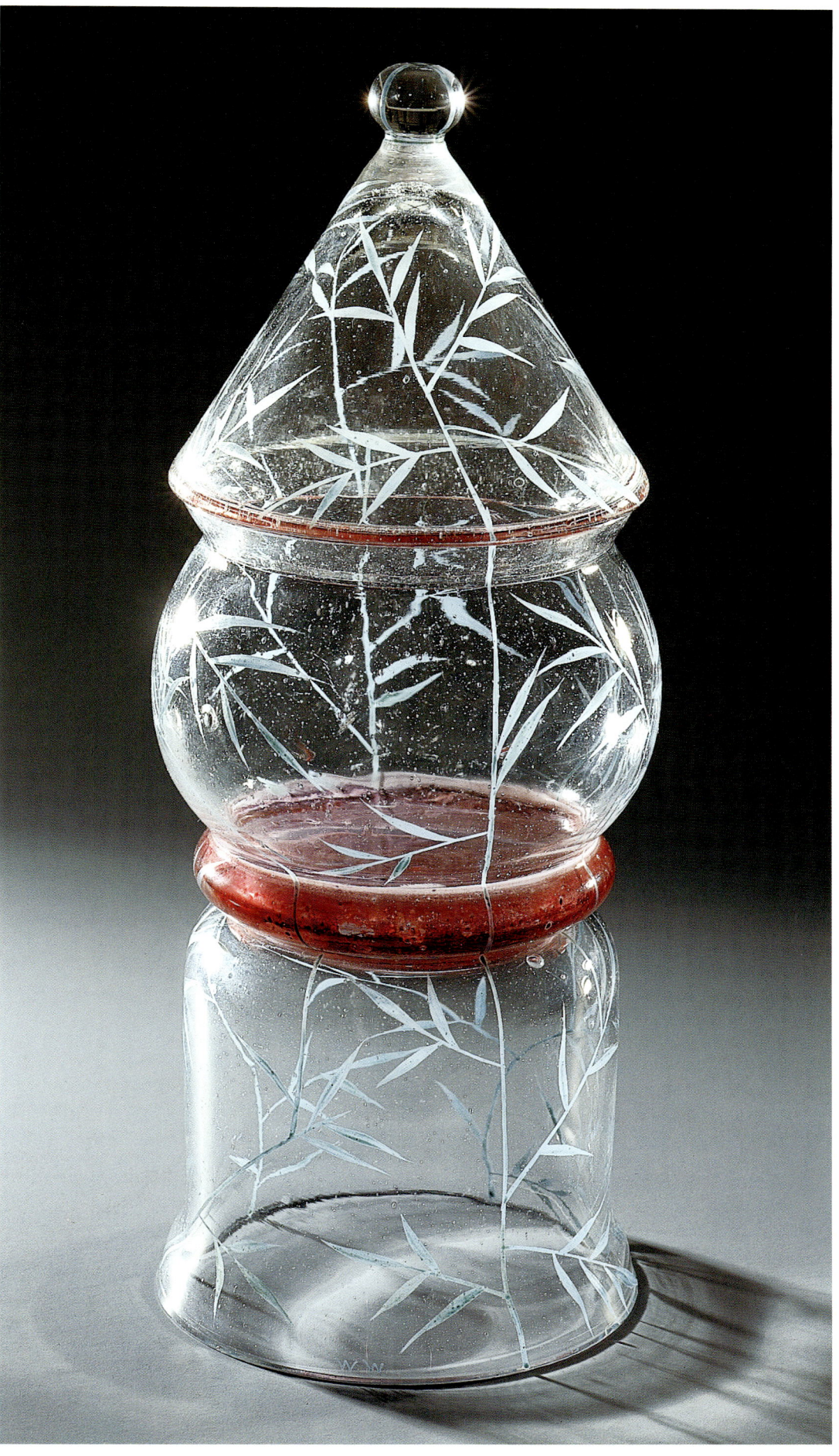

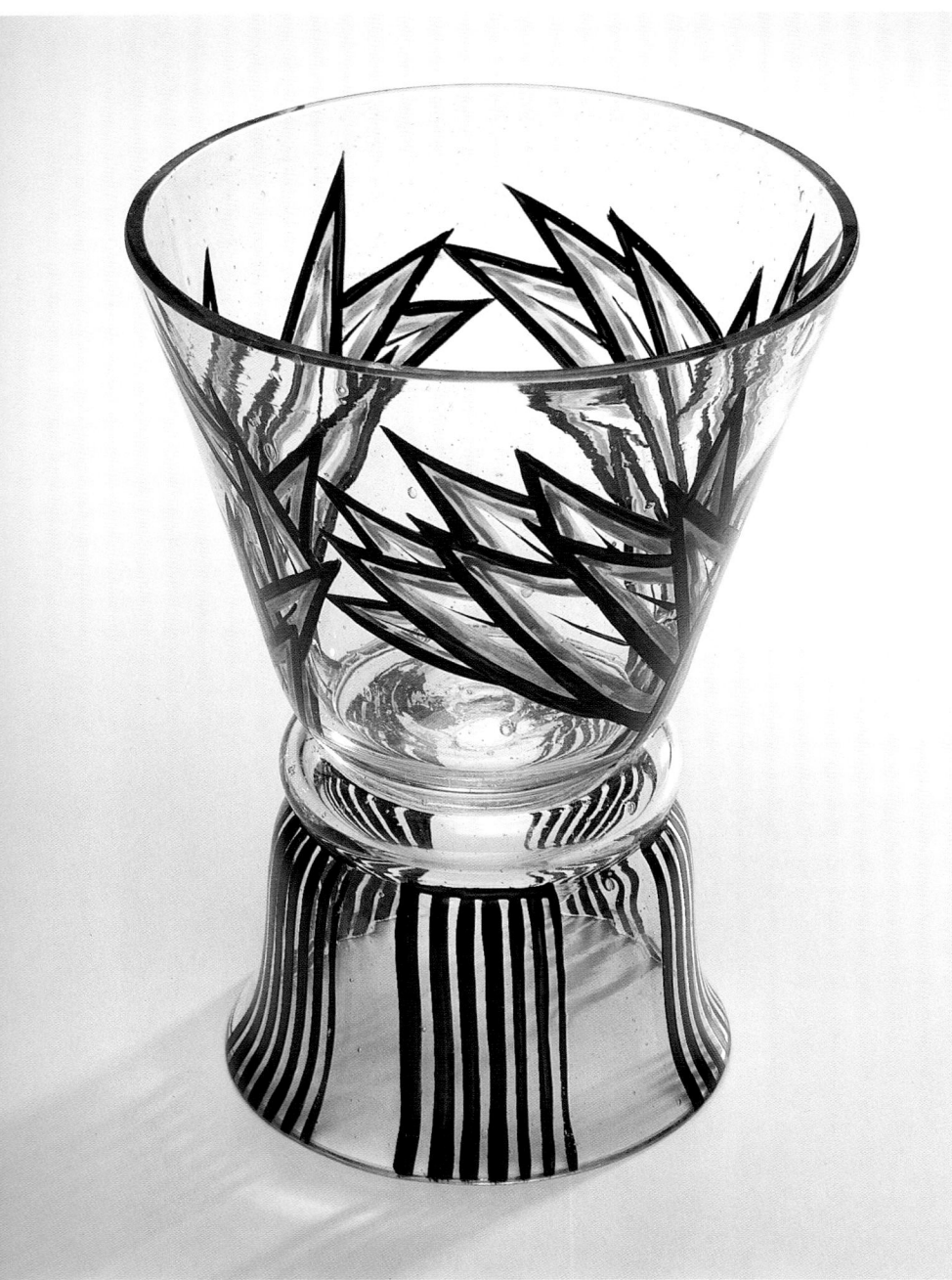

42

42. **Vase**, c. 1917
Form: Josef Hoffmann
Produced for Joh. Oertel & Co., Nový Bor (Haida),
Czech Republic
Decoration: Dagobert Peche
Executed at the Wiener Werkstätte, Vienna, Austria

Clear glass, enameled
15.3 × 11.6 × 11.6 cm, unsigned

42. **Jarrón**, h. 1917.
Forma: Josef Hoffmann.
Producido para Joh. Oertel & Co., Nový Bor (Haida),
República Checa.
Decoración: Dagobert Peche.
Realizado en la Wiener Werkstätte, Viena, Austria.

Cristal transparente, esmaltado.
15'3 × 11'6 × 11'6 cm, sin firma.

43. **Vase**, 1917
Form: Josef Hoffmann
Produced for Joh. Oertel & Co., Nový Bor (Haida), Czech Republic
Decoration: Dagobert Peche
Executed at the Wiener Werkstätte, Vienna, Austria

Clear glass, enameled
15.6 × 11.7 × 11.7 cm, signed: mark 50

The conception of this vase—two simple, bell-shaped forms joined by an annular ring—is quite typical of Josef Hoffmann's balance of simple volumes and clear silhouettes. However, the enameled decoration provided by Dagobert Peche is quite contrary. The upper section is encircled by a meandering tree branch with perky, elongated leaves, all rendered polychromatically, while the lower section has a linear pattern in black. The juxtaposition of these two disparate types of ornament typifies Peche's lively approach to design.

43. **Jarrón**, 1917.
Forma: Josef Hoffmann.
Producido para Joh. Oertel & Co., Nový Bor (Haida),
República Checa.
Decoración: Dagobert Peche.
Realizado en la Wiener Werkstätte, Viena, Austria.

Cristal transparente, esmaltado.
15'6 × 11'7 × 11'7 cm, firmado: ver marca num. 50.

La concepción de este jarrón –dos formas simples acampanadas unidas por un anillo– es bastante típico del equilibrio entre volúmenes simples y siluetas diáfanas característico de Josef Hoffmann. Sin embargo, la decoración esmaltada de Dagobert Peche es completamente diferente. La parte superior, policromada, está decorada en toda su superficie con una serpenteante rama de árbol con hojas lanceoladas, mientras que la inferior está decorada con un dibujo lineal en negro. La yuxtaposición de estos dos tipos diferentes de ornamentación es un buen ejemplo del enfoque vital con el que Peche abordaba el diseño.

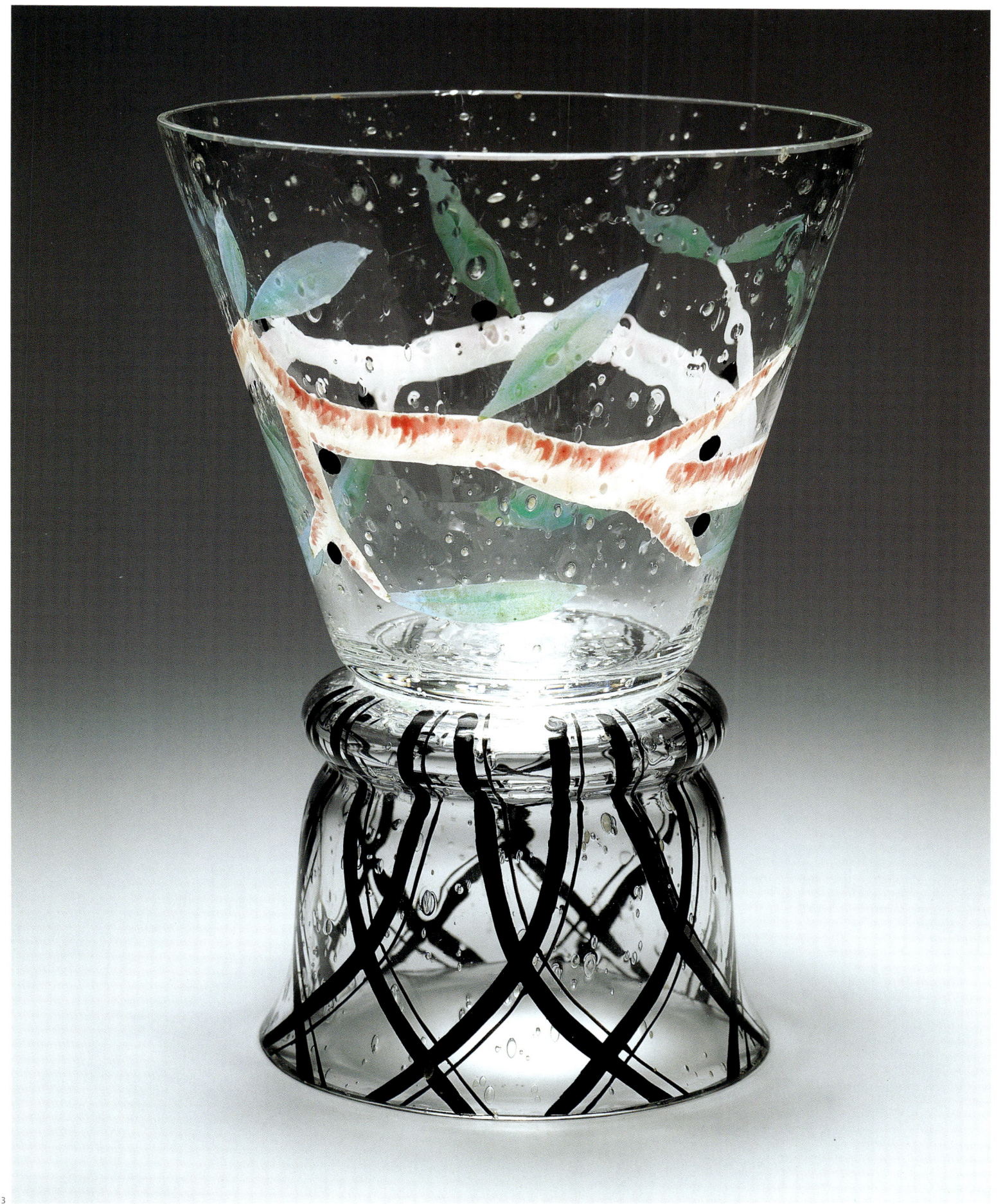

43

Wiener Werkstätte — 65

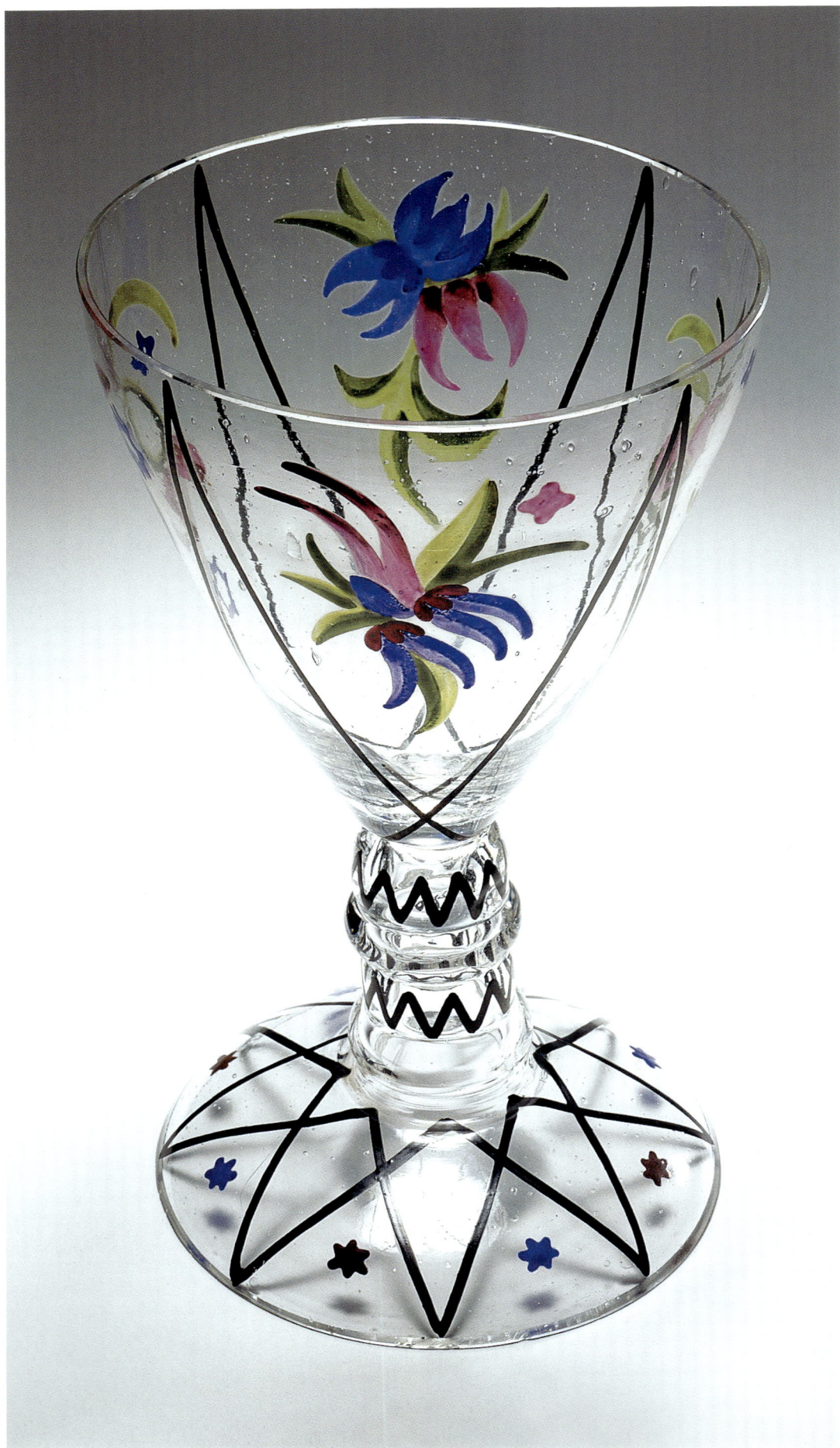

44. Goblet, c. 1917
Form: Josef Hoffmann
Produced for Joh. Oertel & Co., Nový Bor (Haida), Czech Republic
Decoration: Maria Vera Brunner (-Frieberger)
Executed at the Wiener Werkstätte, Vienna, Austria

Blown clear glass, enameled
18.3 × 11.7 × 11.7 cm, signed: mark 50

44. Copa, h. 1917.
Forma: Josef Hoffmann.
Producido para Joh. Oertel & Co., Nový Bor (Haida), República Checa.
Decoración: Maria Vera Brunner (-Frieberger).
Realizado en la Wiener Werkstätte, Viena, Austria.

Cristal soplado transparente, esmaltado.
18'3 × 11'7 × 11'7 cm, firmado: ver marca num. 50.

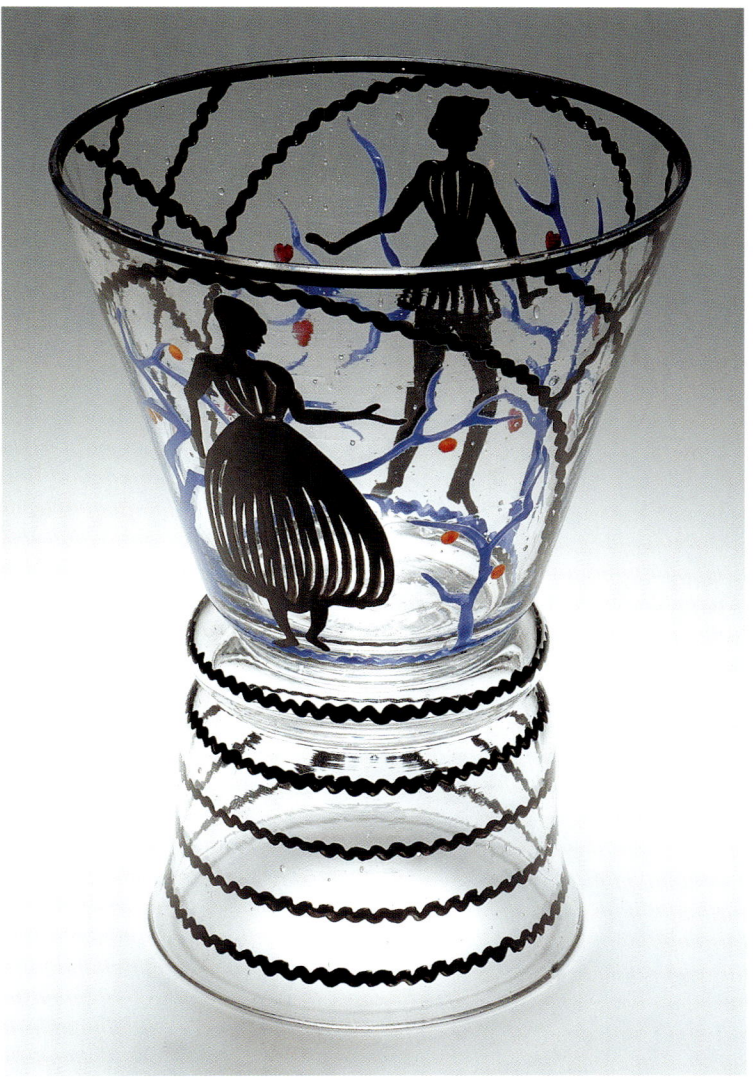

45

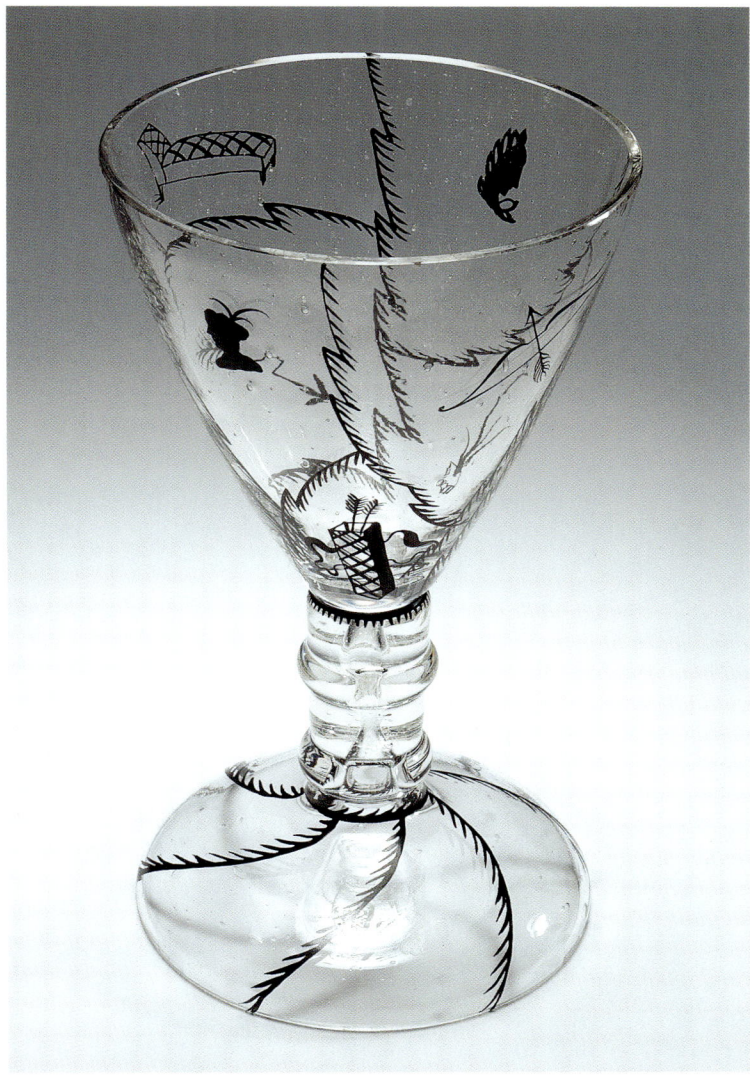

46

45. **Vase**, c. 1917

Form: Josef Hoffmann
Produced for Joh. Oertel & Co., Nový Bor (Haida), Czech Republic
Decoration: Maria Vera Brunner (-Frieberger)
Executed at the Wiener Werkstätte, Vienna, Austria

Blown clear glass, enameled
15.5 × 11.6 × 11.6 cm, signed: mark 50

45. **Jarrón**, h. 1917.

Forma: Josef Hoffmann.
Producido para Joh. Oertel & Co., Nový Bor (Haida),
República Checa.
Decoración: Maria Vera Brunner (-Frieberger).
Realizado en la Wiener Werkstätte, Viena, Austria.

Cristal soplado transparente, esmaltado.
15'5 × 11'6 × 11'6 cm, firmado: ver marca num. 50.

46. **Goblet**, c. 1917

Form: Josef Hoffmann
Produced for Joh. Oertel & Co., Nový Bor (Haida), Czech Republic
Decoration: Dagobert Peche
Executed at the Wiener Werkstätte, Vienna, Austria

Blown clear glass, enameled
17.8 × 11.3 × 11.3 cm, unsigned

46. **Copa**, h. 1917.

Forma: Josef Hoffmann.
Producido para Joh. Oertel & Co., Nový Bor (Haida),
República Checa.
Decoración: Dagobert Peche.
Realizada en la Wiener Werkstätte, Viena, Austria.

Cristal soplado transparente, esmaltado.
17'8 × 11'3 × 11'3 cm, sin firma.

Wiener Werkstätte

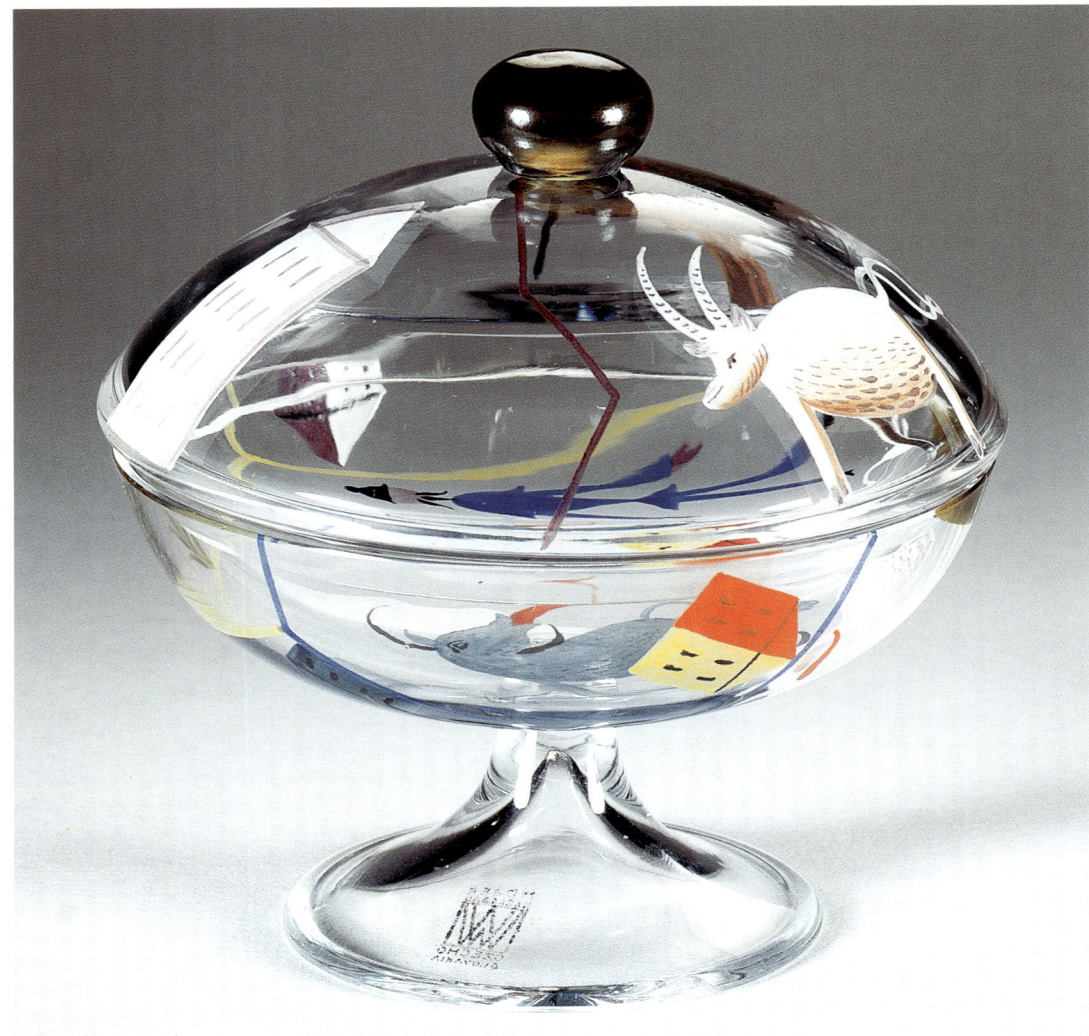

47

47. Covered vessel, 1919
Form: Josef Hoffmann
Produced by Ludwig Moser & Söhne, Karlovy Vary (Karlsbad), Czech Republic
Decoration: Dagobert Peche
Executed at the Wiener Werkstätte, Vienna, Austria

Blown clear glass, enameled
9.5 x 9 x 9 cm, signed: mark 52

47. Recipiente con tapa, 1919.
Forma: Josef Hoffmann.
Producida por Ludwig Moser & Söhne, Karlovy Vary (Karlsbad), República Checa.
Decoración: Dagobert Peche.
Realizado en la Wiener Werkstätte, Viena, Austria.

Cristal soplado transparente, esmaltado.
9'5 x 9 x 9 cm, firmado: ver marca num. 52.

48. **Tumbler**, 1919
Form: Designer unknown
Decoration: attributed to Dagobert Peche
Executed at the Wiener Werkstätte, Vienna, Austria

Blown clear glass, enameled
12 x 11.1 x 11.1 cm, signed: mark 50

The milliner's shop, which provides the subject for the charming decoration of this vessel, reminds us of the importance of fashion at the Wiener Werkstätte. In addition to textiles and costumes, they offered hats, bags, jewelry, and other accessories. Dagobert Peche, to whom the decoration of this tumbler is attributed, was one of the most prolific designers of these fashionable items, and also designed the interiors of the showrooms where they were presented with great élan.

48. **Vaso**, 1919.
Forma: diseñador desconocido.
Decoración: atribuida a Dagobert Peche.
Realizado en la Wiener Werkstätte, Viena, Austria.

Cristal soplado transparente, esmaltado.
12 x 11'1 x 11'1 cm.
Firmado: ver marca num. 50.

La sombrerería que sirve de inspiración para el tema de la simpática decoración de este recipiente nos recuerda la importancia que tuvo la moda en la Wiener Werkstätte. Además de tejidos e indumentaria, también ofrecía sombreros, bolsos, joyas y otros accesorios. Dagobert Peche, a quien se atribuye la decoración de esta pieza, fue uno de los diseñadores más prolíficos de estos artículos de moda, y también diseñó los interiores de los salones en los que estos objetos se dieron a conocer con grandes vuelos.

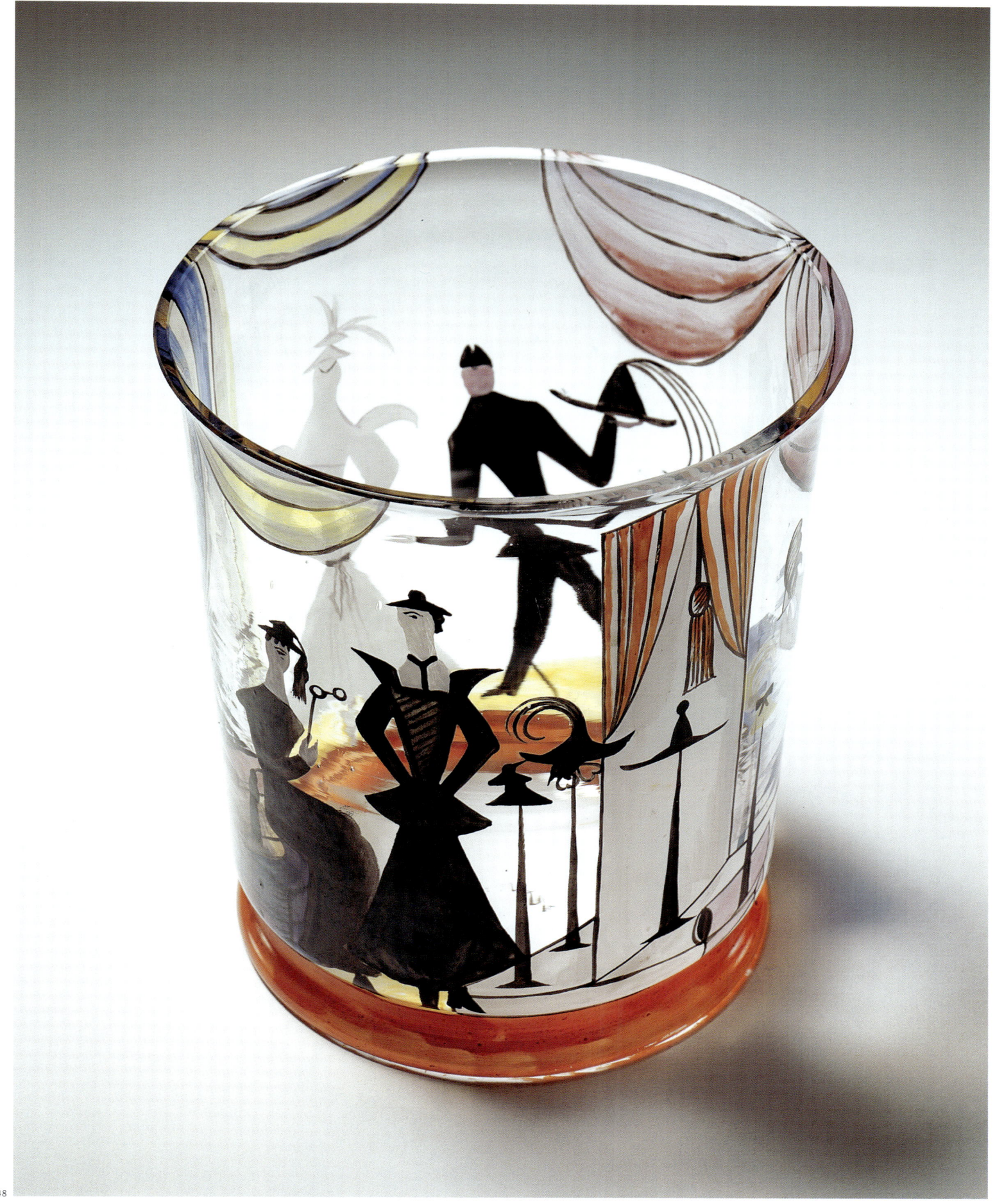

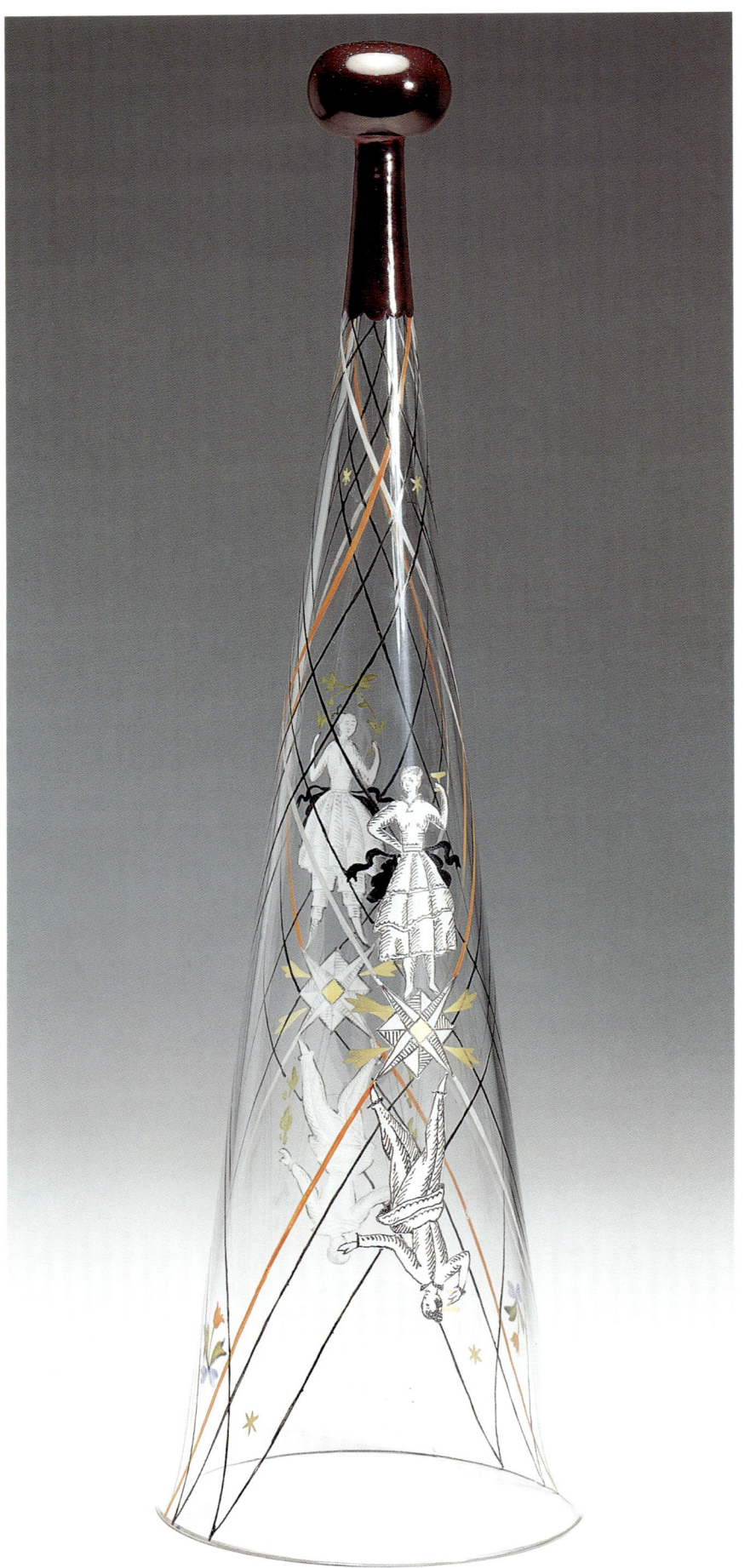

49. Stirrup glass, c. 1919
Form: Josef Hoffmann
Produced by Ludwig Moser & Söhne, Karlovy Vary (Karlsbad), Czech Republic
Decoration: Hilda Jesser
Executed at the Wiener Werkstätte, Vienna, Austria

Blown clear glass, enameled, gilt
25.7 × 7.3 × 7.3 cm, signed: mark 52

49. Copa "del estribo", h. 1919.
Forma: Josef Hoffmann.
Producida por Ludwig Moser & Söhne, Karlovy Vary (Karlsbad), República Checa.
Decoración: Hilda Jesser.
Realizado en la Wiener Werkstätte, Viena, Austria.

Cristal transparente soplado, esmaltado y dorado.
25'7 × 7'3 × 7'3 cm, firmado: ver marca num. 52.

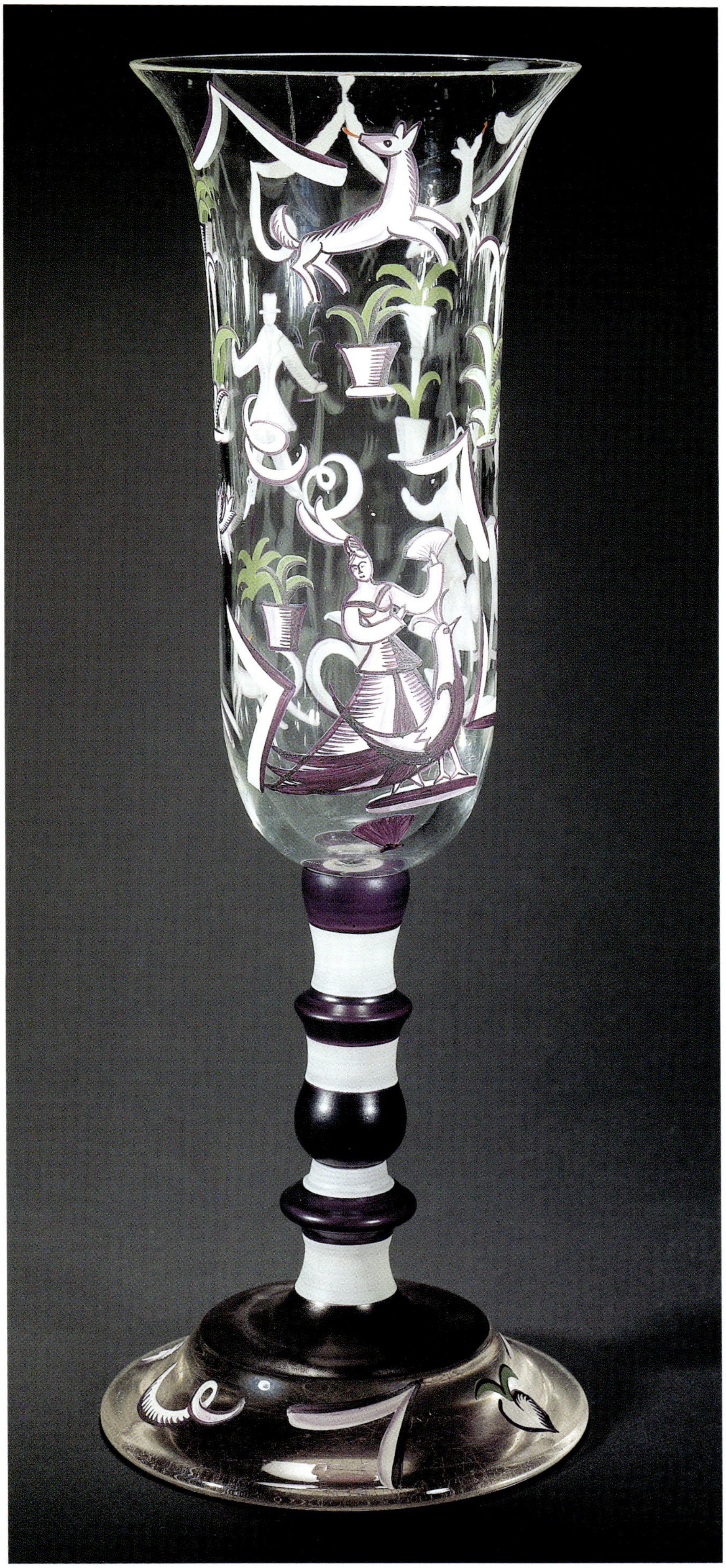

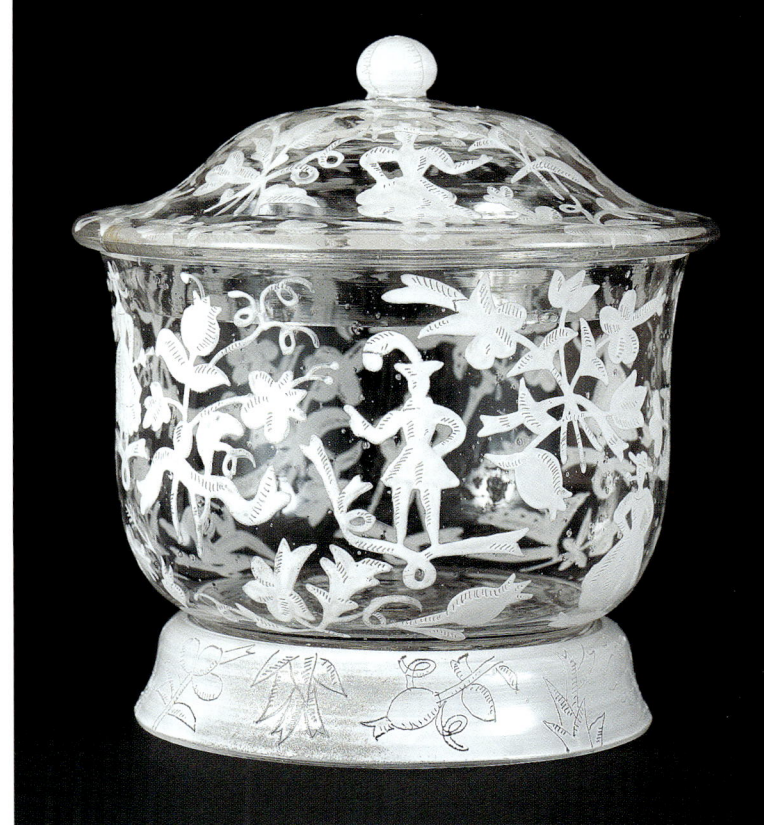

51

50. **Goblet**, c. 1920
Form: Designer unknown
Decoration: Mathilde Flögl
Executed at the Wiener Werkstätte, Vienna, Austria

Mold-blown clear glass, enameled
40 × 14.2 × 14.2 cm, unsigned

50. **Copa**, h. 1920.
Forma: diseñador desconocido.
Decoración: Mathilde Flögl.
Realizado en la Wiener Werkstätte, Viena, Austria.

Cristal transparente soplado a molde, esmaltado.
40 × 14'2 × 14'2 cm, sin firma.

51. **Covered jar**, 1917
Form: Josef Hoffmann
Produced for Joh. Oertel & Co., Nový Bor (Haida), Czech Republic
Decoration: Reni Schaschl
Executed at the Wiener Werkstätte, Vienna, Austria

Blown clear glass, enameled
15.5 × 14 × 14 cm, signed: mark 50

51. **Tarro con tapa**, 1917.
Forma: Josef Hoffmann.
Producido para Joh. Oertel & Co., Nový Bor (Haida), República Checa.
Decoración: Reni Schaschl.
Realizado en la Wiener Werkstätte, Viena, Austria.

Cristal transparente soplado, esmaltado.
15'5 × 14 × 14 cm, firmado: ver marca num. 50.

Wiener Werkstätte ——— 71 ———

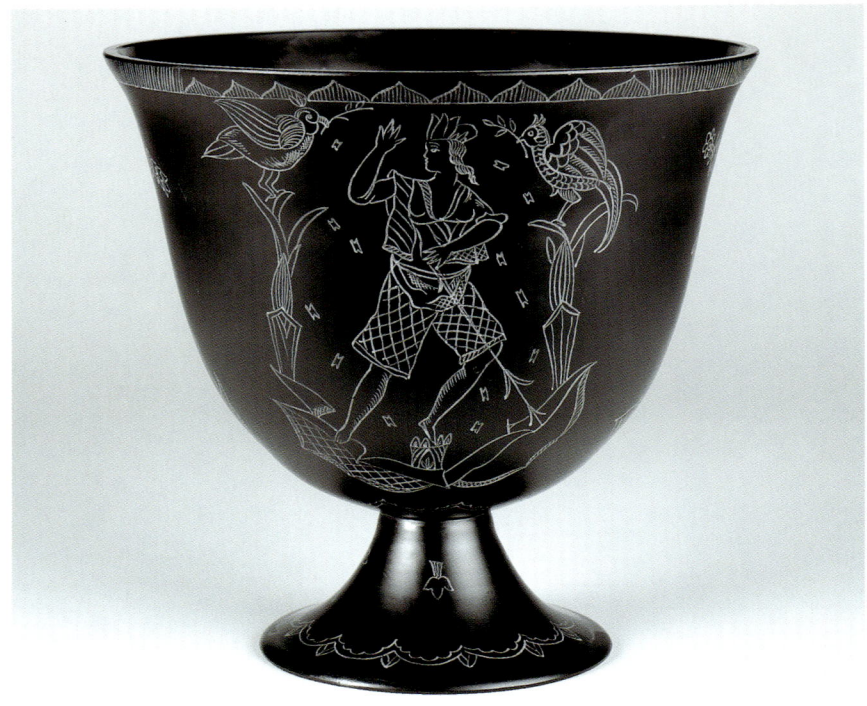

53

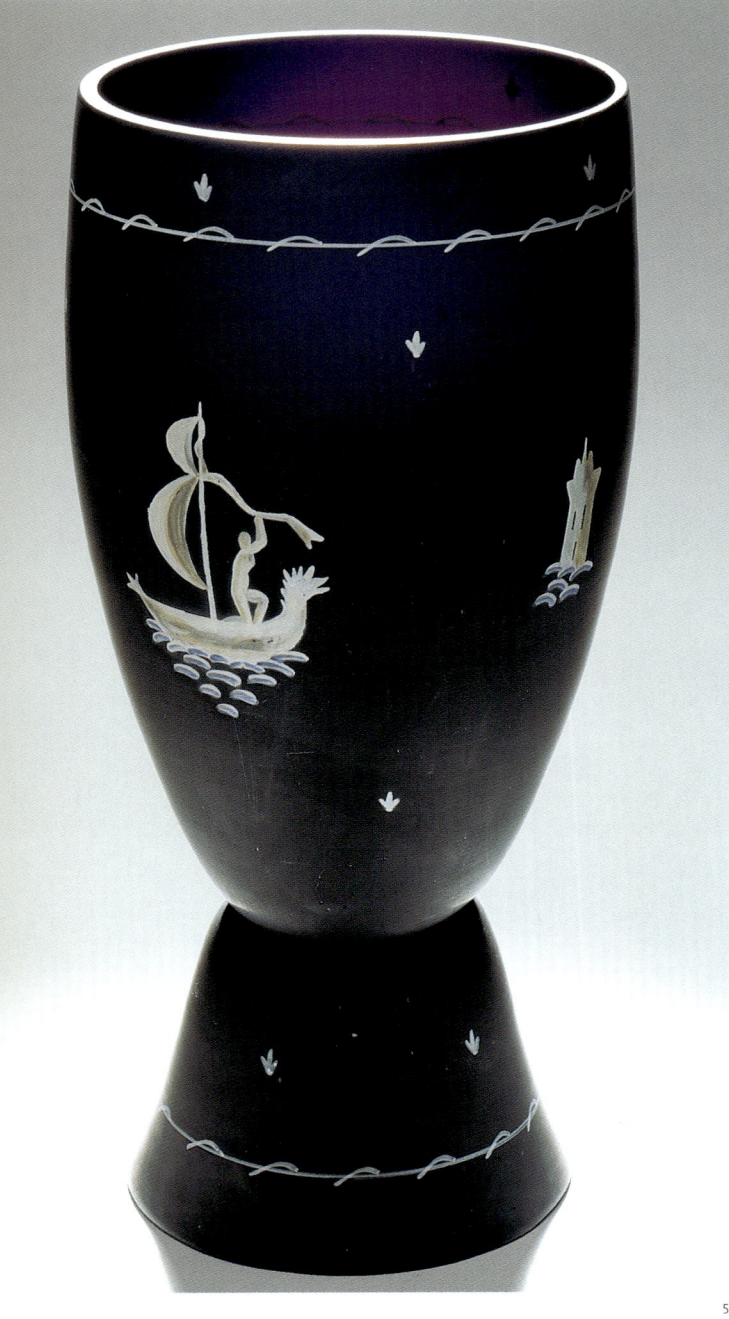

52

52. Vase, c. 1920
Form: Josef Hoffmann
Decoration: Trude (Gertrude) Weinberger
Executed at the Wiener Werkstätte, Vienna, Austria

Blown colored glass, frosted, enameled
22 × 10.3 × 10.3 cm, signed: mark 50

52. Jarrón, h. 1920.
Forma: Josef Hoffmann.
Decoración: Trude (Gertrude) Weinberger.
Realizado en la Wiener Werkstätte, Viena, Austria.

Cristal transparente soplado, esmerilado y esmaltado.
22 × 10'3 × 10'3 cm, firmado: ver marca num. 50.

53. Vase, c. 1917/18
Form: Josef Hoffmann
Produced for Joh. Oertel & Co., Nový Bor (Haida), Czech Republic
Executed at the Wiener Werkstätte, Vienna, Austria

Mold-blown colored glass, frosted, enameled
15.5 × 16.5 × 16.5 cm, signed: mark 50

53. Jarrón, h. 1917/18.
Forma: Josef Hoffmann.
Producido para Joh. Oertel & Co., Nový Bor (Haida), República Checa.
Realizado en la Wiener Werkstätte, Viena, Austria.

Cristal transparente soplado, esmerilado y esmaltado.
15'5 × 16'5 × 16'5 cm, firmado: ver marca num. 50.

54. Vase, c. 1920
Form and decoration: Mathilde Flögl
Executed at the Wiener Werkstätte, Vienna, Austria

Blown colored glass, overlaid clear glass, enameled
15.8 × 14 × 14 cm, signed: mark 12

Mathilde Flögl, one of the principal fashion designers and teachers at the Wiener Werkstätte, like all the artists of this association, worked in a wide range of media. The scattered and fragmented motifs enameled on this vase reflect the diverse tendencies of contemporary art, from Fauvism and Surrealism to an interest in folk art. But the dominant accent is one of charm and the proverbial Viennese sweetness.

54. Jarrón, h. 1920.
Forma y decoración: Mathilde Flögl.
Realizado en la Wiener Werkstätte, Viena, Austria.

Cristal soplado coloreado, cristal transparente superpuesto, esmaltado.
15'8 × 14 × 14 cm, firmado: ver marca num. 12.

Mathilde Flögl, una de las más destacadas diseñadoras de moda y profesora en la Wiener Werkstätte, trabajó, como todos los artistas de esta asociación, sobre un amplio abanico de soportes. Los motivos fragmentados y desperdigados esmaltados en esta pieza reflejan las diferentes tendencias del arte contemporáneo, desde el Fauvismo y el Surrealismo hasta el interés en el arte popular tradicional. Pero la tónica dominante de estos motivos refleja el encanto y la proverbial dulzura vienesas.

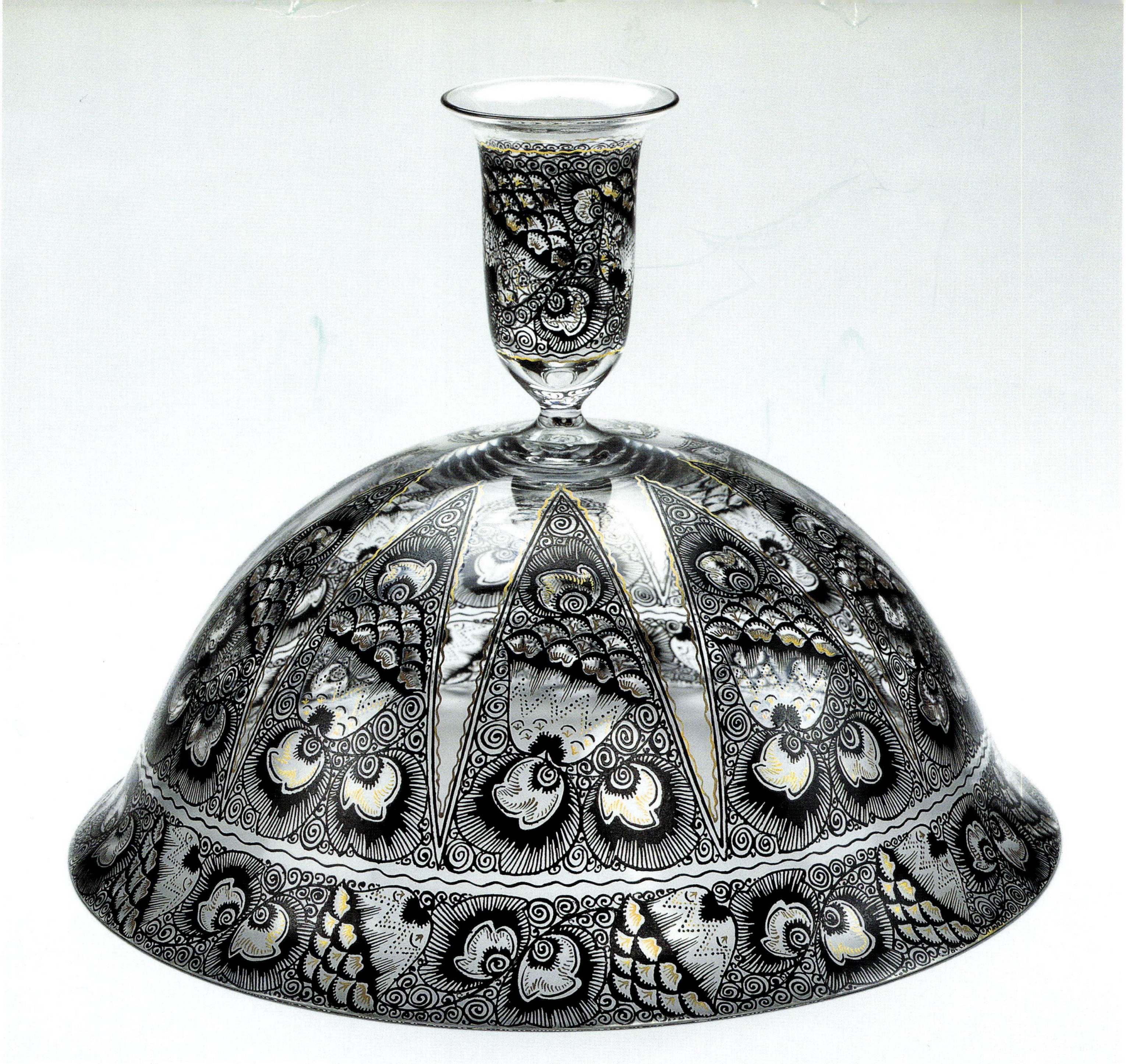

55. **Candle holder**, c. 1914
Form: Oskar Strnad, Vienna, Austria
Decoration: Karl Massanetz, Kamenický Senov (Steinschönau),
Czech Republic
Retailed by J. & L. Lobmeyr, Vienna, Austria
Blown clear glass, enameled, gilt
14.1 × 18.3 × 18.3 cm, unsigned

The *Schwarzlot* technique of painting with black enamel on glass was introduced by Johann Schaper in Nuremberg in the late seventeenth century. It remained a popular method of glass decoration in Bohemia and Silesia throughout the first half of the eighteenth century and was revived both in the nineteenth century and again in the mid-1910s. Whereas the older form of *Schwarzlot* decoration generally involved the copying of other artists' engravings, its revival, particularly at the Steinschönau and Haida schools, emphasized new designs in a modern style. Massanetz's ornament contains traditional decorative motifs but also was deeply influenced by contemporary Viennese design. Although Massanetz died tragically young during World War I, his small oeuvre with its feathery elegance became extremely influential in subsequent years.

55. **Candelero**, hacia. 1914.
Forma: Oskar Strnad, Viena, Austria.
Decoración: Karl Massanetz, Kamenický Senov (Steinschönau),
República Checa.
Comercializado por J. & L. Lobmeyr, Viena, Austria.
Cristal soplado transparente, esmaltado y dorado.
14,1 × 18,3 × 18,3 cm, sin firma.

La técnica denominada *Schwarzlot*, esmalte negro pintado sobre cristal, fue introducida por Johann Schaper en Nuremberg a fines del siglo XVII. Fue un método muy popular en Bohemia y Silesia a lo largo de la primera mitad del XVIII, que sería vuelto a emplear en el XIX y a mediados de la segunda década del XX. Aunque la forma primitiva de la decoración de *Schwarzlot* comportaba la copia de grabados de otros artistas, su recuperación, en especial en las escuelas de Steinschönau y Haida, puso el acento en los nuevos diseños de estilo moderno. La ornamentación de Massanetz incluye motivos decorativos tradicionales, al tiempo que se ve profundamente marcada por el diseño vienés contemporáneo. Aunque este autor murió trágicamente durante la Primera Guerra Mundial, su reducida producción, elegantemente ligera, resultó extremadamente influyente en los años sucesivos.

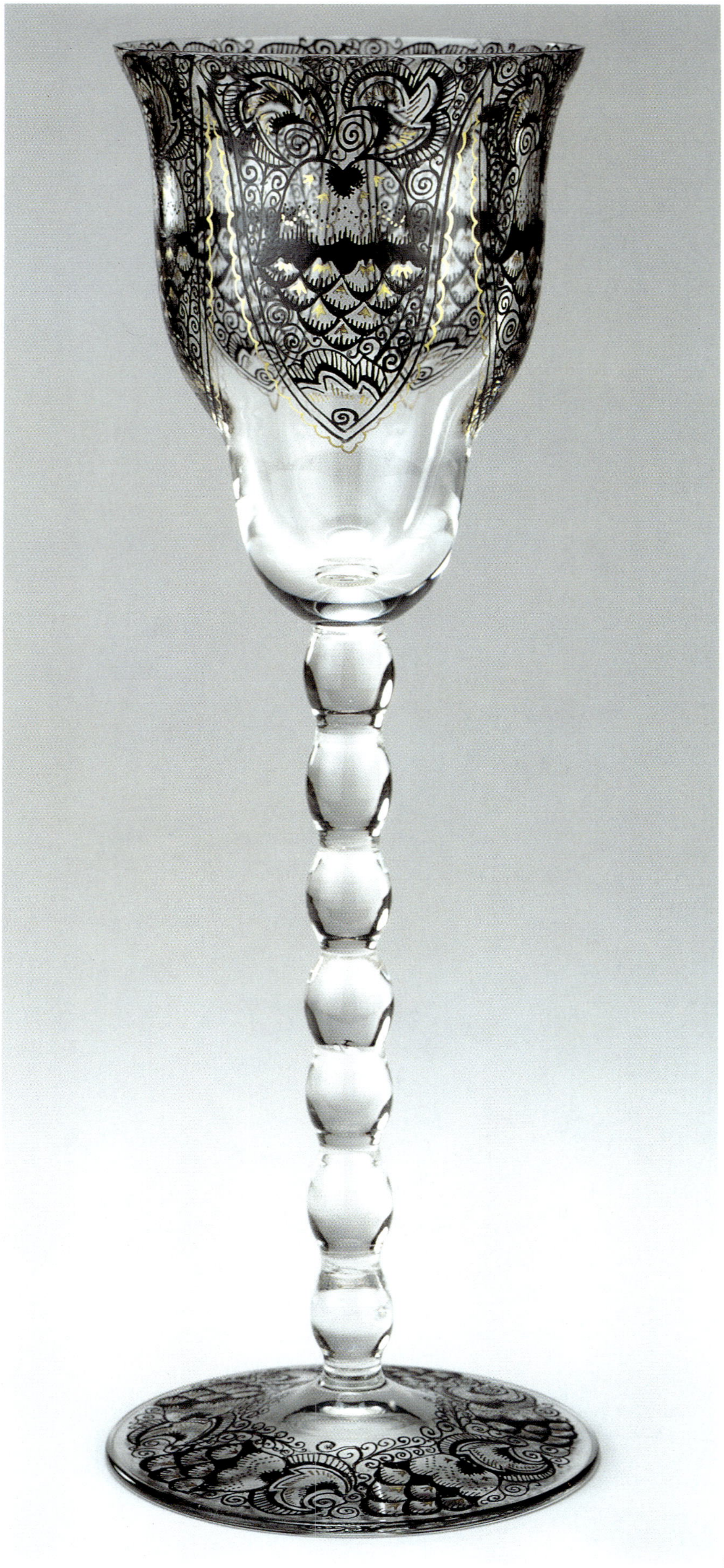

56. **Goblet**, c. 1914
Decoration: Karl Massanetz, Kamenicky Senov (Steinschönau), Czech Republic
Retailed by J. & L. Lobmeyr, Vienna, Austria
Blown clear glass, enameled, gilt
24.9 × 8.5 × 8.5 cm, unsigned

56. **Copa**, h. 1914.
Decoración: Karl Massanetz, Kamenický Senov (Steinschönau), República Checa.
Comercializada por J. & L. Lobmeyr, Viena, Austria.
Cristal soplado, esmaltado y dorado.
24,9 × 8,5 × 8,5 cm, sin firma.

57. **Goblet**, c. 1914
Decoration: Karl Massanetz, Kamenický Šenov (Steinschönau), Czech Republic
Retailed by J. & L. Lobmeyr, Vienna, Austria

Blown clear glass, enameled, gilt
23.8 × 11.2 × 11.2 cm, unsigned

57. **Copa**, h. 1914.
Decoración: Karl Massanetz, Kamenický Šenov (Steinschönau), República Checa.
Comercializado por J. & L. Lobmeyr, Viena, Austria.

Cristal soplado, esmaltado y dorado.
23'8 × 11'2 × 11'2 cm, sin firma.

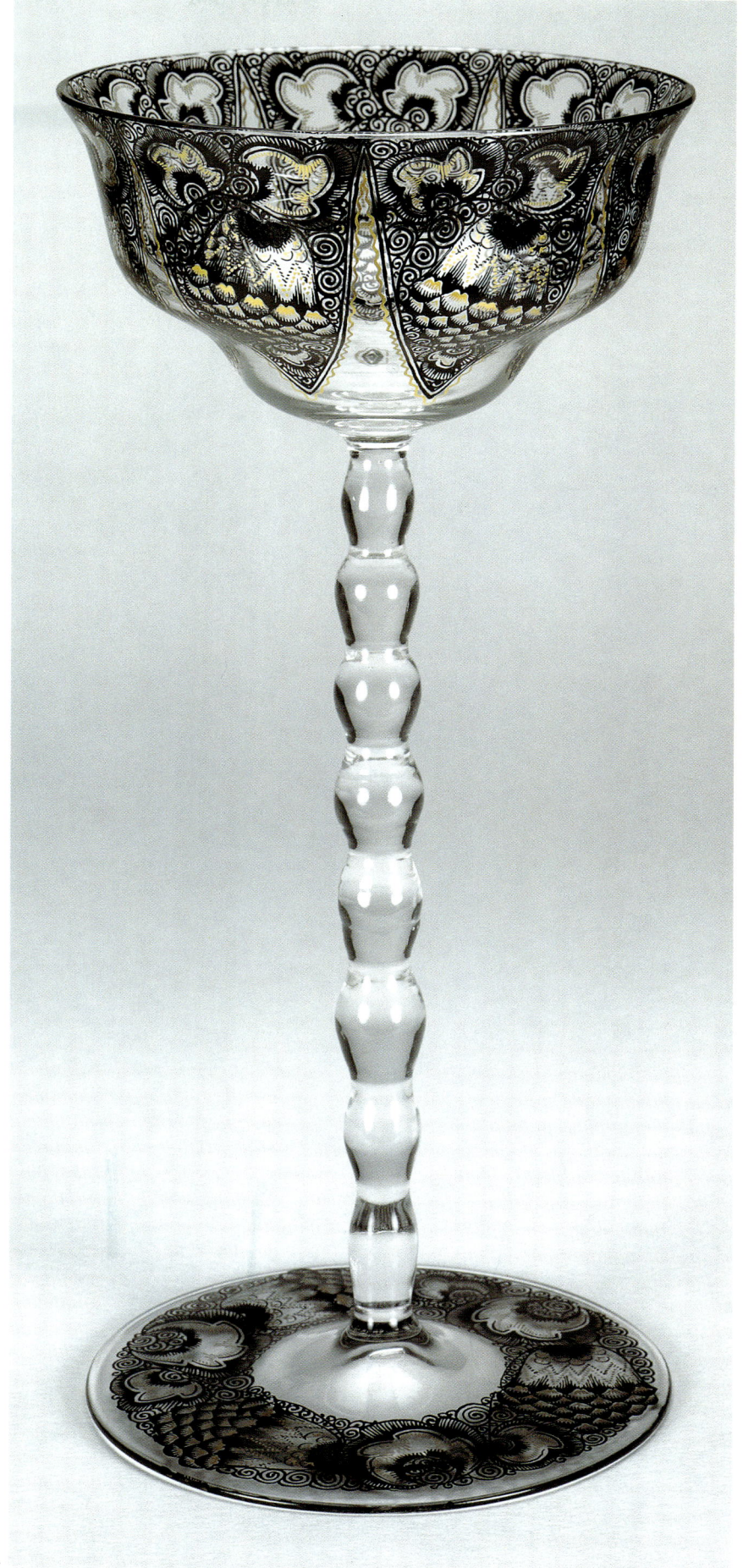

Ornamento de Vanguardia

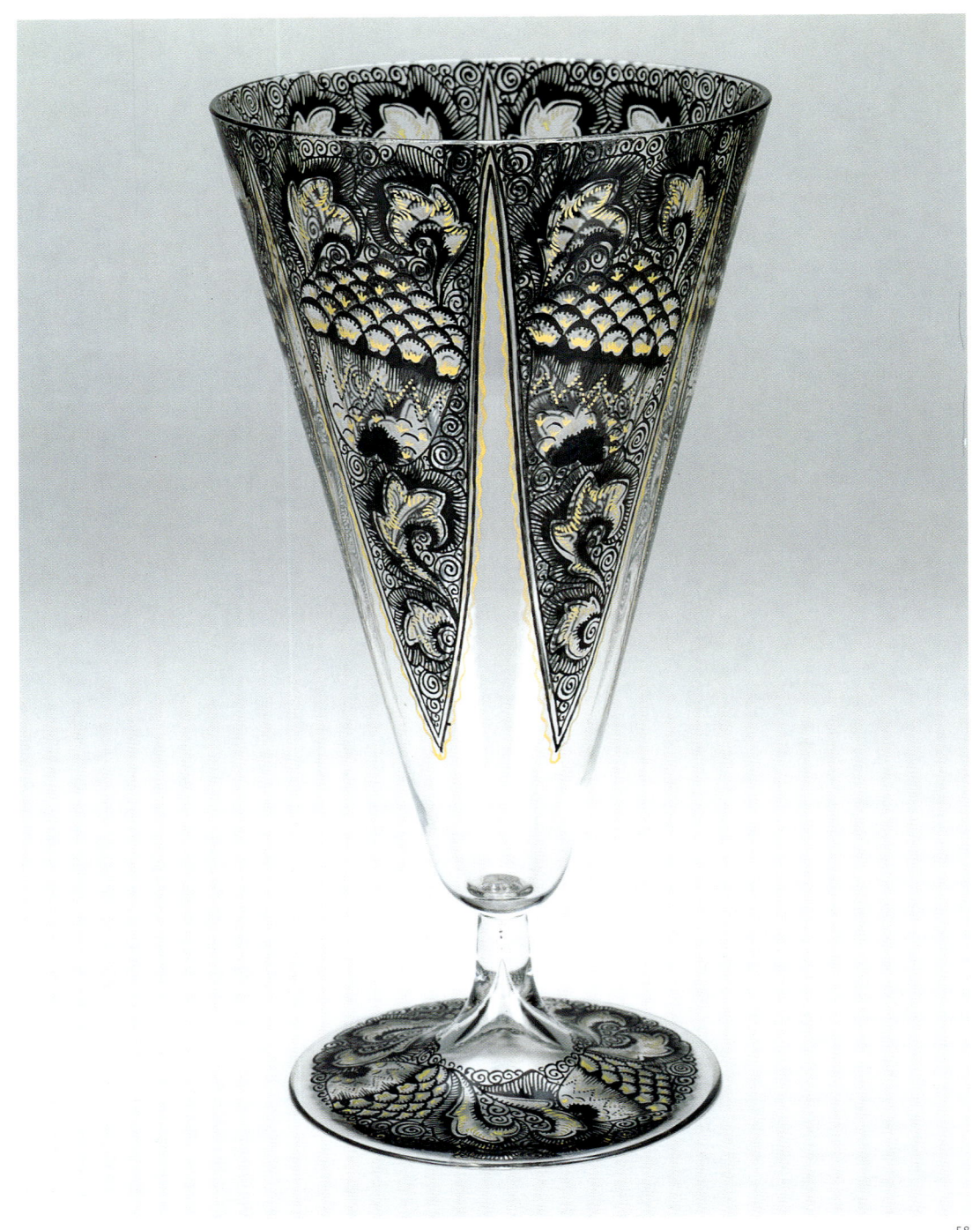

58

58. Champagne glass, c. 1914
Form: Oskar Strnad, Vienna, Austria
Decoration: Karl Massanetz, Kamenický Senov (Steinschönau), Czech Republic
Retailed by J. & L. Lobmeyer, Vienna, Austria

Blown clear glass, enameled, gilt
16.8 × 8.9 × 8.9 cm, unsigned

58. Copa de champán, h. 1914.
Forma: Oskar Strnad, Viena, Austria.
Decoración: Karl Massanetz, Kamenický Senov (Steinschönau), República Checa.
Comercializado por J. & L. Lobmeyer, Viena, Austria.

Cristal soplado, esmaltado y dorado.
16'8 × 8'9 × 8'9 cm, sin firma.

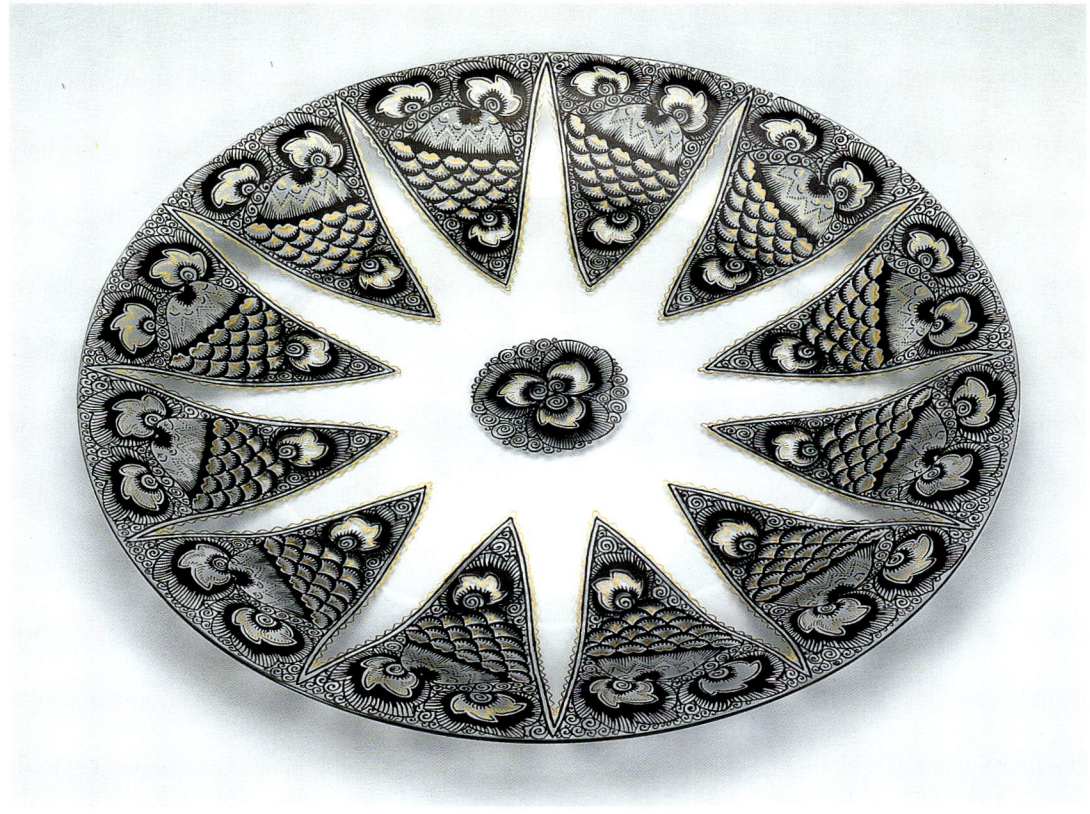

59

59. **Plate**, c. 1914
Form: Oskar Strnad, Vienna, Austria
Decoration: Karl Massanetz, Kamenický Senov (Steinschönau), Czech Republic
Retailed by J. & L. Lobmeyr, Vienna, Austria

Blown clear glass, enameled, gilt
1.8 × 21.5 × 21.5 cm, unsigned

59. **Plato**, h. 1914.
Forma: Oskar Strnad, Viena, Austria.
Decoración: Karl Massanetz, Kamenický Senov (Steinschönau), República Checa.
Comercializado por J. & L. Lobmeyr, Viena, Austria.

Cristal soplado, esmaltado y dorado.
1'8 × 21'5 × 21'5 cm, sin firma.

Ornamento de Vanguardia

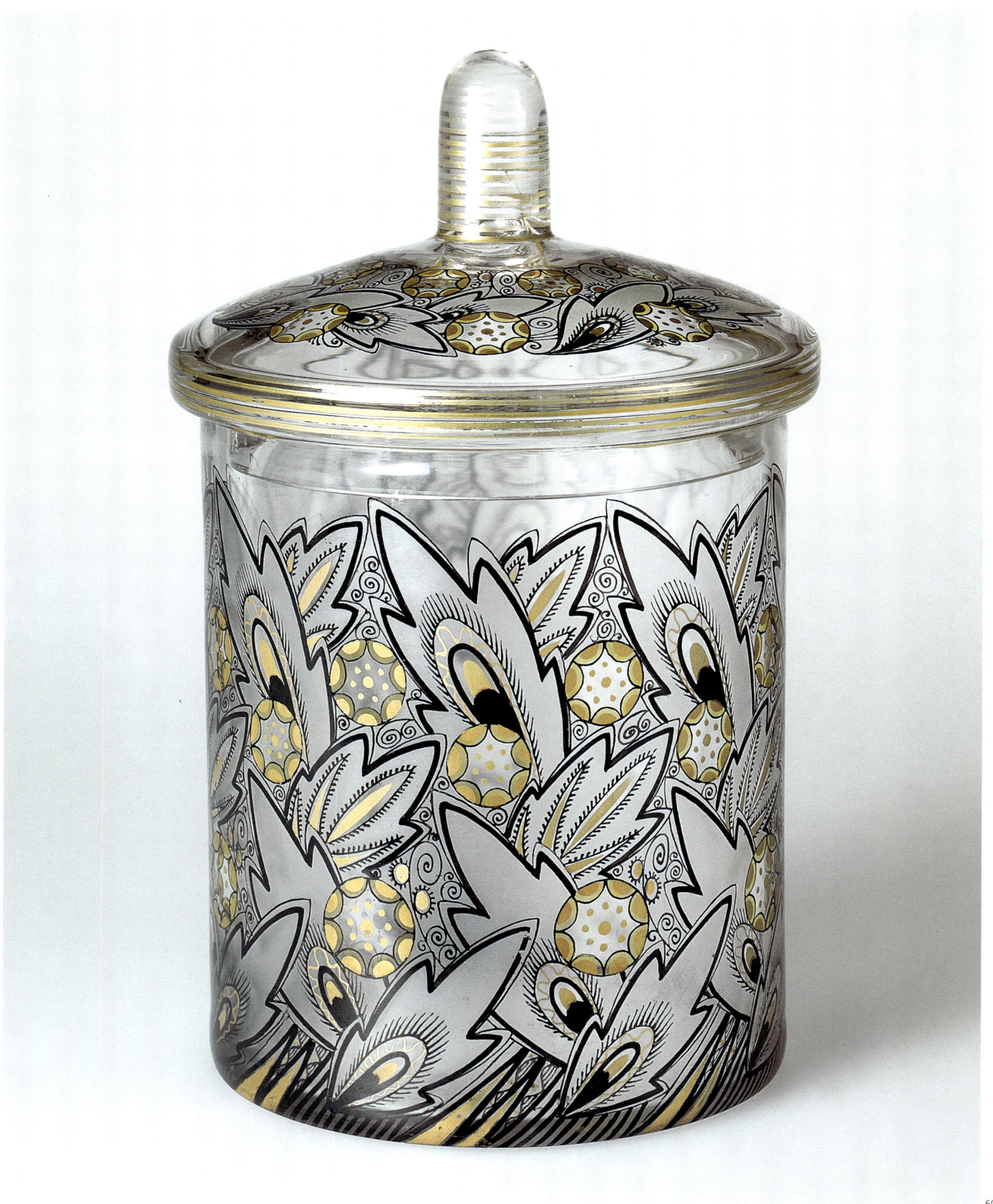

82 —— Avant-Garde Ornament

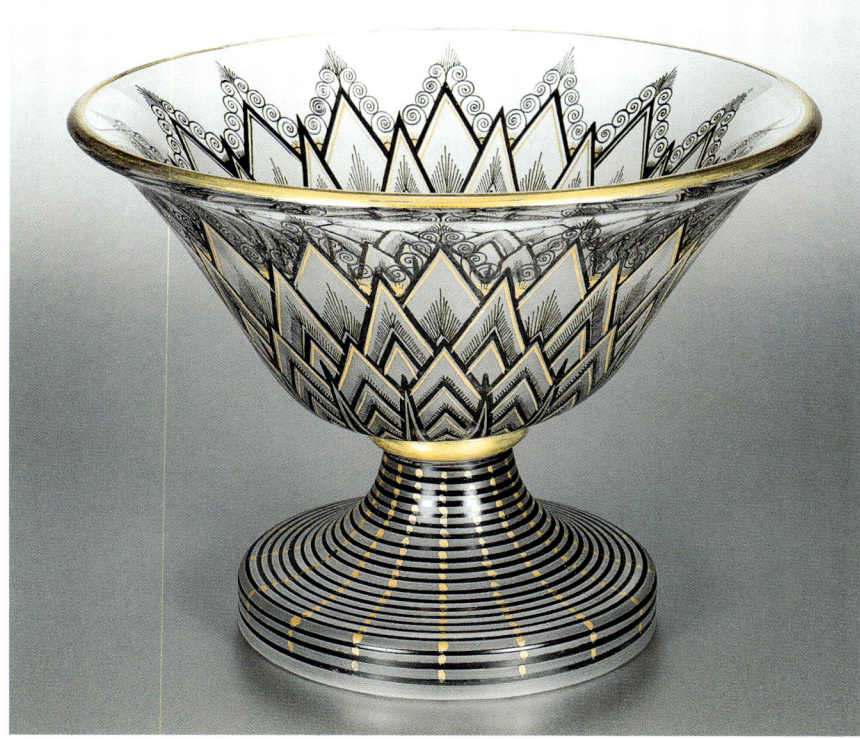

61.

61. **Footed bowl**, c. 1920
Adolf Beckert
Produced by Fachschule Steinschönau, Kamenický Senov (Steinschönau), Czech Republic

Blown clear glass, frosted, enameled, gilt
13.7 × 19.5 × 19.5 cm, unsigned

61. **Cuenco con pie**, h. 1920.
Adolf Beckert.
Producido por Fachschule Steinschönau, Kamenický Senov (Steinschönau), República Checa.

Cristal soplado, esmerilado, esmaltado y dorado.
13'7 × 19'5 × 19'5 cm, sin firma.

62. **Footed bowl**, c. 1916
Adolf Beckert
Produced by K. u. K. Fachschule Steinschönau, Kamenický Senov (Steinschönau), Czech Republic
Commissioned by Friedrich Pietsch, Kamenický Senov (Steinschönau), Czech Republic

Blown clear glass, frosted, cut, stained, enameled, gilt
14 × 19.5 × 19.5 cm, unsigned

62. **Cuenco con pie**, h. 1916.
Adolf Beckert.
Producido por K. u. K. Fachschule Steinschönau, Kamenický Senov (Steinschönau), República Checa.
Encargo de Friedrich Pietsch, Kamenický Senov (Steinschönau), República Checa.

Cristal soplado, esmerilado, cortado, coloreado, esmaltado y dorado.
14 × 19'5 × 19'5 cm, sin firma.

60. **Covered jar**, c. 1920
Adolf Beckert
Produced by Fachschule Steinschönau, Kamenický Senov (Steinschönau), Czech Republic
Commissioned by Friedrich Pietsch, Kamenický Senov (Steinschönau), Czech Republic

Blown clear glass, enameled, stained, gilt
21 × 12.7 × 12.7 cm, unsigned

Adolf Beckert served from 1918 to 1926 as director of the technical school at Steinschönau, one of Europe's finest professional institutions and a leading force in the glass industry. Contrary to his earlier, Japanese-inspired designs for the Lötz factory, this work utilizes the brilliant innovations of Massanetz and the *Schwarzlot* technique. However, the rhythmic, zig-zag structure and geometric patterns of the leaves and flowers speak the new artistic language of early Art Deco.

60. **Tarro con tapa**, h. 1920.
Adolf Beckert.
Producido por Fachschule Steinschönau, Kamenický Senov (Steinschönau), República Checa.
Encargo de Friedrich Pietsch, Kamenický Senov (Steinschönau), República Checa.

Cristal soplado, esmaltado y dorado.
21 × 12'7 × 12'7 cm, sin firma.

Adolf Beckert desempeñó el cargo de director de la escuela técnica de Steinschönau, una de las mejores instituciones europeas de carácter profesional y una de las potencias directoras de la industria del vidrio, entre 1918 y 1926. Abandonando sus primeros diseños para la fábrica Lötz, inspirados en la estética japonesa, Beckert puso en práctica las brillantes innovaciones de Massanetz y la técnica de *Schwarzlot*. Por otra parte, las estructuras de rítmico zig-zag y los perfiles geométricos de sus hojas y flores hablan del nuevo lenguaje artístico del Déco temprano.

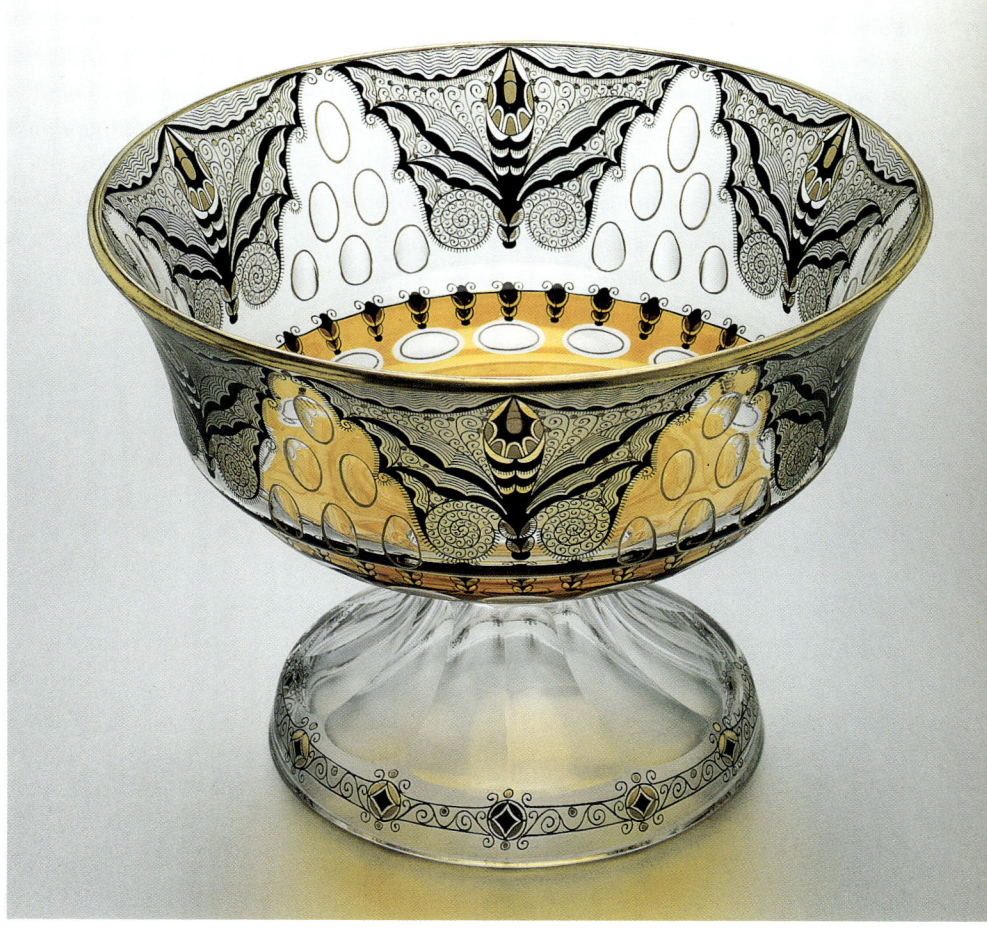

62.

Ornamento de Vanguardia ——— 83 ———

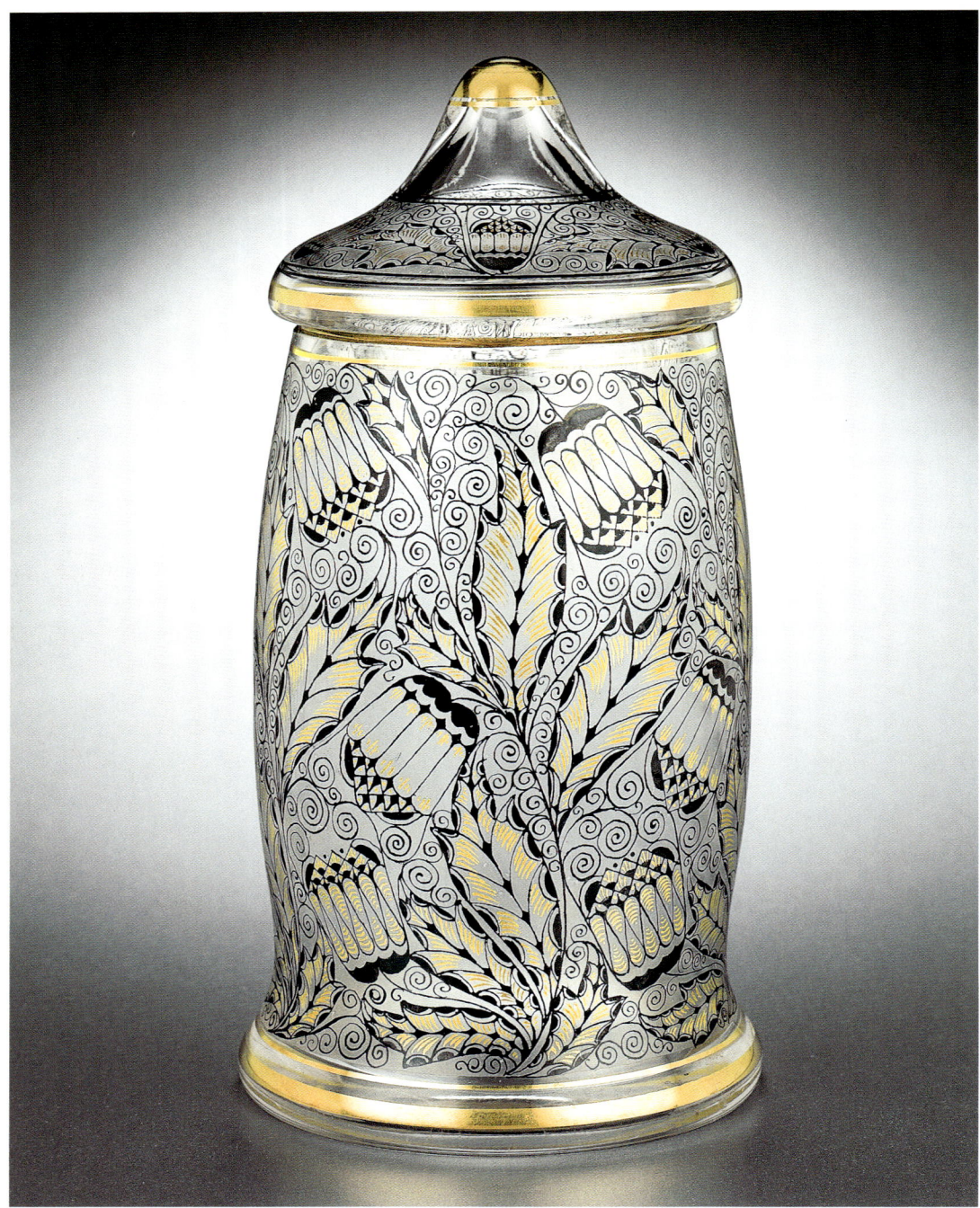

63

63. **Covered jar**, c. 1916
Adolf Beckert
Produced by K. u. K. Fachschule Steinschönau, Kamenický Senov (Steinschönau), Czech Republic
Commissioned by Friedrich Pietsch, Kamenický Senov (Steinschönau), Czech Republic

Clear glass, frosted, stained, enameled, gilt
20.5 × 10.2 × 10.2 cm, unsigned

63. **Tarro con tapa**, h. 1916.
Adolf Beckert.
Producido por K. u. K. Fachschule Steinschönau, Kamenický Senov (Steinschönau), República Checa.
Encargo de Friedrich Pietsch, Kamenický Senov (Steinschönau), República Checa.

Cristal transparente esmerilado, coloreado, esmaltado y dorado.
20'5 × 10'2 × 10'2 cm, sin firma.

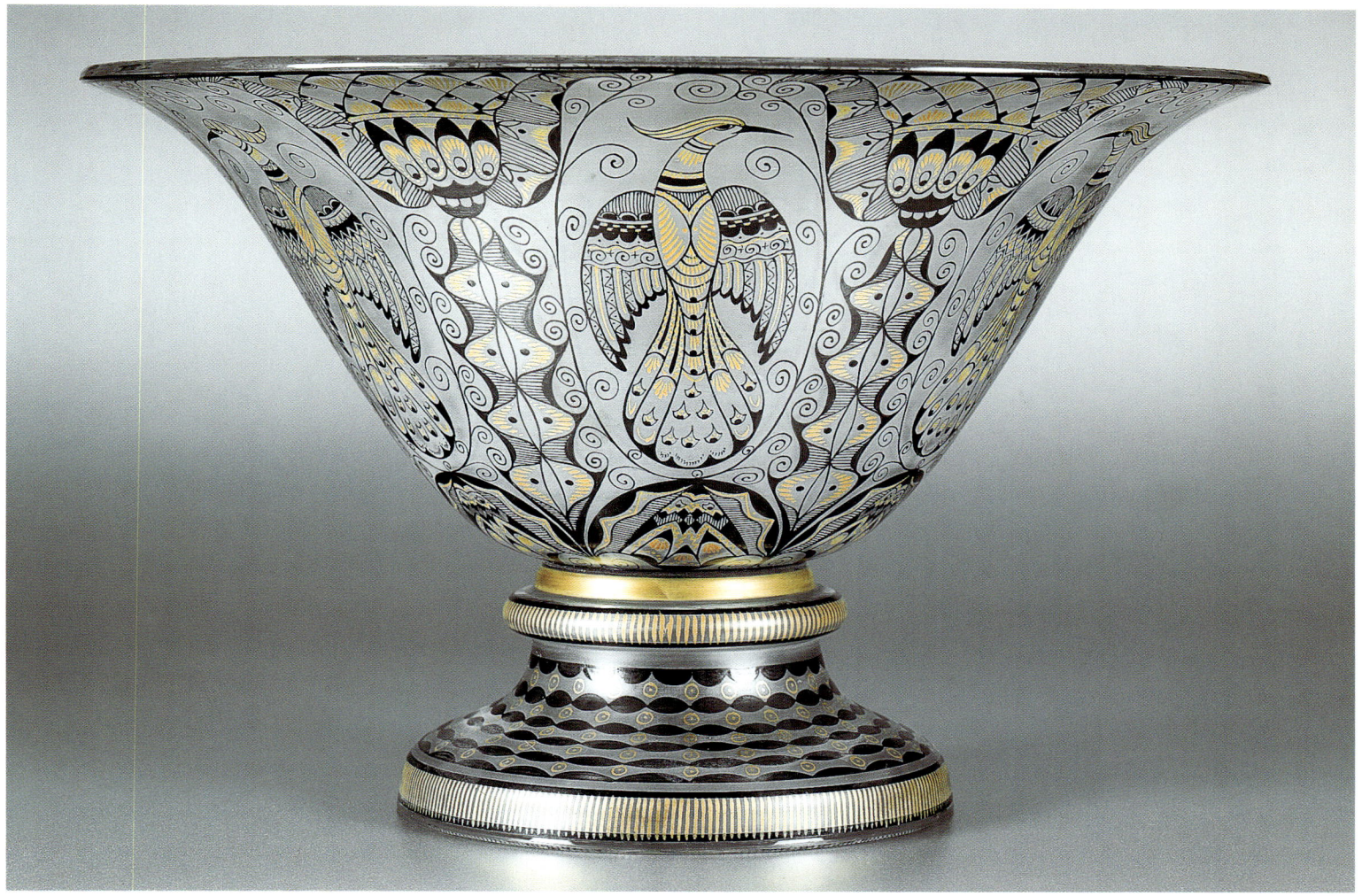

64.

64. **Footed bowl**, 1914
Alfred Walter
Produced by K. u. K. Fachschule Steinschönau,
Kamenický Senov (Steinschönau), Czech Republic

Blown clear glass, frosted, enameled, gilt
17 × 26.2 × 26.2 cm, unsigned

64. **Cuenco con pie**, 1914.
Alfred Walter.
Producido por K. u. K. Fachschule Steinschönau, Kamenický Senov (Steinschönau), República Checa.

Cristal soplado transparente, esmerilado, esmaltado y dorado.
17 × 26'2 × 26'2 cm, sin firma.

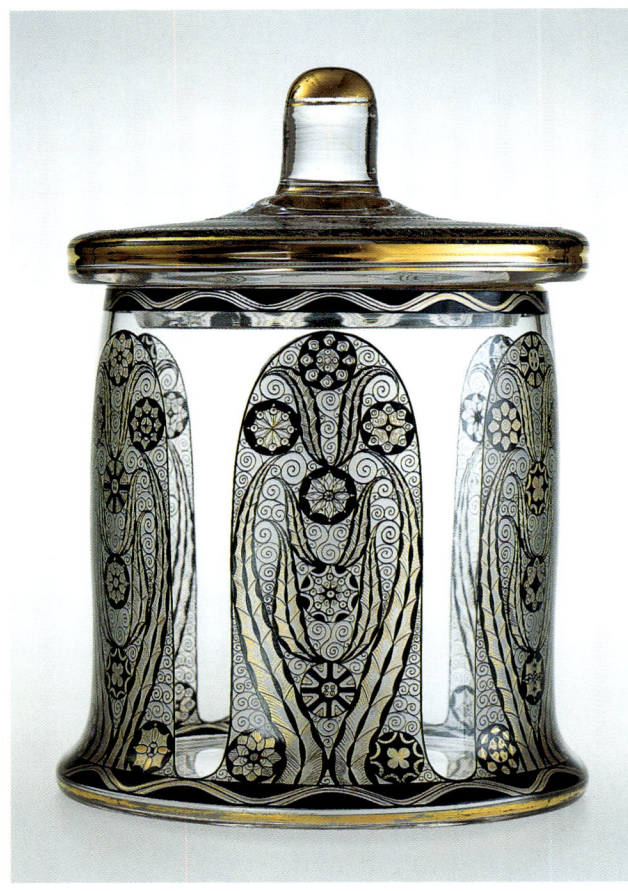

65.

66.

65. **Covered jar**, 1915
Designer unknown
Produced by K. u. K. Fachschule Steinschönau, Kamenický Senov (Steinschönau), Czech Republic
Commissioned by Friedrich Pietsch, Kamenický Senov (Steinschönau), Czech Republic

Blown clear glass, frosted, stained, enameled, gilt
22 × 15.1 × 15.1 cm, unsigned

65. **Tarro con tapa**, 1915.
Diseñador desconocido.
Producido por K. u. K. Fachschule Steinschönau, Kamenický Senov (Steinschönau), República Checa.
Encargo de Friedrich Pietsch, Kamenický Senov (Steinschönau), República Checa.

Cristal soplado transparente, esmerilado, coloreado, esmaltado y dorado.
22 × 15'1 × 15'1 cm, sin firma.

66. **Covered jar**, 1914
Hugo Max
Executed by Paul Mertin, K. u. K. Fachschule Steinschönau, Kamenický Senov (Steinschönau), Czech Republic

Blown clear glass, frosted, stained, enameled, gilt
21.5 × 15 × 15 cm, signed: mark 27

66. **Tarro con tapa**, 1914.
Hugo Max.
Realizado por Paul Mertin, K. u. K. Fachschule Steinschönau, Kamenický Senov (Steinschönau), República Checa.

Cristal soplado transparente, esmerilado, coloreado, esmaltado y dorado.
21'5 × 15 × 15 cm, firmado: ver marca num. 27.

67. **Vase**, c. 1922
Designer unknown
Produced by Fachschule Haida, Nový Bor (Haida), Czech Republic
Commissioned by Joh. Oertel & Co., Nový Bor (Haida), Czech Republic

Blown clear glass, cut, enameled, gilt
19 × 11.6 × 11.6 cm, unsigned

A lively combination of decorative treatments covers this vase. It is enameled in *Schwarzlot* and gold, like so much of the glass produced at Haida. Interspersed throughout the vine motif are a variety of amusing, black-enameled birds treated as flat profiles, reminiscent of the eighteenth-century tradition of cut silhouetted forms, as well as the more modern idiom of Jungnickel's stylized animals. Scattered throughout is a secondary system of enameled geometric motifs resembling stylized flowers, and interspersed within this already complex system are a series of concave medallions which offer textural variety and visual enrichment by creating illusions of depth and mirrored repetition of motifs. It is a *tour de force* of techniques, but carried out with great success.

67. **Jarrón**, h. 1922.
Diseñador desconocido.
Producido por Fachschule Haida, Nový Bor (Haida), República Checa.
Encargo de Joh. Oertel & Co., Nový Bor (Haida), República Checa.

Cristal soplado transparente, cortado, esmaltado y dorado.
19 × 11'6 × 11'6 cm, sin firma.

Una vivaz combinación de tratamientos decorativos cubre esta pieza. Está esmaltada en *Schwarzlot* y dorada, como la mayor parte del cristal producido en Haida. Entre las vides que tapizan la superficie se distribuye una gran variedad de graciosos pájaros silueteados, esmaltados en negro, recuerdo tanto de la tradición dieciochesca de las siluetas recortadas como del lenguaje más moderno de los animales estilizados de Jungnickel. Un sistema secundario de motivos geométricos diseminados semejan flores estilizadas y, esparcidas en esta compleja red decorativa, se disponen series de medallones que ofrecen variedad de texturas y enriquecen el efecto, creando ilusión de profundidad y repetición espejeante de motivos. Se trata de un pulso de técnicas coronado con gran éxito.

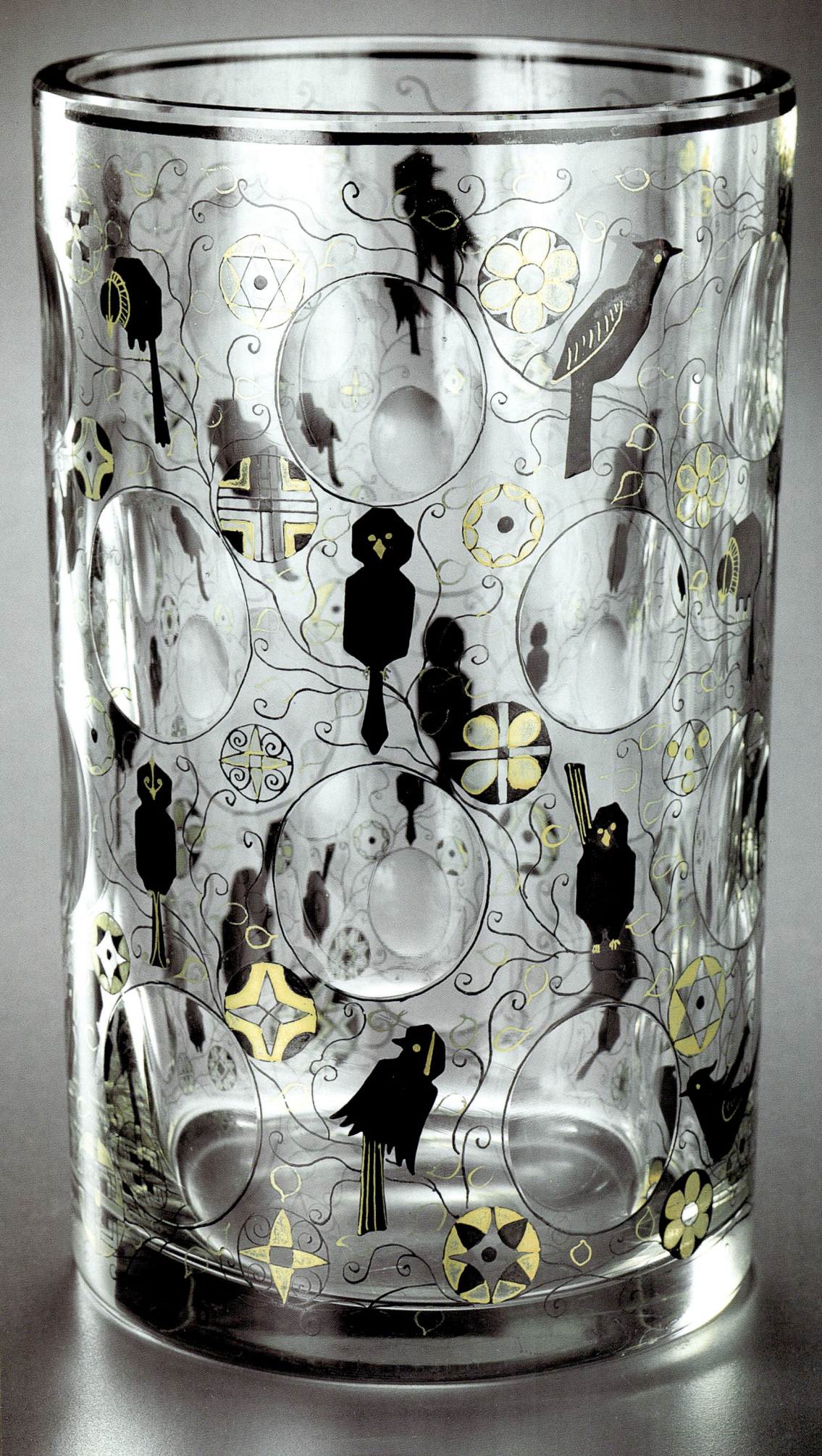

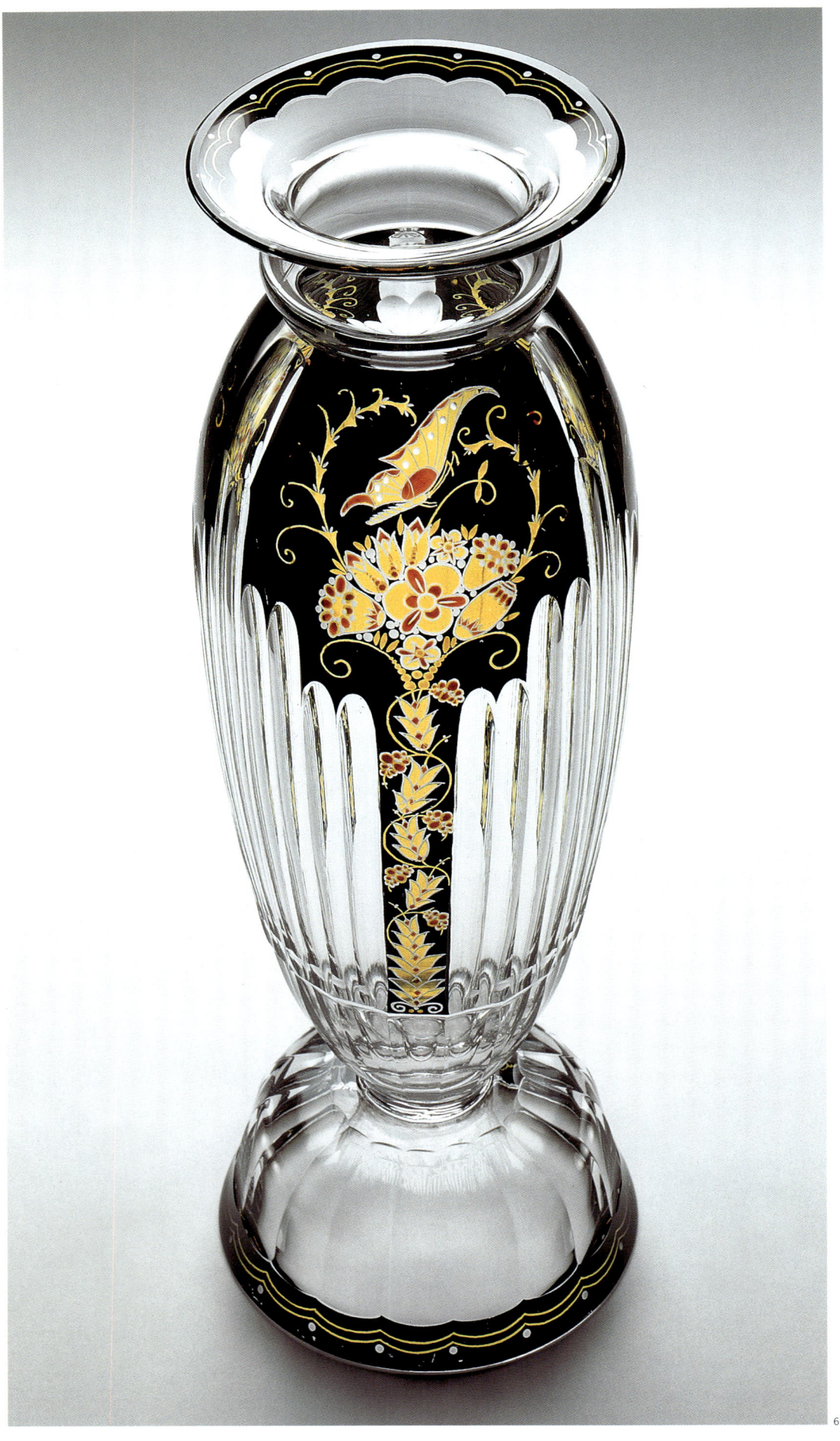

68. Vase, before 1925
Designer unknown, Fachschule Haida, Nový Bor (Haida), Czech Republic
Produced by Karl Hosch, Nový Bor (Haida), Czech Republic

Blown clear glass, cut, stained, enameled
28 × 9.2 × 9.2 cm, unsigned

68. Jarrón, antes de 1925.
Diseñador desconocido, Fachschule Haida, Nový Bor (Haida), República Checa.
Producido por Karl Hosch, Nový Bor (Haida), República Checa.

Cristal soplado transparente, cortado, coloreado y esmaltado.
28 × 9'2 × 9'2 cm, sin firma.

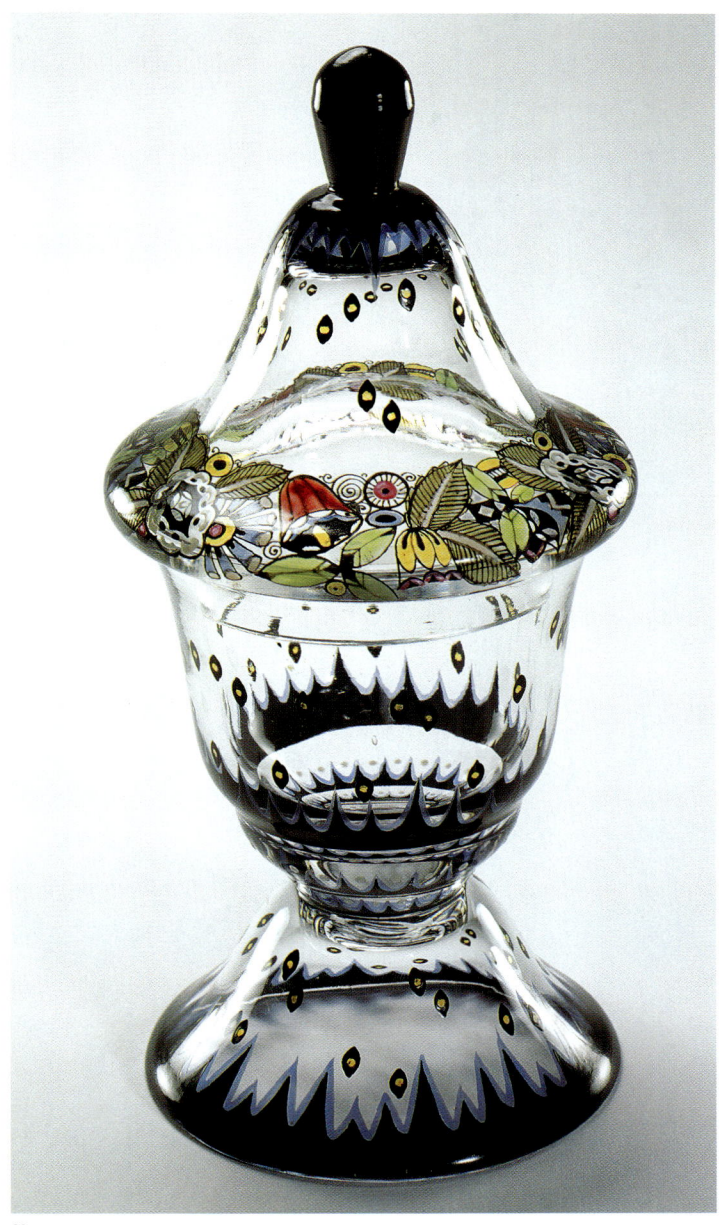

69

69. **Covered jar**, c. 1914
Designer unknown
Produced by Fachschule Haida, Nový Bor (Haida),
Czech Republic

Blown clear glass, enameled
20 × 9.2 × 9.2 cm, unsigned

69. **Tarro con tapa**, h. 1914.
Diseñador desconocido.
Producido por Fachschule Haida, Nový Bor (Haida),
República Checa.

Cristal soplado transparente, esmaltado.
20 × 9'2 × 9'2 cm, sin firma.

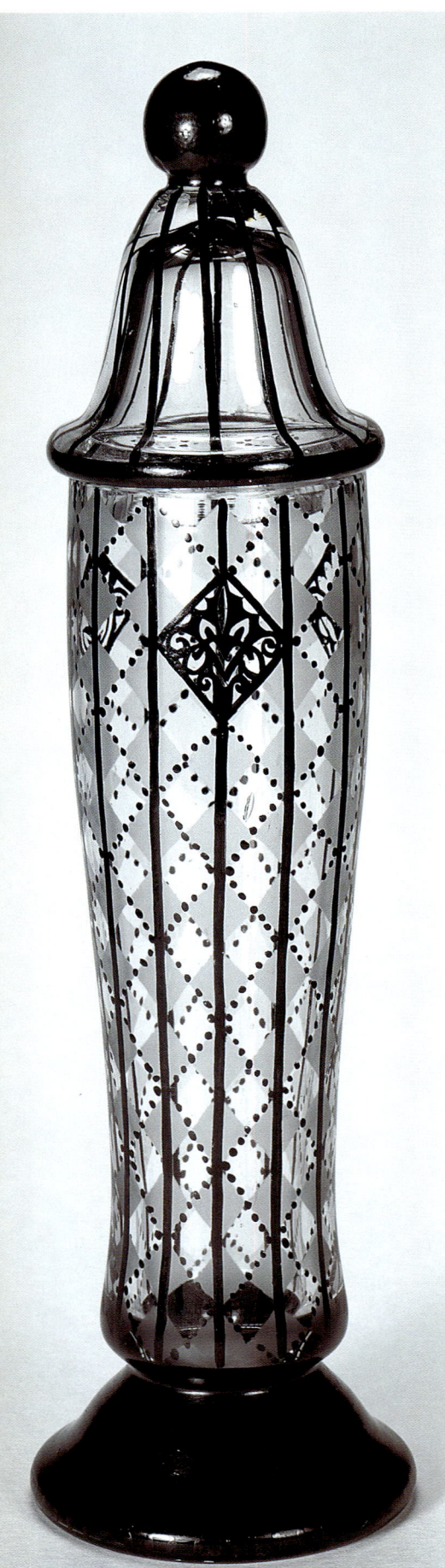

70. **Covered vessel**, c. 1918
Designer unknown, Fachschule Haida, Nový Bor (Haida), Czech Republic
Produced for Joh. Oertel & Co., Nový Bor (Haida), Czech Republic

Blown clear glass, frosted, enameled
22 × 5.8 × 5.8 cm, unsigned

70. **Recipiente con tapa**, h. 1918.
Diseñador desconocido, Fachschule Haida, Nový Bor (Haida), República Checa. Producido para Joh. Oertel & Co., Nový Bor (Haida), República Checa.

Cristal soplado transparente, esmerilado y esmaltado.
22 × 5'8 × 5'8 cm, sin firma.

71. **Covered vessel**, c. 1914
Designer unknown
Produced by Fachschule Haida, Nový Bor (Haida), Czech Republic
Commissioned by Joh. Oertel & Co., Nový Bor (Haida), Czech Republic

Blown clear glass, cut, enameled, gilt
24 × 10.3 × 10.3 cm, signed: mark 34

71. **Recipiente con tapa**, h. 1914.
Diseñador desconocido.
Producido por Fachschule Haida, Nový Bor (Haida), República Checa. Encargo de Joh. Oertel & Co., Nový Bor (Haida), República Checa.

Cristal soplado transparente, cortado, esmaltado y dorado.
24 × 10'3 × 10'3 cm, firmado: ver marca num. 34.

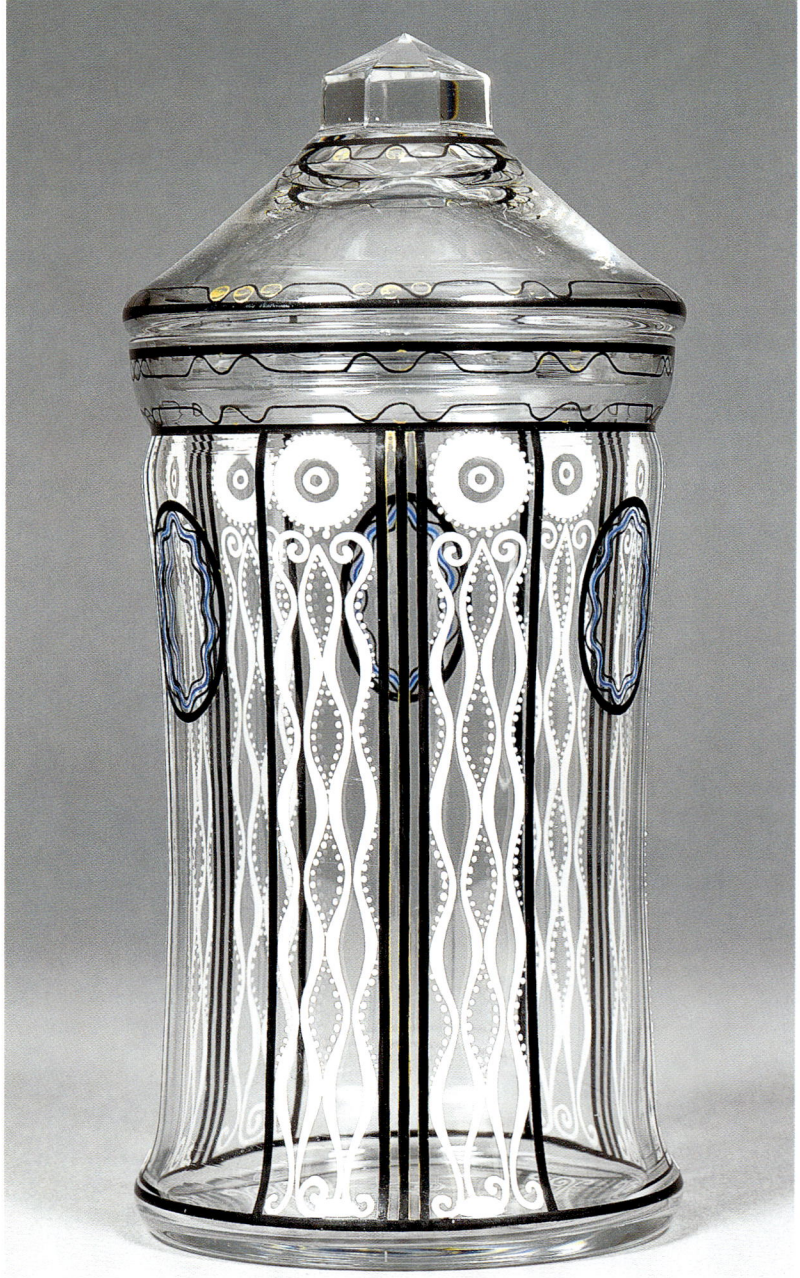

Avant-Garde Ornament

72. **Covered vessel**, c. 1918
Designer unknown
Produced by Fachschule Haida, Nový Bor (Haida),
Czech Republic

Blown clear glass, enameled, gilt
25.8 × 9 × 9 cm, unsigned

72. **Recipiente con tapa**, h. 1918.
Diseñador desconocido.
Producido por Fachschule Haida, Nový Bor (Haida),
República Checa.

Cristal soplado transparente, esmaltado y dorado.
25'8 × 9 × 9 cm, sin firma.

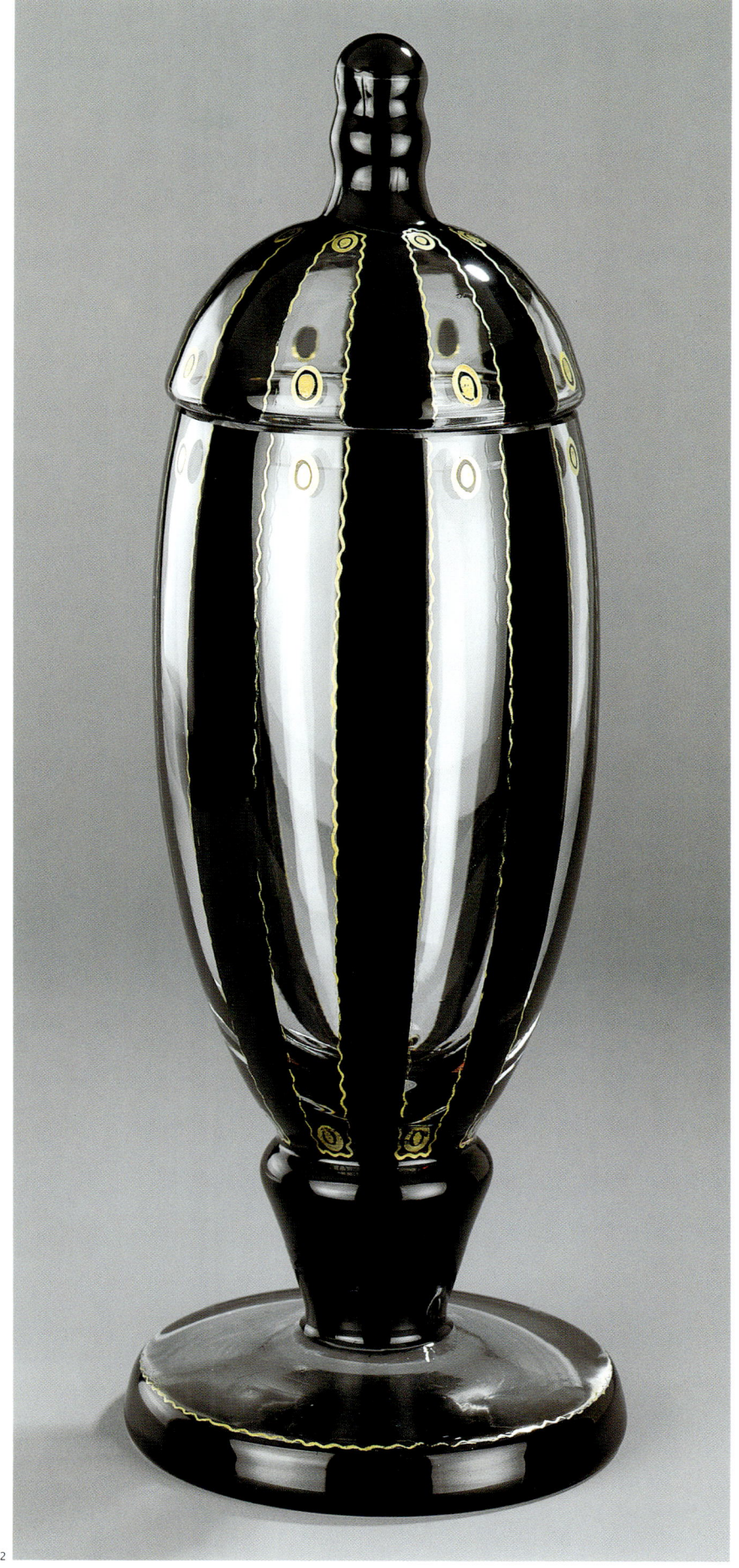

Ornamento de Vanguardia ——— 91 ———

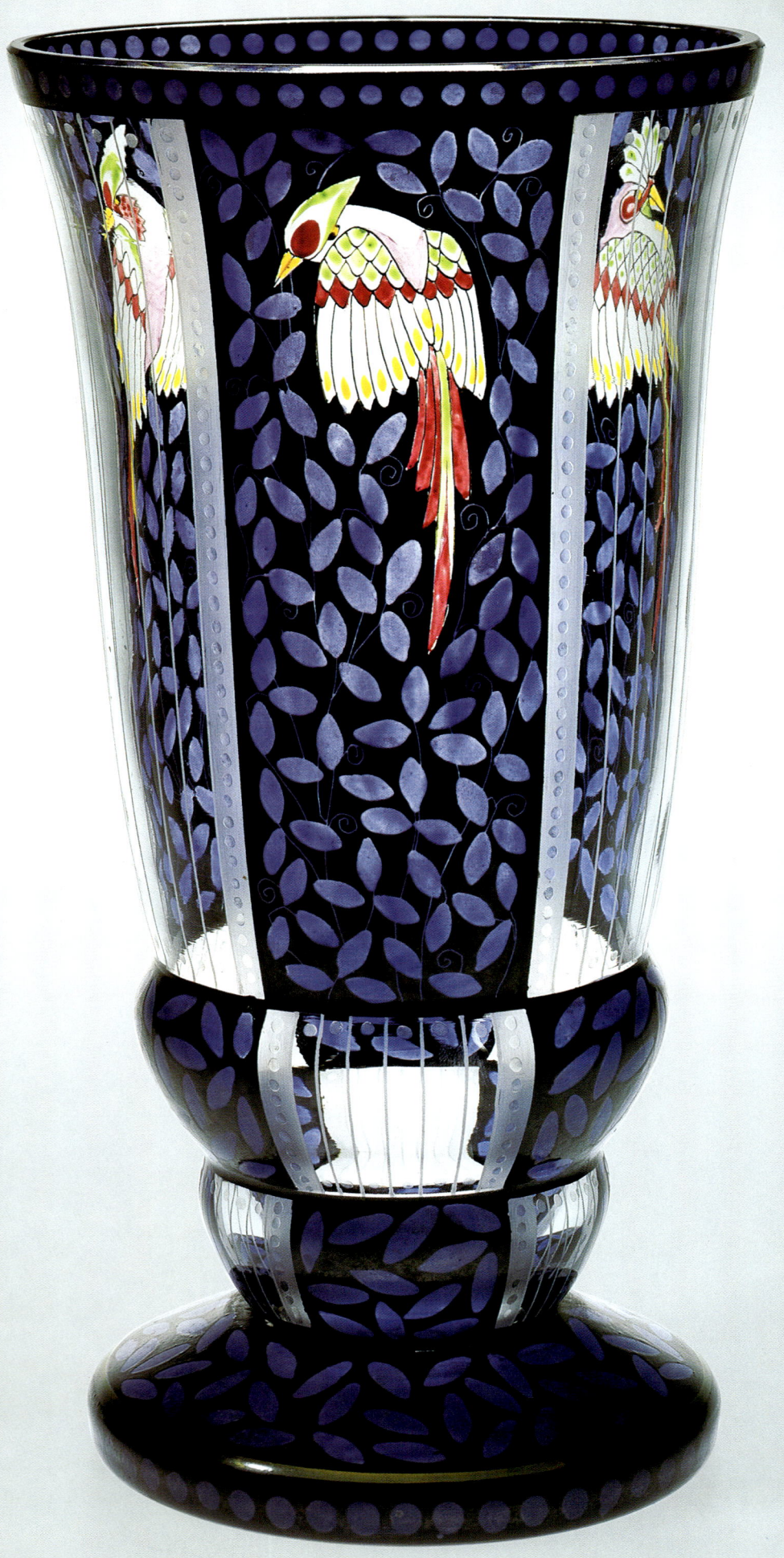

73. **Vase**, c. 1922/23
Designer unknown
Produced by Fachschule Haida, Nový Bor (Haida),
Czech Republic
Commissioned by Joh. Oertel & Co., Nový Bor (Haida),
Czech Republic

Blown clear glass, enameled
24 × 12.9 × 12.9 cm, unsigned

Although the technical school at Haida specialized in both enameling and engraving glass, the enameling on this vase takes precedence. The black *Schwarzlot* enamel is reserved primarily for the background but to great effect: it intensifies the transparent greens, reds and purples of the birds and leaves. Vestiges of Viennese stylization are readily discernible in these motifs, but the distinctively hot palette characterizes a 1920s sensibility to color.

73. **Jarrón**, h. 1922/23.
Diseñador desconocido.
Producido por Fachschule Haida, Nový Bor (Haida),
República Checa.
Encargo de Joh. Oertel & Co., Nový Bor (Haida),
República Checa.

Cristal soplado transparente, esmaltado.
24 × 12'9 × 12'9 cm, sin firma.

Aunque la escuela técnica de Haida se especializara tanto en el cristal esmaltado como en el grabado, el primero es más relevante en esta pieza. El esmalte negro o *Schwarzlot* se concentra principalmente en el plano de fondo con el fin de reforzar el efecto de los motivos, intensificando sobremanera los verdes, rojos y morados transparentes de los pájaros y de las hojas. En estos temas quedan todavía vestigios de la estilización vienesa, pero la intensa paleta caliente revela la sensibilidad de los años veinte hacia el color.

74. **Vase**, c. 1914
Designer unknown
Produced by Fachschule Haida, Nový Bor (Haida),
Czech Republic

Blown clear glass, enameled
20 × 6.4 × 6.4 cm, unsigned

74. **Jarrón**, h. 1914.
Diseñador desconocido.
Producido por Fachschule Haida, Nový Bor (Haida),
República Checa.

Cristal soplado transparente y esmaltado.
20 × 6'4 × 6'4 cm, sin firma.

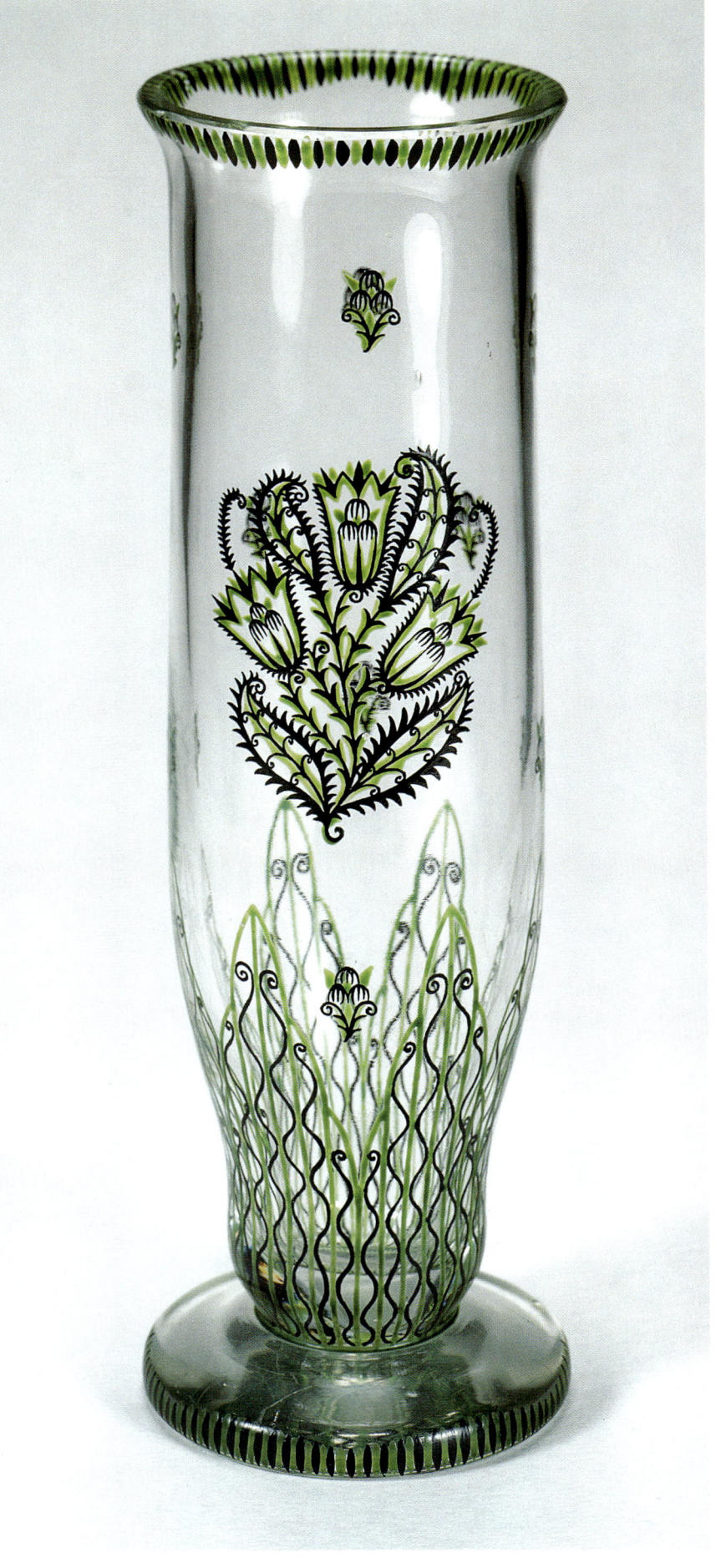

74

Ornamento de Vanguardia

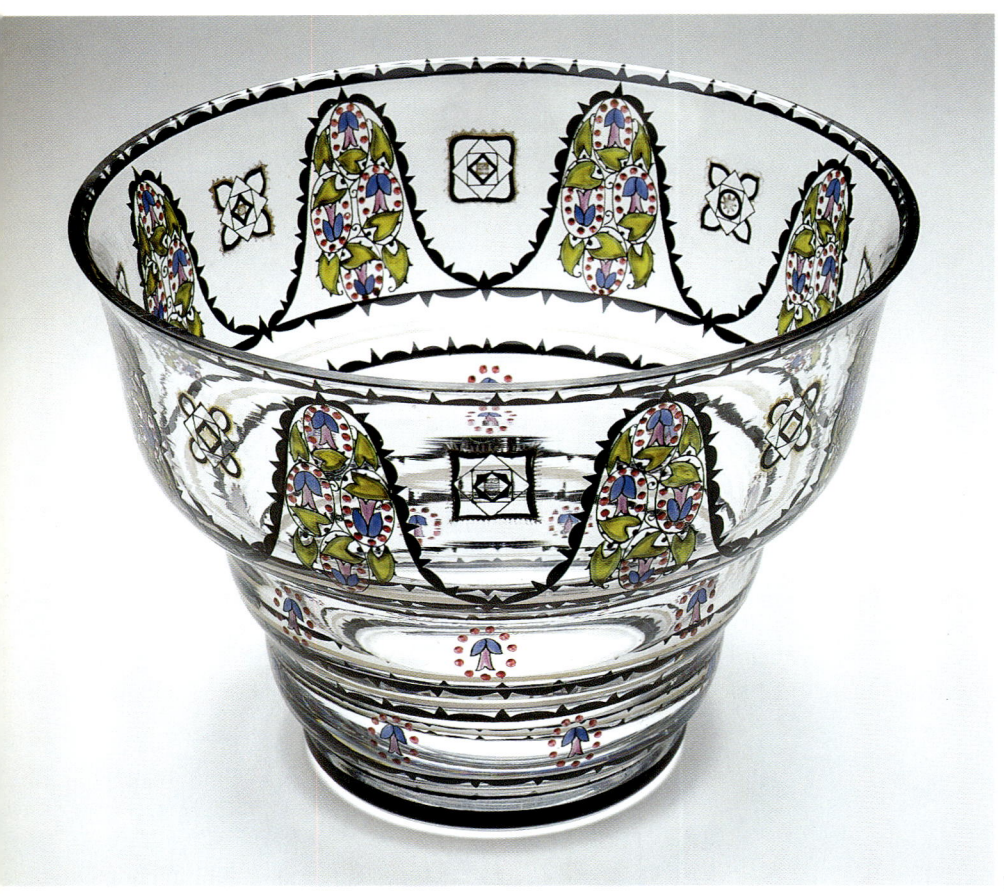

75. **Bowl**, c. 1918
Designer unknown
Produced by Fachschule Haida, Nový Bor (Haida), Czech Republic

Blown clear glass, enameled, gilt
15.8 × 22 × 22 cm, unsigned

75. **Cuenco**, h. 1918.
Diseñador desconocido.
Producido por Fachschule Haida, Nový Bor (Haida), República Checa.

Cristal soplado transparente, esmaltado y dorado.
15'8 × 22 × 22 cm, sin firma.

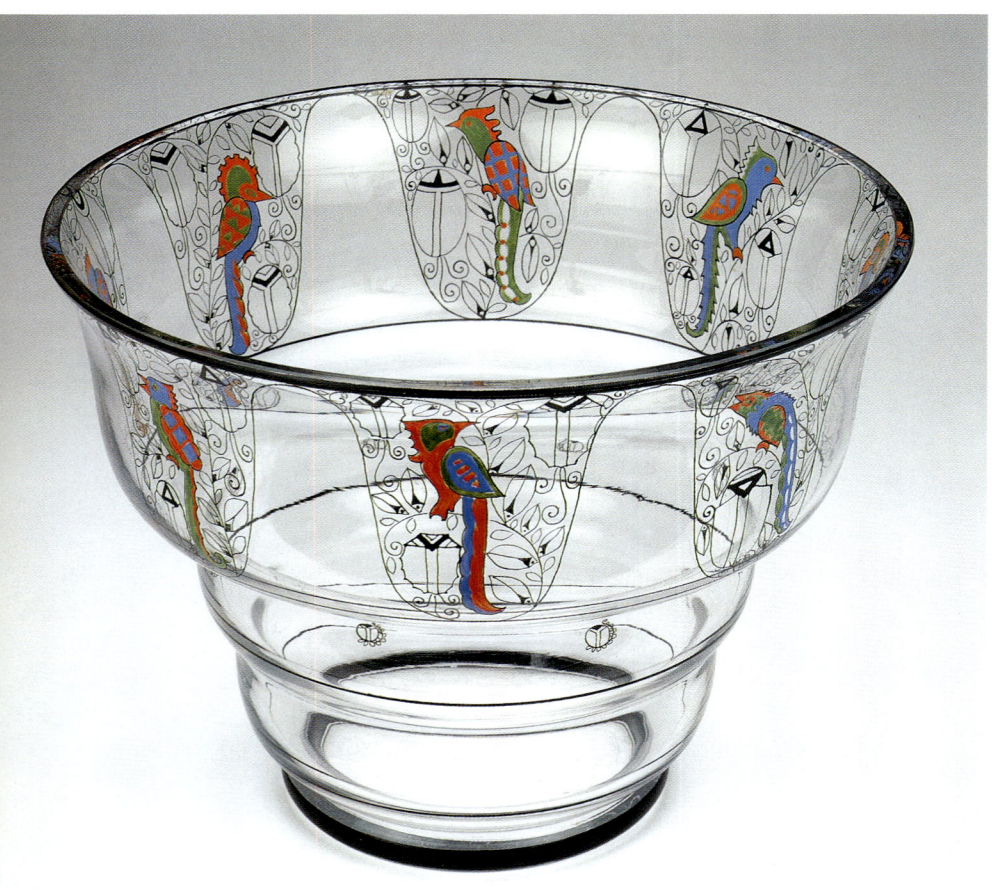

76. **Bowl**, c. 1918
Designer unknown
Produced by Fachschule Haida, Nový Bor (Haida), Czech Republic

Blown clear glass, enameled
15.8 × 21.6 × 21.6 cm, unsigned

76. **Cuenco**, h. 1918.
Diseñador desconocido.
Producido por Fachschule Haida, Nový Bor (Haida), República Checa.

Cristal soplado transparente y esmaltado.
15'8 × 21'6 × 21'6 cm, sin firma.

Avant-Garde Ornament

77. **Vase**, c. 1920
Designer unknown
Executed by Fachschule Steinschönau, Kamenický Senov (Steinschönau), Czech Republic

Blown clear glass, enameled, gilt
16.4 × 13.2 × 13.2 cm, unsigned

77. **Jarrón**, h. 1920.
Diseñador desconocido.
Realizado por Fachschule Steinschönau, Kamenický Senov (Steinschönau), República Checa.

Cristal soplado transparente, esmaltado y dorado.
16'4 × 13'2 × 13'2 cm, sin firma.

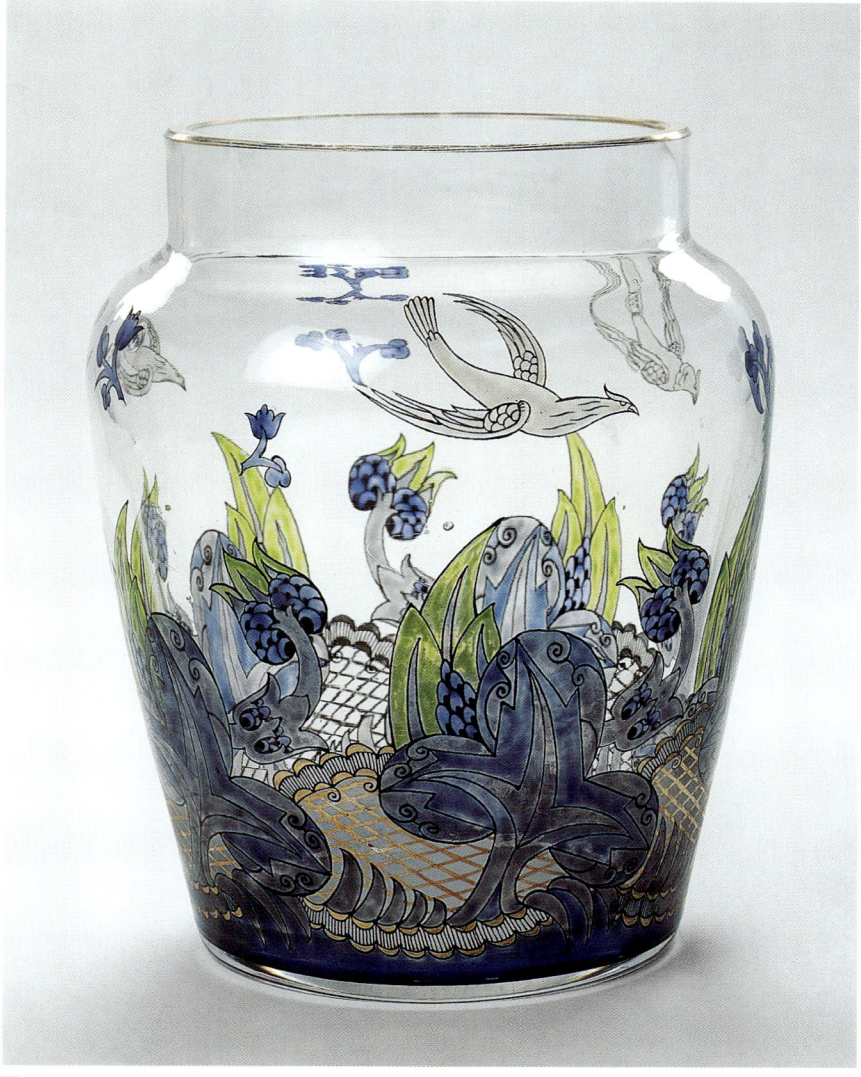

77

78. **Bowl**, c. 1922
Paul Thomas
Produced by Paul Thomas, Kamenický Senov (Steinschönau), Czech Republic

Blown clear glass, enameled, gilt
7.1 × 14.6 × 10.4 cm, unsigned

78. **Cuenco**, h. 1922.
Paul Thomas.
Producido por Paul Thomas, Kamenický Senov (Steinschönau), República Checa.

Cristal soplado transparente, esmaltado y dorado.
7'1 × 14'6 × 10'4 cm, sin firma.

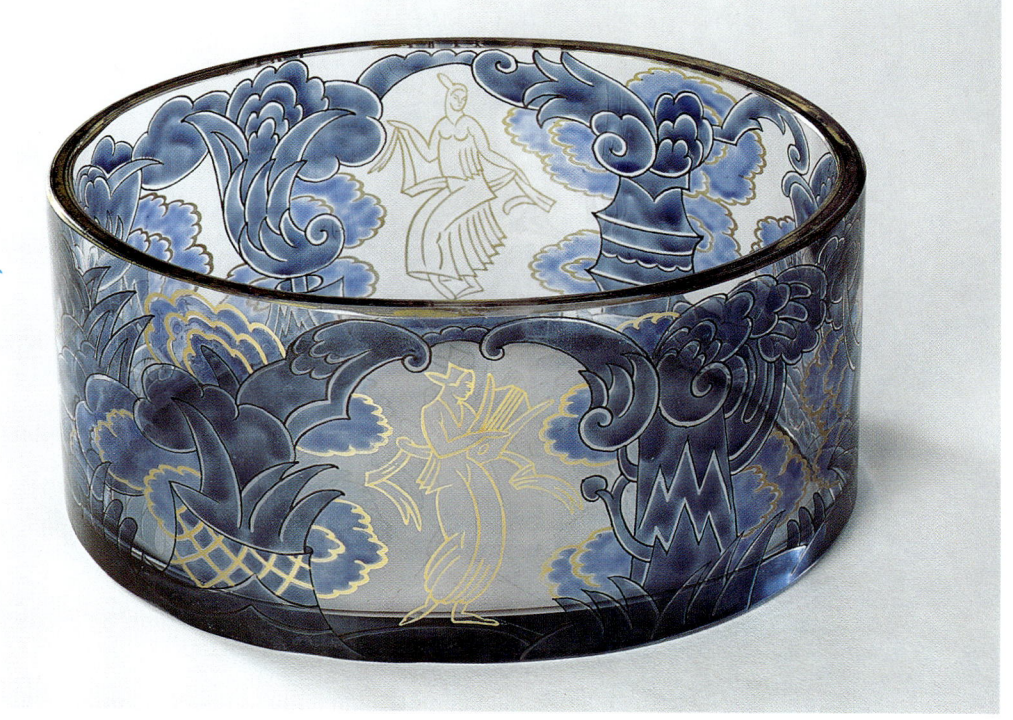

78

Ornamento de Vanguardia —— 95 ——

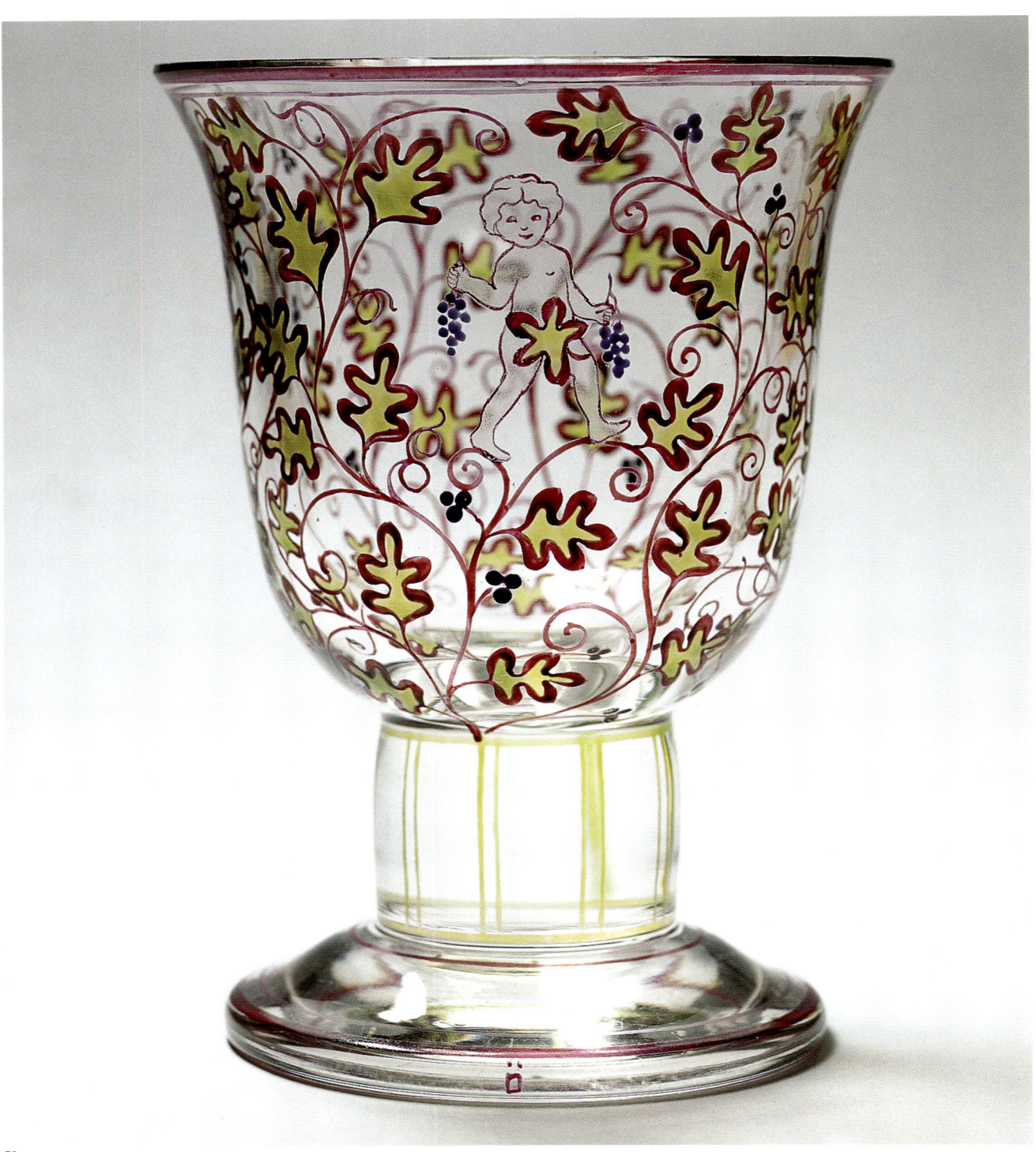

79

79. Goblet, c. 1920
Designer unknown
Produced by Fachschule Haida, Nový Bor (Haida), Czech Republic
Commissioned by Joh. Oertel & Co., Nový Bor (Haida), Czech Republic

Blown clear glass, enameled
16.5 × 12 × 12 cm, signed: mark 33

79. Copa, h. 1920.
Diseñador desconocido.
Producido por Fachschule Haida, Nový Bor (Haida), República Checa.
Encargo de Joh. Oertel & Co., Nový Bor (Haida), República Checa.

Cristal soplado transparente y esmaltado.
16'5 × 12 × 12 cm, firmado: ver marca num. 33.

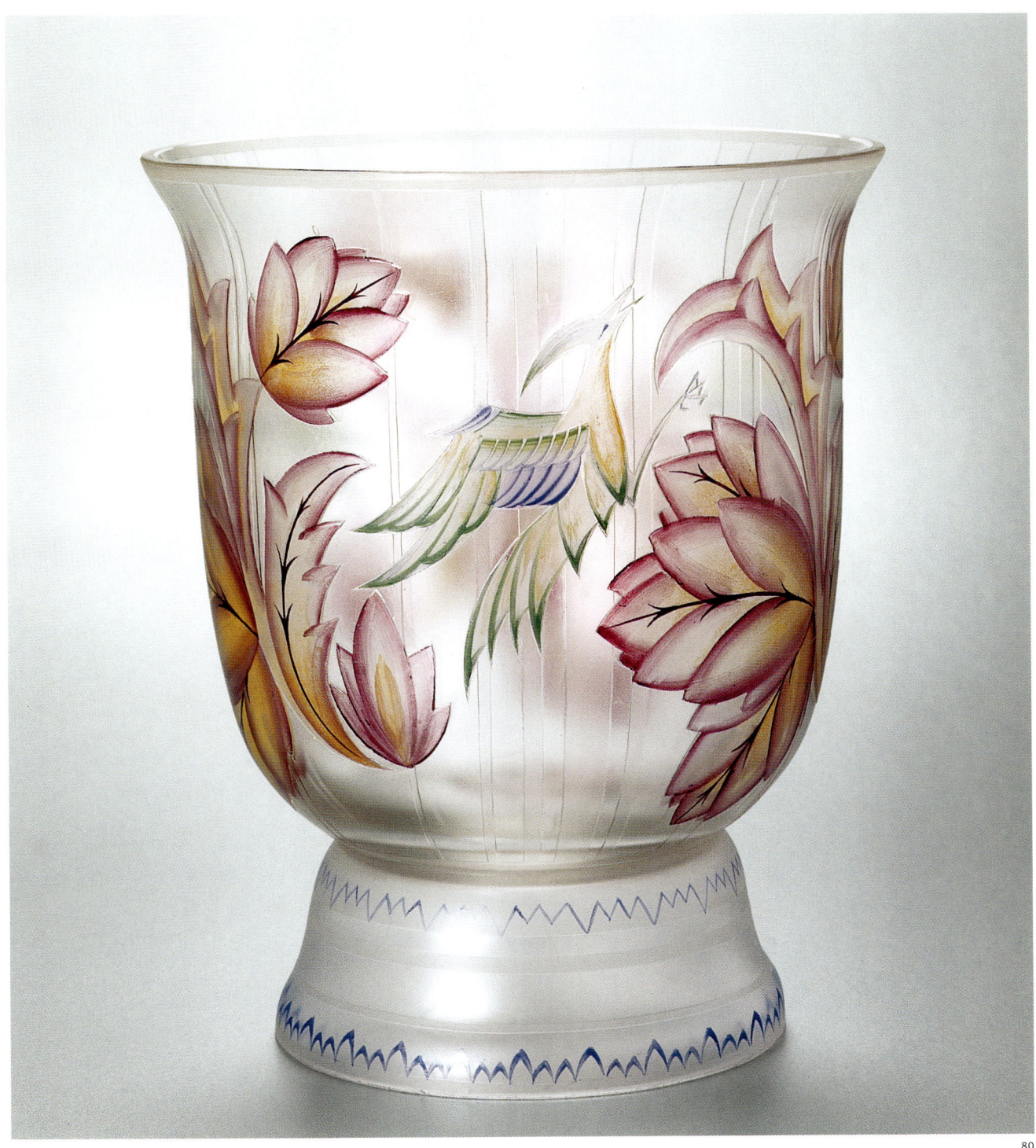

80. **Vase**, c. 1925
Designer unknown
Produced by Fachschule Haida, Nový Bor (Haida), Czech Republic

Blown clear glass, acid-etched, cold-painted
16.6 × 13.5 × 13.5 cm, unsigned

80. **Jarrón**, h. 1925.
Diseñador desconocido.
Producido por Fachschule Haida, Nový Bor (Haida), República Checa.

Cristal soplado transparente, grabado al aguafuerte y pintado en frío.
16'6 × 13'5 × 13'5 cm, sin firma.

Ornamento de Vanguardia — 97 —

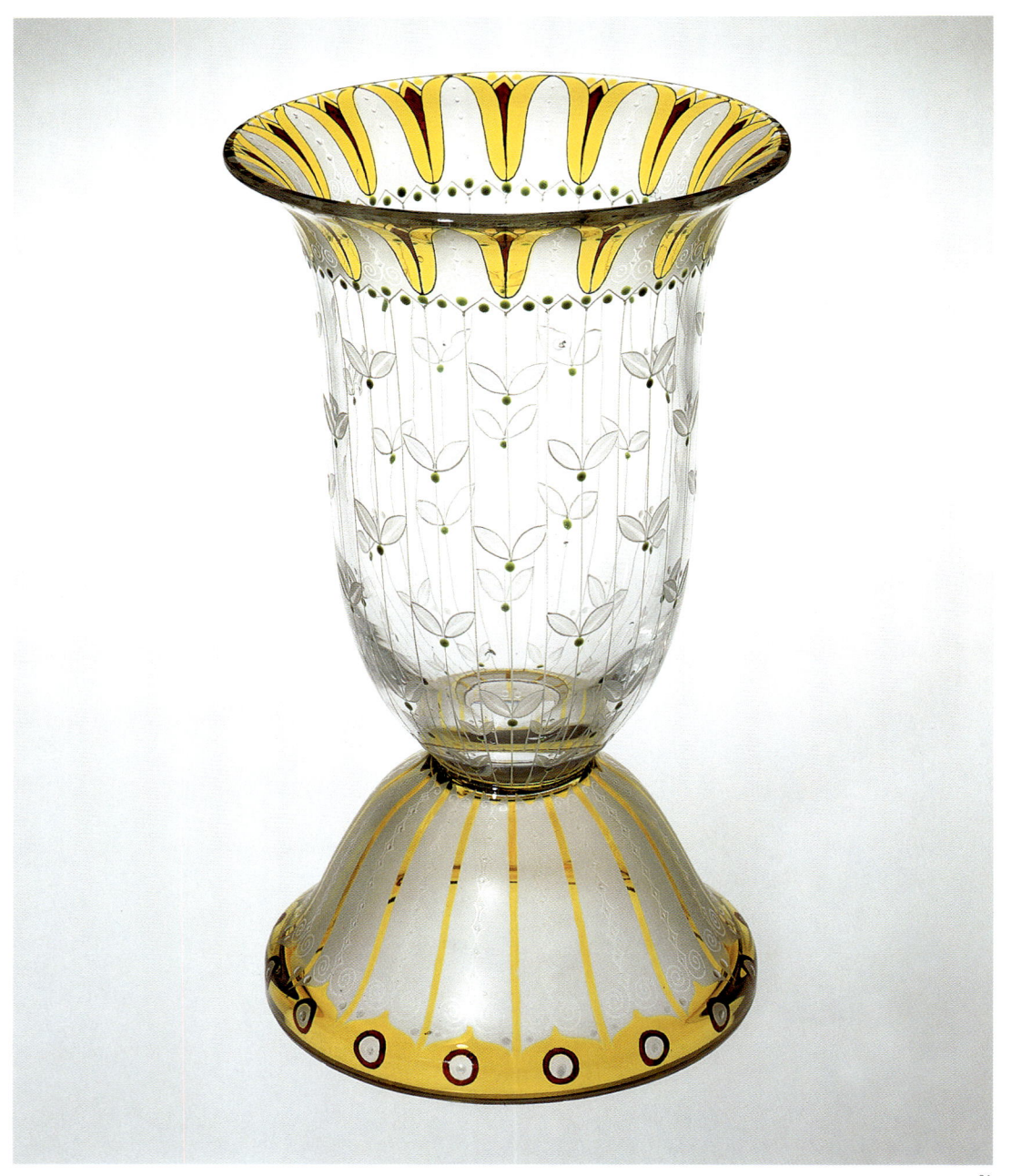

81

82. **Covered vessel**, c. 1923
Designer unknown
Produced by Fachschule Haida,
Nový Bor (Haida), Czech Republic

Blown clear glass, frosted, enameled
21.8 × 13.5 × 13.5 cm, unsigned

Despite the political separation of Czechoslovakia from Austria at the end of World War I, there remained close commercial and artistic ties between the two countries. On occasion, as can be seen here, the Haida school remained strongly under the sway of Viennese design. The schematic leaf and bell-shaped floral ornament over the body and cover of this goblet, as well as the chevron pattern of the stem, recall features of Wiener Werkstätte design from a decade earlier.

82. **Recipiente con tapa**, h. 1923.
Diseñador desconocido.
Producido por Fachschule Haida,
Nový Bor (Haida), República Checa.

Cristal soplado transparente, esmerilado y esmaltado.
21'8 × 13'5 × 13'5 cm, sin firma.

A pesar de la separación política de Checoslovaquia y Austria al final de la Primera Guerra Mundial, estrechos lazos artísticos y comerciales perduraron entre los dos países. En ocasiones, como puede comprobarse aquí, la escuela de Haida permaneció bajo la influencia del diseño vienés. La hoja esquemática y el ornamento floral acampanado que figuran sobre el cuerpo y la tapa de esta pieza, así como el dibujo galonado del pie, recuerdan rasgos de los diseños de la Wiener Werkstätte de la década anterior.

81. **Vase**, c. 1918
Designer unknown
Produced by Fachschule Haida,
Nový Bor (Haida), Czech Republic
Commissioned by Joh. Oertel & Co.,
Nový Bor (Haida), Czech Republic

Blown clear glass, frosted, stained, enameled
20.8 × 12.7 × 12.7 cm, signed: mark 33

81. **Jarrón**, h. 1918.
Diseñador desconocido.
Producido por Fachschule Haida,
Nový Bor (Haida), República Checa.
Encargo de Joh. Oertel & Co., Nový Bor (Haida), República Checa.

Cristal soplado transparente, esmerilado, coloreado y esmaltado.
20'8 × 12'7 × 12'7 cm, firmado: ver marca num. 33.

Avant-Garde Ornament

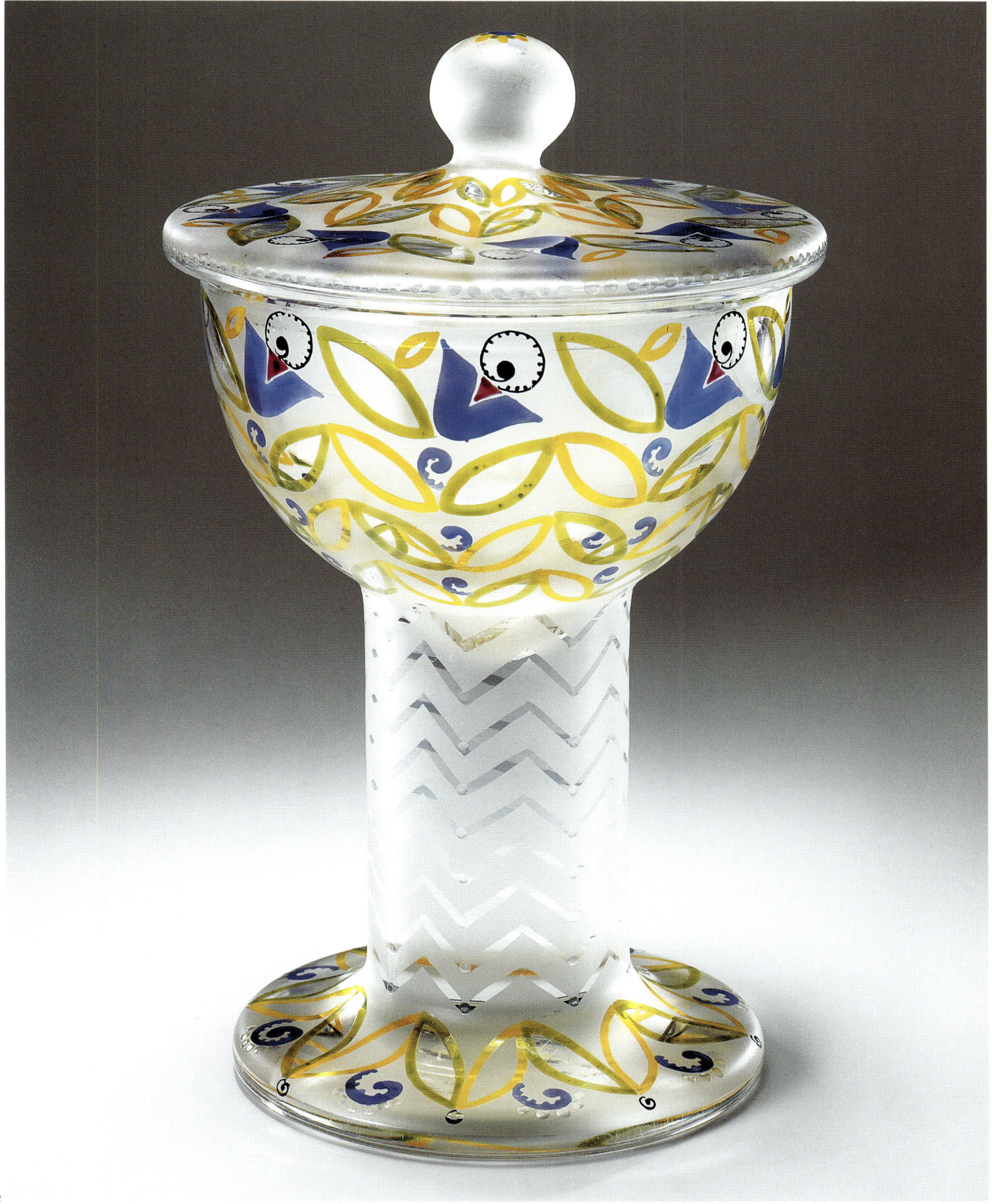

82

Ornamento de Vanguardia —— 99

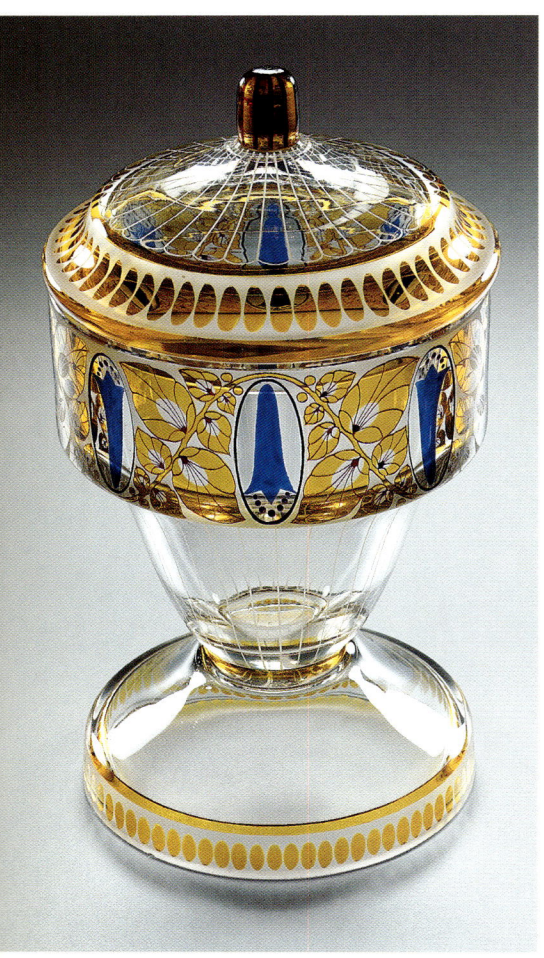

84. **Covered jar**, c. 1922
Designer unknown
Executed by Fachschule Steinschönau, Kamenický Senov (Steinschönau), Czech Republic

Blown clear glass, stained, wheel engraved
13.5 × 10.2 × 10.2 cm, unsigned

84. **Tarro con tapa**, h. 1922.
Diseñador desconocido.
Realizado por Fachschule Steinschönau, Kamenický Senov (Steinschönau), República Checa.

Cristal soplado transparente, coloreado y grabado a la rueda.
13'5 × 10'2 × 10'2 cm, sin firma.

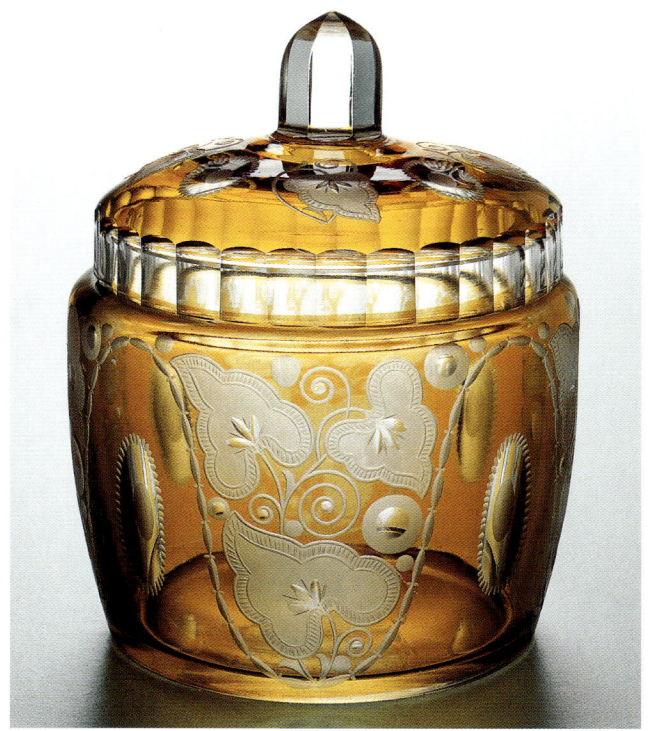

84

83

83. **Covered vessel**, c. 1923
Designer unknown
Produced by Fachschule Haida, Nový Bor (Haida), Czech Republic
Commissioned by Joh. Oertel & Co., Nový Bor (Haida), Czech Republic

Blown clear glass, frosted, stained, enameled
23.5 × 13 × 13 cm, signed: mark 33

83. **Recipiente con tapa**, h. 1923.
Diseñador desconocido.
Producido por Fachschule Haida, Nový Bor (Haida), República Checa.
Encargo de Joh. Oertel & Co., Nový Bor (Haida), República Checa.

Cristal soplado transparente, esmerilado, coloreado y esmaltado.
23'5 × 13 × 13 cm, firmado: ver marca num. 33.

85. **Covered vessel**, c. 1922
Designer unknown
Produced by Fachschule Haida, Nový Bor (Haida), Czech Republic
Commissioned by Joh. Oertel & Co., Nový Bor (Haida), Czech Republic

Blown clear glass, cut, stained, enameled, gilt
39.5 × 13.8 × 13.8 cm, unsigned

85. **Recipiente con tapa**, hacia 1922.
Diseñador desconocido.
Producido por Fachschule Haida, Nový Bor (Haida), República Checa.
Encargo de Joh. Oertel & Co., Nový Bor (Haida), República Checa.

Cristal soplado transparente cortado, coloreado, esmaltado y dorado.
39'5 × 13'8 × 13'8 cm, sin firma.

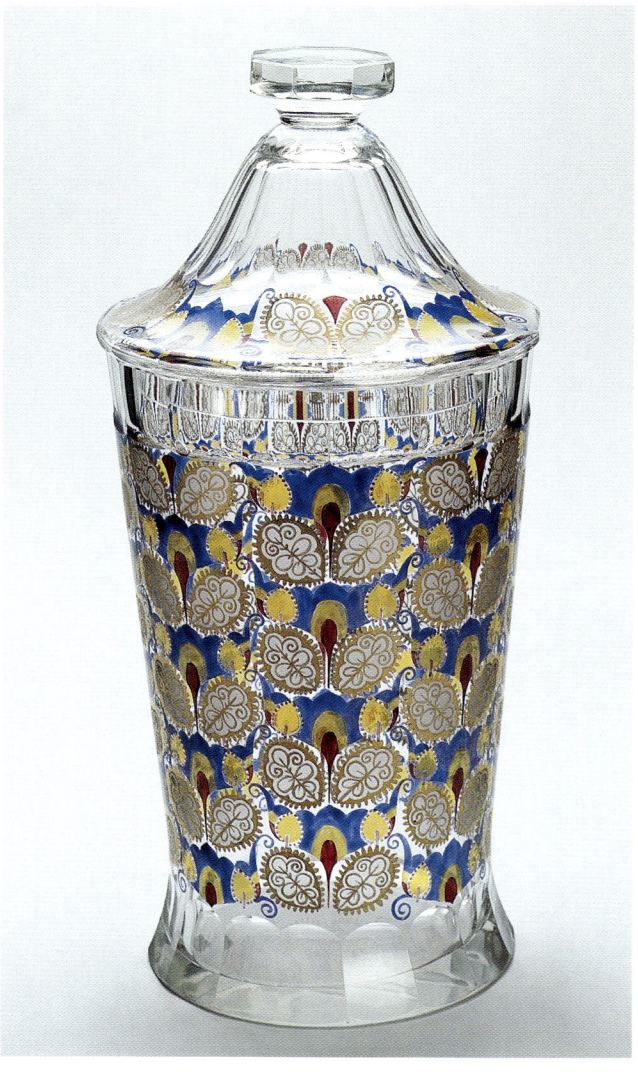

85

86. **Vase**, before 1925
Designer unknown, Fachschule Haida, Nový Bor (Haida),
Czech Republic
Produced by Beyermann & Co., Nový Bor (Haida),
Czech Republic

Blown clear glass, frosted, stained, enameled, iridized
14.3 × 15.4 × 15.4 cm, signed: mark 5

86. **Jarrón**, antes de 1925.
Diseñador desconocido, Fachschule Haida, Nový Bor (Haida),
República Checa.
Producido por Beyermann & Co., Nový Bor (Haida),
República Checa.

Cristal soplado transparente, esmerilado, coloreado, esmaltado
e irisado.
14'3 × 15'4 × 15'4 cm, firmado: ver marca num. 5.

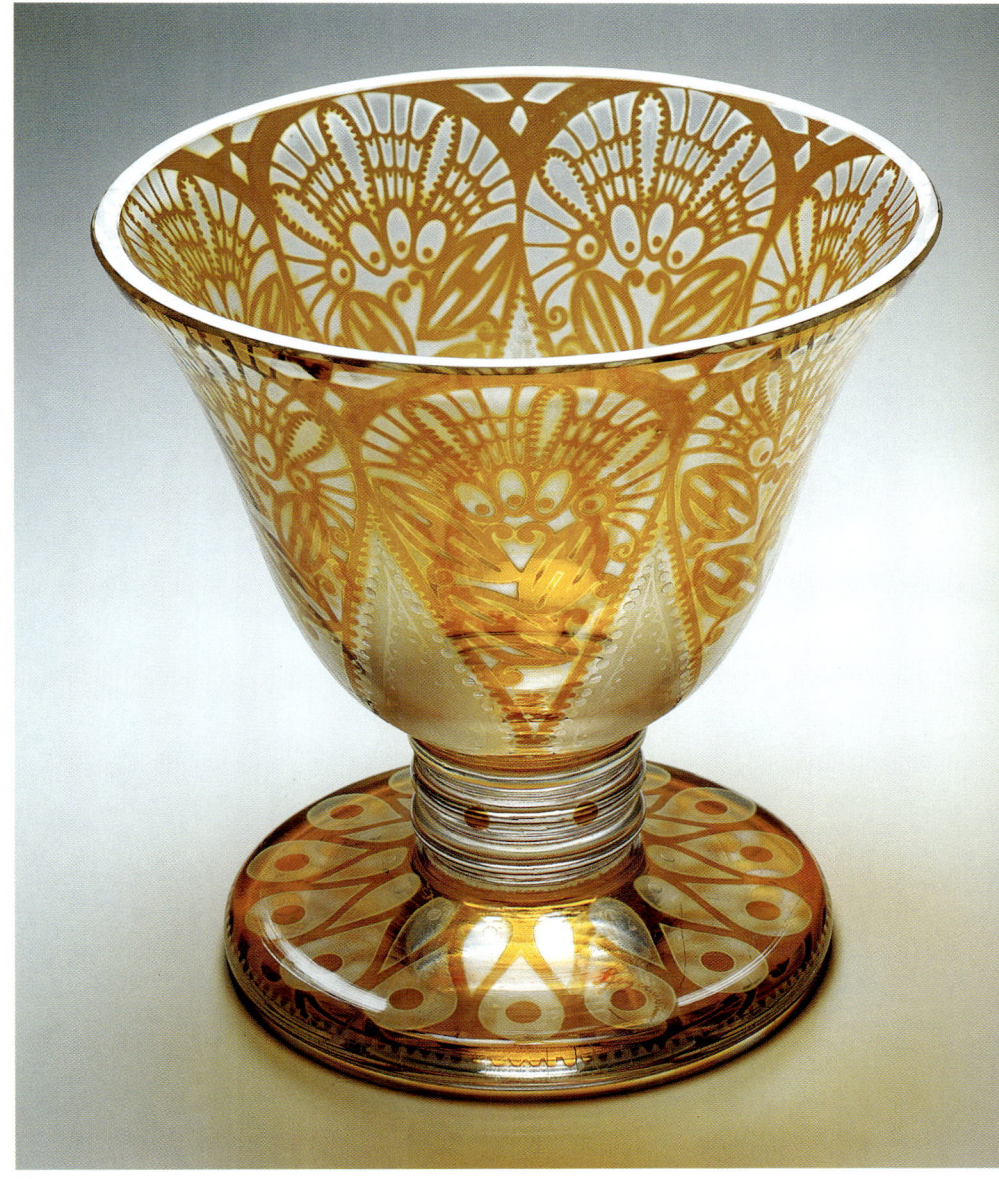

86

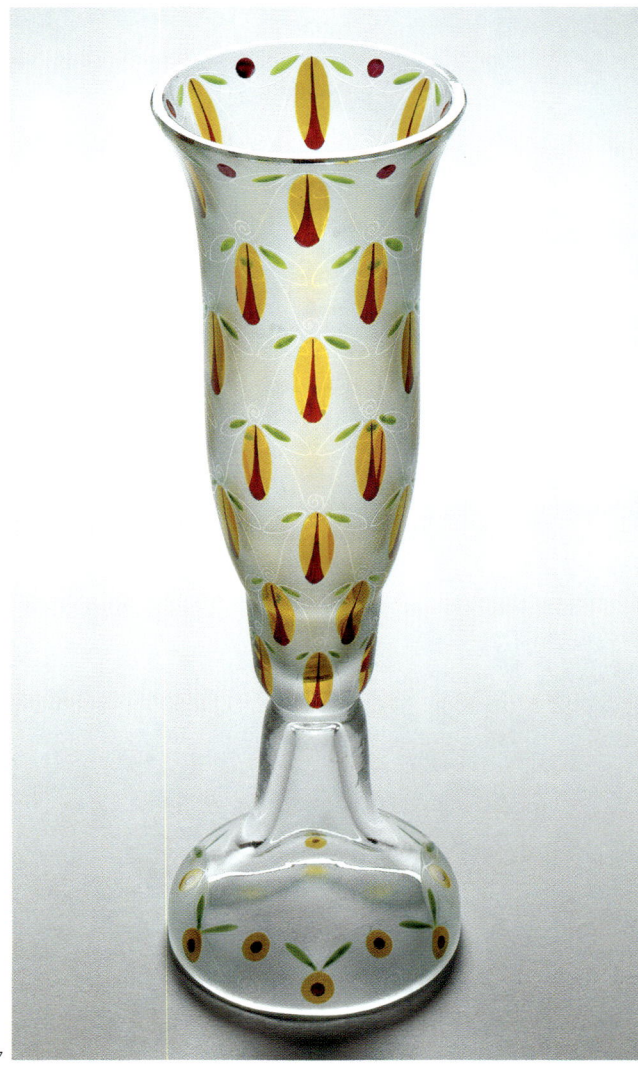

87

87. **Vase**, c. 1918
Designer unknown
Produced by Fachschule Haida,
Nový Bor (Haida), Czech Republic

Blown clear glass, frosted, stained,
enameled
25 × 7.7 × 7.7 cm, unsigned

87. **Jarrón**, h. 1918.
Diseñador desconocido.
Producido por Fachschule Haida,
Nový Bor (Haida), República Checa.

Cristal soplado transparente esmerilado,
coloreado y esmaltado.
25 × 7'7 × 7'7 cm, sin firma.

Ornamento de Vanguardia ——— 101 ———

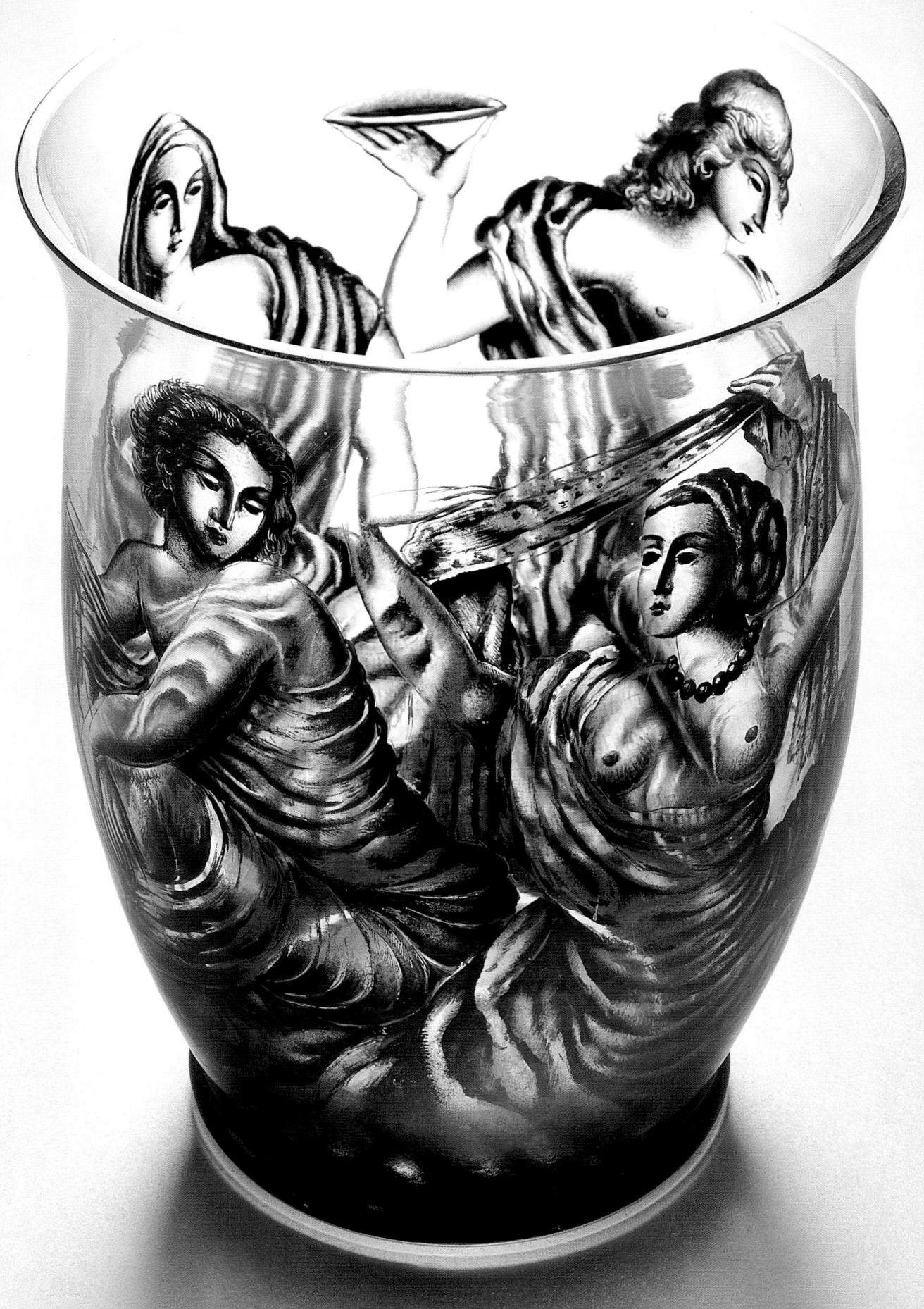

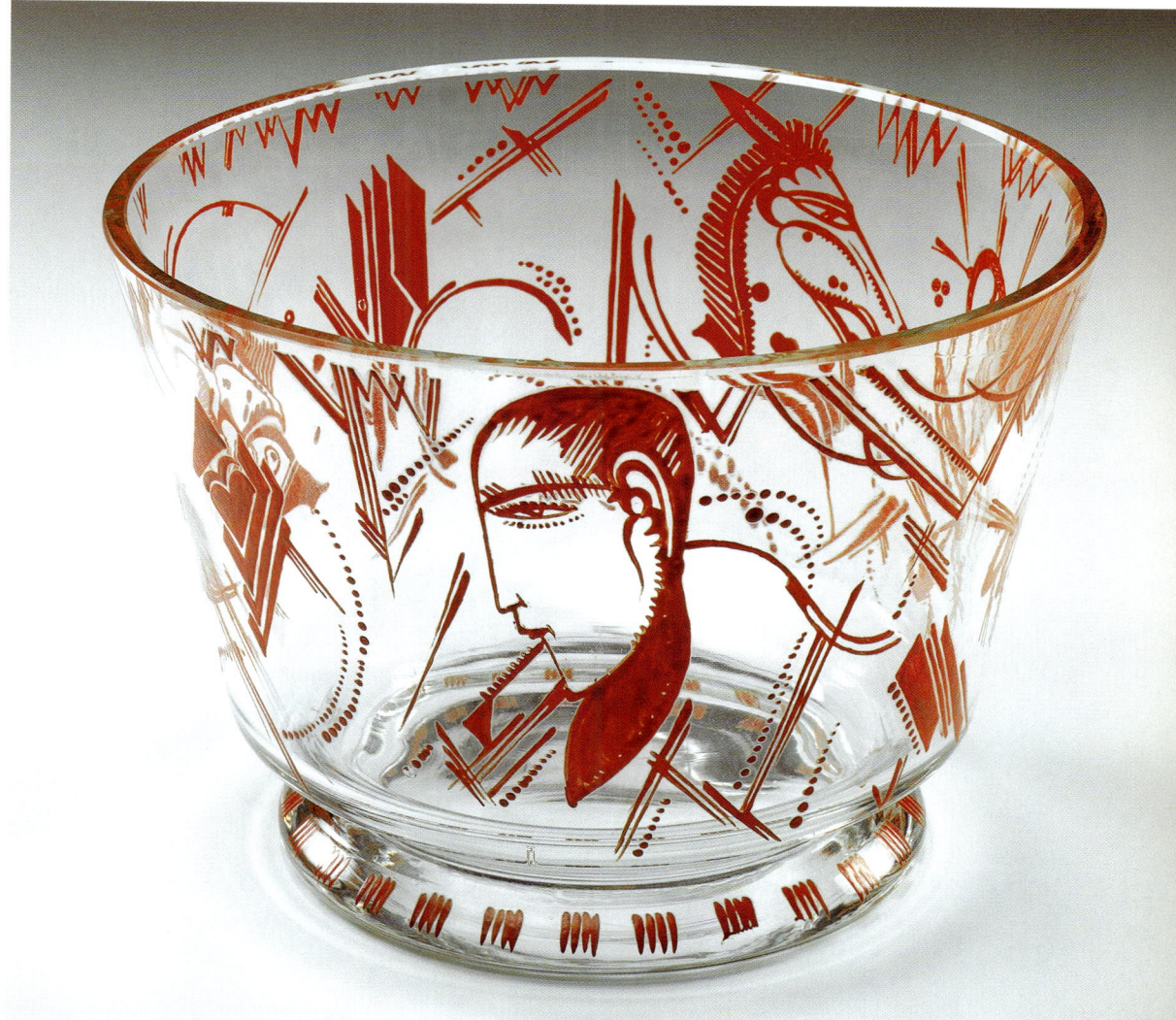

89

88. Vase, c. 1925
Form and decoration: Ena Rottenberg
Retailed by J. & L. Lobmeyr, Vienna, Austria

Blown clear glass, enameled
19.9 × 15.7 × 15.7 cm, unsigned

The designs of Ena Rottenberg, a member of the Wiener Werkstätte, are frequently marked by an interesting classicism, as can be seen in the decoration of this vase which features four draped female figures arranged in stylized poses. Rather than being at odds with avant-garde design, this type of *moderne* classicism was a major tenet of the period. It can be seen in the paintings of Picasso and the sculpture of Maillol, and in the return of modernized Classical orders in architecture. Rottenberg's monochromatic decoration is executed in *Schwarzlot* (black enamel), a traditional technique that enjoyed a revival in this period.

88. Jarrón, h. 1925.
Forma y decoración: Ena Rottenberg.
Comercializado por J. & L. Lobmeyr, Viena, Austria.

Cristal soplado transparente, esmaltado.
19'9 × 15'7 × 15'7 cm, sin firma.

Los diseños de Ena Rottenberg, miembro de la Wiener Werkstätte, están marcados, con frecuencia, por un interesante clasicismo, como puede observarse en la decoración de este jarrón, consistente en cuatro figuras femeninas envueltas en pliegues, en poses estilizadas. En lugar de estar reñido con el diseño de vanguardia, este tipo de clasicismo *moderno* fue uno de los principios que marcaron la época. Puede observarse en las pinturas de Picasso, en la escultura de Maillol y en la reaparición de los órdenes clásicos en la arquitectura. La decoración monócroma de Rottenberg está realizada en *Schwarzlot* (esmalte negro), técnica tradicional recuperada durante este período.

89. Bowl, c. 1922
Bruno Mauder
Executed privately by Bruno Mauder, Zwiesel, Germany

Blown clear glass, enameled
10.5 × 14.8 × 14.8 cm, signed: mark 25

Bruno Mauder headed the glass school in Zwiesel from 1910 until his death in 1948. He had trained as a porcelain painter, but was deeply moved by contemporary fine art as well. The heads enameled on this bowl derive from African and German Expressionist art, while the small but energetic geometric motifs suggest the influence of Russian Suprematism. The unusually bold decoration on this work is perhaps explained by the fact that it was a private commission.

89. Cuenco, h. 1922.
Bruno Mauder.
Realizado (encargo privado) por Bruno Mauder, Zwiesel, Alemania.

Cristal soplado transparente, esmaltado.
10'5 × 14'8 × 14'8 cm, firmado: ver marca num. 25.

Bruno Mauder dirigió la fábrica de cristal de Zwiesel desde 1910 hasta su muerte, acaecida en 1948. Formado como pintor de porcelana, se dejó impresionar profundamente por el arte contemporáneo. Las cabezas esmaltadas de este cuenco derivan del arte africano y del expresionismo alemán, en tanto que los pequeños pero enérgicos motivos geométricos sugieren el influjo del Suprematismo ruso. La atrevida decoración de este trabajo, poco frecuente, quizá se deba a que es un encargo privado.

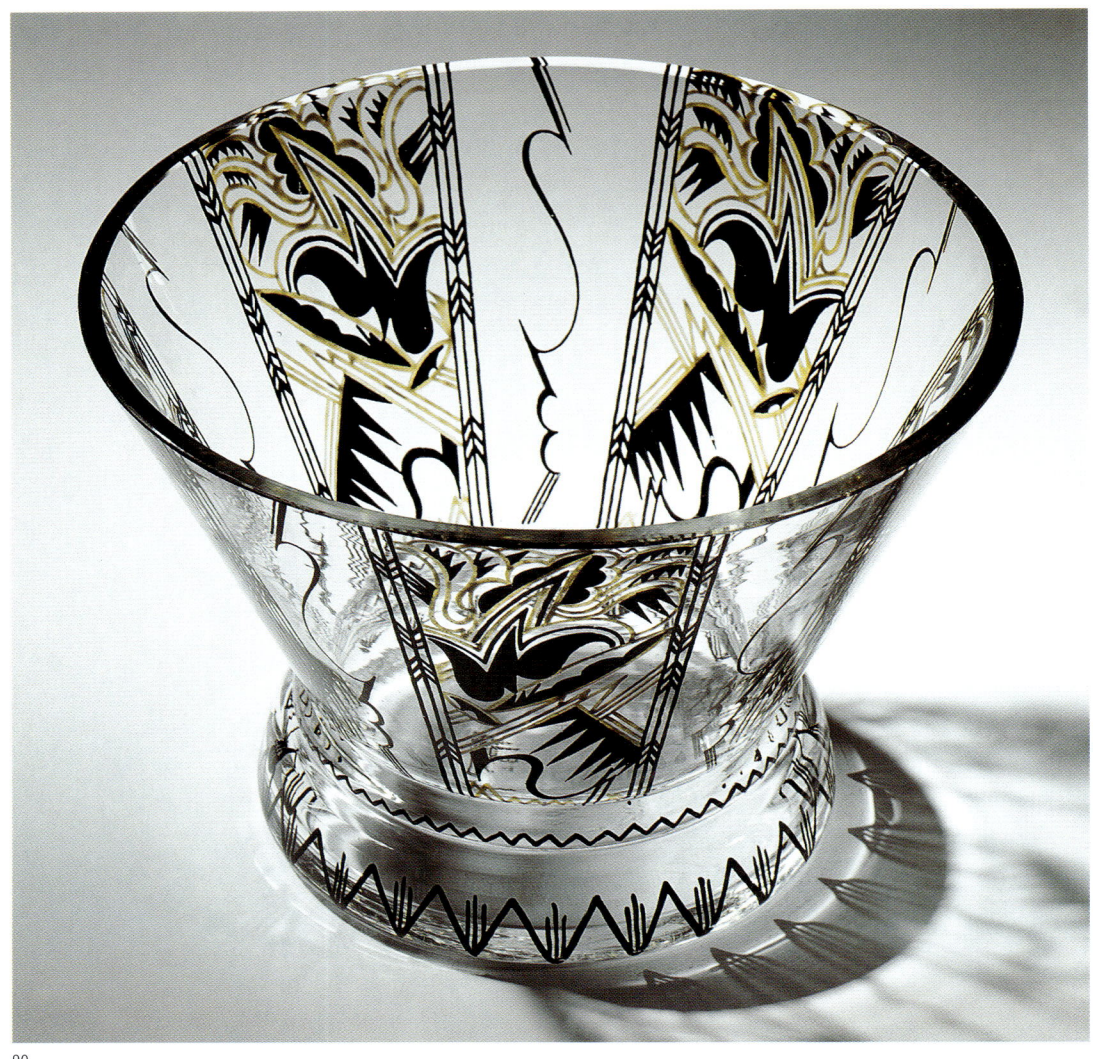

90.

90. Bowl, c. 1925
Bruno Mauder
Executed by Fachschule für Glasindustrie Zwiesel, Zwiesel, Germany

Blown clear glass, enameled
13.9 × 19.3 × 19.3 cm, signed: mark 56

90. Cuenco, h. 1925.
Bruno Mauder.
Realizado por Fachschule für Glasindustrie Zwiesel, Zwiesel, Alemania.

Cristal soplado transparente, esmaltado.
13'9 × 19'3 × 19'3 cm, firmado: ver marca num. 56.

91. **Vase**, c. 1927
Bruno Mauder
Executed by Fachschule für Glasindustrie Zwiesel, Zwiesel, Germany

Blown clear glass, enameled
19.2 × 7.8 × 7.8 cm, signed: mark 55

91. **Jarrón**, h. 1927.
Bruno Mauder.
Realizado por Fachschule für Glasindustrie Zwiesel, Zwiesel, Alemania.

Cristal soplado transparente, esmaltado.
19'2 × 7'8 × 7'8 cm, firmado: ver marca num. 55.

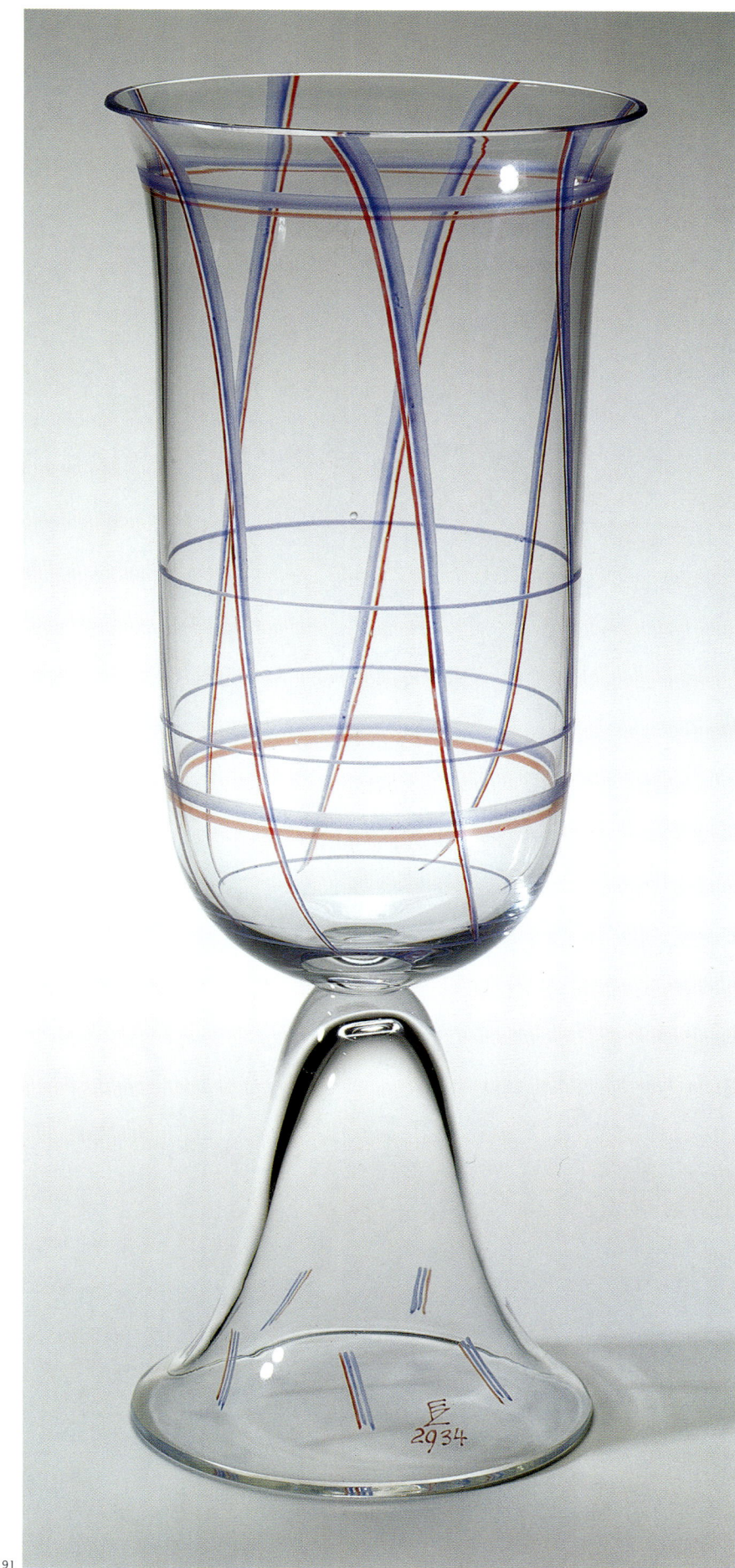

Ornamento de Vanguardia ——— 105 ———

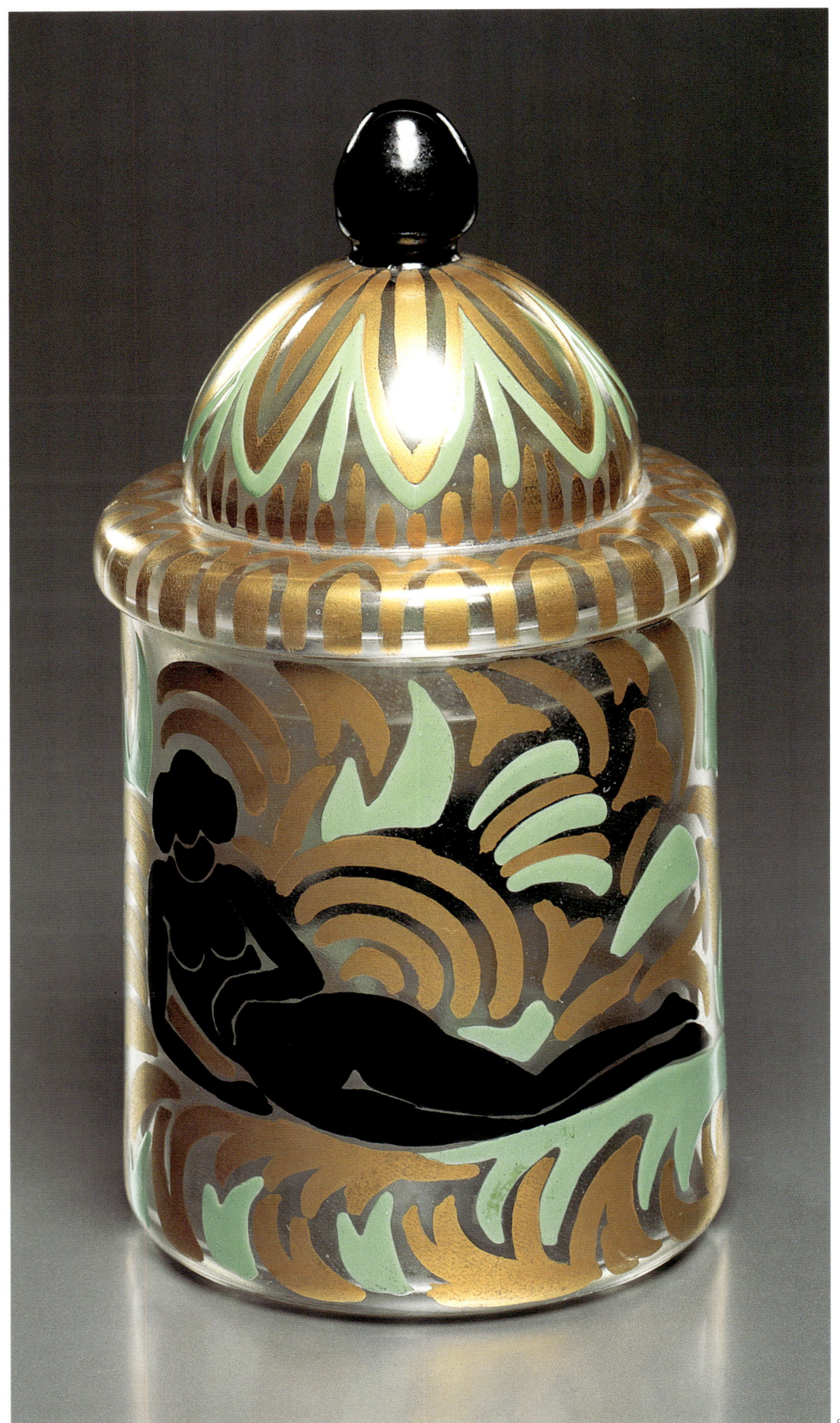

92

92. Covered jar, c. 1925
Ida Paulin
Produced by Ida Paulin, Augsburg, Germany

Blown clear glass, enameled, gilt
12 × 6.5 × 6.5 cm, signed: mark 37

92. Tarro con tapa, hacia 1925.
Ida Paulin.
Producido por Ida Paulin, Augsburgo, Alemania.

Cristal soplado transparente, esmaltado y dorado.
12 × 6'5 × 6'5 cm, firmado: ver marca num. 37.

93. Vase, c. 1931
Dorn Department, Fachschule Steinschönau, Kamenický Senov (Steinschönau), Czech Republic
Executed by Eiselt Department, Fachschule Steinschönau

Blown clear glass, enameled
19 × 23.7 × 23.7 cm, signed: mark 45

The bowl, executed by Joseph Eiselt's workshop at the Steinschönau school, is a remarkable reminder of the presence and influence of Wassily Kandinsky in Germany. The Russian-born artist spent much of his early career in Munich and Berlin. After a brief return to Russia during World War I, Kandinsky resettled in Germany. From 1922 to 1933 he actively taught at the Bauhaus, first in Weimar and then in Dessau. Through his publications and exhibitions, he disseminated theories about color and form which greatly influenced a younger generation.

93. Jarrón, h. 1931.
Departamento de Dorn, Fachschule Steinschönau, Kamenický Senov (Steinschönau), República Checa.
Realizado en el Departamento de Eiselt, Fachschule Steinschönau.

Cristal soplado transparente, esmaltado.
19 × 23'7 × 23'7 cm, firmado: ver marca num. 45

Este cuenco, realizado por el taller de Joseph Eiselt en la escuela de Steinschönau, es un buen ejemplo de la huella dejada por la presencia de Wassily Kandinsky en Alemania. De origen ruso, este artista desarrolló gran parte de su carrera temprana en Munich y en Berlin. Tras un breve retorno a Rusia durante la Primera Guerra Mundial, Kandinsky se estableció de nuevo en Alemania. Entre 1922 y 1933 enseñó en la Bauhaus, primero en Weimar y después en Dessau. Fué desgranando sus teorías sobre el color y la forma a lo largo de múltiples publicaciones y exposiciones, ejerciendo una influencia decisiva en la siguiente generación.

—— 106 —— Avant-Garde Ornament

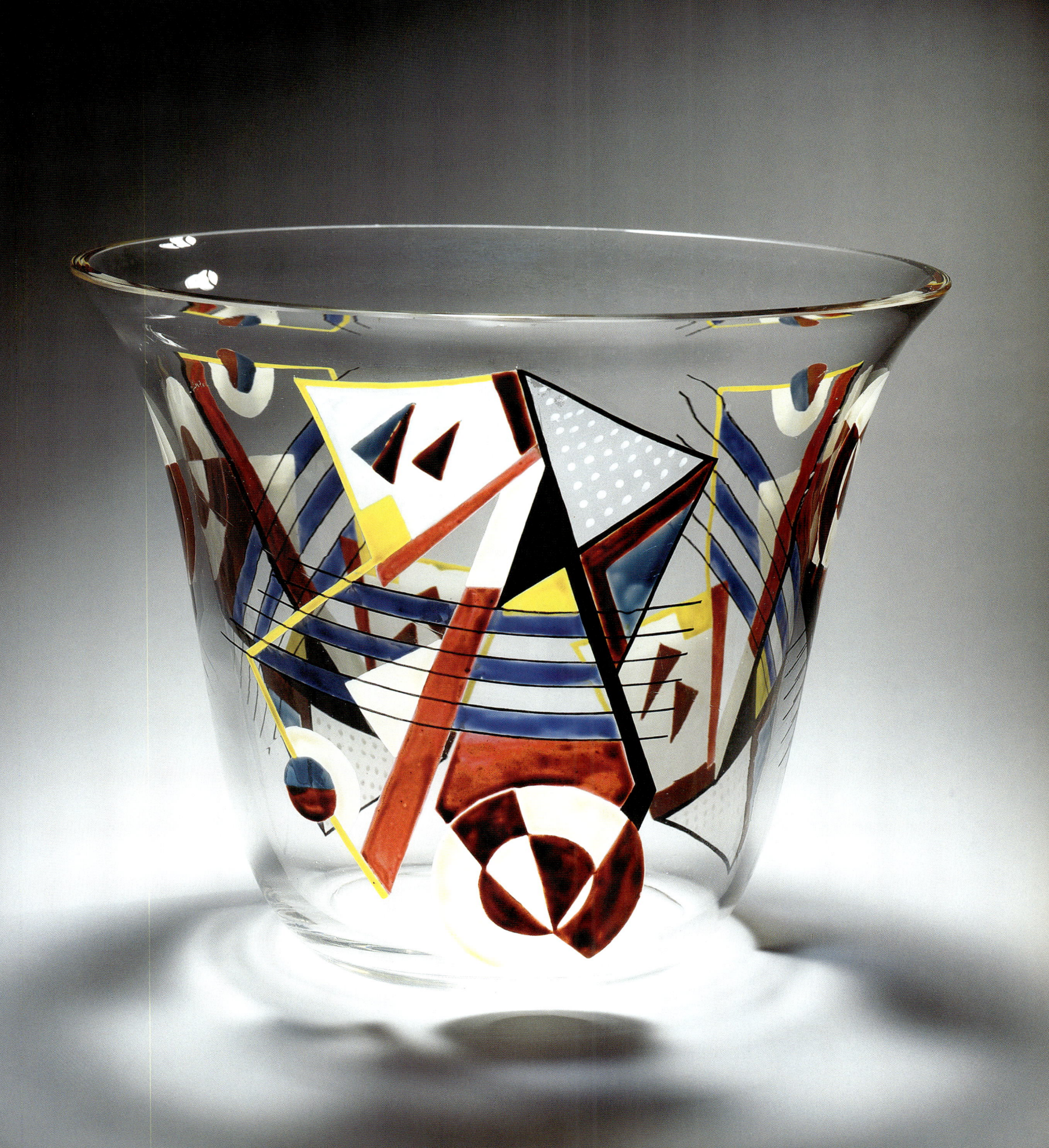

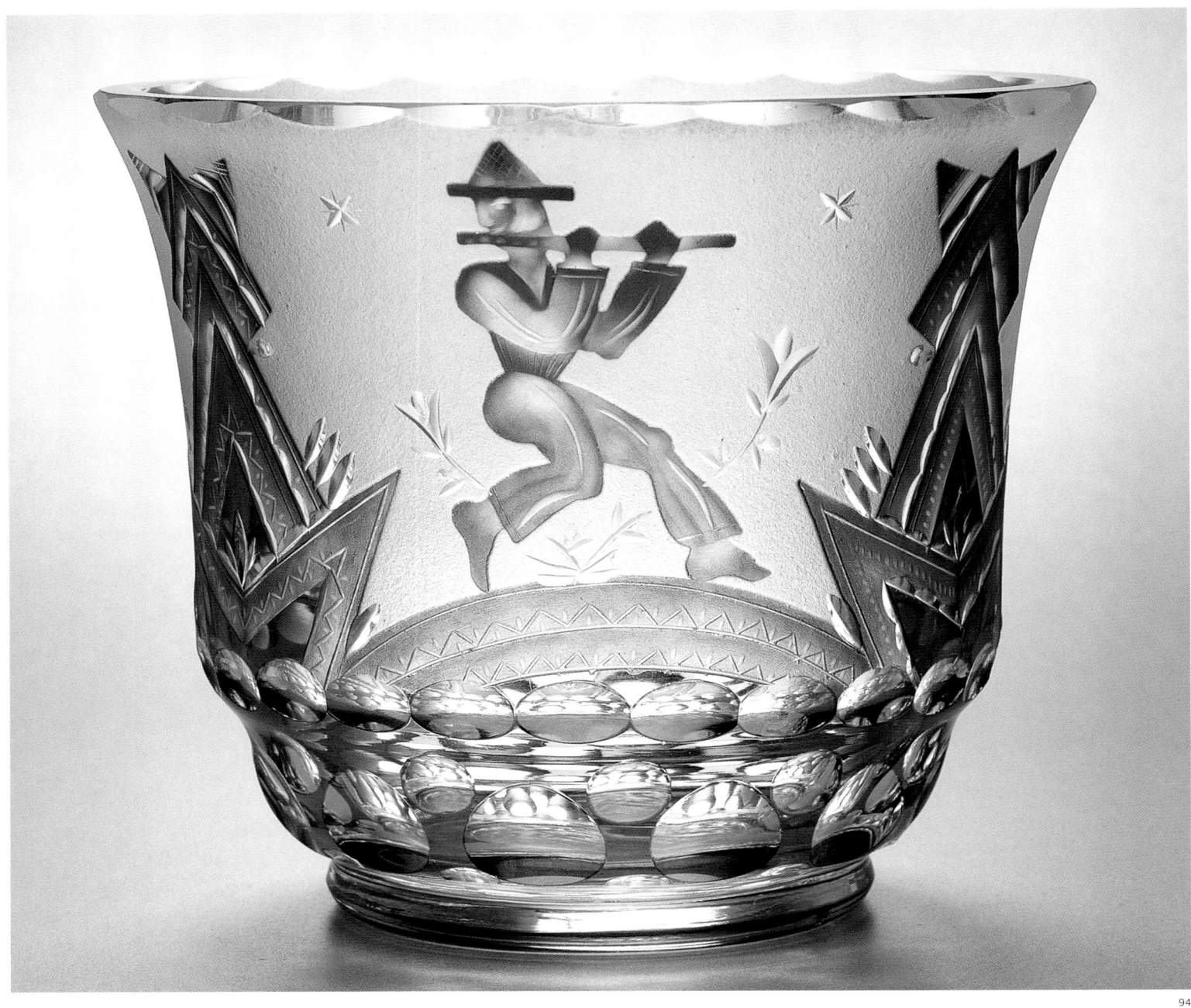

94. **Vase**, c. 1925

Form and decoration: Adolf Beckert, Fachschule Steinschönau, Kamenický Senov (Steinschönau), Czech Republic
Decoration executed by Kromer Department, Fachschule Steinschönau

Blown clear glass, overlaid colored glass, frosted, sand-blasted, cut and engraved
11.5 × 13.5 × 13.5 cm, unsigned

Recalling some of the quixotic elements seen in Wiener Werkstätte designs, Beckert's ornamental scheme features three wittily conventionalized musicians—a flutist, a violinist, and a trumpeter—gamboling through an equally stylized landscape of angular forms. The cutting of the design in cased glass was undertaken in the Steinschönau workshop directed by Emil Kromer, who was responsible for the execution of most of Beckert's designs in this medium. The differences in style between this vase, Beckert's earlier Japoniste designs for Lötz, and his enameled ware in the style of Massanetz bear witness to the evolution and diversity of the artist's work.

94. **Jarrón**, h. 1925.

Forma y decoración: Adolf Beckert, Fachschule Steinschönau, Kamenický Senov (Steinschönau), República Checa.
Decoración realizada en el Departamento de Kromer en la Fachschule Steinschönau

Cristal soplado transparente, cristal coloreado superpuesto, esmerilado, grabado a la arena, tallado y grabado.
11'5 × 13'5 × 13'5 cm, sin firma.

Evocando alguno de los elementos pintorescos vistos en los diseños de la Wiener Werkstätte, el repertorio ornamental de Beckert se organiza en esta ocasión en torno a tres músicos graciosamente trazados –un flautista, un violinista y un trompetista– que brincan en un paisaje estilizado de formas angulares. El diseño tallado en una de las capas fue puesto en práctica por el taller dirigido por Emil Kromer en Steinschönau, responsable de la ejecución de la mayor parte de los diseños que Beckert concibió para ser realizados en esta técnica. Las diferencias de estilo entre este jarrón, los diseños tempranos de Beckert para Lötz y la vajilla esmaltada en el estilo de Massanetz, testimonian la evolución y la diversidad del trabajo del artista.

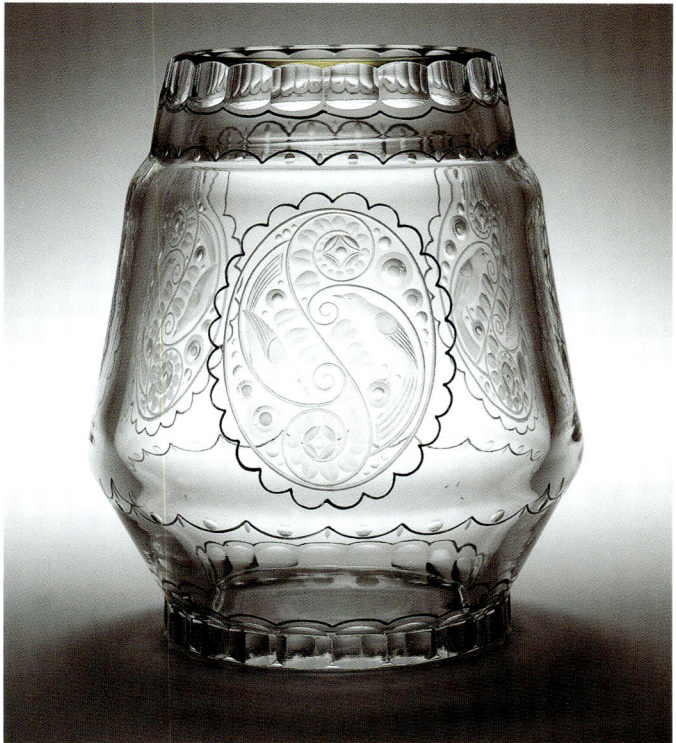

95.

95. Vase, c. 1910
Designer unknown
Executed by Fachschule Steinschönau,
Kamenický Senov (Steinschönau),
Czech Republic

Blown clear glass, cut and engraved, gilt
15.5 × 12.2 × 12.2 cm, unsigned

95. Jarrón, h. 1910.
Diseñador desconocido.
Realizado por Fachschule Steinschönau,
Kamenický Senov (Steinschönau),
República Checa.

Cristal soplado transparente, tallado y
grabado, y dorado.
15'5 × 12'2 × 12'2 cm, sin firma.

96. Goblet, 1922
Form and decoration: Adolf Beckert, Fachschule Steinschönau,
Kamenický Senov (Steinschönau), Czech Republic
Decoration executed by Paul Eiselt, Fachschule Steinschönau
Retailed by Conrath & Liebsch, Kamenický Senov (Steinschönau),
Czech Republic

Blown clear glass, etched, gilt
21 × 15.5 × 15.5 cm, signed: marks 7, 11

96. Copa, 1922.
Forma y decoración: Adolf Beckert, Fachschule Steinschönau,
Kamenický Senov (Steinschönau), República Checa.
Decoración realizada por Paul Eiselt, Fachschule Steinschönau.
Comercializado por Conrath & Liebsch, Kamenický Senov
(Steinschönau), República Checa.

Cristal soplado transparente, grabado al aguafuerte, y dorado.
21 × 15'5 × 15'5 cm, firmado: ver marcas num. 7 y 11.

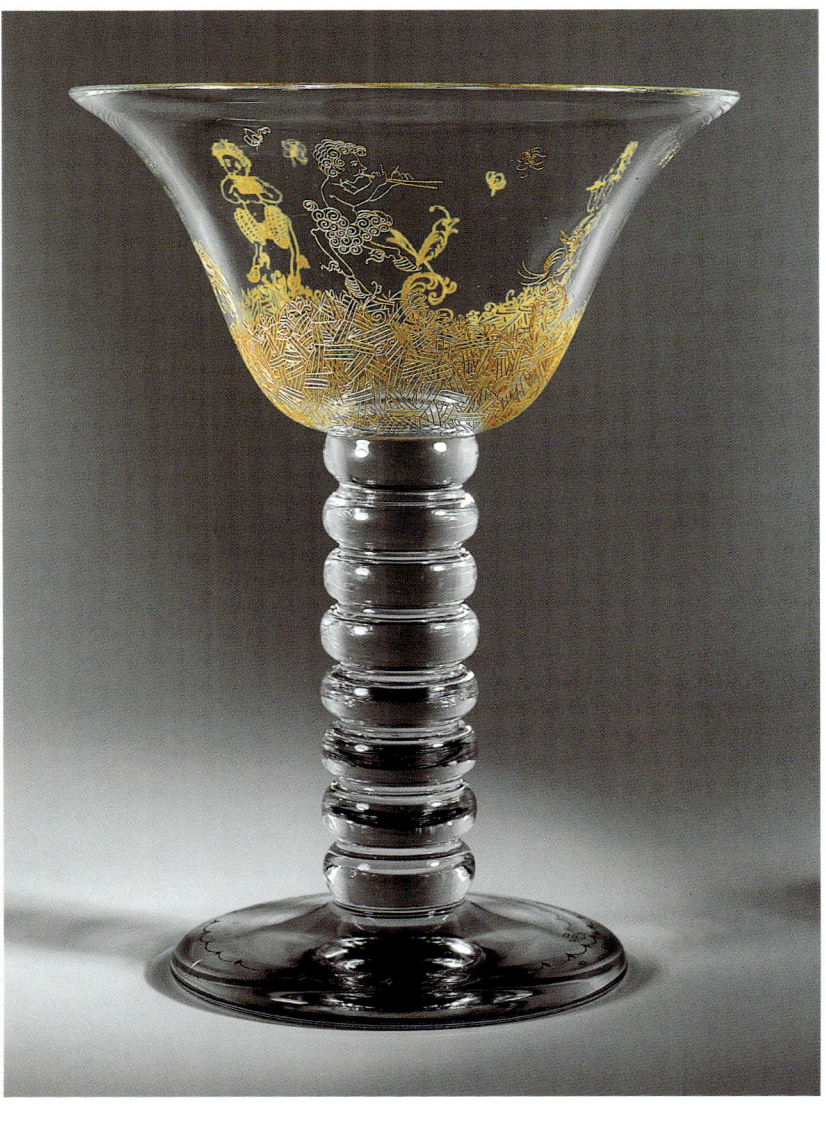

96.

Ornamento de Vanguardia ——— 109 ——

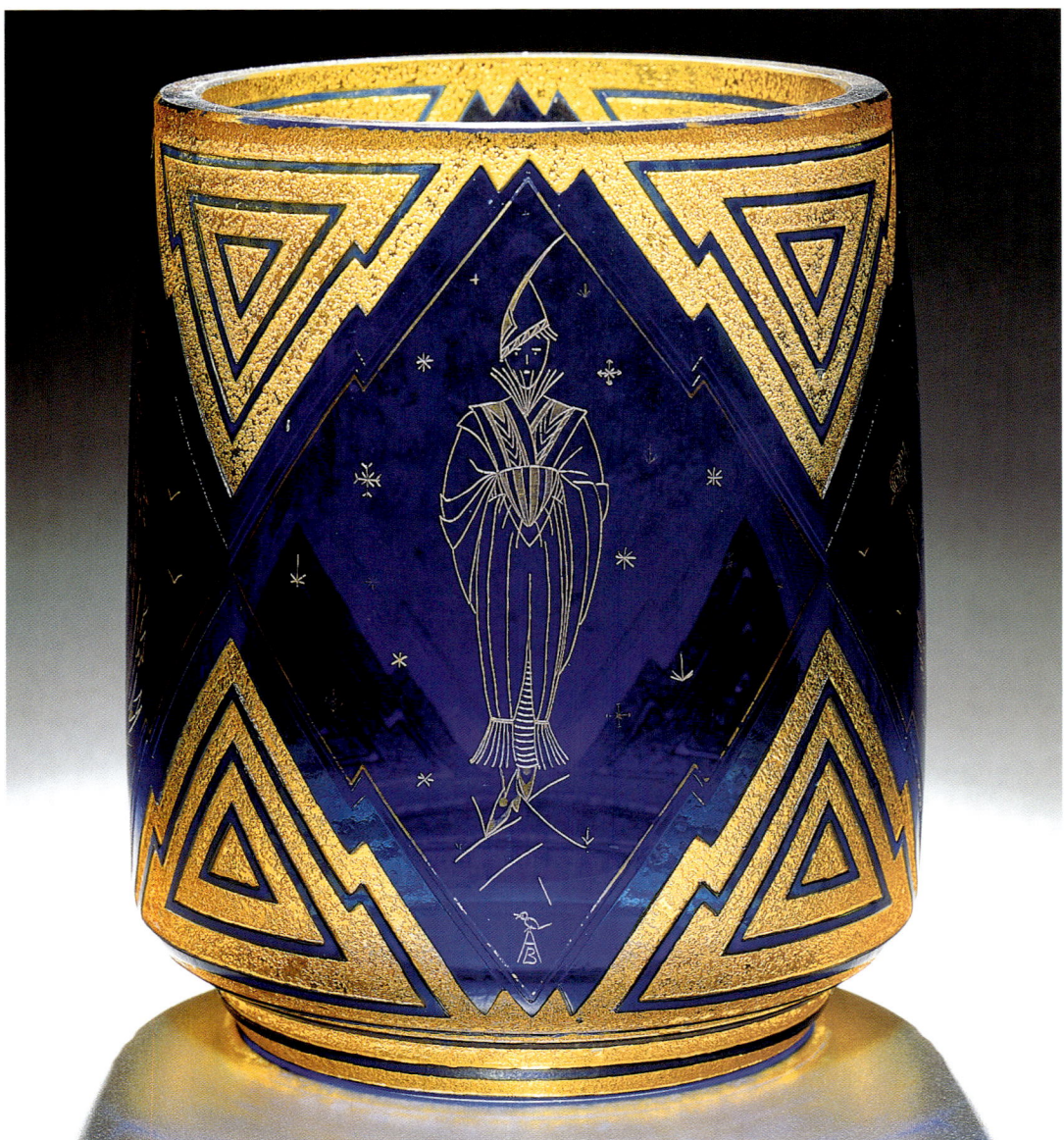

97.

97. Vase, 1923
Form and decoration: Adolf Beckert, Fachschule Steinschönau, Kamenický Senov (Steinschönau), Czech Republic
Decoration executed by Paul Eiselt, Fachschule Steinschönau

Blown clear glass, overlaid colored glass, etched, stained, gilt
15.1 × 12.5 × 12.5 cm, signed: mark 4; also "19 PE 23"

97. Jarrón, 1923.
Forma y decoración: Adolf Beckert, Fachschule Steinschönau, Kamenický Senov (Steinschönau), República Checa.
Decoración realizada por Paul Eiselt, Fachschule Steinschönau.

Cristal soplado transparente, cristal coloreado superpuesto, grabado al aguafuerte, pintado y dorado.
15'1 × 12'5 × 12'5 cm, firmado: ver marca num. 4; también "19 PE 23".

98. Covered jar, 1913
Designer unknown, Fachschule Haida, Nový Bor (Haida), Czech Republic
Produced by Karl Schappel, Nový Bor (Haida), Czech Republic

Blown clear glass, overlaid colored glass, cut
17.9 × 11.5 × 11.5 cm, unsigned

This covered jar was made in a difficult technique known as *Ziersaum* or "decorative border." The upper two of three layers of cased glass are cut through at a beveled angle so that the middle layer is revealed, but only slightly. Named "Borussia" glass, it was first developed around 1913 by Karl Schappel's firm, and favored black and white casing over clear glass, incised with striking, geometric patterns. A jar of this design was shown at the 1913 exhibition at the Museum for Art and Industry in Vienna, and others like it were featured at the German Werkbund exhibition in Cologne in 1914.

98. Tarro con tapa, 1913.
Diseñador desconocido, Fachschule Haida, Nový Bor (Haida), República Checa.
Producido por Karl Schappel, Nový Bor (Haida), República Checa.

Cristal soplado transparente, cristal coloreado superpuesto, tallado.
17'9 × 11'5 × 11'5 cm, sin firma.

Este tarro fué realizado con una difícil técnica conocida como *Ziersaum* o "cenefa decorativa". De las tres capas superpuestas de cristal, se tallan las dos superiores con un corte a bisel, de manera que se aprecie, sólo ligeramente, la capa intermedia. Denominado cristal *Borussia*, fué desarrollado primeramente hacia 1913 por la firma Karl Schappel, que mostró su preferencia por perfiles recortados en blanco y negro sobre vidrio transparente con poderosas formas geométricas. Una pieza así decorada se mostró en la exposición de 1913 del Museo de Arte e Industria de Viena, y otras semejantes figuraron en la exposición de la Werkbund Alemana de Colonia en 1914.

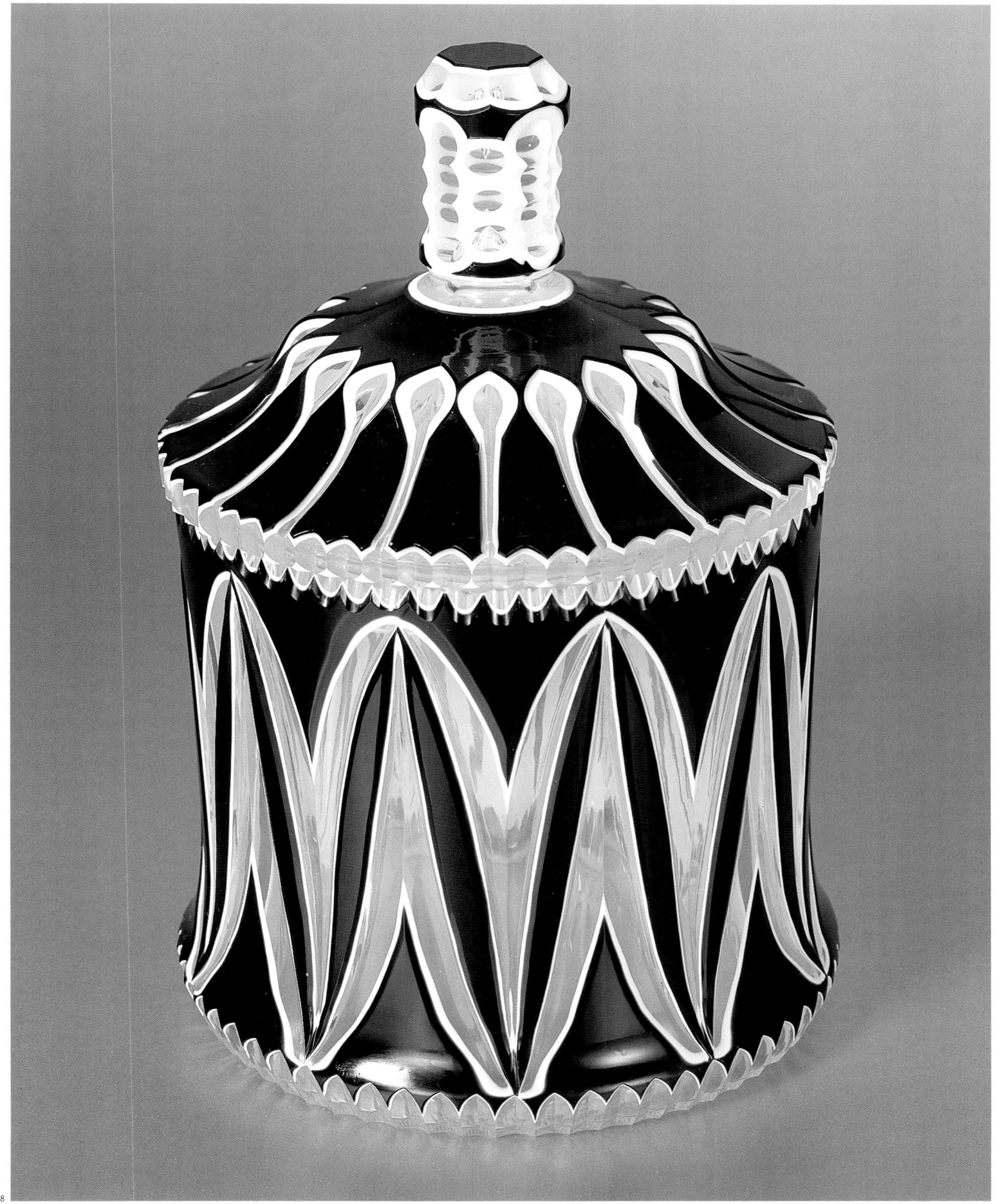

98

Ornamento de Vanguardia ——— 111 ———

99. **Vase**, c. 1914
Designer unknown
Produced by Fachschule Haida,
Nový Bor (Haida), Czech Republic
Commissioned by Joh. Oertel & Co.,
Nový Bor (Haida), Czech Republic

Blown clear glass, overlaid colored glass, cut
20.7 × 17.8 × 17.8 cm, unsigned

100. **Vase**, c. 1913
Designer unknown
Produced by Fachschule Haida,
Nový Bor (Haida), Czech Republic
Commissioned by Joh. Oertel & Co.,
Nový Bor (Haida), Czech Republic

Blown clear glass, overlaid colored glass, cut
22.2 × 8.5 × 8.5 cm, unsigned

99. **Jarrón**, h. 1914.
Diseñador desconocido.
Producido por Fachschule Haida,
Nový Bor (Haida), República Checa.
Encargo de Joh. Oertel & Co., Nový Bor
(Haida), República Checa.

Cristal soplado transparente, cristal
coloreado superpuesto, tallado.
20'7 × 17'8 × 17'8 cm, sin firma.

100. **Jarrón**, h. 1913.
Diseñador desconocido.
Producido por Fachschule Haida,
Nový Bor (Haida), República Checa.
Encargo de Joh. Oertel & Co., Nový Bor
(Haida), República Checa.

Cristal soplado transparente, cristal
coloreado superpuesto, tallado.
22'2 × 8'5 × 8'5 cm, sin firma.

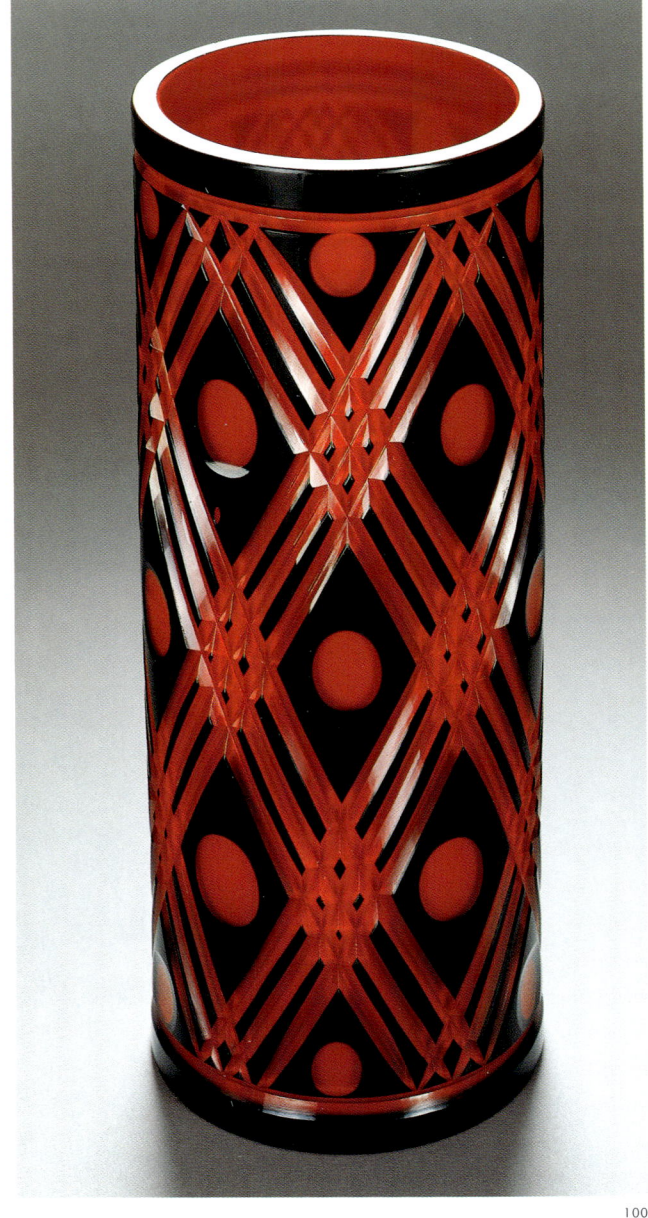

100

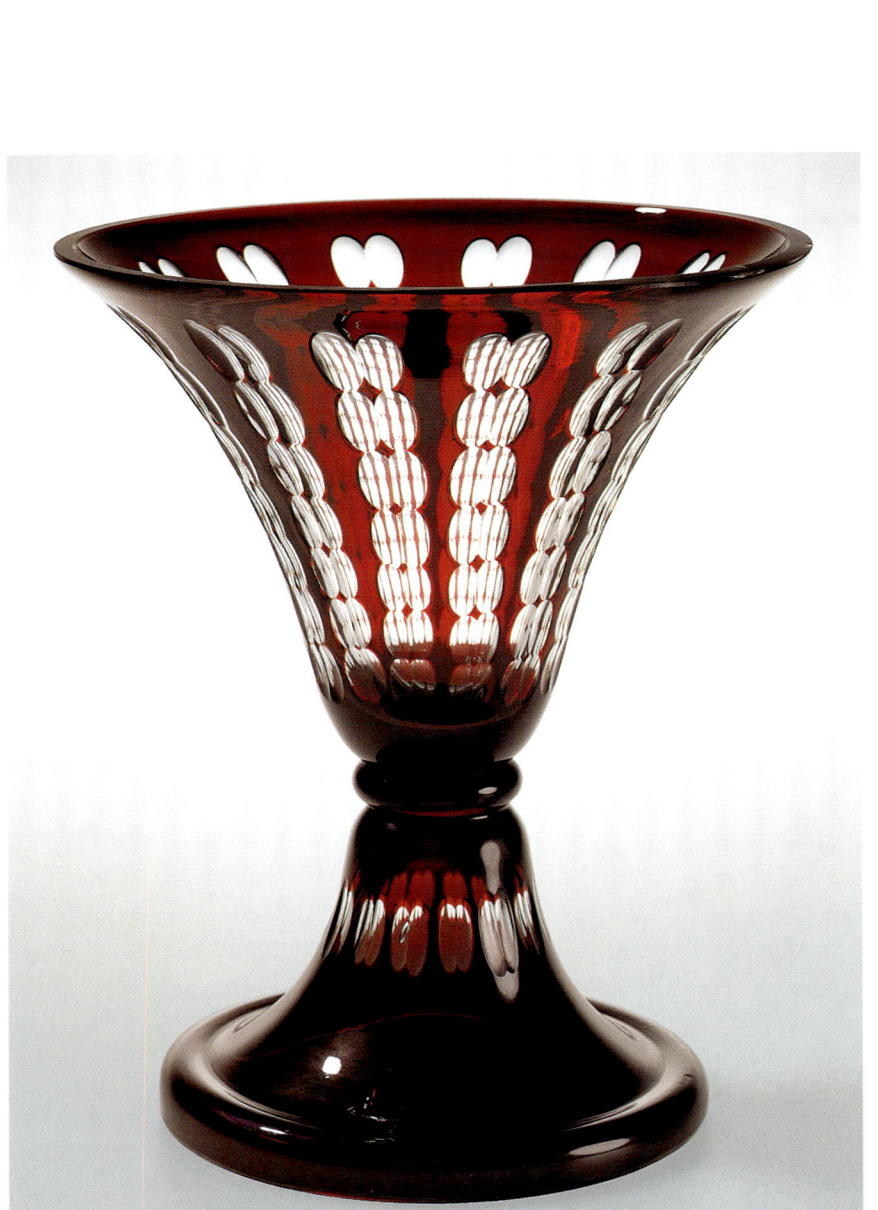

99

101. **Vase**, c. 1914
Designer unknown, Fachschule Haida,
Nový Bor (Haida), Czech Republic
Produced by Karl Meltzer & Komp.,
Skalice u České Lipy (Langenau),
Czech Republic

Blown clear glass, overlaid colored glass, cut
26 × 8.7 × 8.7 cm, unsigned

101. **Jarrón**, h. 1914.
Diseñador desconocido, Fachschule Haida, Nový Bor (Haida), República Checa.
Producido por Karl Meltzer & Komp.,
Skalice u České Lipy (Langenau),
República Checa.

Cristal soplado transparente, cristal
coloreado superpuesto, tallado.
26 × 8'7 × 8'7 cm, sin firma.

— 112 —— Avant-Garde Ornament

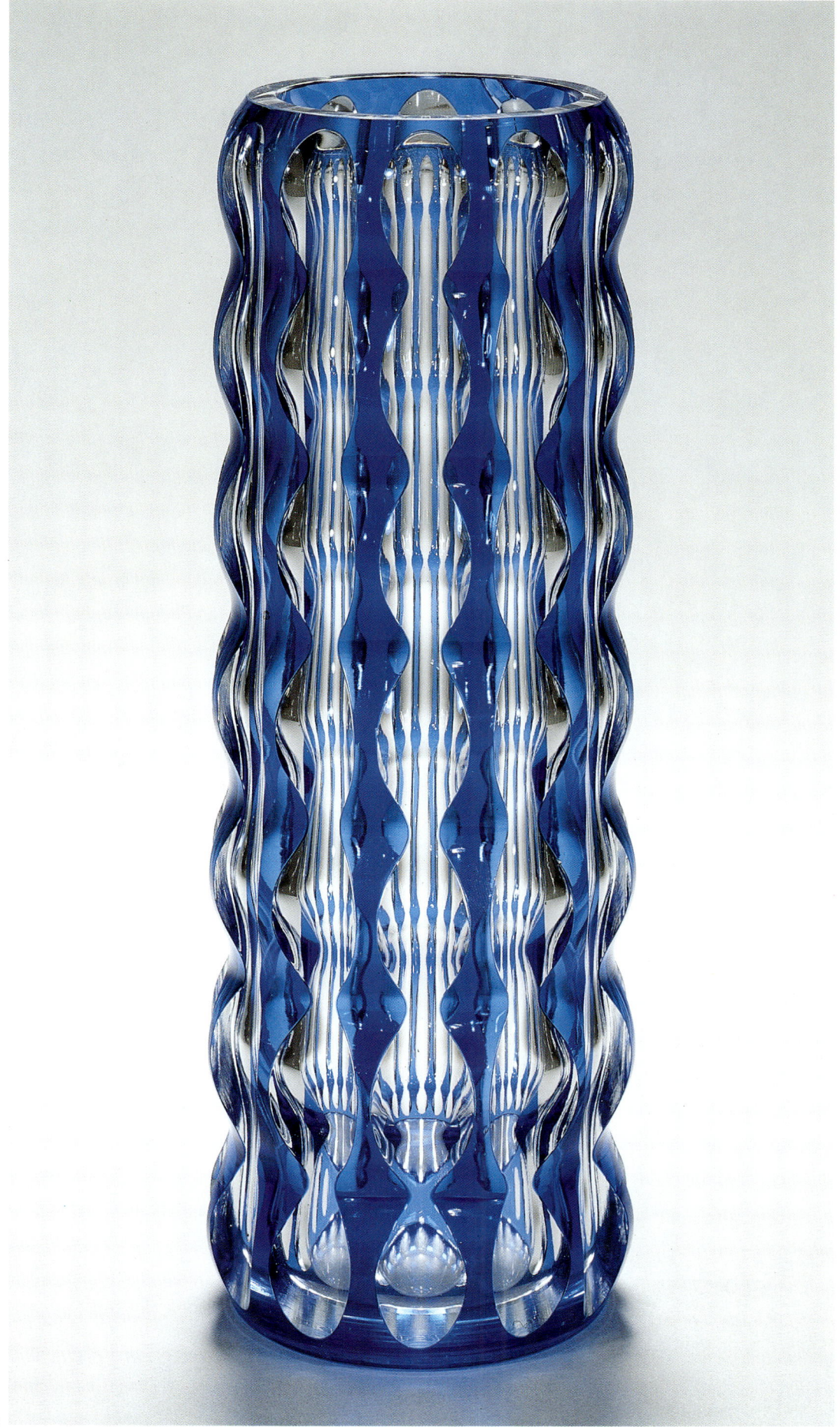

101

Ornamento de Vanguardia — 113 —

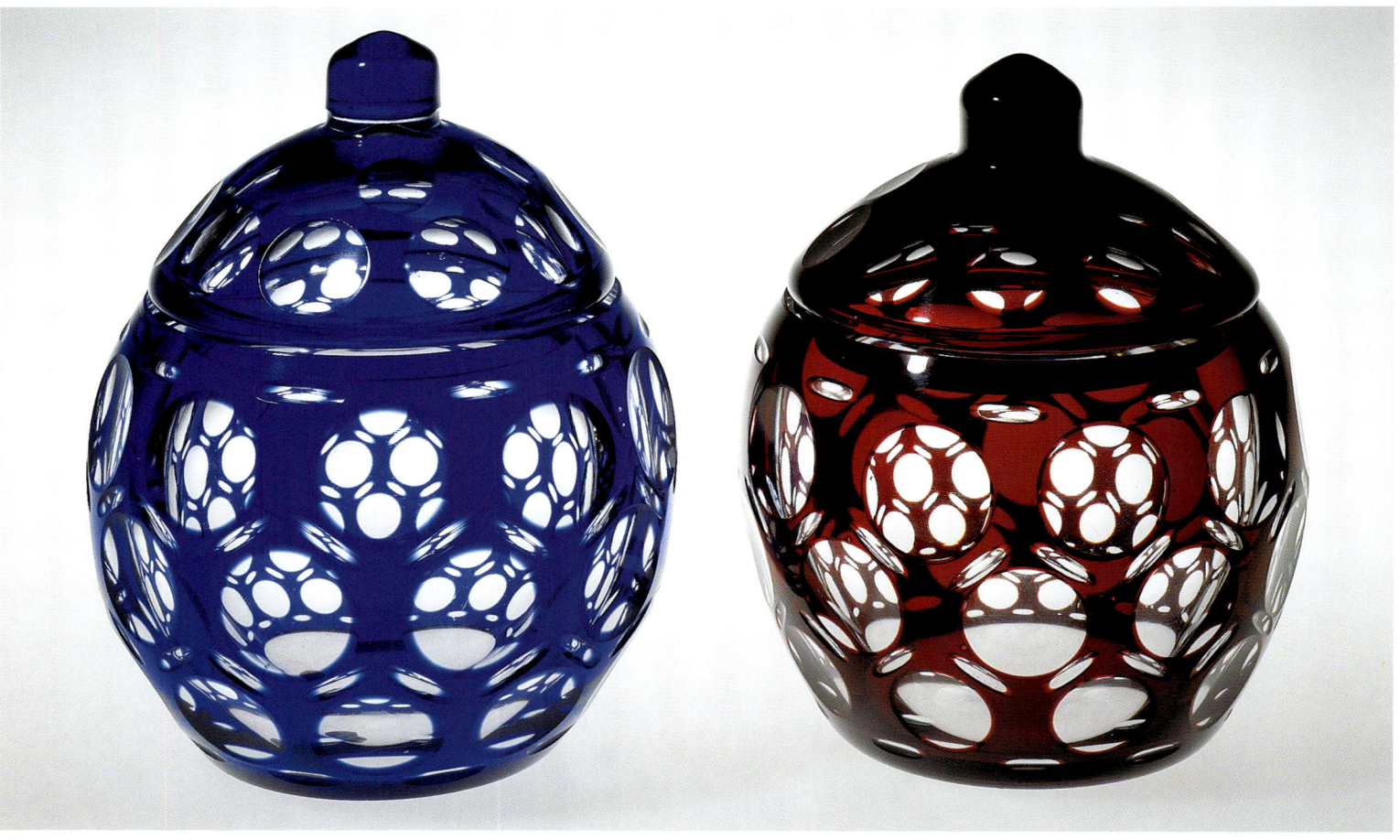

102, 103

102. Covered jar, c. 1914
Designer unknown
Produced by Fachschule Haida,
Nový Bor (Haida), Czech Republic
Commissioned by Joh. Oertel & Co.,
Nový Bor (Haida), Czech Republic

Blown clear glass, overlaid colored glass, cut
15 × 11.5 × 11.5 cm, signed: mark 32

102. Tarro con tapa, h. 1914.
Diseñador desconocido.
Producido por Fachschule Haida,
Nový Bor (Haida), República Checa.
Encargado por Joh. Oertel & Co.,
Nový Bor (Haida), República Checa.

Cristal soplado transparente, cristal coloreado superpuesto, tallado.
15 × 11'5 × 11'5 cm, firmado: ver marca num. 32.

103. Covered jar, c. 1914
Designer unknown
Produced by Fachschule Haida,
Nový Bor (Haida), Czech Republic
Commissioned by Joh. Oertel & Co.,
Nový Bor (Haida), Czech Republic

Blown clear glass, overlaid colored glass, cut
14.4 × 11.2 × 11.2 cm, signed: mark 32

103. Tarro con tapa, h. 1914.
Diseñador desconocido.
Producido por Fachschule Haida,
Nový Bor (Haida), República Checa.
Encargo de Joh. Oertel & Co., Nový Bor (Haida), República Checa.

Cristal soplado transparente, cristal coloreado superpuesto, tallado.
14'4 × 11'2 × 11'2 cm, firmado: ver marca num. 32.

104. **Vase**, c. 1913
Julius Jelinek
Produced by Gräfl. Harrachsche Glasfabriken,
Nový Svet (Neuwelt), Poland

Blown clear glass, overlaid colored glass, cut
25.2 × 8.2 × 8.2 cm, unsigned

The bold geometric patterns of this vase were made by cutting through thin layers of brick red and bright blue glass to reveal the colorless glass body beneath, in the *Ziersaum* technique. Julius Jelinek, artistic director of the Harrachsche glassworks, reinterpreted the traditional technique to create a strong, architectonic statement through the use of bold geometric patterns and vivid colors. Although a relatively simple design, the cut portals create complex effects of depth and multiplied images.

104. **Jarrón**, h. 1913.
Julius Jelinek.
Producido por Gräfl. Harrachsche Glasfabriken,
Nový Svet (Neuwelt), Polonia.

Cristal soplado transparente, cristal coloreado superpuesto, tallado.
25'2 × 8'2 × 8'2 cm, sin firma.

Las atrevidas formas geométricas de este jarrón fueron realizadas tallando finas capas de cristal rojo ladrillo y azul brillante para revelar la base transparente debajo, con la técnica de *Ziersaum*. Julius Jelinek, director artístico de la fábrica de cristal Harrachsche, reinterpretó la técnica tradicional para crear composiciones arquitectónicas con osadas figuras geométricas y colores vivos. Aunque las figuras son relativamente simples, con este sistema se consiguen complejos efectos de profundidad e imágenes multiplicadas.

Avant-Garde Ornament

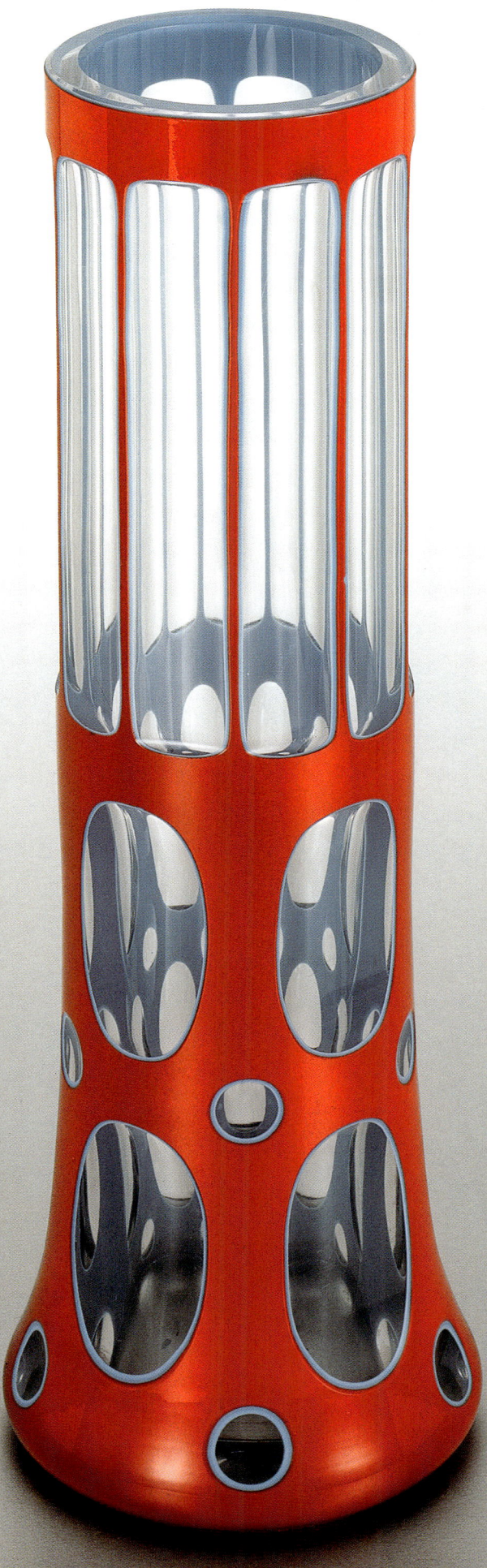

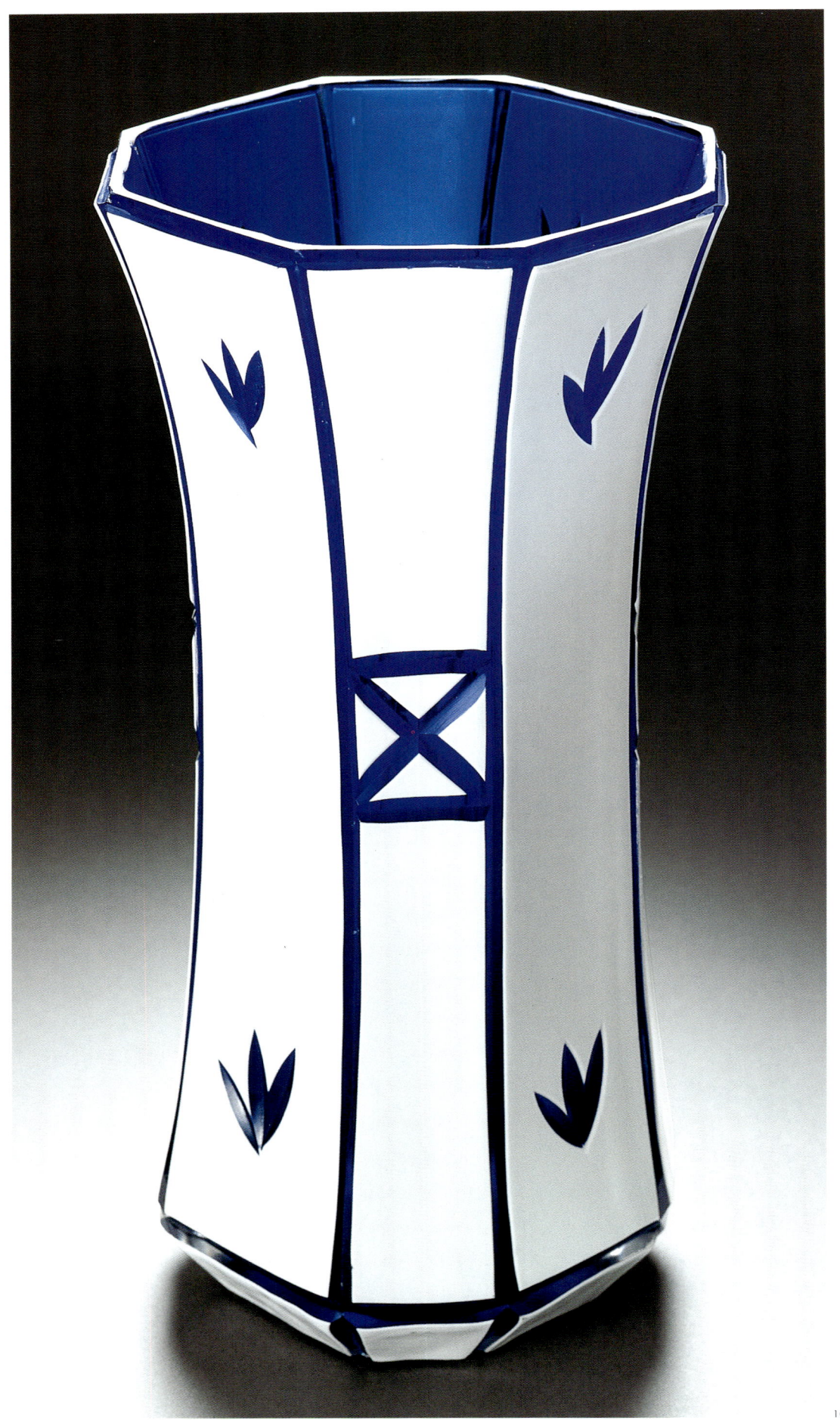

105. **Vase**, 1918
Dagobert Peche
Produced by Joh. Oertel & Co., Nový Bor (Haida), Czech Republic
Retailed by the Wiener Werkstätte, Vienna, Austria

Blown colored glass, overlaid colored glass, cut
23 × 12 × 12 cm, unsigned

105. **Jarrón**, 1918.
Dagobert Peche.
Producido por Joh. Oertel & Co., Nový Bor (Haida), República Checa.
Comercializado por la Wiener Werkstätte, Viena, Austria.

Cristal soplado coloreado, cristal coloreado superpuesto, tallado.
23 × 12 × 12 cm, sin firma.

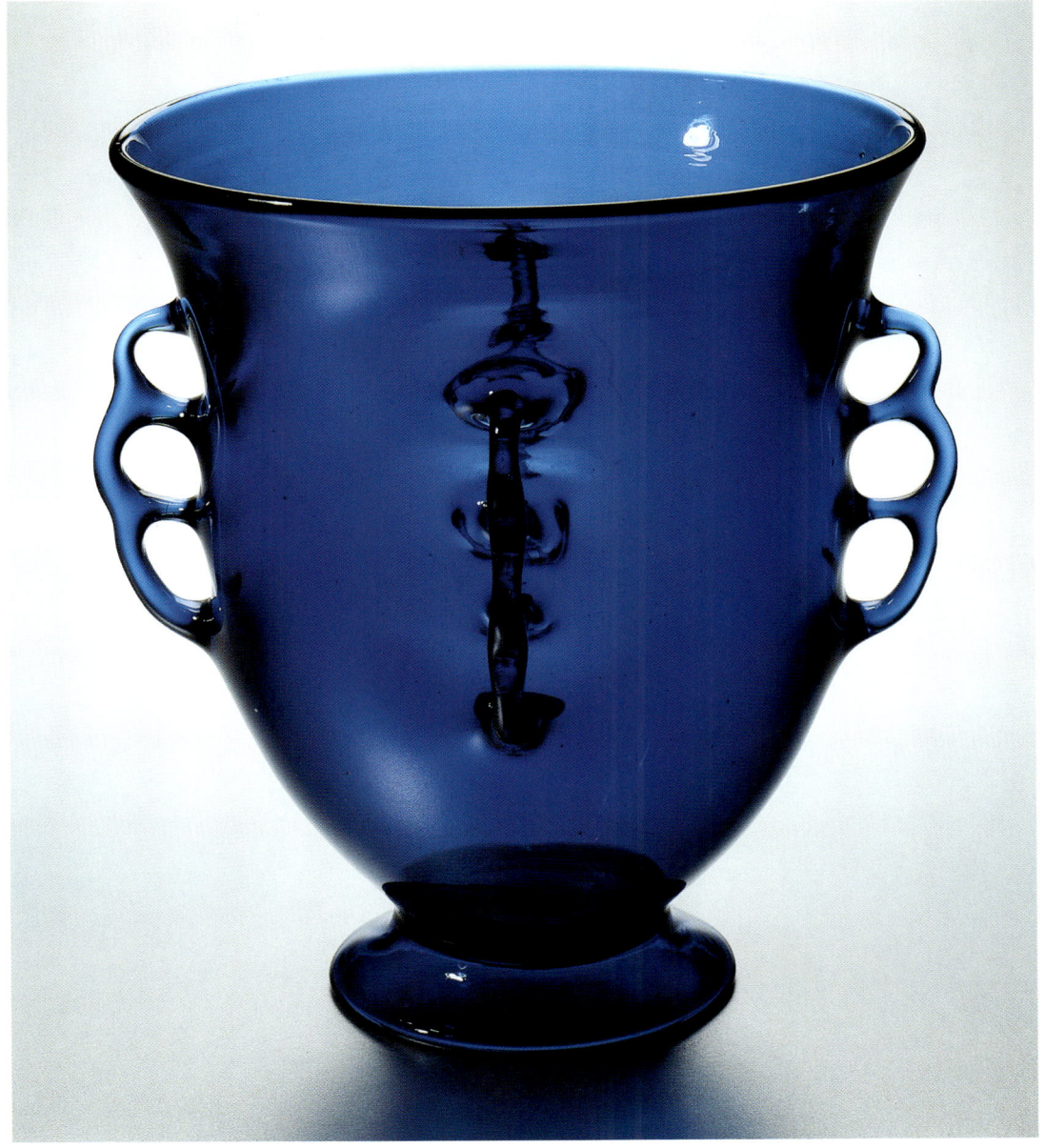

106. **Vase**, 1918
Michael Powolny
Produced by Lötz Witwe, Klásterŝý Mlýn (Klostermühle), Czech Republic
Retailed by J. & L. Lobmeyer, Vienna, Austria

Blown colored glass
18.8 × 19 × 19 cm, unsigned

106. **Jarrón**, 1918.
Michael Powolny.
Producido por Viuda Lötz, Klásterŝý Mlýn (Klostermühle), República Checa.
Comercializado por J. & L. Lobmeyer, Viena, Austria.

Cristal soplado coloreado.
18'8 × 19 × 19 cm, sin firma.

Ornamento de Vanguardia —— 117 ——

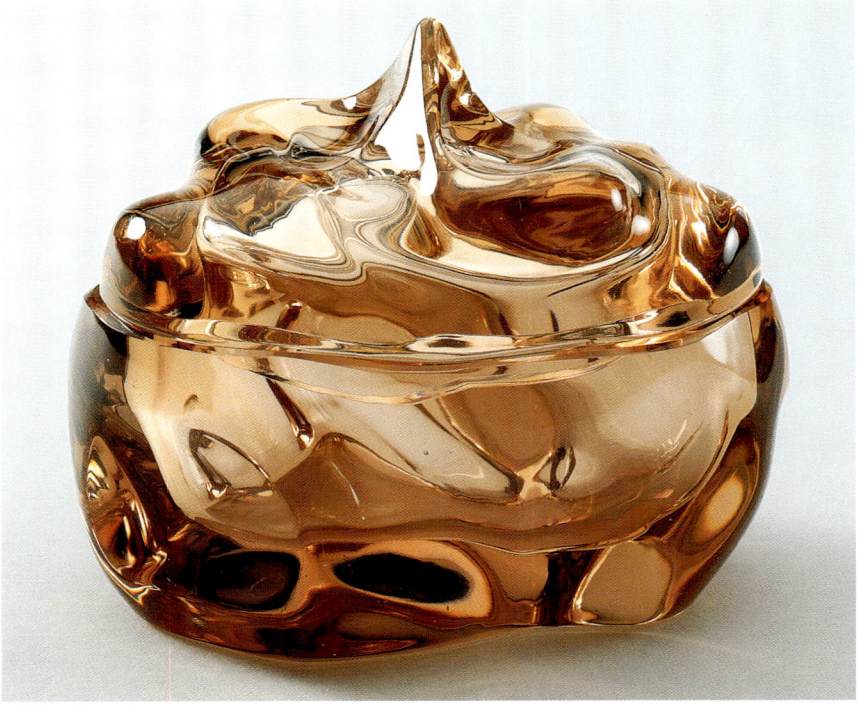

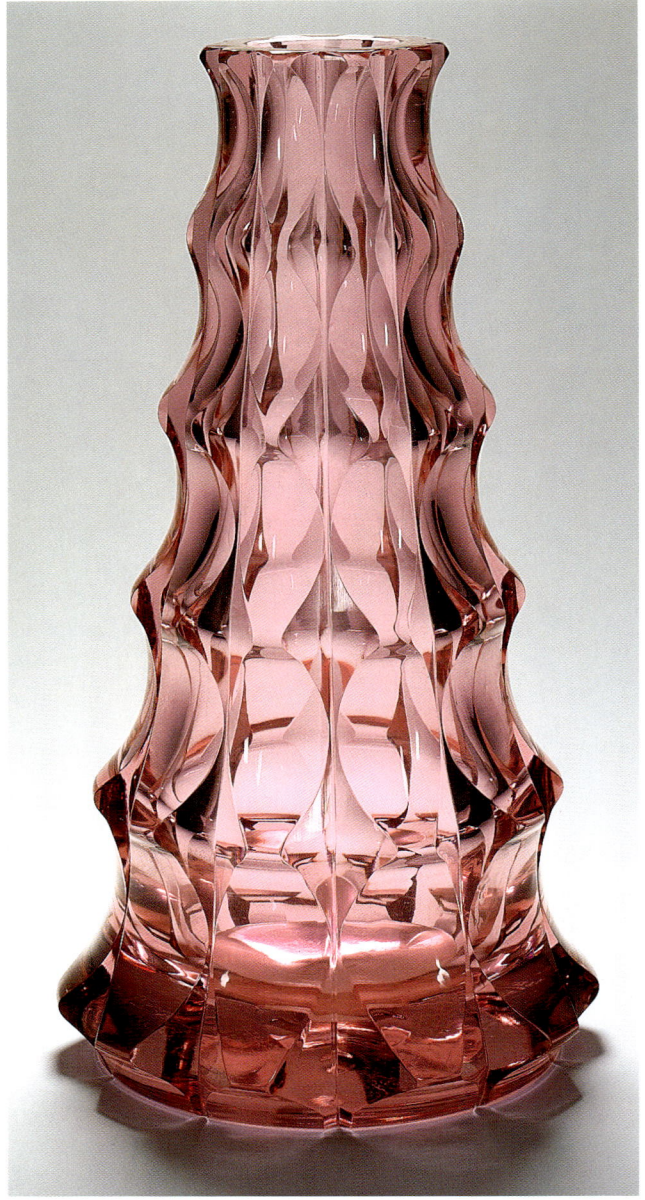

107. Covered jar, c. 1930
Heinrich Hussmann
Produced by L. Moser & Söhne, Karlovy Vary (Karlsbad), Czech Republic
Blown colored glass, cut
8 × 9 × 8 cm, signed: mark 29

108. Vase, c. 1930
Heinrich Hussmann
Produced by L. Moser & Söhne, Karlovy Vary (Karlsbad), Czech Republic
Blown colored glass, cut
36.5 × 18 × 18 cm, signed: mark 31

107. Tarro con tapa, h. 1930.
Heinrich Hussmann.
Producido por L. Moser & Söhne, Karlovy Vary (Karlsbad), República Checa.
Cristal soplado coloreado, tallado.
8 × 9 × 8 cm, firmado: ver marca num. 29.

108. Jarrón, h. 1930.
Heinrich Hussmann.
Producido por L. Moser & Söhne, Karlovy Vary (Karlsbad), República Checa.
Cristal soplado coloreado, tallado.
36'5 × 18 × 18 cm, firmado: ver marca num. 31.

109. Vase, c. 1930
Heinrich Hussmann
Produced by L. Moser & Söhne, Karlovy Vary (Karlsbad), Czech Republic

Blown colored glass, cut
15.5 × 12 × 12 cm, signed: mark 29

Like alexandrite stone (a greenish chrysoberyl that appears red in artificial light), *Alexandrite* glass seems blue in natural light but changes to pink when seen under artificial light. The novel effect was invented by Heinrich Hussmann, and was achieved by adding a rare mineral, neodymium oxide, into the glass formula. Introduced by Ludwig Moser & Söhne in 1922, many of the *Alexandrite* pieces were cut and polished with deep facets, as on this vase, to set off the subtle color phenomena.

109. Jarrón, h. 1930.
Heinrich Hussmann.
Producido por L. Moser & Söhne, Karlovy Vary (Karlsbad), República Checa.

Cristal soplado coloreado, tallado.
15'5 × 12 × 12 cm, firmado: ver marca num. 29.

Al igual que la alexandrita, un crisoberilo verdoso que se torna rojo bajo la luz artificial, el cristal *Alexandrite* parece azul a la luz natural pero cambia a rosa bajo la artificial. Este novedoso efecto, que fué inventado por Heinrich Hussmann, se consigue añadiendo un raro mineral, el óxido de neodimio, a la fórmula del cristal. Adoptado por Ludwig Moser & Söhne en 1922, muchas de las piezas *Alexandrite* se tallaban con profundos facetados y se pulian, como este jarrón, para relevar el sutil efecto cromático.

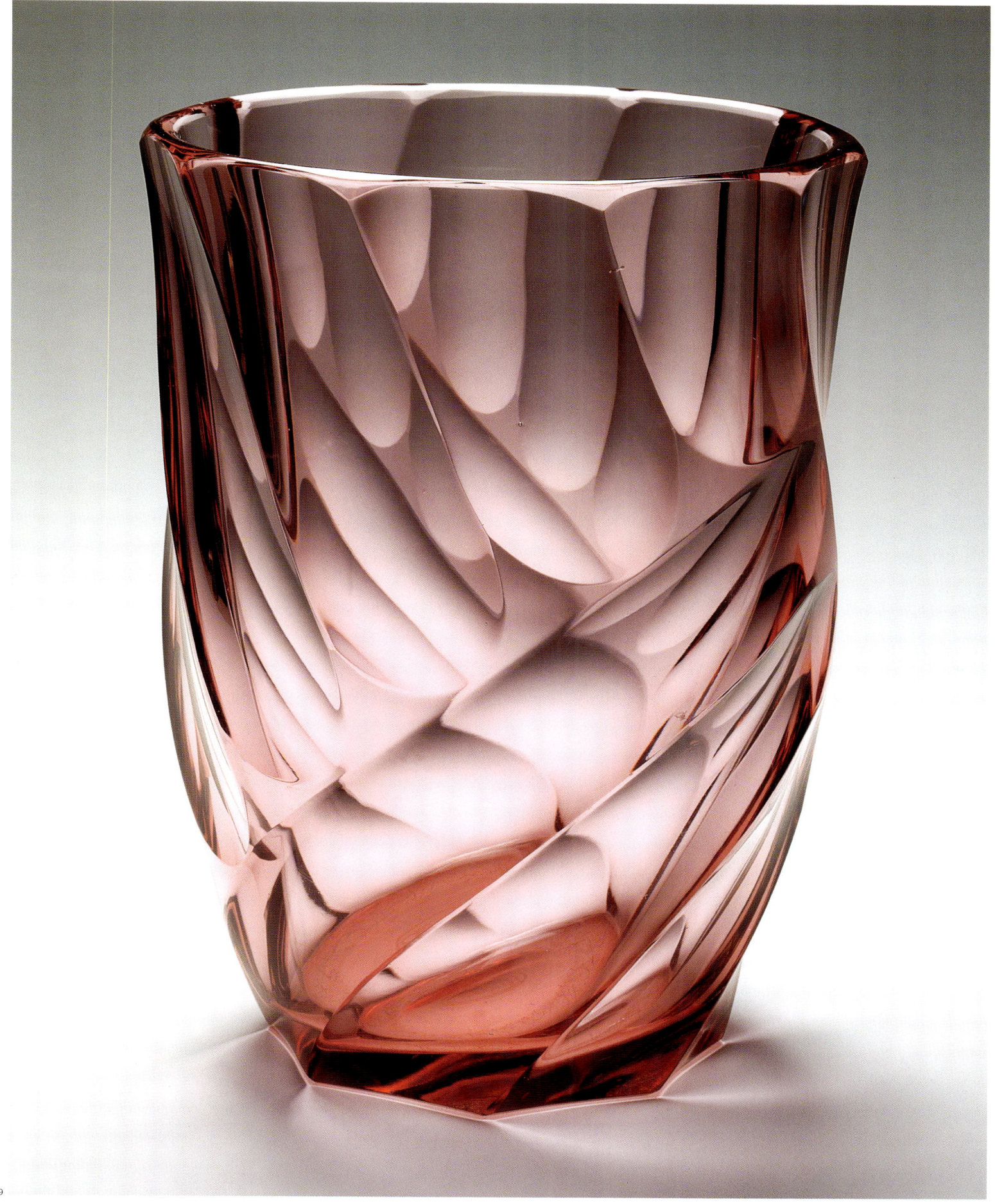

Ornamento de Vanguardia —— 119 ——

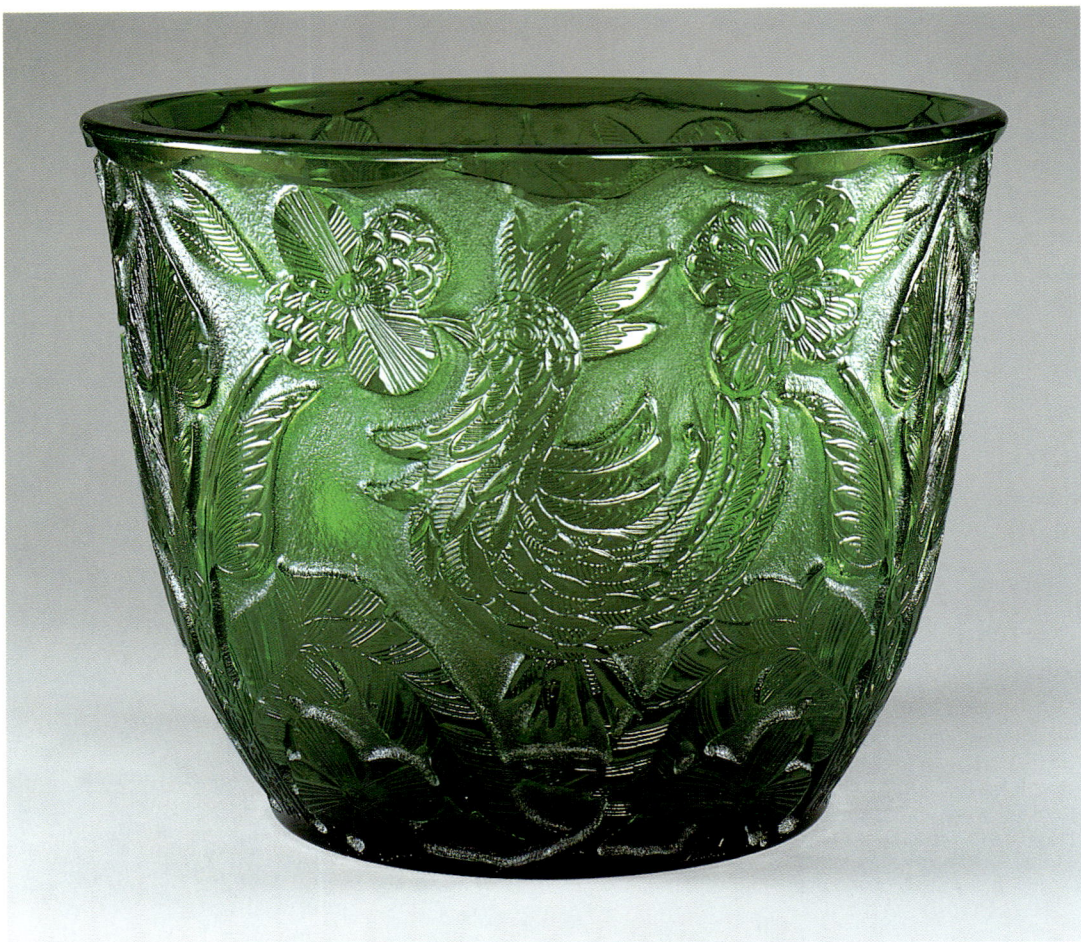

110

110. **Vase**, c. 1930
Heinrich Hussmann
Produced by L. Moser & Söhne, Karlovy Vary (Karlsbad), Czech Republic

Blown colored glass, sand-blasted, acid-etched
20 × 25.5 × 25.5 cm, signed: mark 30

110. **Jarrón**, h. 1930.
Heinrich Hussmann.
Producido por L. Moser & Söhne, Karlovy Vary (Karlsbad), República Checa.

Cristal soplado coloreado, grabado a la arena, grabado al aguafuerte.
20 × 25'5 × 25'5 cm, firmado: ver marca num. 30.

111. **Vase**, c. 1930
Heinrich Hussmann
Produced by L. Moser & Söhne, Karlovy Vary (Karlsbad), Czech Republic

Blown clear glass, metallic oxide inclusions, sand-blasted, acid-etched
17.5 × 15.5 × 15.5 cm, signed: mark 28

111. **Jarrón**, h. 1930.
Heinrich Hussmann.
Producido por L. Moser & Söhne, Karlovy Vary (Karlsbad), República Checa.

Cristal soplado transparente, inclusiones de óxido metálico, grabado a la arena, grabado al aguafuerte.
17'5 × 15'5 × 15'5 cm. firmado: ver marca num. 28.

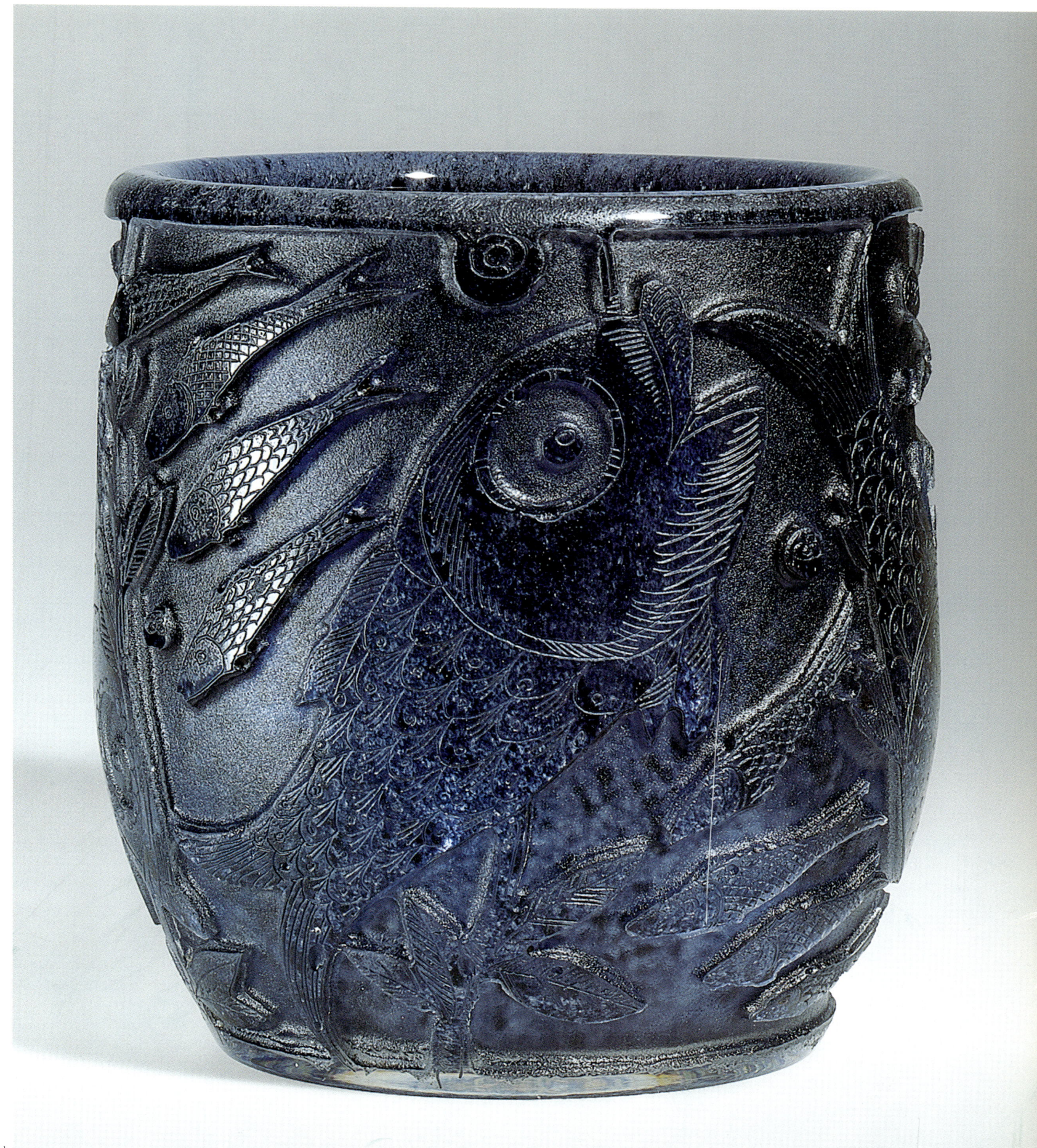

Ornamento de Vanguardia

Redefining the Engraver's Art

Una nueva definición del arte del grabador

Engraving on glass had been one of the most characteristic techniques of Bohemian and German glass, starting in the Renaissance and continuing through the nineteenth century. The professionalism that this tradition required was maintained through the staffs assembled by the major glasshouses, and technical schools carefully transmitted these skills to the next generation. Thus this art and its traditions were brought into the twentieth century, and they were extolled by Gustav Pazaurek, the insightful German critic of the era's glass, as the highest achievement in the medium.

The most famous exponent of this art is Wilhelm von Eiff who, after World War I, headed a workshop devoted to stone and glass cutting at the Stuttgart School of Decorative Arts (Kunstgewerbeschule Stuttgart). He created both finely detailed, fairytale-like scenes and abstracted designs—thus registering the stylistic diversity of the period. One of the most distinctive aspects of his work is the perfection of "highcut" (*Hochschnitt*) glass, that is to say, exceptionally thick glass which has been deeply cut—often to such a degree that the original upper surface is completely obliterated. Although this work is highly personal and labor intensive, thus seemingly antiindustrial, it is interesting to note that Von Eiff pioneered the use of electrical tools normally used by dentists to achieve these effects. His ideas and high level of technical skill were carried on by his many talented students, such as Nora Ortlieb, Hans Weber, and Hans Klein. As can be seen from the examples presented here, their work encompassed a variety of styles; the medium was the primary concern.

Elsewhere one finds the same wide range of styles. At the Wiener Werkstätte, the designs conceived for engraved glass by Michael Powolny around 1910/15 show a restrained classicism

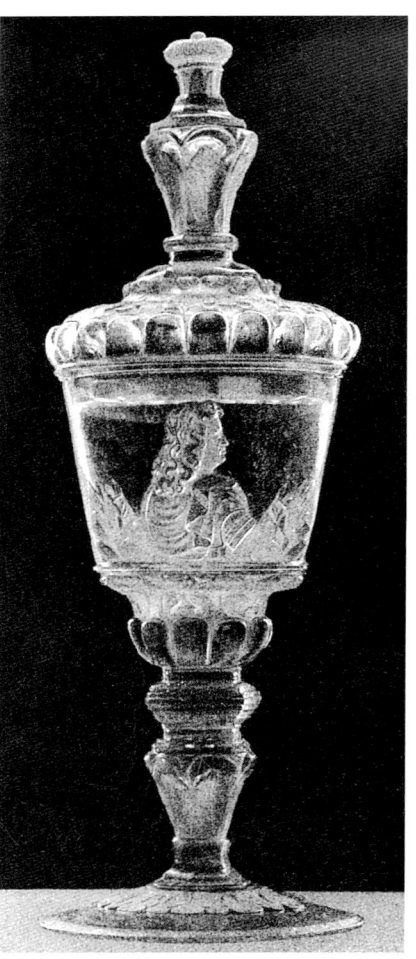 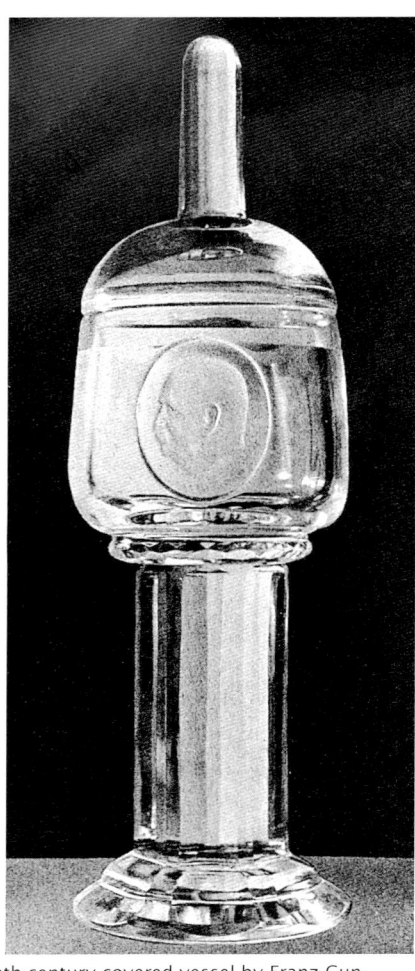

Gustav Pazaurek's comparison of an early eighteenth-century covered vessel by Franz Gundelach with the Count Zeppelin Cup, 1915, by Wilhelm von Eiff (from *Dekorative Kunst*, 1920).

Comparación de Gustav Pazaurek de un tarro con tapa de principios del siglo dieciocho de Franz Gundelach con la Copa Count Zeppelin, 1915, de Wilhelm von Eiff (extraido de *Dekorative Kunst*, 1920).

El grabado ha sido uno de los sistemas de ornamentación sobre cristal más comunes en Alemania y Bohemia a partir del Renacimiento y hasta el siglo XIX. La cualificación profesional que requiere esta tradición fué mantenida por los trabajadores de las manufacturas del cristal y por las escuelas técnicas, que transmitieron cuidadosamente estas habilidades a las nuevas generaciones. Así, estos conocimientos llegaron hasta el siglo XX, para ser alabados por Gustav Pazaurek, el lúcido crítico alemán del cristal, como el logro de más envergadura alcanzado en este campo.

Su exponente más famoso es Wilhelm von Eiff que, tras la Primera Guerra Mundial, dirigió el taller dedicado al trabajo en piedra y al cristal tallado en la Escuela de Artes Decorativas de Stuttgart (Kunstgewerbeschule Stuttgart). Fué el creador de escenas de detalles precisos y ambiente de cuento de hadas, y también de diseños abstractos, estos últimos compendio de la diversidad estilística del período. Uno de los aspectos diferenciales de su labor es la perfección del cristal tallado en alto relieve (*Hochschnitt*), es decir, del cristal de grosor excepcional trabajado con profunda talla, a menudo hasta tal punto que la capa superior original queda completamente arrasada. A pesar de que su obra resulta muy personal y prolijamente tallada, y por tanto de apariencia antiindustrial, es interesante señalar que Von Eiff fue pionero en el empleo de herramientas eléctricas de uso originariamente odontológico para conseguir estos efectos. Sus ideas y el alto nivel de sus habilidades técnicas fueron perpetuados por sus numerosos discípulos de talento, como Nora Ortlieb, Hans Weber, y Hans Klein. Como puede comprobarse en los trabajos aquí presentados, su producción compatibiliza una gran variedad de estilos. La materia prima es el mensaje.

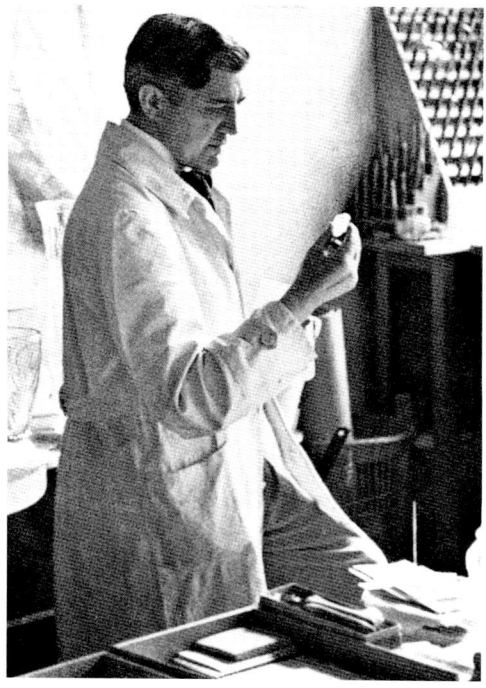

Wilhelm von Eiff, 1938.

whereas Vally Wieselthier's designs of a decade later are far more spontaneous and expressive—all in accord with the evolution of that group's style—but, regardless of which style was needed, the professional engravers employed by Lobmeyr were able to capture the different effects with stunning competence. Richard Süssmuth, who had studied at the Dresden School of Decorative Arts, set up his shop in Silesia (now Poland) where he engraved vessels of simple form with expressively abstracted figures set against dynamic arcs. The sparse, linear abstraction of his personal idiom reveals the extremes to which the venerated art of glass engraving could be brought into the modern age.

En todas partes podemos encontrar un amplio registro de estilos. En la Wiener Werkstätte, los diseños concebidos para el cristal grabado por Michael Powolny hacia 1910–1915 muestran un discreto clasicismo, mientras que los de Vally Wieselthier, una década posteriores, son mucho más espontáneos y expresivos. Todos ellos concuerdan con la evolución general del estilo del grupo, pero fueran cuales fueran los criterios estéticos aplicados en cada ocasión, los grabadores profesionales empleados por Lobmeyr fueron capaces de lograr efectos muy variados con asombrosa pericia. Richard Süssmuth, que había estudiado en la Escuela de Artes Decorativas de Dresde, estableció un comercio en Silesia (ahora en Polonia) donde grababa recipientes de forma simple con expresivos motivos abstractos contrapuestos a enérgicas líneas de trazado curvo. La abstracción dispersa y dinámica de su lenguaje personal revela hasta dónde pudo ser llevado el venerado arte del grabado en cristal en la época moderna.

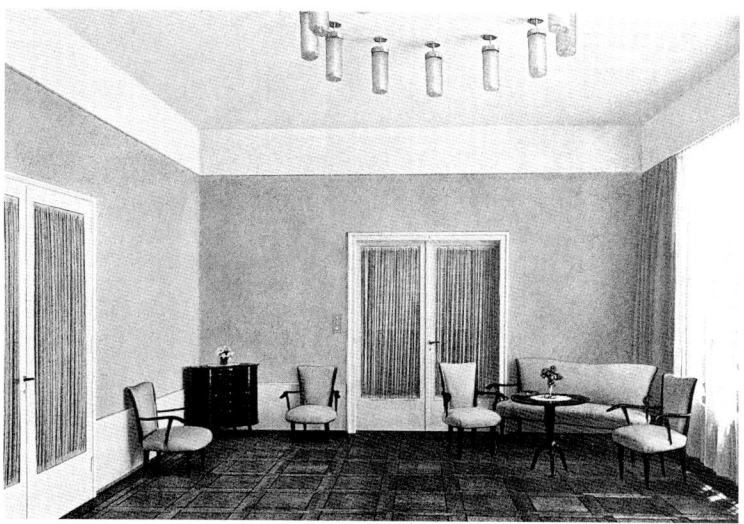

Salon of the Edgar Oppenheimer residence, Stuttgart, with light globes by Wilhelm von Eiff.

Salón de la residencia de Edgar Oppenheimer en Stuttgart, con lámparas de Wilhelm von Eiff.

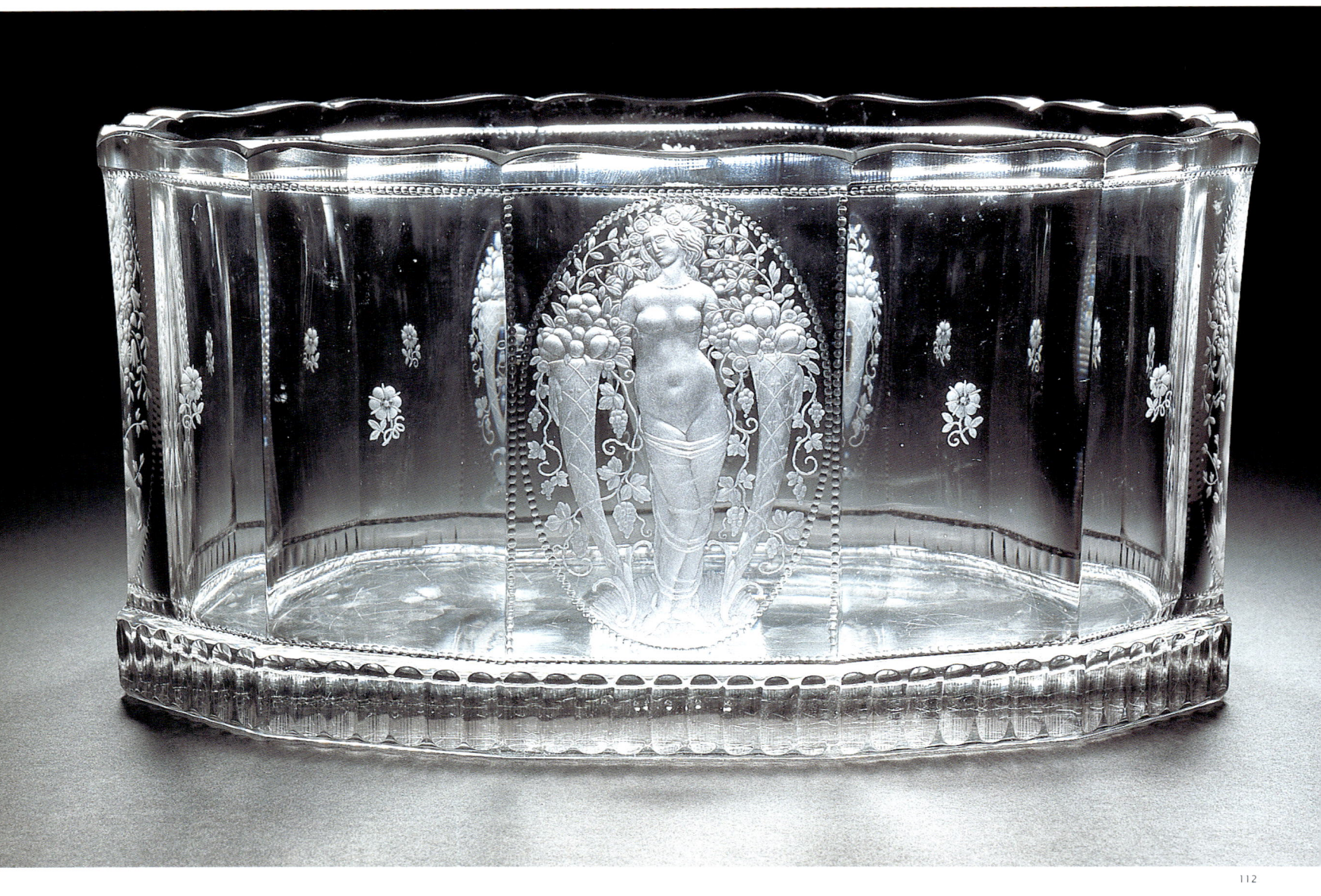

112

112. **Bowl**, 1913/14
Form: Josef Hoffmann
Decoration: Michael Powolny
Retailed by J. & L. Lobmeyr, Vienna, Austria

Blown clear glass, cut and engraved
13.6 × 26 × 19.3 cm, signed: mark 20

Using a relatively simple, large form of clear glass designed by Josef Hoffmann, Michael Powolny conceived a decorative scheme which focuses on a central medallion exquisitely engraved in the traditional *Tiefschnitt* or deep-cut that epitomizes the engraver's art. The design is of a seminude female holding two symmetrically arranged cornucopia. Not only does the subject allude to Classicism but Powolny's treatment of the idealized body and drapery, the frontality, and the symmetry are also part of the same impulse to conceive a *moderne* classicism in Vienna around 1910.

112. **Cuenco**, 1913/14.
Forma: Josef Hoffmann.
Decoración: Michael Powolny.
Comercializado por J. & L. Lobmeyr, Viena, Austria.

Cristal soplado transparente, tallado y grabado.
13'6 × 26 × 19'3 cm, firmado: ver marca num. 20.

Haciendo uso de una forma simple y abierta de cristal transparente diseñada por Josef Hoffmann, Michael Powolny concibió una composición decorativa organizada en torno a un medallón central exquisitamente grabado con la técnica tradicional de *Tiefschnitt*, o talla profunda, que pone de relieve las calidades el arte del grabado. El motivo consiste en una figura femenina semidesnuda que sostiene dos cornucopias dispuestas simétricamente. No sólo el tema decorativo alude al clasicismo, también el tratamiento del cuerpo y de los textiles, la frontalidad y la simetría son parte de la misma tendencia hacia un clasicismo moderno, que se produce en Viena hacia 1910.

113. **Vessel**, 1912
Arnold Nechansky, Vienna, Austria
Decoration executed by Otto Pietsch, Kamenický Senov (Steinschönau), Czech Republic
Retailed by J. & L. Lobmeyr, Vienna, Austria

Blown clear glass, cut and engraved
12 × 13.5 × 13.5 cm, signed: mark 38

113. **Recipiente**, 1912.
Arnold Nechansky, Viena, Austria.
Decoración realizada por Otto Pietsch, Kamenický Senov (Steinschönau), República Checa.
Comercializado por J. & L. Lobmeyr, Viena, Austria.

Cristal soplado transparente, tallado y grabado.
12 × 13'5 × 13'5 cm, firmado: ver marca num. 38.

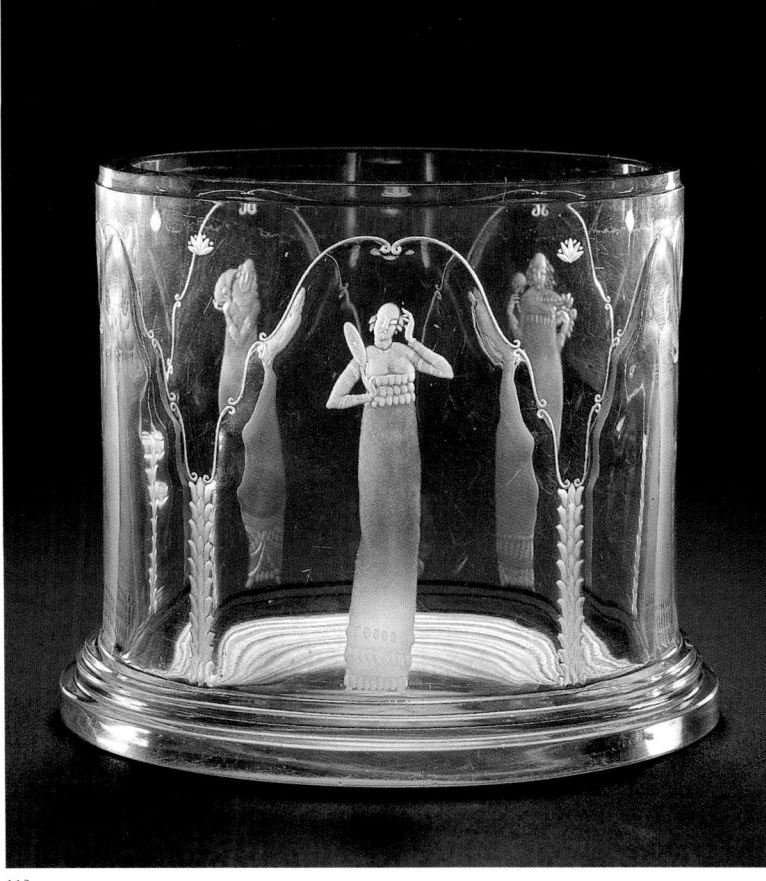

113

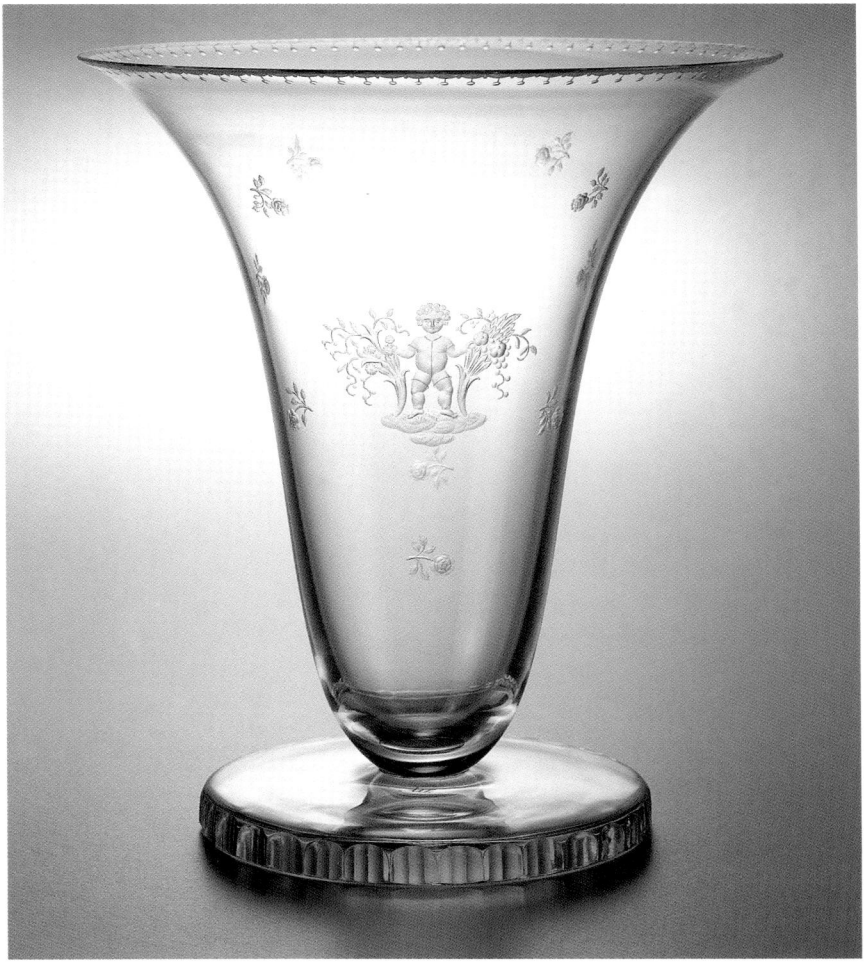

114

114. **Vase**, 1914
Form: Josef Hoffmann
Decoration: Michael Powolny
Retailed by J. & L. Lobmeyr, Vienna, Austria

Blown clear glass, cut and engraved
17.6 × 15.5 × 15.5 cm, signed: mark 20

114. **Jarrón**, 1914.
Forma: Josef Hoffmann.
Decoración: Michael Powolny.
Comercializado por J. & L. Lobmeyr, Viena, Austria.

Cristal soplado transparente, tallado y grabado.
17'6 × 15'5 × 15'5 cm, firmado: ver marca num. 20.

Arte del grabador —— 125 ——

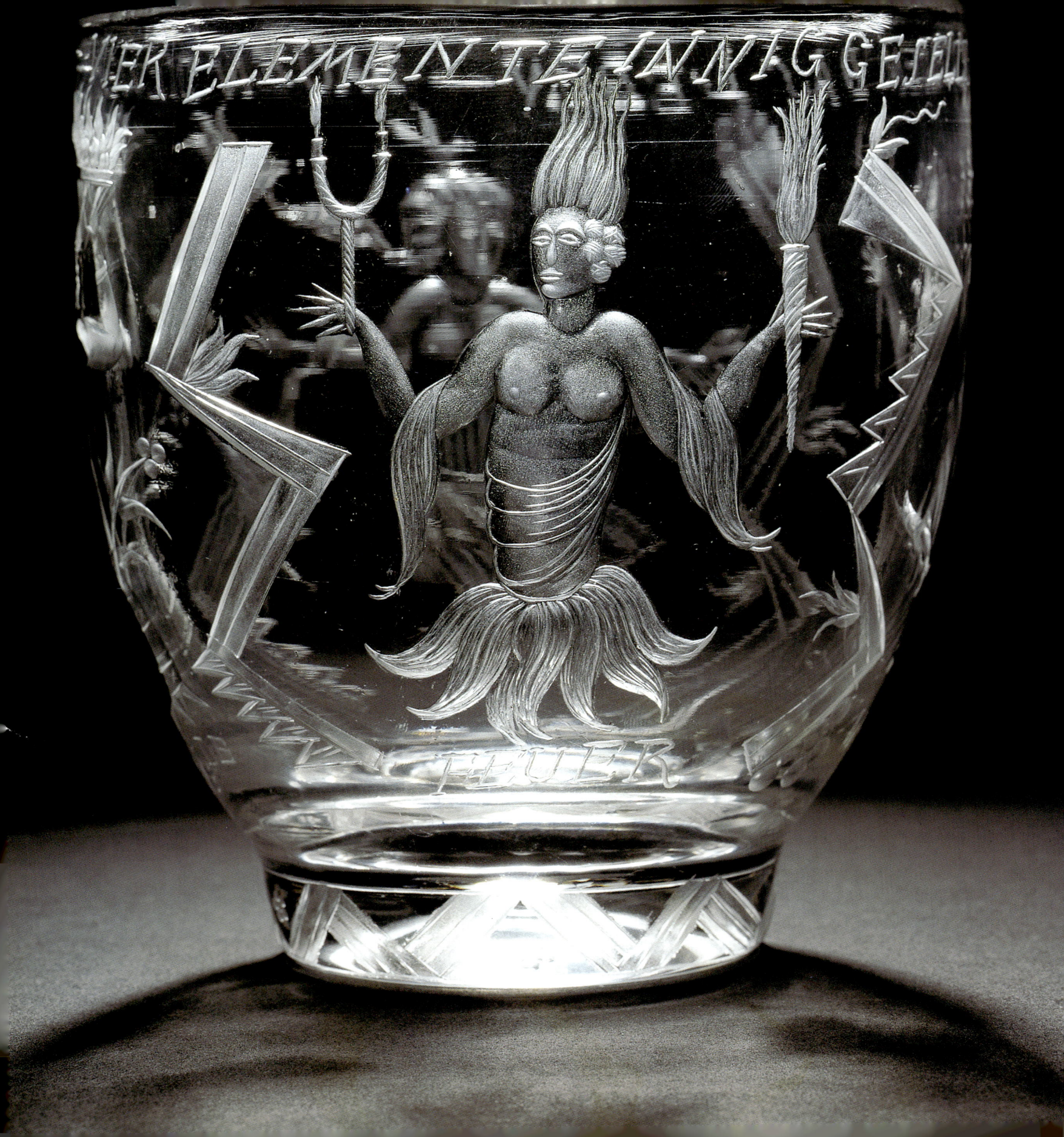

115. **Vase**, c. 1925
Vally (Valerie) Wieselthier
Retailed by J. & L. Lobmeyr, Vienna, Austria

Blown clear glass, engraved
11.7 × 10.8 × 10.8 cm, unsigned

This vase, which was exhibited at the Paris World's Fair of 1925, reveals an intriguing mix of modern and Baroque ideas. Allegorical figures representing the Four Elements—Fire, Water, Air, and Earth—are engraved around the sides and at the top appears the inscription "Four Elements close together, form life, build the world." Allegorical ornament of this kind was popular on eighteenth-century Bohemian and Silesian glass vessels, but Wieselthier used stylized figures and jagged lines to infuse the design with her energetic, Expressionist sensibilities, which were shared by many of the Wiener Werkstätte artists in the 1920s.

115. **Jarrón**, h. 1925.
Vally (Valerie) Wieselthier.
Comercializado por J. & L. Lobmeyr, Viena, Austria.

Cristal soplado transparente, grabado.
11'7 × 10'8 × 10'8 cm, sin firma.

Este jarrón, que fue expuesto en la Exposición Internacional de las Artes Decorativas e Industriales de París en 1925, revela una intrigante combinación de ideas modernas y barrocas. Los lados están grabados con figuras simbólicas que representan los cuatro elementos (fuego, agua, aire, tierra) y la parte superior ostenta una inscripción en la que se lee: "los cuatro elementos unidos forman la vida, construyen el mundo". Estas ornamentaciones de carácter alegórico fueron populares en los recipientes de cristal de Bohemia y Silesia del siglo XVIII, pero Wieselthier emplea figuras esquemáticas y líneas dentadas para transmitir al diseño su sensibilidad enérgica y expresionista, sensibilidad que comparte con muchos de los artistas de la Wiener Werkstätte de los años veinte.

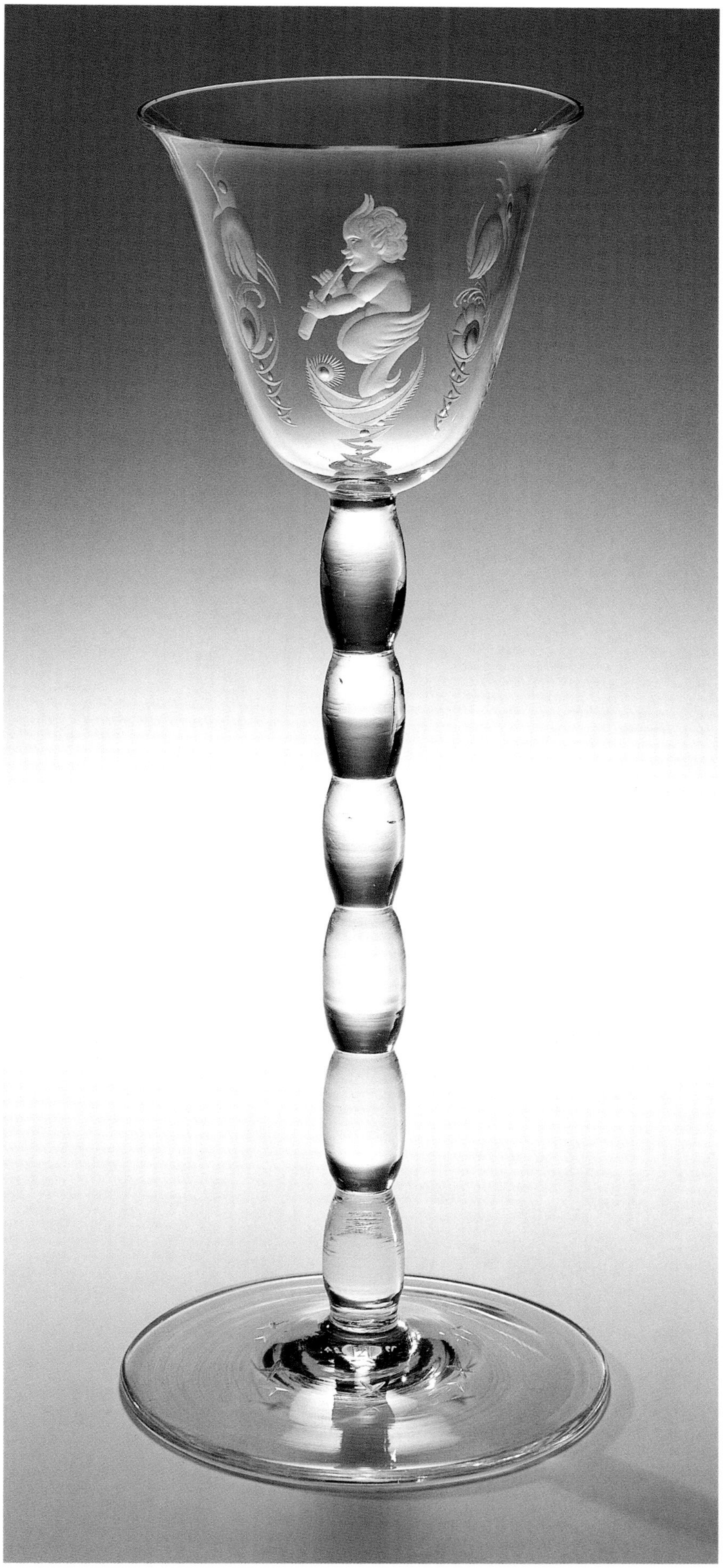

116. **Goblet**, 1924
Form and decoration: Adolf Beckert, Fachschule Steinschönau, Kamenický Senov (Steinschönau), Czech Republic
Decoration executed by Emil Kromer, Fachschule Steinschönau, Kamenický Senov (Steinschönau), Czech Republic

Blown clear glass, engraved
22 × 8 × 8 cm, signed: marks 3, 18; also "19 FS 24"

116. **Copa**, 1924.
Forma y decoración: Adolf Beckert, Fachschule Steinschönau, Kamenický Senov (Steinschönau), República Checa.
Decoración realizada por Emil Kromer, Fachschule Steinschönau, Kamenický Senov (Steinschönau), República Checa.

Cristal soplado transparente, grabado.
22 × 8 × 8 cm, firmado: ver marcas num. 3, 18; también "19 FS 24".

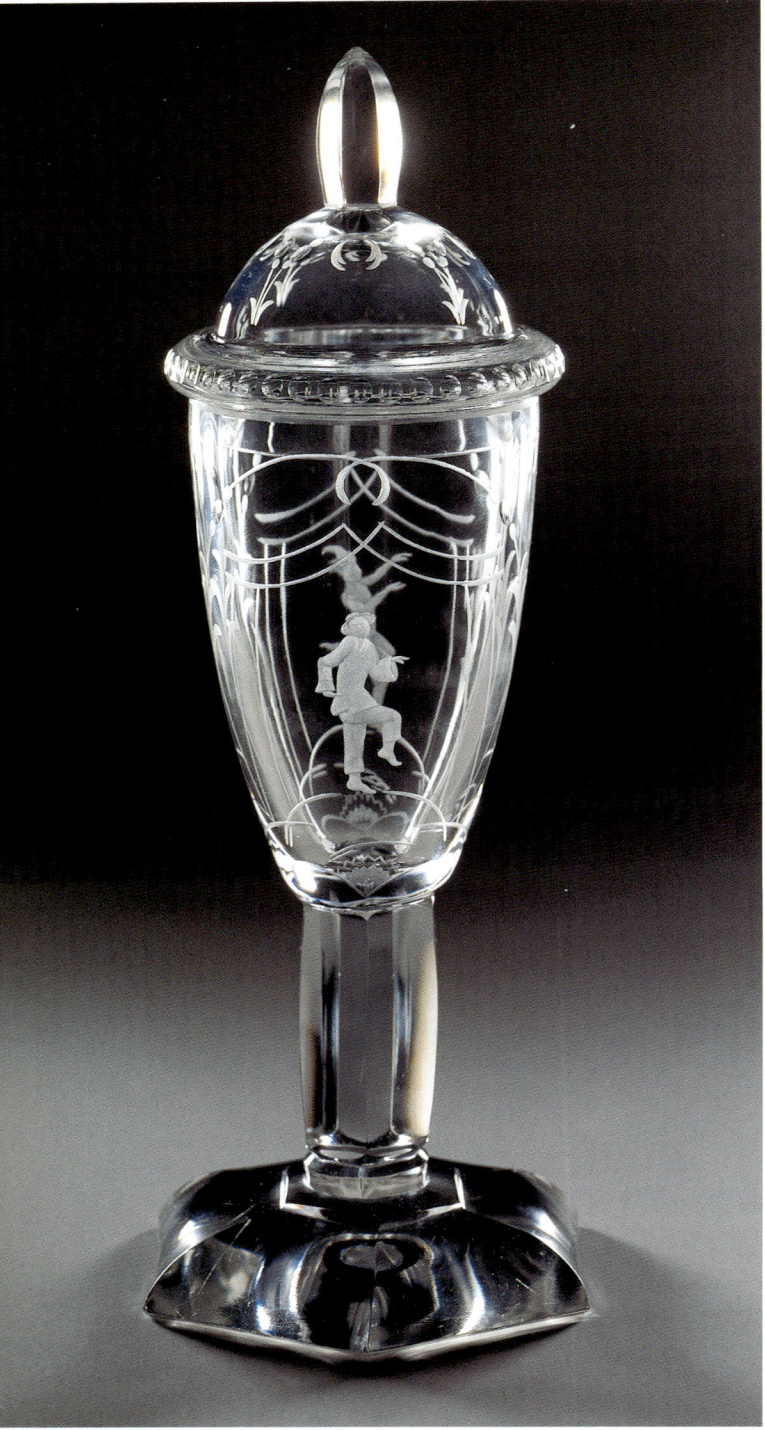

117

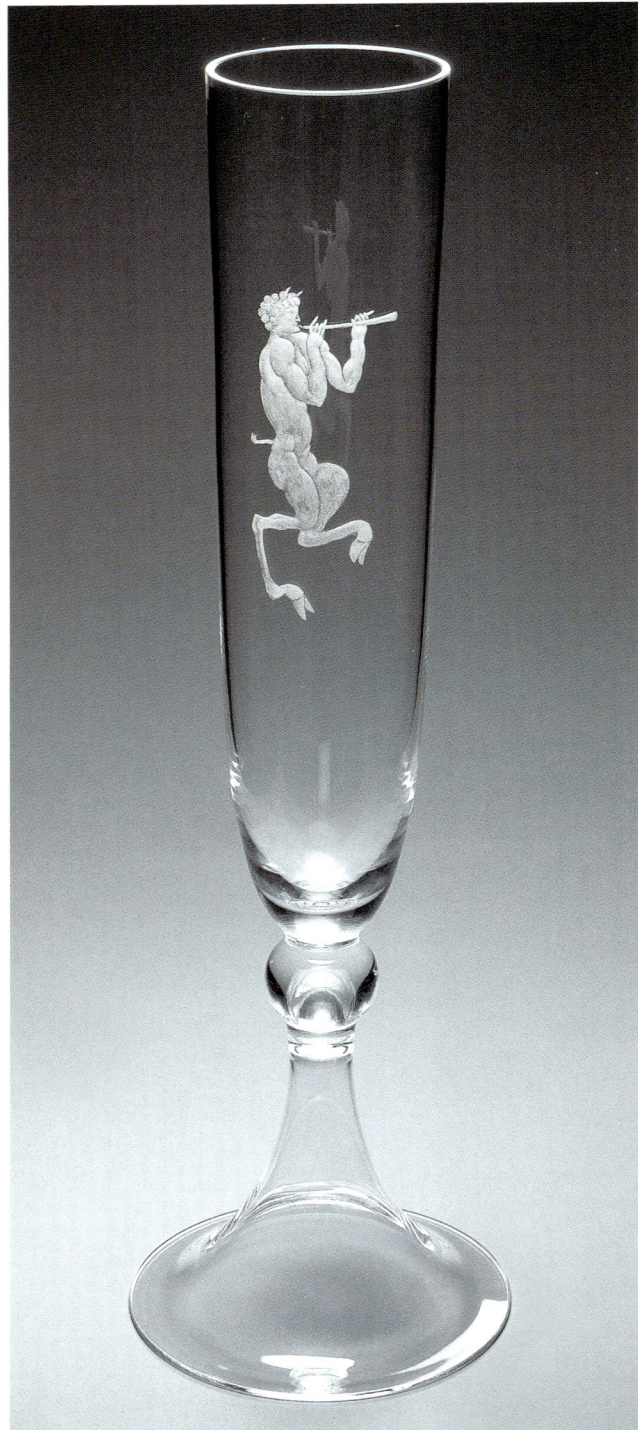

118

117. **Covered vessel**, c. 1925
Designer unknown, Fachschule Haida, Nový Bor (Haida), Czech Republic
Executed by Fachschule Haida

Blown clear glass, cut and engraved
25 × 9.8 × 9.8 cm, unsigned

117. **Recipiente con tapa**, h. 1925.
Diseñador desconocido, Fachschule Haida, Nový Bor (Haida), República Checa.
Realizado por Fachschule Haida.

Cristal soplado transparente, tallado y grabado.
25 × 9'8 × 9'8 cm, sin firma.

118. **Goblet**, c. 1923
Form: Designer unknown
Decoration: Jaroslav Horejc
Retailed by J. & L. Lobmeyr, Vienna, Austria

Blown clear glass, engraved
36.2 × 10.8 × 10.8 cm, unsigned

118. **Copa**, h. 1923.
Forma: diseñador desconocido.
Decoración: Jaroslav Horejc.
Comercializado por J. & L. Lobmeyr, Viena, Austria.

Cristal soplado transparente, grabado.
36'2 × 10'8 × 10'8 cm, sin firma.

119. **Vase**, 1932
Wilhelm von Eiff
Executed by Wilhelm von Eiff, Stuttgart, Germany

Blown clear glass, engraved
7.5 × 5.1 × 5.1 cm, signed: "v. EiFF"

Wilhelm von Eiff, the foremost German glass engraver in the 1920s and 1930s, helped revive this important technique. As director of the glass and gem cutting workshop at the Stuttgart School of Decorative Arts from 1921 to 1943, he also trained many of the best German glass engravers working in the interwar years. This *tour de force* of the engraver's art, as deeply and elaborately engraved as it is, was created freehand and in just two hours—as a gift for his beloved pupil Nora Ortlieb, whose initial appears on the underside. The narrative of the satyr Pan playing his flute to a goat may be traditional, but the humorously expressive style is rather modern.

119. **Jarrón**, 1932.
Wilhelm von Eiff.
Realizado por Wilhelm von Eiff, Stuttgart, Alemania.

Cristal soplado transparente, grabado.
7'5 × 5'1 × 5'1 cm, firmado: "v. EiFF"

Wilhelm von Eiff, el grabador de vidrio más relevante de los años veinte y treinta, fue uno de los artistas que contribuyeron a revivir esta importante técnica. Como director del taller de talla de cristal y piedras preciosas de la Escuela de Artes Decorativas de Stuttgart entre 1921 y 1943 formó a muchos de los mejores autores alemanes que trabajaron en el periodo de entreguerras. Esta pieza, tan profunda y elaboradamente trabajada que constituye un verdadero desafío, fué realizada a mano alzada en el curso de dos horas, como regalo para su amada alumna Nora Ortlieb, cuya inicial aparece en la base. El motivo, Pan tocando la flauta con una cabra, puede resultar tradicional, pero el estilo humorísticamente expresivo es bastante moderno.

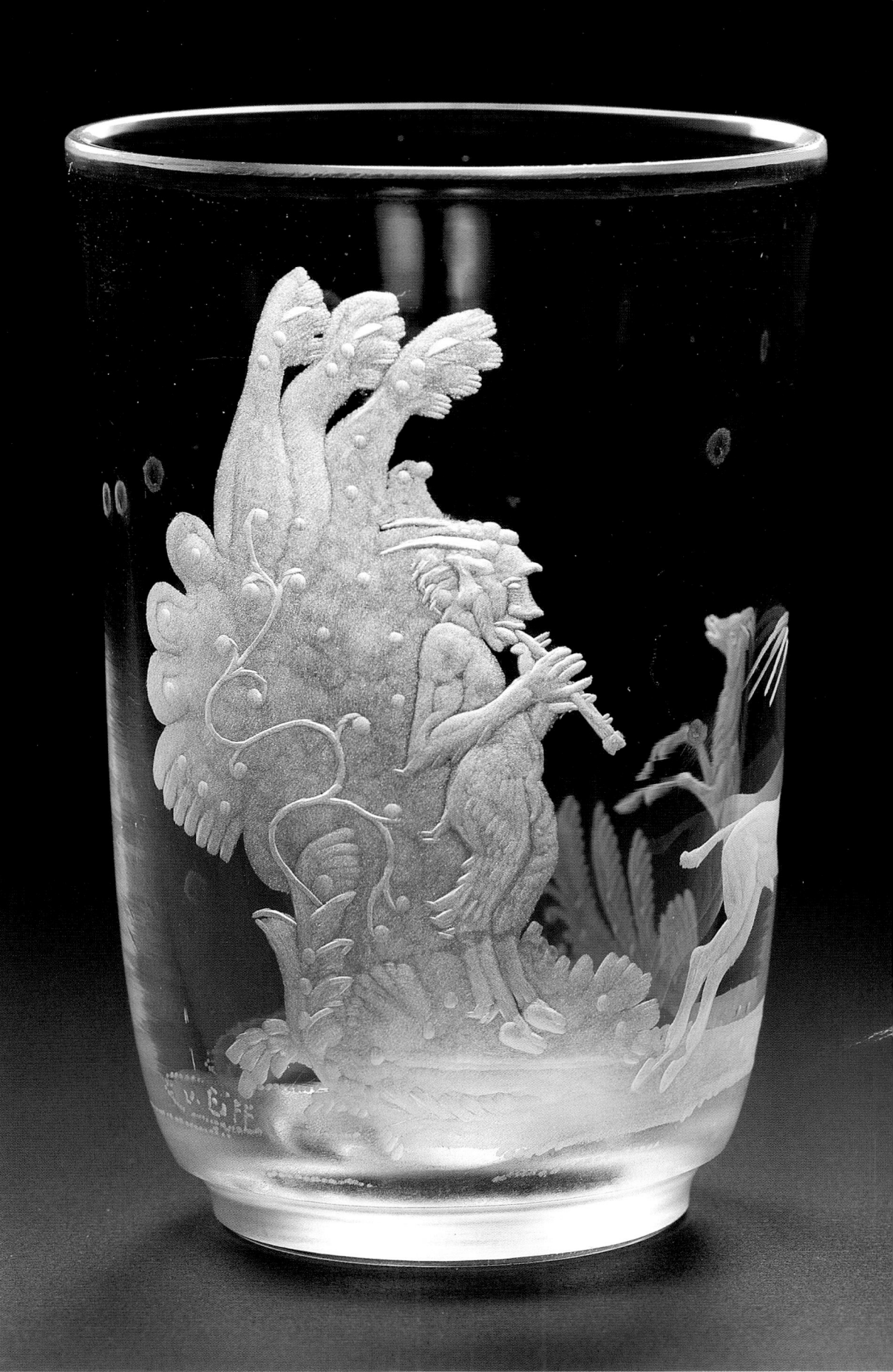

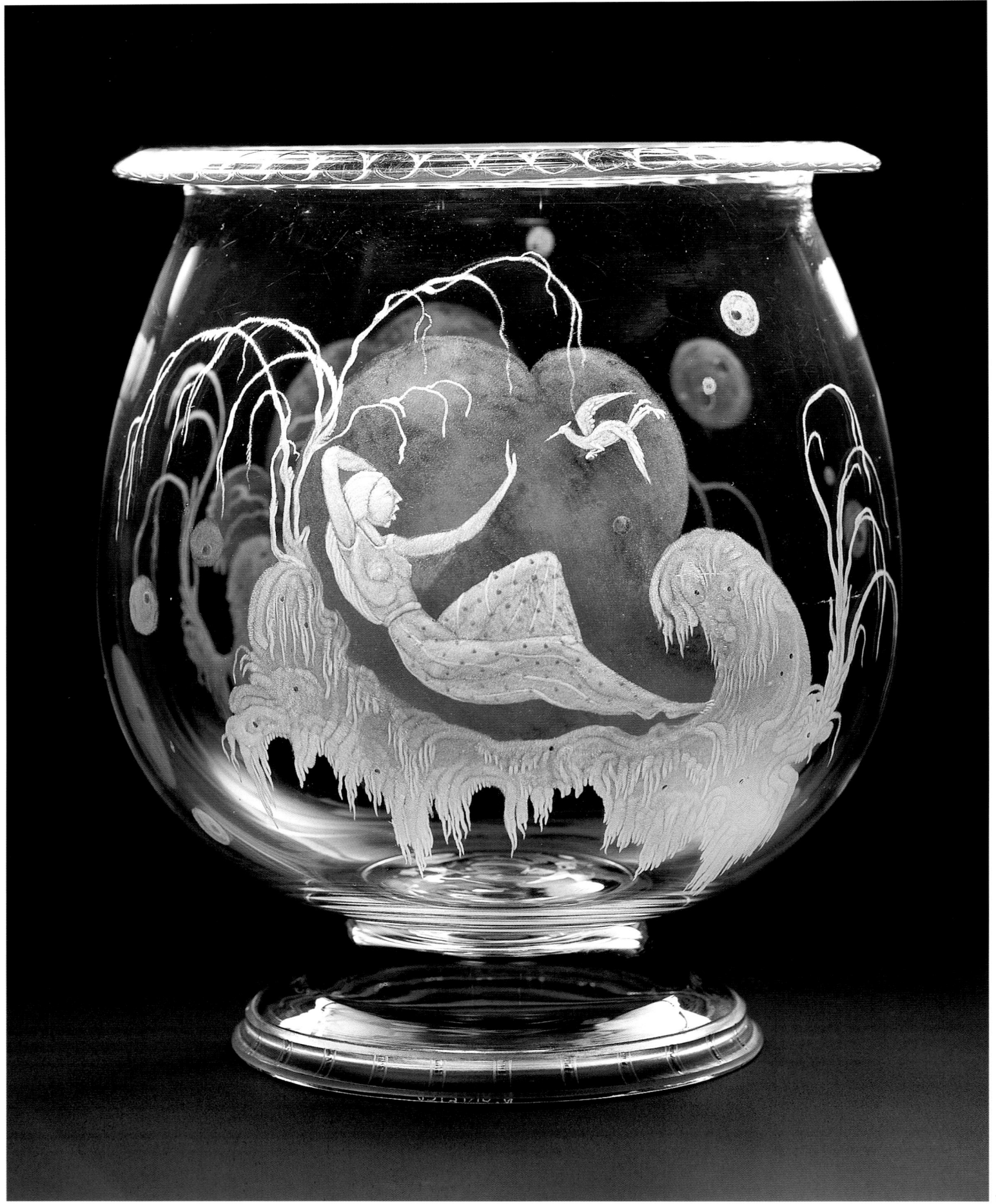

120. **Vase**, 1932
Nora Ortlieb
Executed by Nora Ortlieb, Wilhelm von Eiff Department, Kunstgewerbeschule Stuttgart, Stuttgart, Germany

Blown clear glass, engraved
14.5 × 12.5 × 12.5 cm, signed: marks 35, 46

Nora Ortlieb was one of Wilhelm von Eiff's most brilliant students at the School of Decorative Arts in Stuttgart. Her detailed, exquisitely rendered compositions combined mat and line engraving and, as here, often featured sweet figures in poetic landscapes, all imbued with the fantasy of children's illustrated books.

120. **Jarrón**, 1932.
Nora Ortlieb.
Realizado por Nora Ortlieb, Departamento dirigido por Wilhelm von Eiff, Kunstgewerbeschule Stuttgart, Stuttgart, Alemania.

Cristal soplado transparente, grabado.
14'5 × 12'5 × 12'5 cm, firmado: ver marcas num. 35 y 46.

Nora Ortlieb fué una de las estudiantes más brillantes de von Eiff en la Escuela de Artes Decorativas de Stuttgart. Sus detalladas composiciones, exquisitamente interpretadas, combinan grabado mate y lineal y, como en este caso, presentan dulces figuras en paisajes poéticos, impregnadas de la fantasía de los libros infantiles ilustrados.

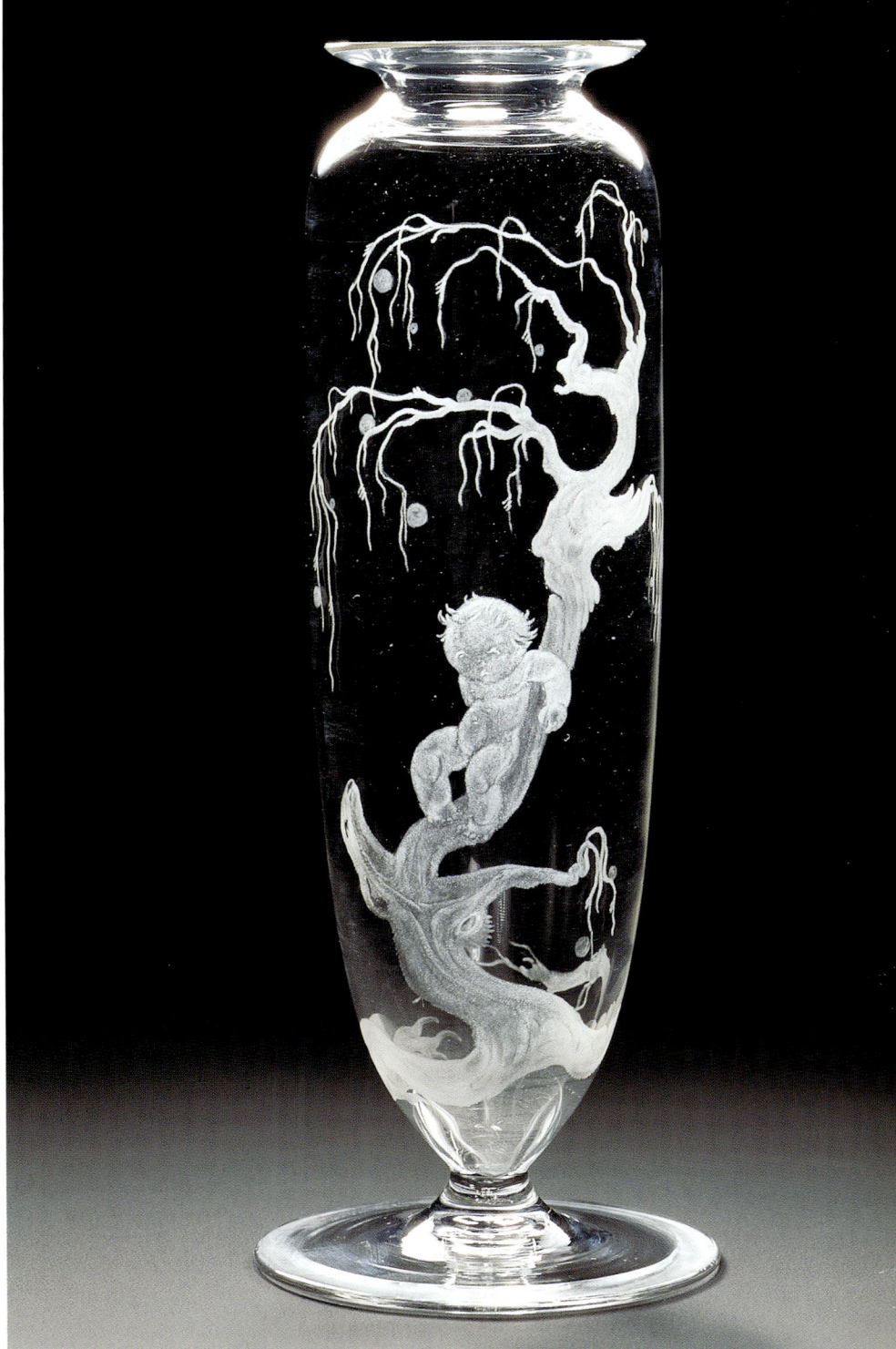

121

121. **Vase**, 1929
Nora Ortlieb
Executed by Nora Ortlieb, Wilhelm von Eiff Department, Kunstgewerbeschule Stuttgart, Stuttgart, Germany

Blown clear glass, engraved
17 × 6 × 6 cm, signed: marks 35, 46

121. **Jarrón**, 1929.
Nora Ortlieb.
Realizado por Nora Ortlieb, Departamento dirigido por Wilhelm von Eiff, Kunstgewerbeschule Stuttgart, Stuttgart, Alemania.

Cristal soplado transparente, grabado.
17 × 6 × 6 cm, firmado: ver marcas num. 35 y 46.

Arte del grabador ——— 131 ———

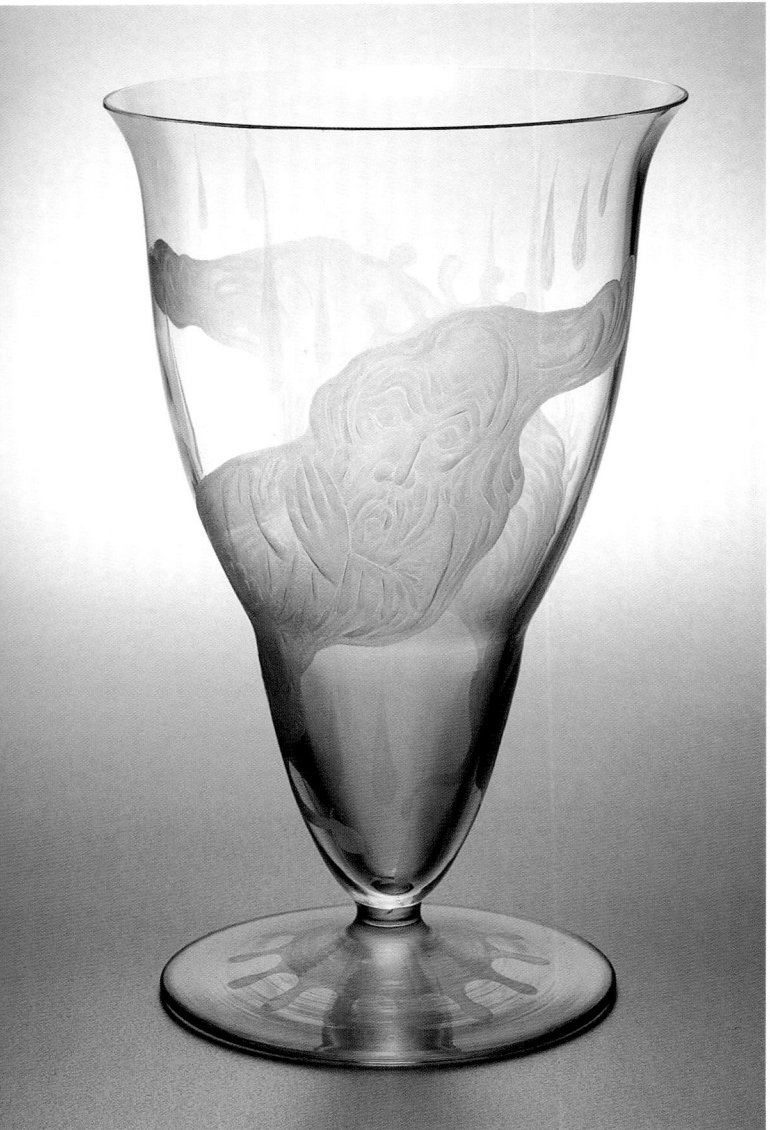

122.

122. Vase, 1932
Nora Ortlieb
Executed by Nora Ortlieb, Wilhelm von Eiff Department, Kunstgewerbeschule Stuttgart, Stuttgart, Germany

Blown clear glass, engraved
19.5 × 12 × 12 cm, signed: "N. Ortlieb"

122. Jarrón, 1932.
Nora Ortlieb.
Realizado por Nora Ortlieb, Departamento dirigido por Wilhelm von Eiff, Kunstgewerbeschule Stuttgart, Stuttgart, Alemania.

Cristal soplado transparente, grabado.
19'5 × 12 × 12 cm, firmado: "N. Ortlieb".

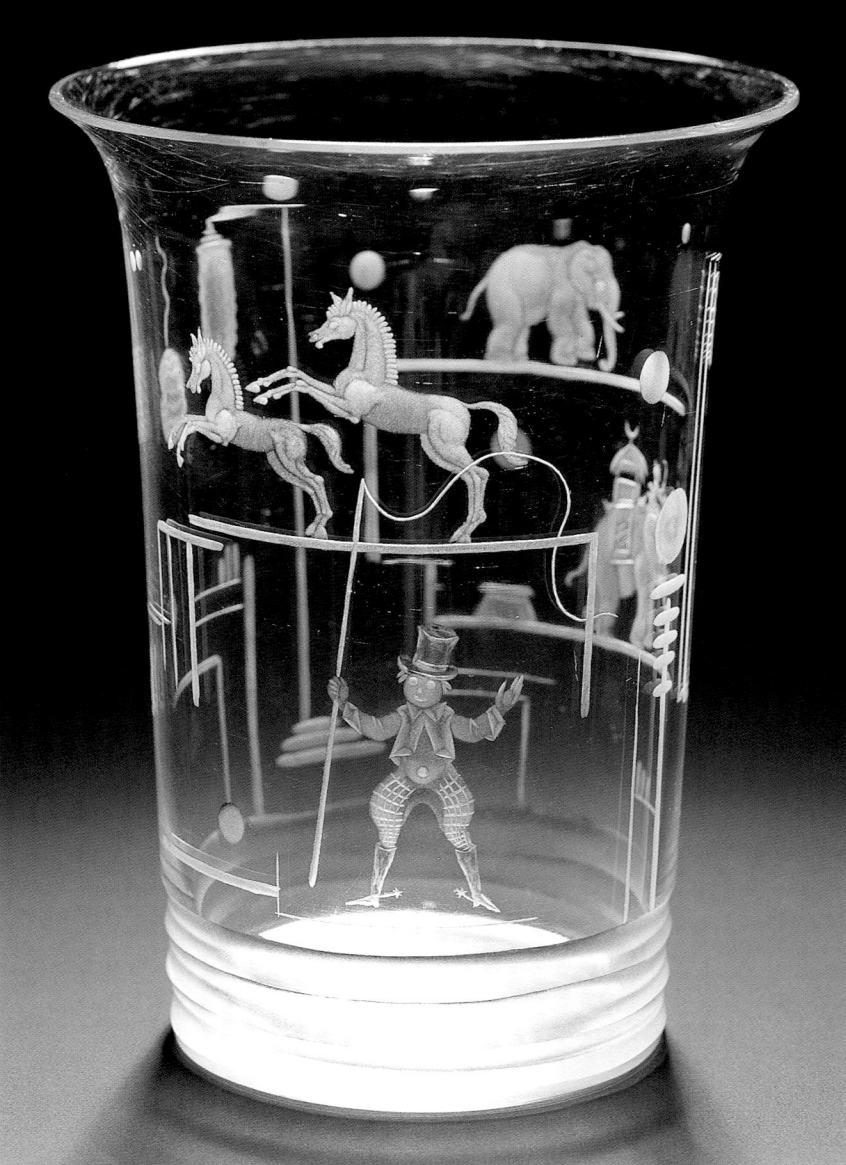

123. Vase, 1929
Nora Ortlieb
Executed by Nora Ortlieb, Kunstgewerbeschule Stuttgart, Germany

Blown clear glass, engraved
11 × 8.5 × 8.5 cm, signed: mark 35

123. Jarrón, 1929.
Nora Ortlieb.
Realizado por Nora Ortlieb, Kunstgewerbeschule Stuttgart, Alemania.

Cristal soplado transparente, grabado.
11 × 8'5 × 8'5 cm, firmado: ver marca num. 35.

123.

— 132 —— Engraver's Art

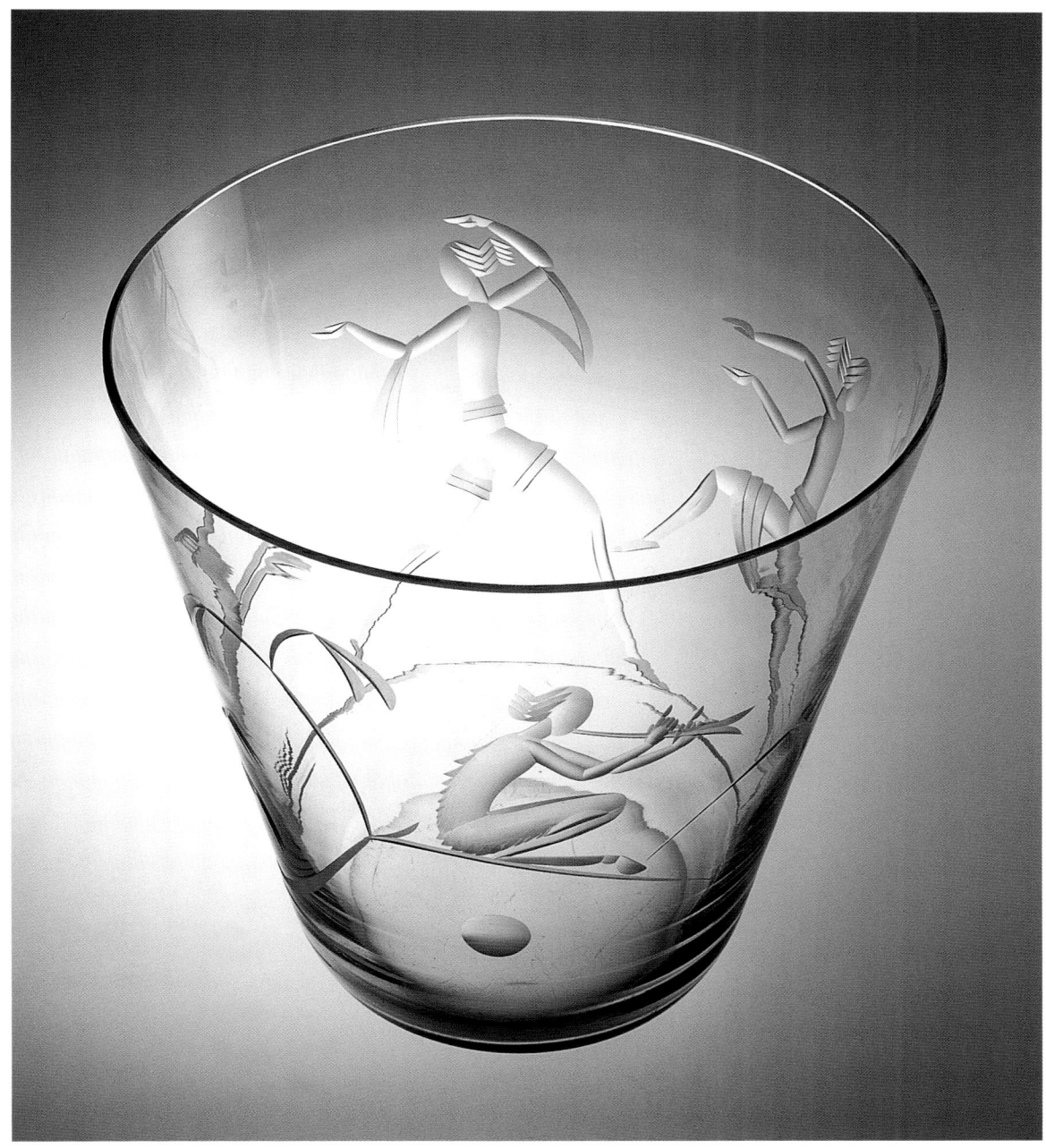

124

124. **Vase**, c. 1933
Konrad Habermeier
Produced by Gral-Glas-Werkstätten,
Göppingen, Germany

Blown clear glass, engraved
19.4 × 21.5 × 21.5 cm, unsigned

124. **Jarrón**, h. 1933.
Konrad Habermeier.
Producido por Gral-Glas-Werkstätten,
Göppingen, Alemania.

Cristal soplado transparente, grabado.
19'4 × 21'5 × 21'5 cm, sin firma.

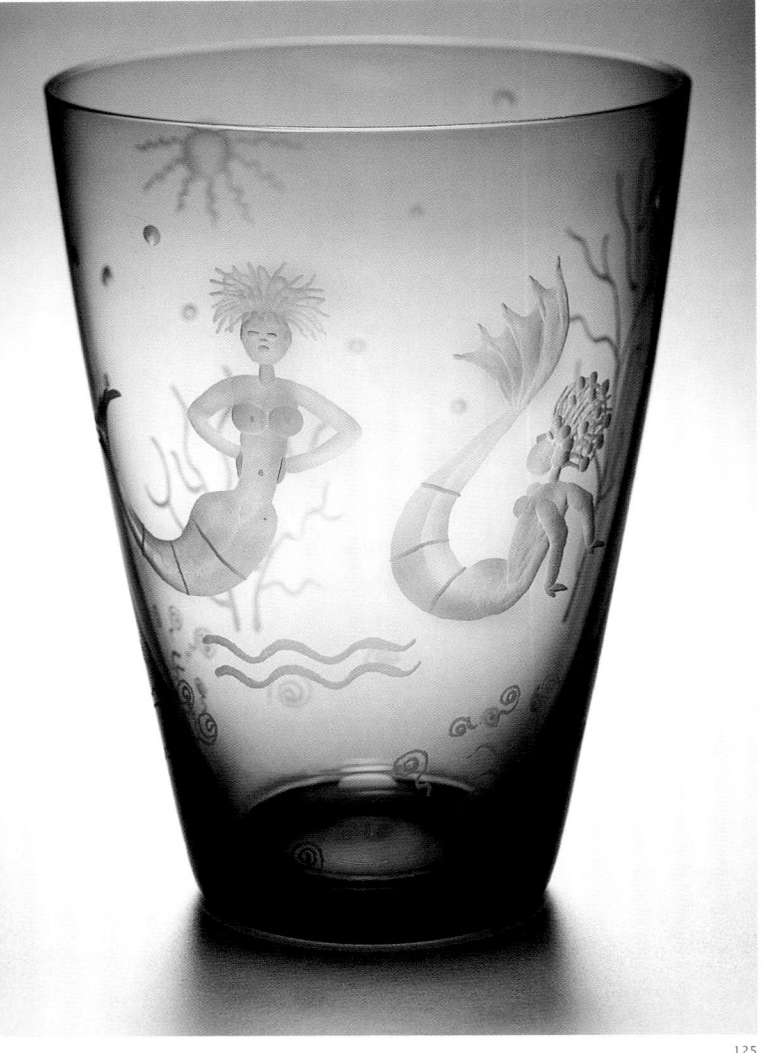

125

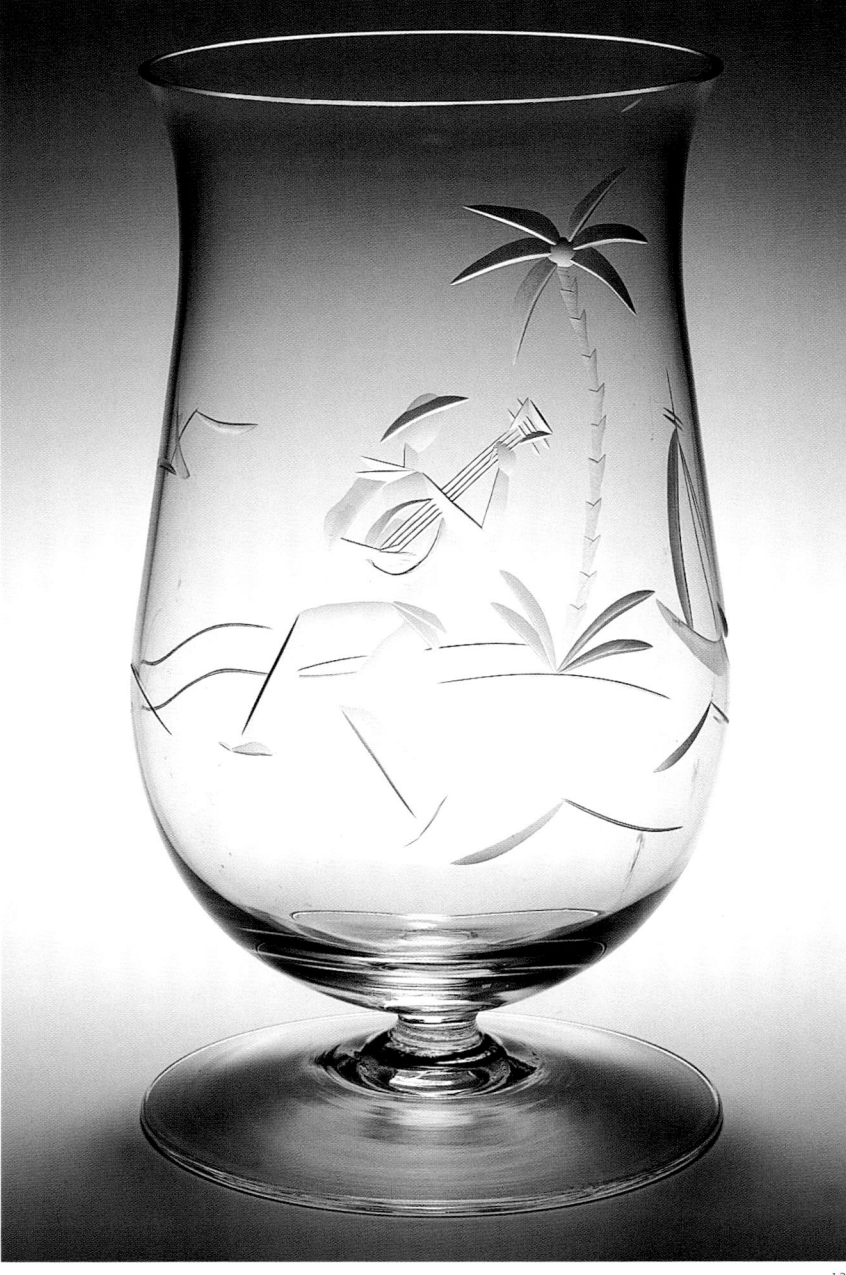

126

125. **Vase**, c. 1938
Irmgard Hilker-Bohn
Executed by Irmgard Hilker-Bohn, Stuttgart, Germany
Blown colored glass, engraved
13 × 9.8 × 9.8 cm, signed: mark 14

125. **Jarrón**, h. 1938.
Irmgard Hilker-Bohn.
Realizado por Irmgard Hilker-Bohn, Stuttgart, Alemania.
Cristal soplado coloreado, grabado.
13 × 9'8 × 9'8 cm, firmado: ver marca num. 14.

126. **Vase**, c. 1936
Konrad Habermeier
Produced by Gral-Glas-Werkstätten, Göppingen, Germany
Blown clear glass, engraved
17.5 × 9.2 × 9.2 cm, unsigned

126. **Jarrón**, h. 1936.
Konrad Habermeier.
Producido por Gral-Glas-Werkstätten, Göppingen, Alemania.
Cristal soplado transparente, grabado.
17'5 × 9'2 × 9'2 cm, sin firma.

127. **Vase**, c. 1928
Richard Süssmuth
Produced by Werkstätten Richard Süssmuth, Pieńsk (Penzig), Poland
Blown clear glass, engraved
22.6 × 15.3 × 15.3 cm, unsigned

Richard Süssmuth, who studied at the Dresden School of Decorative Arts, established his own glass workshop in Penzig, a town in Silesia which then was part of Germany. Although he could have executed his works in limited serial production, he made them by hand. The decor includes a stylized figure, expressive but executed with a minimum number of strokes. Like other works by Süssmuth, the thick, colorless crystal is conceived as a simple, geometric volume, and the modernity of his art is emphasized by the remarkably restrained quality of the decoration.

127. **Jarrón**, h. 1928.
Richard Süssmuth.
Producido por Werkstätten Richard Süssmuth, Pieńsk (Penzig), Polonia.
Cristal soplado transparente, grabado.
22'6 × 15'3 × 15'3 cm, sin firma.

Richard Süssmuth, que estudió en la Escuela de Artes Decorativas de Dresde, fundó su propio taller en Penzig, ciudad de Silesia que entonces formaba parte de Alemania. Sus diseños, todavía realizados a mano, se produjeron en series limitadas. La decoración de esta pieza consiste en una figura estilizada y expresiva, realizada con un número mínimo de golpes de talla. Como en otros de sus trabajos, el grueso cristal incoloro está concebido como un simple volumen geométrico, y la modernidad de su arte queda resaltada por la serena calidad de la decoración.

— 134 — Engraver's Art

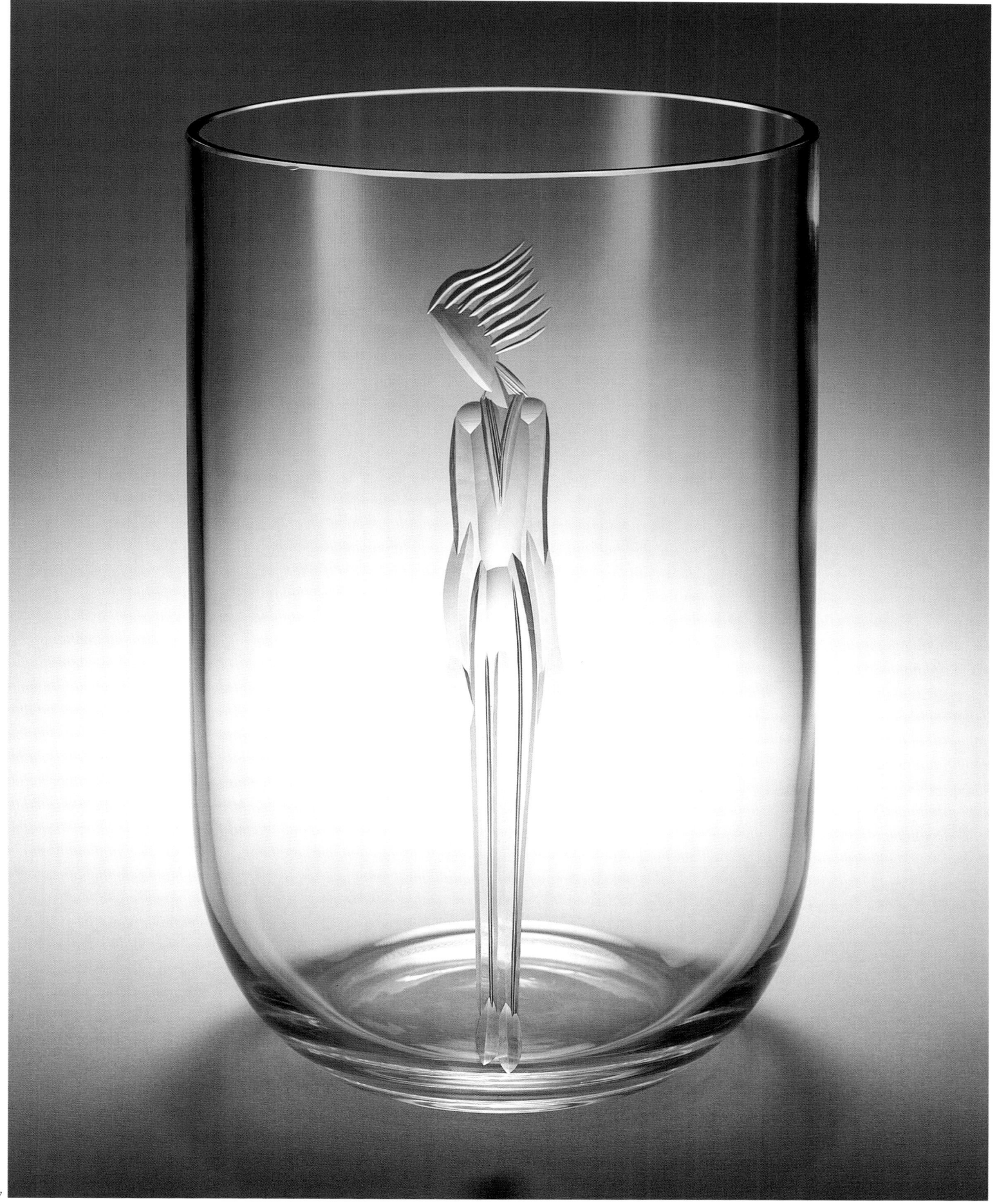

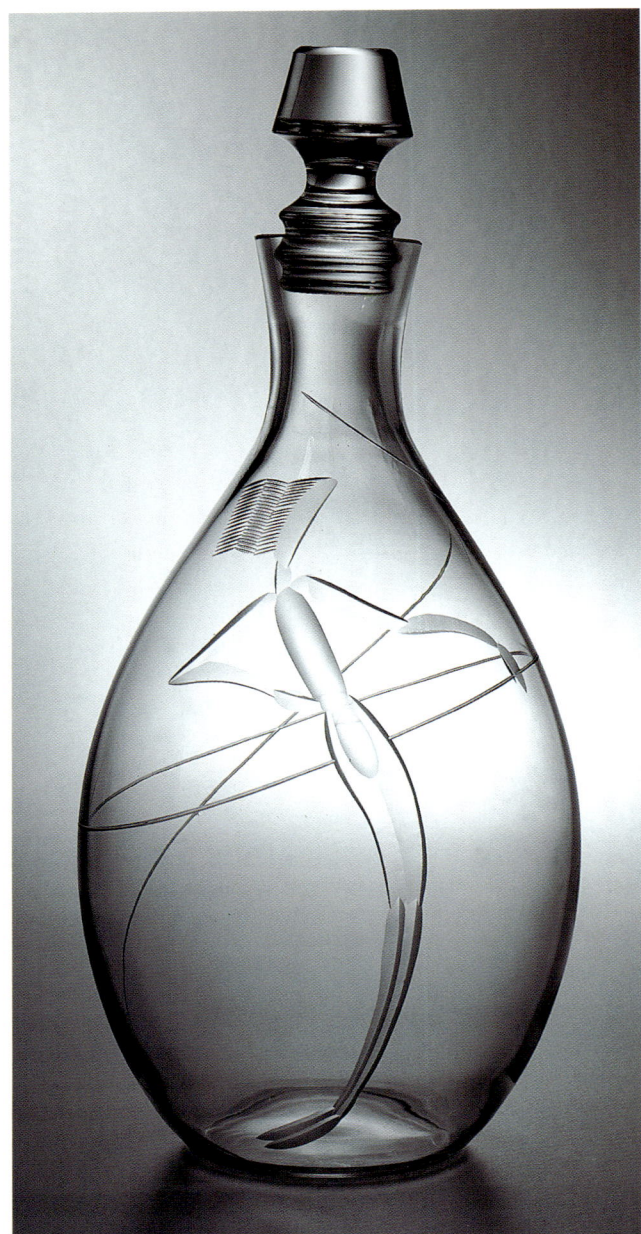

128.

128. Decanter, c. 1928
Richard Süssmuth
Produced by Werkstätten Richard Süssmuth, Pieńsk (Penzig), Poland
Blown clear glass, engraved
32.5 × 14.2 × 14.2 cm, unsigned

128. Decantador, h. 1928.
Richard Süssmuth. Producido por Werkstätten Richard Süssmuth, Pieńsk (Penzig), Polonia.
Cristal soplado transparente, grabado.
32'5 × 14'2 × 14'2 cm, sin firma.

129. Goblet, c. 1928
Richard Süssmuth
Produced by Werkstätten Richard Süssmuth, Pieńsk (Penzig), Poland
Blown clear glass, engraved
17.8 × 7.5 × 7.5 cm, unsigned

129. Copa, h. 1928.
Richard Süssmuth. Producido por Werkstätten Richard Süssmuth, Pieńsk (Penzig), Polonia.
Cristal soplado transparente, grabado.
17'8 × 7'5 × 7'5 cm, sin firma.

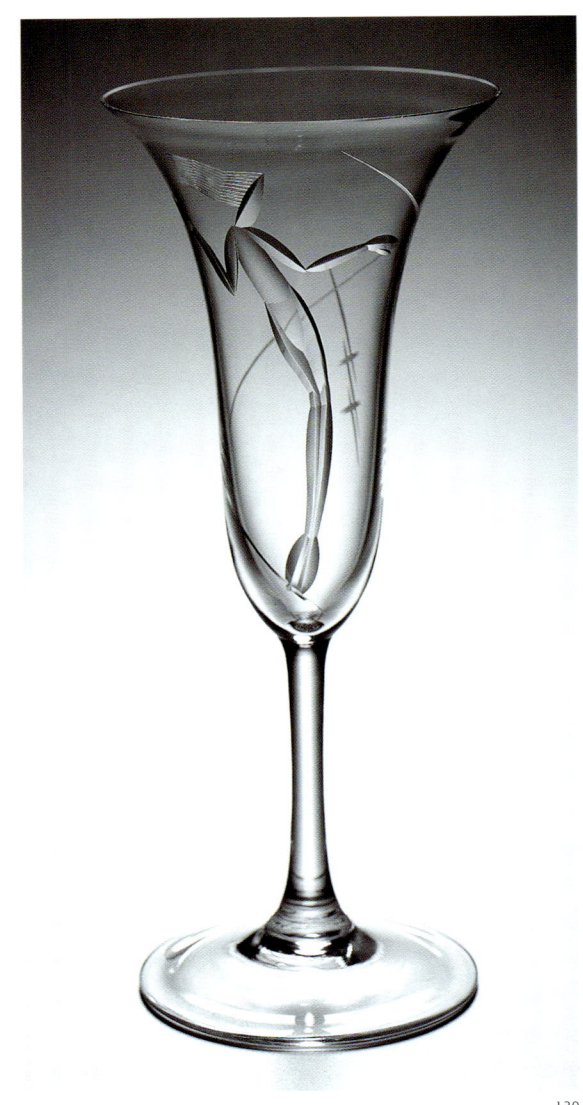

129.

130. Bowl, c. 1928
Richard Süssmuth
Produced by Werkstätten Richard Süssmuth, Pieńsk (Penzig), Poland
Clear glass, engraved
8.5 × 24.2 × 24.2 cm, unsigned

130. Cuenco, h. 1928.
Richard Süssmuth. Producido por Werkstätten Richard Süssmuth, Pieńsk (Penzig), Polonia.
Cristal transparente grabado.
8'5 × 24'2 × 24'2 cm, sin firma.

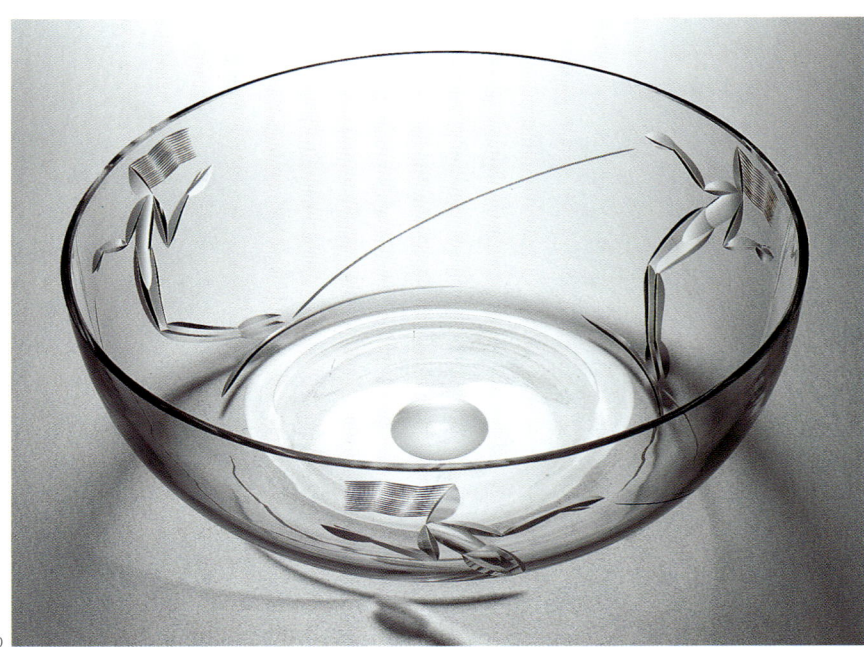

130.

Engraver's Art

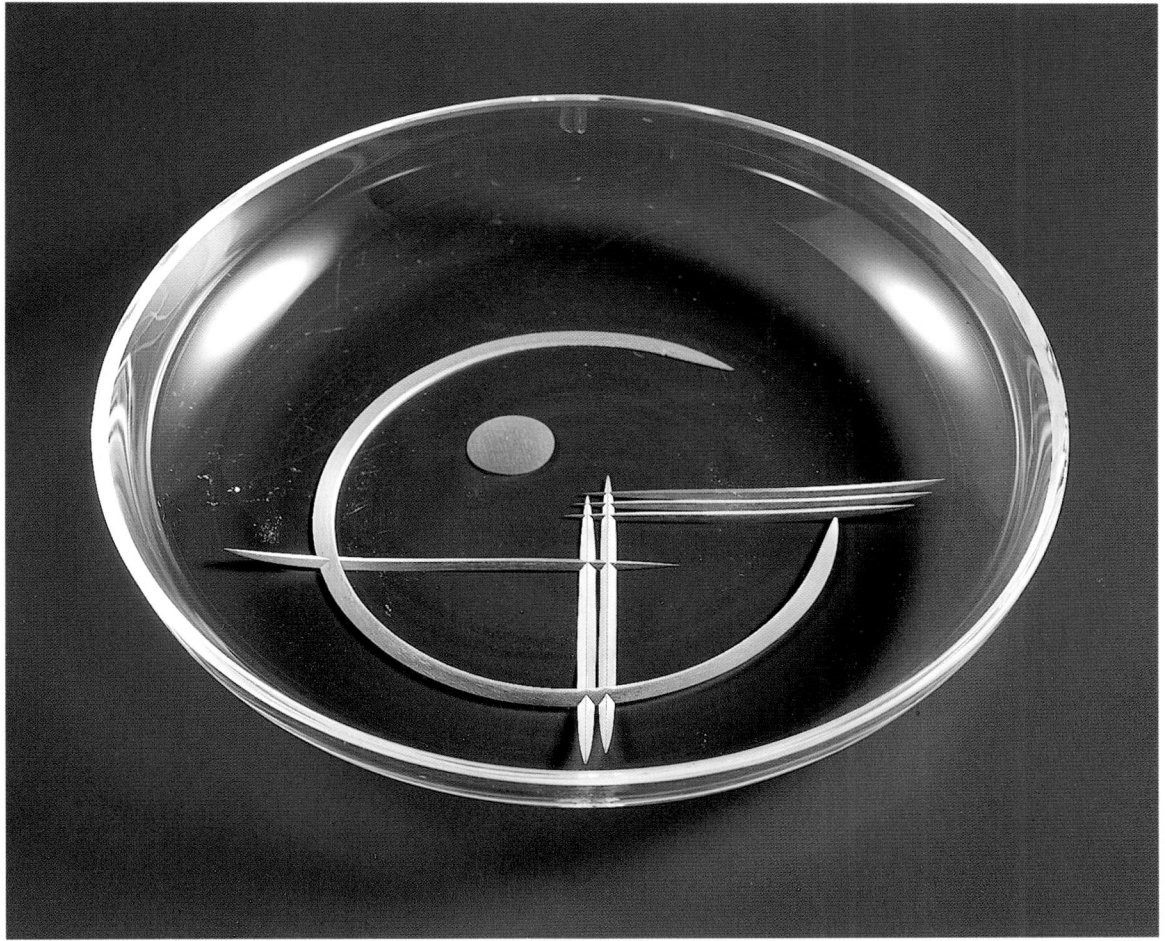

131.

131. **Bowl**, c. 1928
Richard Süssmuth
Produced by Werkstätten Richard Süssmuth, Pieńsk (Penzig), Poland

Blown clear glass, engraved
2.7 × 14.4 × 14.4 cm, unsigned

131. **Cuenco**, h. 1928.
Richard Süssmuth.
Producido por Werkstätten Richard Süssmuth, Pieńsk (Penzig), Polonia.

Cristal soplado transparente, grabado.
2'7 × 14'4 × 14'4 cm, sin firma.

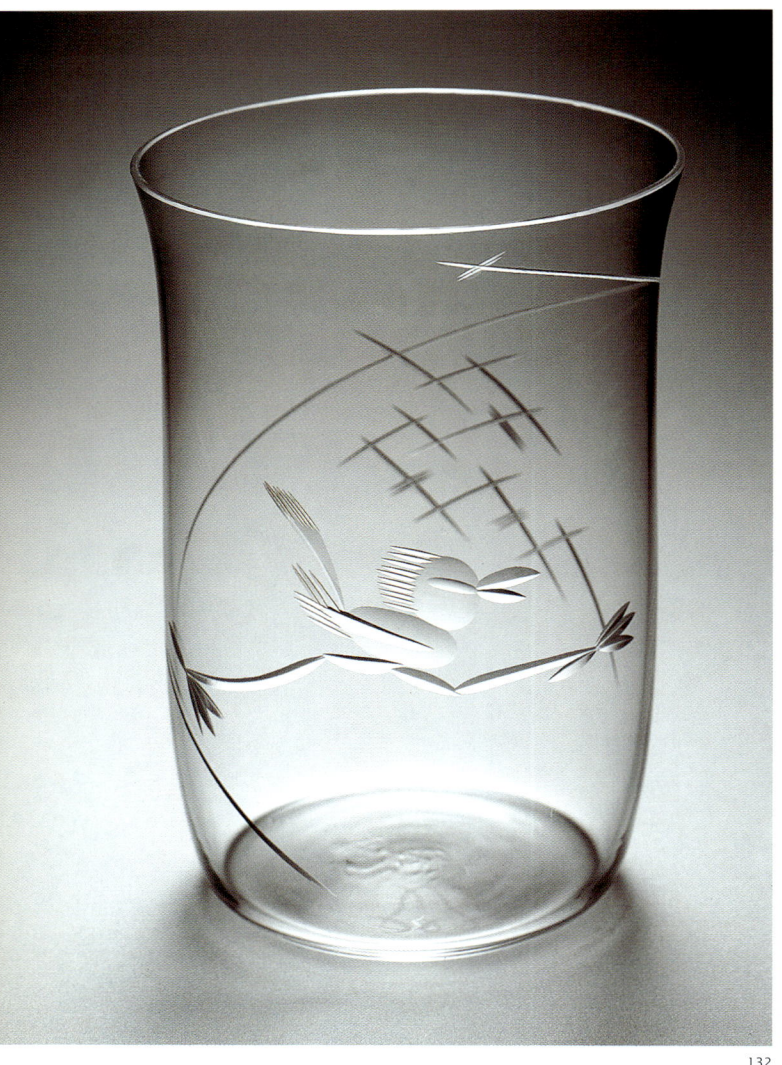

132

133

132. **Tumbler**, c. 1929
Richard Süssmuth
Produced by Werkstätten Richard Süssmuth,
Pieńsk (Penzig), Poland

Blown clear glass, wheel-engraved intaglio
10.6 × 7.7 × 7.7 cm, signed: mark 48

132. **Vaso**, h. 1929.
Richard Süssmuth.
Producido por Werkstätten Richard Süssmuth,
Pieńsk (Penzig), Polonia.

Cristal soplado transparente, intaglio grabado a la rueda.
10'6 × 7'7 × 7'7 cm, firmado: ver marca num. 48.

133. **Goblet**, c. 1925
Anton Peter Witt
Executed by Anton Peter Witt, Karbitz/Dresden, Germany

Blown clear and colored glass, engraved
14.8 × 7.8 × 7.8 cm, unsigned

133. **Copa**, h. 1925.
Anton Peter Witt.
Realizado por Anton Peter Witt, Karbitz/Dresde, Alemania.

Cristal soplado transparente y coloreado, grabado.
14'8 × 7'8 × 7'8 cm, sin firma.

134. **Vase**, c. 1930
Wilhelm von Eiff
Executed by Wilhelm von Eiff, Kunstgewerbeschule Stuttgart, Germany

Blown clear glass, cut and engraved
37.7 × 18.4 × 18.4 cm, signed: mark 9

One of the hallmarks of Von Eiff's glass creations was the use of both *Tiefschnitt* and *Hochschnitt*, that is, engraving in intaglio so that the decoration is below the surface, and in cameo so that the decoration is in relief above the surface. Both techniques are seen in this vase; clear polished surfaces alternate with mat or textured areas, creating a highly sculptural effect. The three masks have a Germanic expressive force, but they also recall the contemporary works of René Lalique.

134. **Jarrón**, h. 1930.
Wilhelm von Eiff.
Realizado por Wilhelm von Eiff, Kunstgewerbeschule Stuttgart, Alemania.

Cristal soplado transparente, tallado y grabado.
37'7 × 18'4 × 18'4 cm, firmado: ver marca num. 9.

Una de las características de las creaciones de cristal de Von Eiff fué el uso del *Tiefschnitt* y del *Hochschnitt*, es decir, por un lado del grabado en intaglio en el que el motivo decorativo queda excavado en un plano bajo, y por otro del camafeo en el que la ornamentación destaca en relieve sobre el fondo. Ambas técnicas se pueden apreciar en este jarrón, en el que brillantes superficies transparentes alternan con zonas texturadas o mates, creando un efecto marcadamente escultórico. Las tres máscaras tienen una expresiva fuerza germánica, al tiempo hacen pensar en productos contemporáneos de René Lalique.

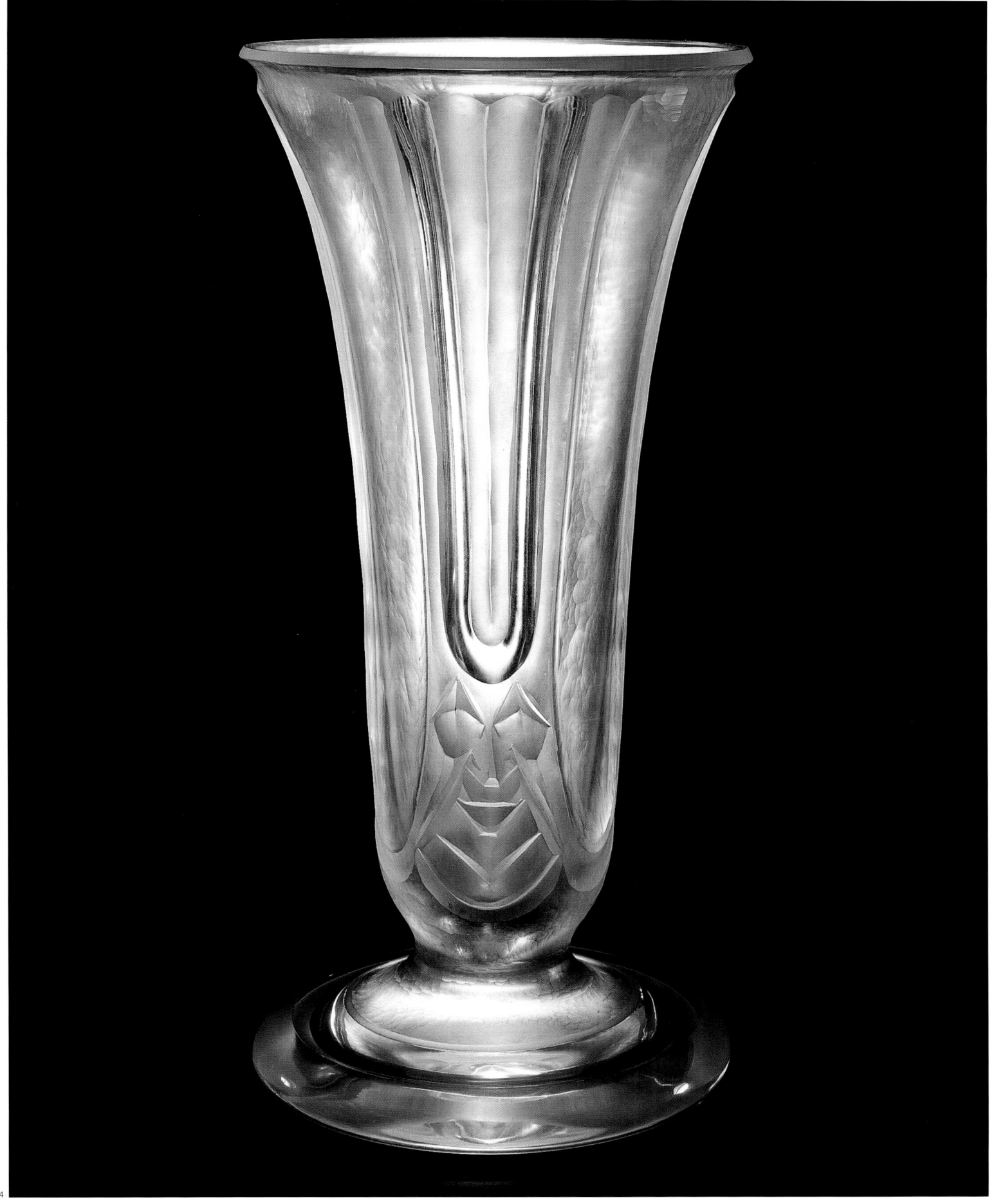

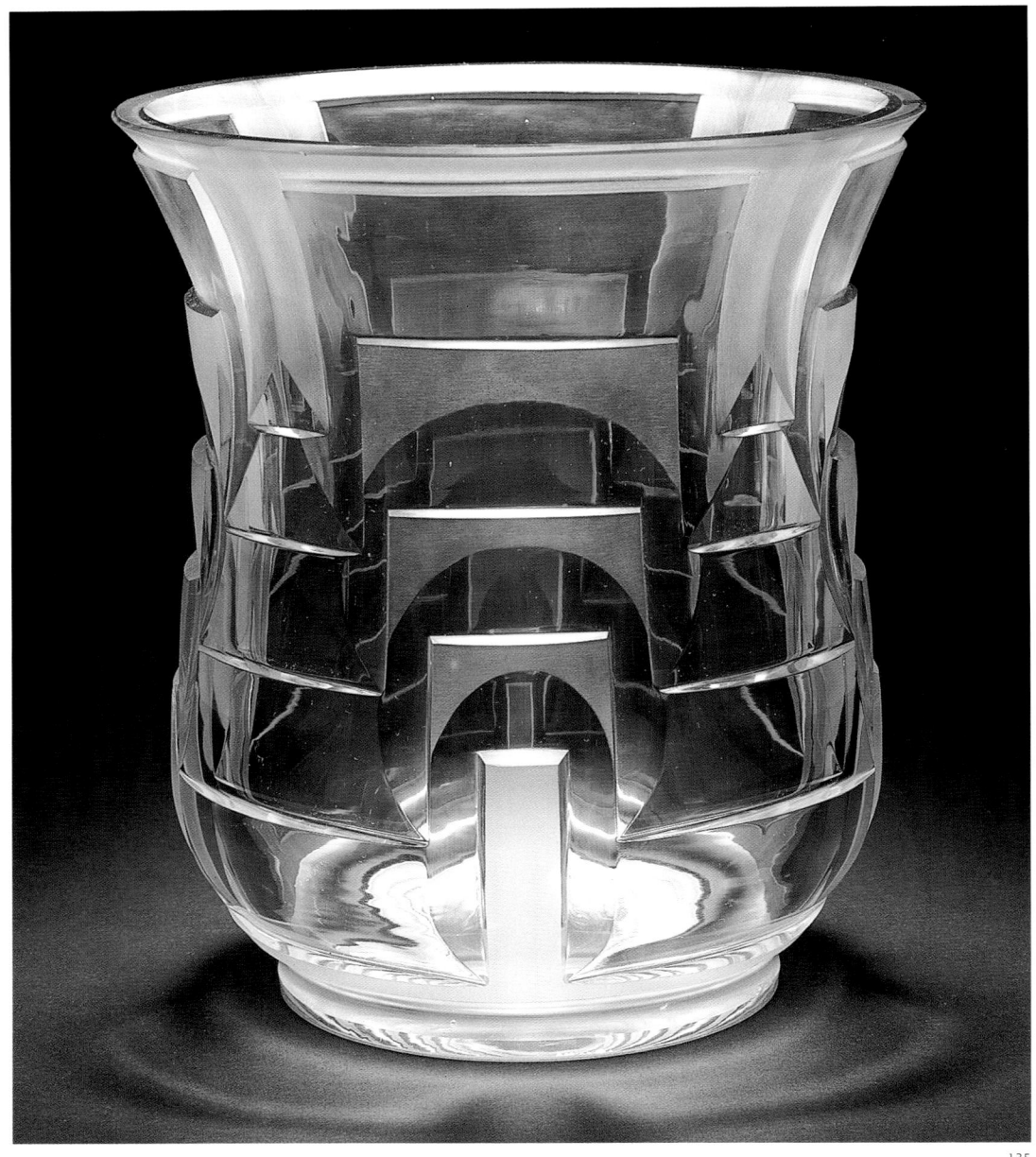

135

135. **Vase**, c. 1928
Wilhelm von Eiff
Executed by Wilhelm von Eiff, Kunstgewerbeschule Stuttgart, Stuttgart, Germany

Blown clear glass, cut
22 × 19.7 × 19.7 cm, signed: mark 9

135. **Jarrón**, h. 1928.
Wilhelm von Eiff.
Realizado por Wilhelm von Eiff, Kunstgewerbeschule Stuttgart, Stuttgart, Alemania.

Cristal soplado transparente, tallado.
22 × 19'7 × 19'7 cm, firmado: ver marca num. 9.

136. **Vase**, c. 1929
Nora Ortlieb
Executed by Nora Ortlieb, Kunstgewerbeschule Stuttgart, Stuttgart, Germany

Blown clear glass, cut and engraved
27.5 × 10.9 × 10.9 cm, signed: marks 36, 46

Like her mentor, Wilhelm von Eiff, Nora Ortlieb mastered both deep and high cutting. This deeply carved piece is one of her most distinctive works. The surface is cut back and rendered rough, while sharp angular projections, smoothly polished, rise up in contrast. Its angular design speaks of that age's fascination with Cubism and the decorative possibilities of Art Deco.

136. **Jarrón**, h. 1929.
Nora Ortlieb.
Realizado por Nora Ortlieb, Kunstgewerbeschule Stuttgart, Stuttgart, Alemania.

Cristal soplado transparente, tallado y grabado.
27'5 × 10'9 × 10'9 cm, firmado: ver marcas num. 36 y 46.

Como su mentor Wilhelm von Eiff, Nora Ortlieb fué maestra en la talla alta y baja. Estas piezas, profundamente excavadas, constituyen uno de sus trabajos más característicos. En la superficie rehundida, de textura áspera, se destacan resaltes de silueta angulosa, suavemente pulidos. Su diseño geometrizante habla de la fascinación de esta época por el cubismo y por las posibilidades ornamentales del Art Déco.

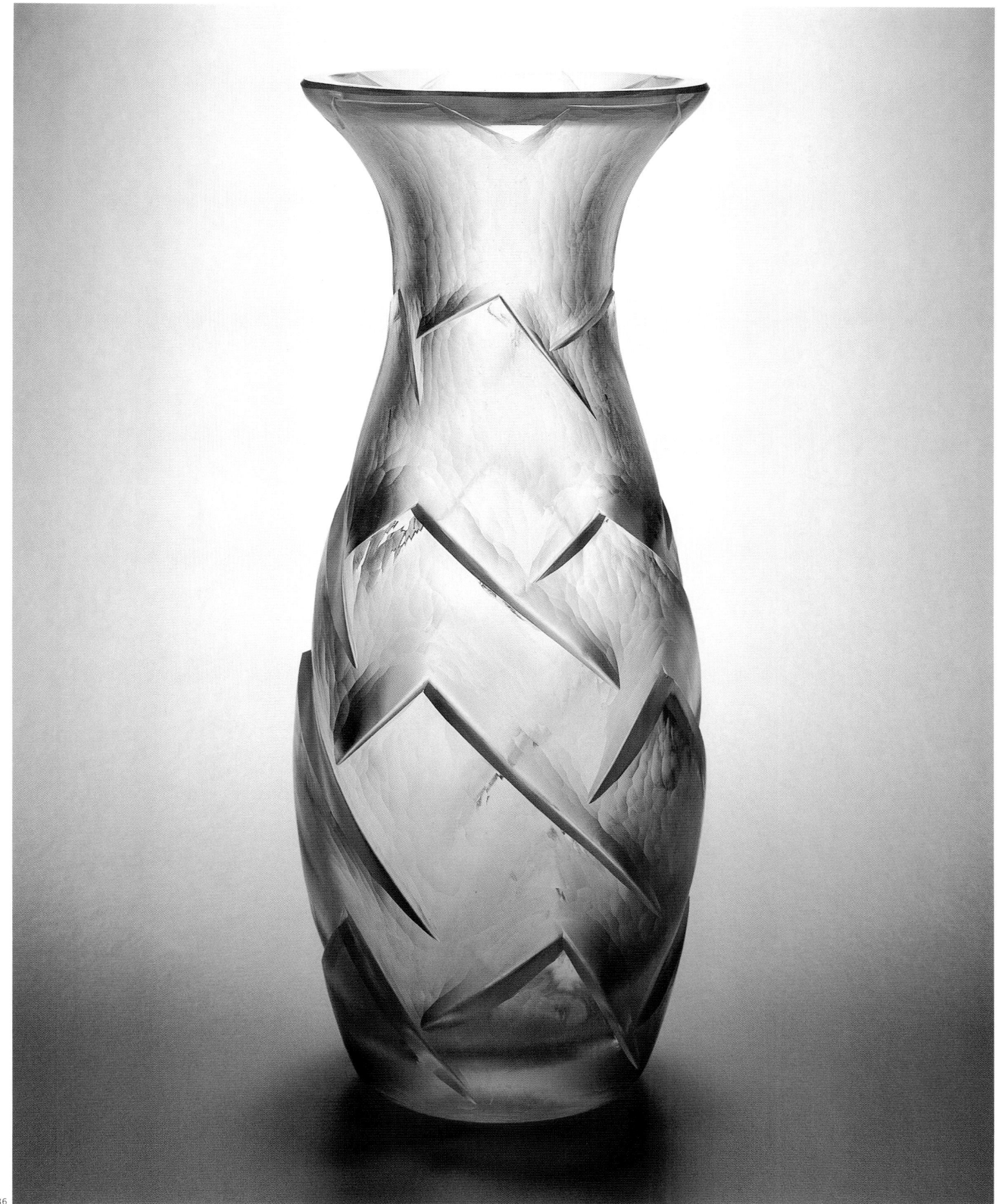

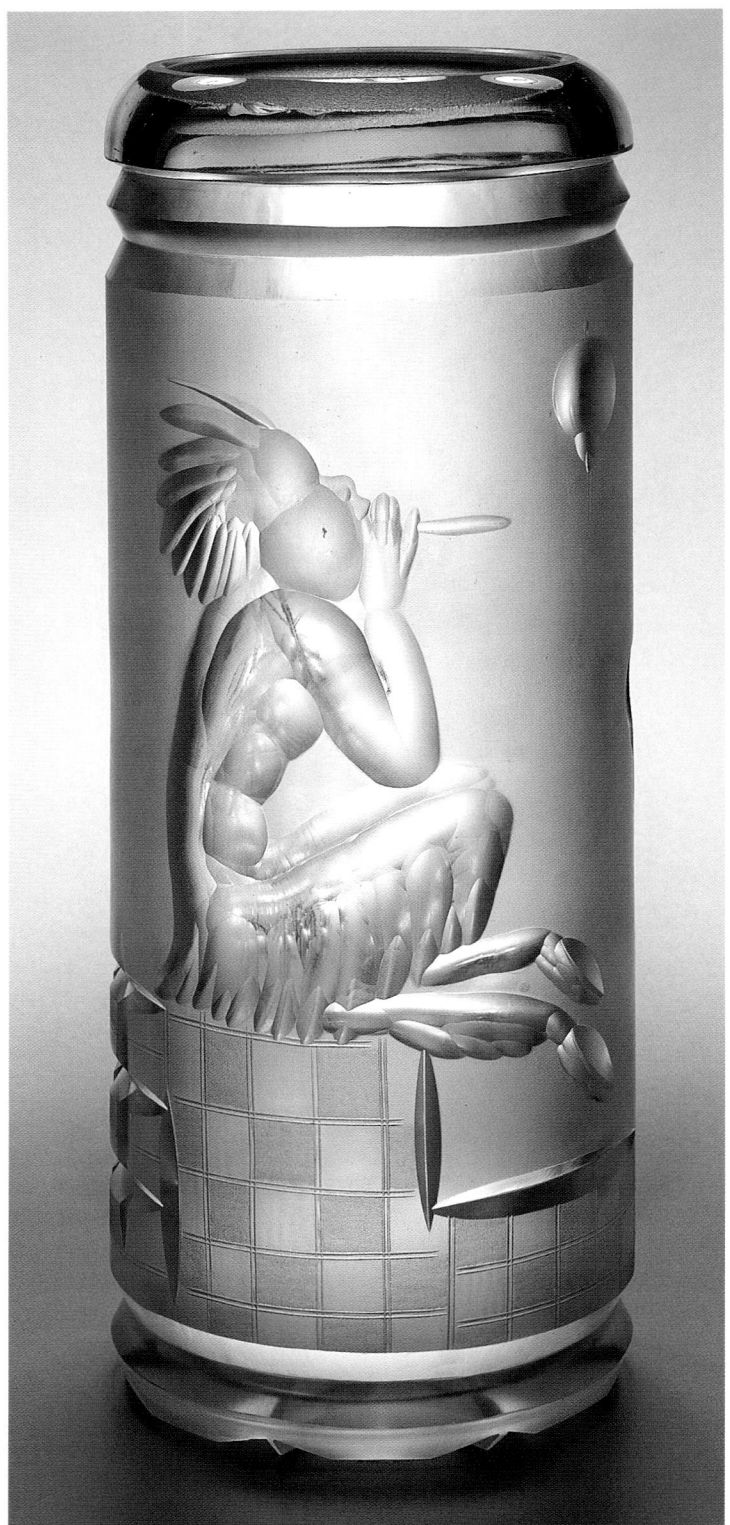
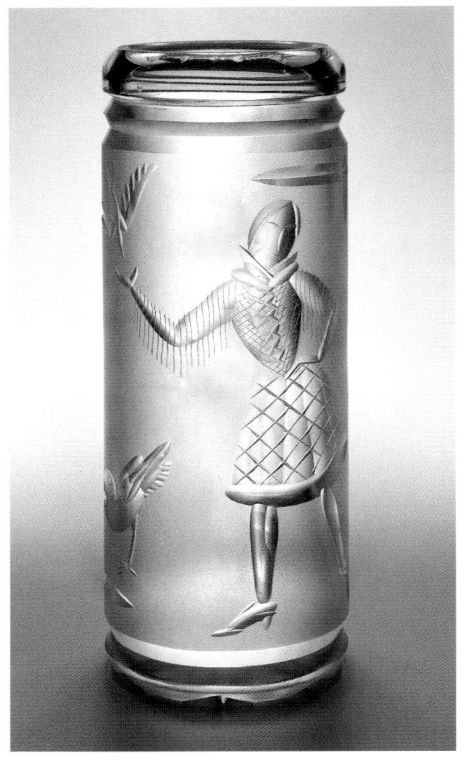
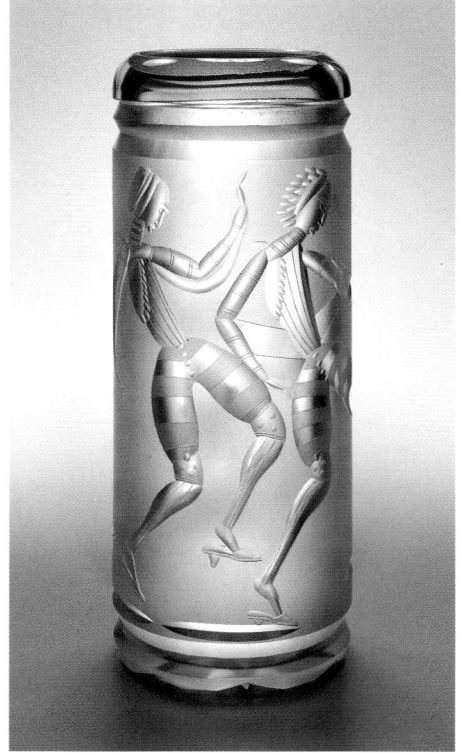

137. Six light globes, c. 1928
Wilhelm von Eiff
Executed by Wilhelm von Eiff in cooperation with his students at the Kunstgewerbeschule Stuttgart, Stuttgart, Germany

Blown clear glass, sand-blasted, cut and engraved
34 × 13 × 13 cm, signed: mark 10

These six cylinders were originally part of a ceiling-hung light fixture designed by Von Eiff for the Stuttgart residence of the industrialist Edgar Oppenheimer. The fixture was composed of twelve such cylinders, each engraved with a different composition of fanciful dancers, musicians, and other exotic figures, and using a combination of deep and high cutting set against a sand-blasted, matt surface for opacity.

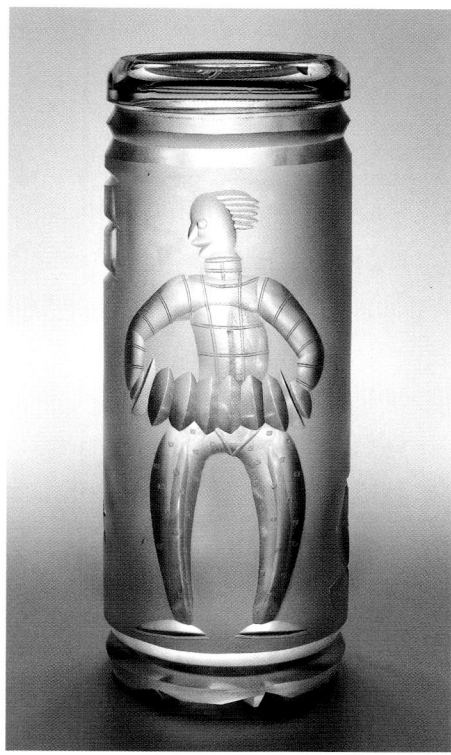
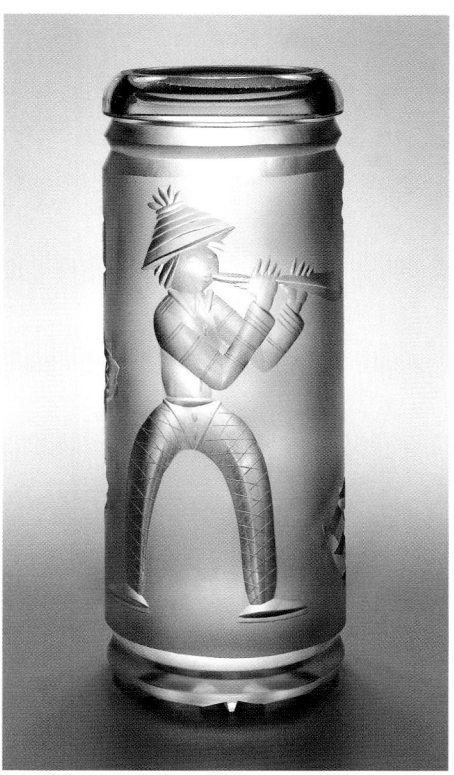
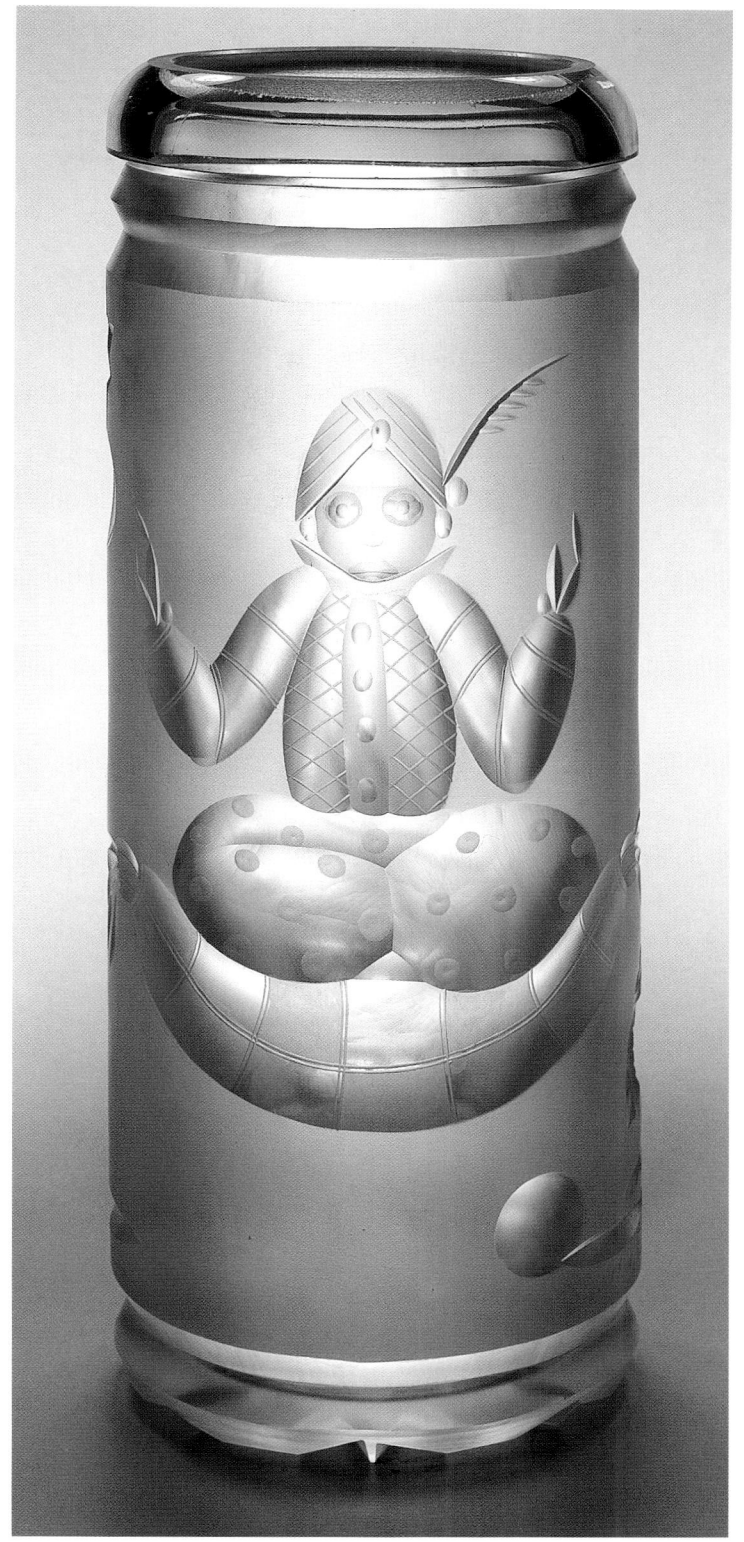

137. **Seis lámparas**, h. 1928.
Wilhelm von Eiff.
Realizado por Wilhelm von Eiff con la colaboración de sus estudiantes de la Kunstgewerbeschule Stuttgart, Stuttgart, Alemania.

Cristal soplado transparente, grabado a la arena, tallado y grabado.
34 × 13 × 13 cm, firmado: ver marca num. 10.

Estos seis cilindros fueron en origen parte de un conjunto de luminarias, diseñadas para ser colgadas del techo de la residencia del industrial Edgar Oppenheimer en Stuttgart. Estaba compuesto por doce piezas cilíndricas, cada una de ellas ilustrada con una composición diferente de caprichosos danzarines, músicos y otras figuras exóticas, grabadas combinando la talla alta y la baja sobre una superficie mate grabada a la arena.

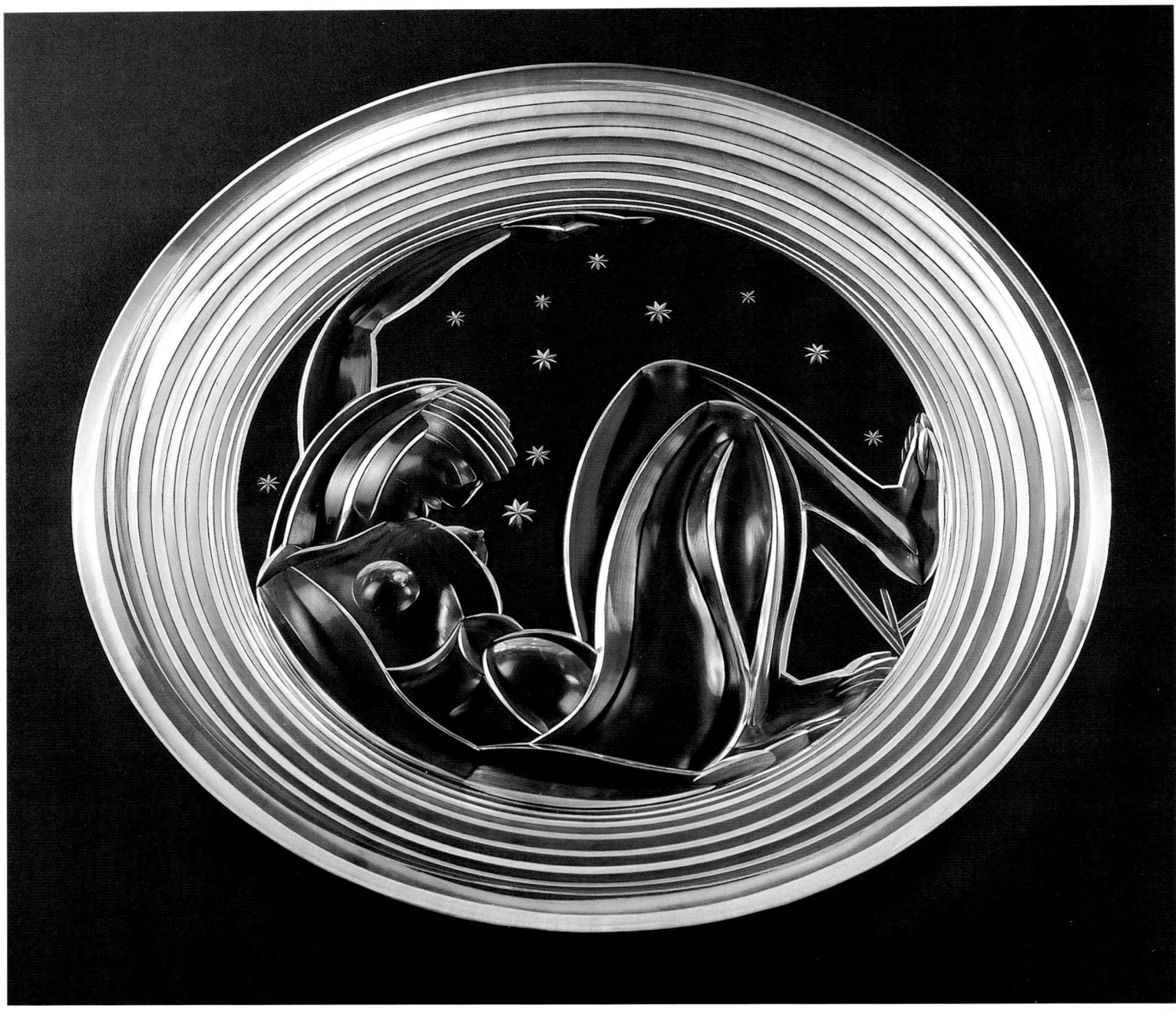

138

138. **Plate**, c. 1927
Hans Klein
Executed by Hans Klein, Kunstgewerbeschule Stuttgart, Stuttgart, Germany

Blown clear glass, cut and engraved
2.8 × 28 × 28 cm, signed: mark 17

Hans Klein, another of Wilhelm von Eiff's talented pupils, made this plate while still in Stuttgart, but later he established his own workshop in his native Ljubljana, the capital of Slovenia. With a few deft lines of Matisse-like calligraphy, Klein defined the nude female and the starry sky. Interestingly, he left the upper surface smooth and restricted all the cutting to the underside of the plate, creating a spectacular illusion of great depth.

138. **Plato**, h. 1927.
Hans Klein.
Realizado por Hans Klein, Kunstgewerbeschule Stuttgart, Stuttgart, Alemania.

Cristal soplado transparente, tallado y grabado.
2'8 × 28 × 28 cm, firmado: ver marca num. 17.

Hans Klein, otro de los más dotados discípulos de Wilhelm von Eiff, hizo esta pieza cuando todavía estaba en Stuttgart. Más tarde fundaría un taller propio en su Ljubljana natal, capital de Eslovenia. Con unas pocas y diestras líneas de caligrafía matissiana, Klein define el desnudo femenino y el cielo estrellado. Es de destacar que deje sin decorar la superficie y que concentre toda la talla en el reverso de la pieza, creando una marcada ilusión de profundidad.

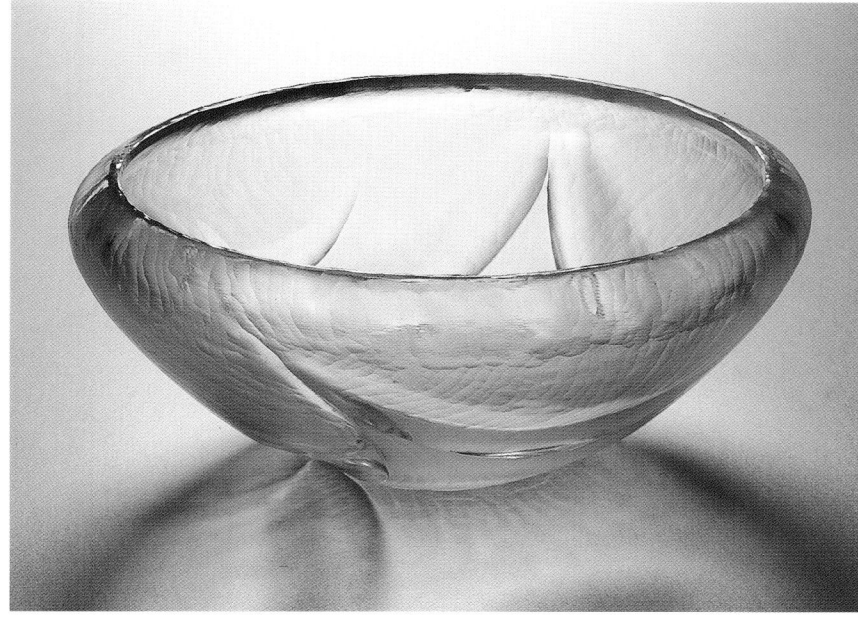

139.

139. Bowl, c. 1928
Hanns Model
Executed by Hanns Model, Kunstgewerbeschule Stuttgart, Stuttgart, Germany
Blown clear glass, cut and engraved
7.4 × 18 × 18 cm, signed: mark 26

139. Cuenco, h. 1928.
Hanns Model.
Realizado por Hanns Model, Kunstgewerbeschule Stuttgart, Stuttgart, Alemania.
Cristal soplado transparente, tallado y grabado.
7'4 × 18 × 18 cm, firmado: ver marca num. 26.

140. Covered jar, c. 1935
Wilhelm von Eiff
Executed by the Von Eiff Workshop, Kunstgewerbeschule Stuttgart, Stuttgart, Germany
Blown clear glass, cut and engraved
5.3 × 10.3 × 10.3 cm, signed: mark 46

140. Tarro con tapa, h. 1935.
Wilhelm von Eiff.
Realizado en el taller de Von Eiff, Kunstgewerbeschule Stuttgart, Stuttgart, Alemania.
Cristal soplado transparente, tallado y grabado.
5'3 × 10'3 × 10'3 cm, firmado: ver marca num. 46.

141. Covered jar, c. 1928
Wilhelm von Eiff
Executed by the Von Eiff Workshop, Kunstgewerbeschule Stuttgart, Stuttgart, Germany
Blown clear glass, cut and engraved
11 × 10.5 × 10.5 cm, signed: mark 46

141. Tarro con tapa, h. 1928.
Wilhelm von Eiff.
Realizado en el taller de Von Eiff, Kunstgewerbeschule Stuttgart, Stuttgart, Alemania.
Cristal soplado transparente, tallado y grabado.
11 × 10'5 × 10'5 cm, firmado: ver marca num. 46.

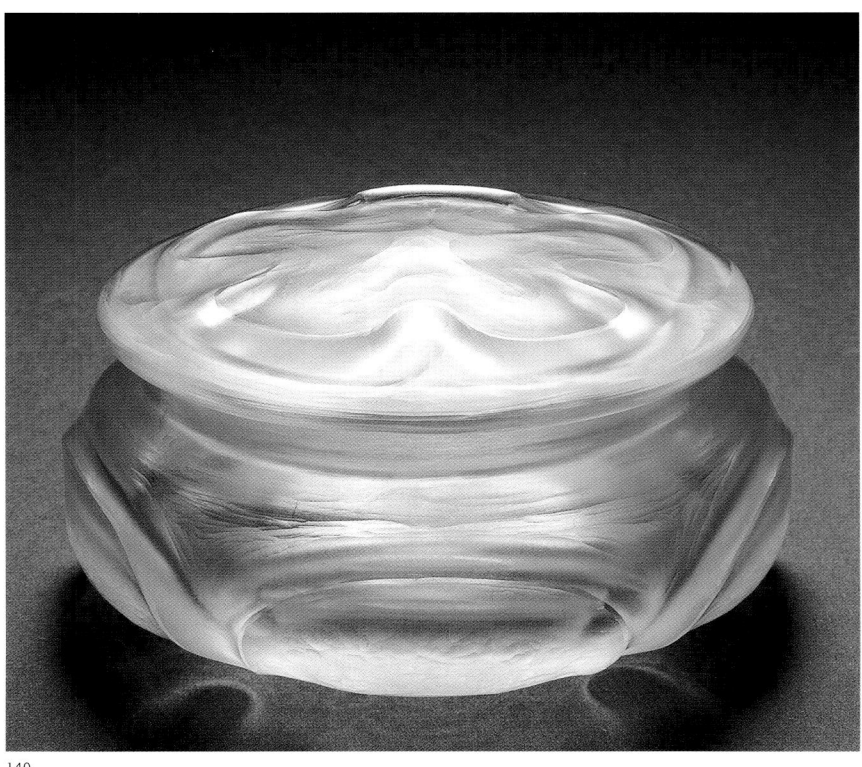

140.

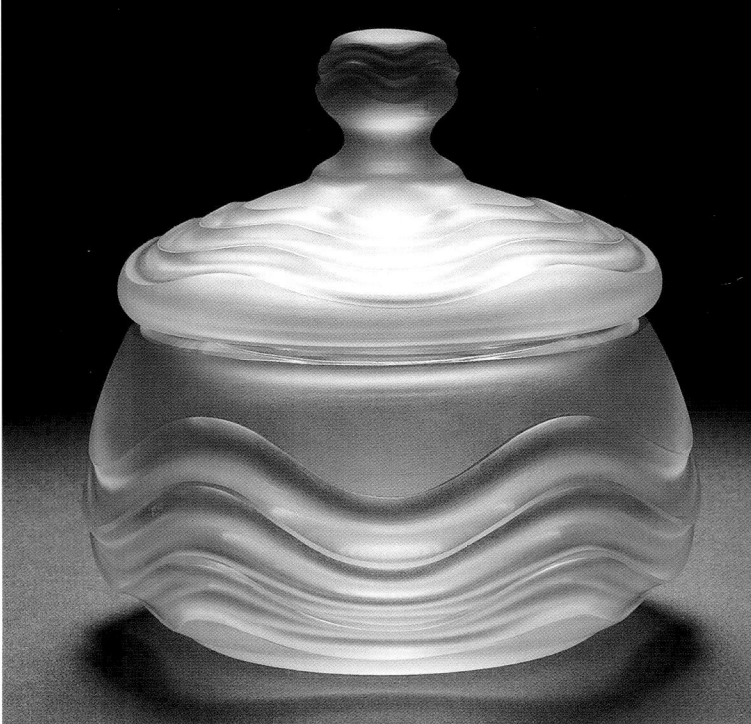

141.

Arte del grabador

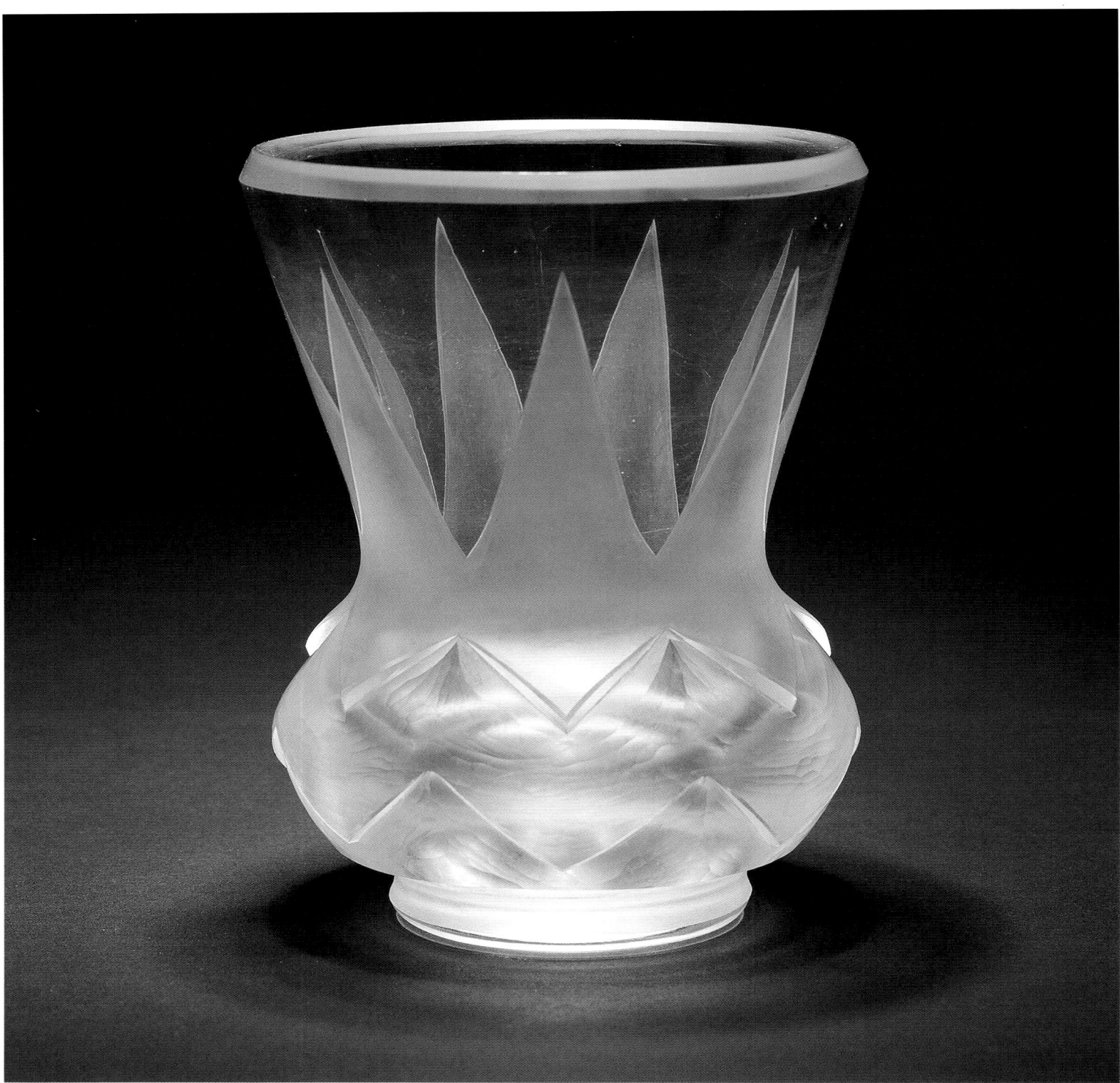

142.

142. **Vase**, c. 1929
Wilhelm von Eiff
Executed by the Von Eiff Workshop, Kunstgewerbeschule Stuttgart, Stuttgart, Germany

Blown clear glass, cut and engraved
13.2 × 10.2 × 10.2 cm, signed: mark 46

142. **Jarrón**, h. 1929.
Wilhelm von Eiff.
Realizado en el taller de Von Eiff, Kunstgewerbeschule Stuttgart, Stuttgart, Alemania.

Cristal soplado transparente, tallado y grabado.
13'2 × 10'2 × 10'2 cm, firmado: ver marca num. 46.

143. **Covered jar**, c. 1928
Wilhelm von Eiff
Executed by the Von Eiff Workshop, Kunstgewerbeschule Stuttgart, Stuttgart, Germany

Blown clear glass, cut and engraved
8.9 × 15.6 × 15.6 cm, signed: mark 46

143. **Tarro con tapa**, h. 1928.
Wilhelm von Eiff.
Realizado en el taller de Von Eiff, Kunstgewerbeschule Stuttgart, Stuttgart, Alemania.

Cristal soplado transparente, tallado y grabado.
8'9 × 15'6 × 15'6 cm, firmado: ver marca num. 46.

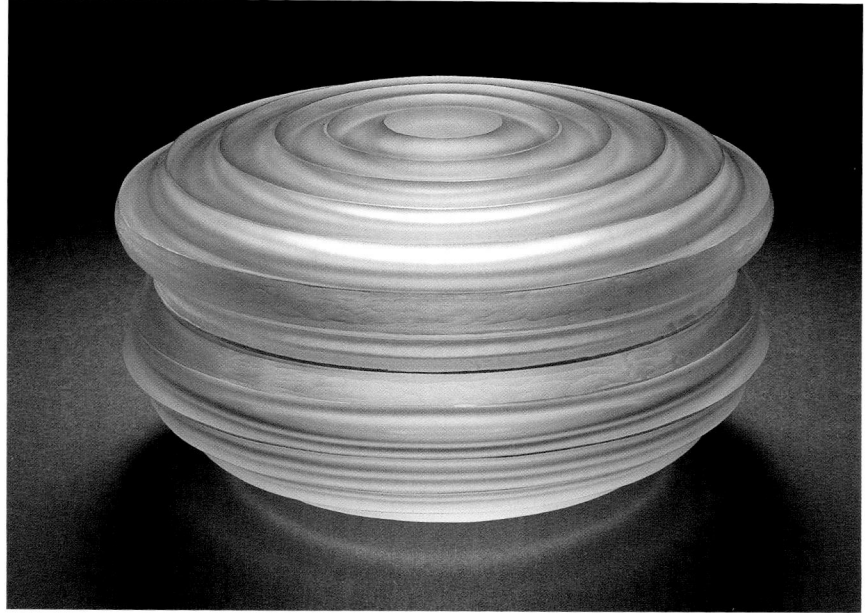
143

144. **Footed bowl**, c. 1928
Wilhelm von Eiff
Executed by the Von Eiff Workshop, Kunstgewerbeschule Stuttgart, Stuttgart, Germany

Blown clear glass, cut and engraved
8.5 × 23.3 × 23.3 cm, signed: mark 46

144. **Cuenco con pie**, h. 1928.
Wilhelm von Eiff.
Realizado en el taller de Von Eiff , Kunstgewerbeschule Stuttgart, Stuttgart, Alemania.

Cristal soplado transparente, tallado y grabado.
8'5 × 23'3 × 23'3 cm, firmado: ver marca num. 46.

145. **Bowl**, c. 1928
Wilhelm von Eiff
Executed by Wilhelm von Eiff, Kunstgewerbeschule Stuttgart, Stuttgart, Germany

Blown clear glass, cut and engraved
9.5 × 29.5 × 19.8 cm, signed: mark 10

145. **Cuenco**, h. 1928.
Wilhelm von Eiff.
Realizado por Wilhelm von Eiff, Kunstgewerbeschule Stuttgart, Stuttgart, Alemania.

Cristal soplado transparente, tallado y grabado.
9'5 × 29'5 × 19'8 cm.firmado: ver marca num. 10.

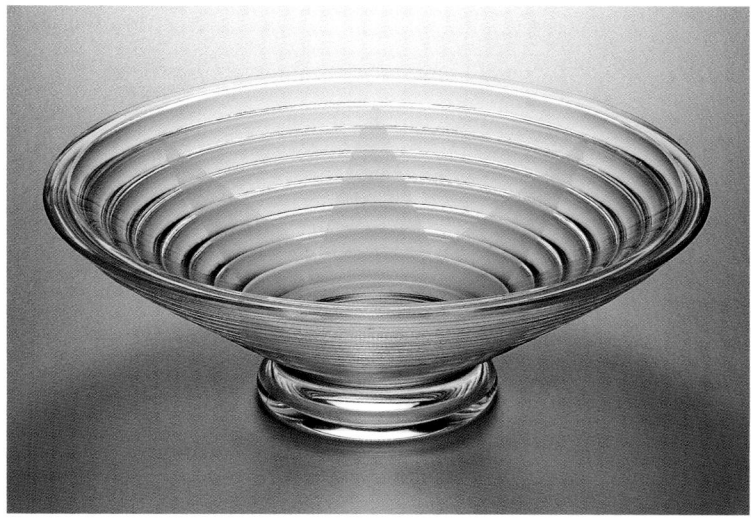
144

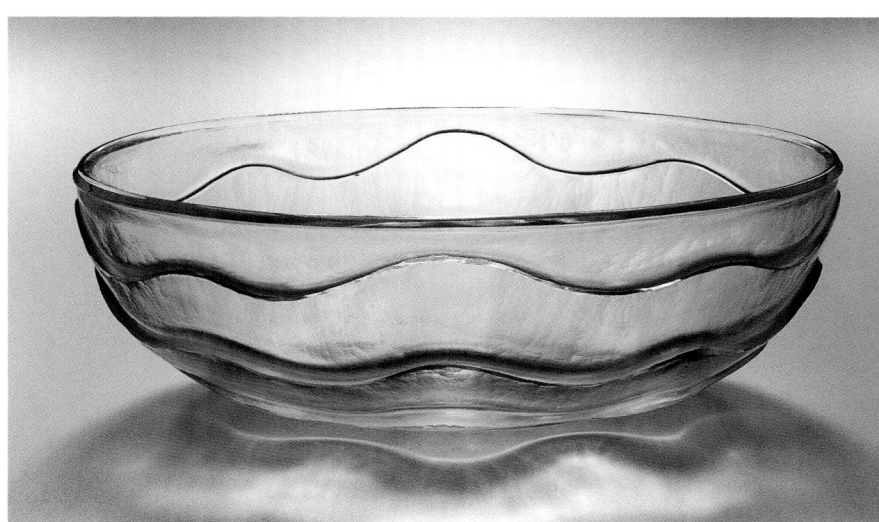
145

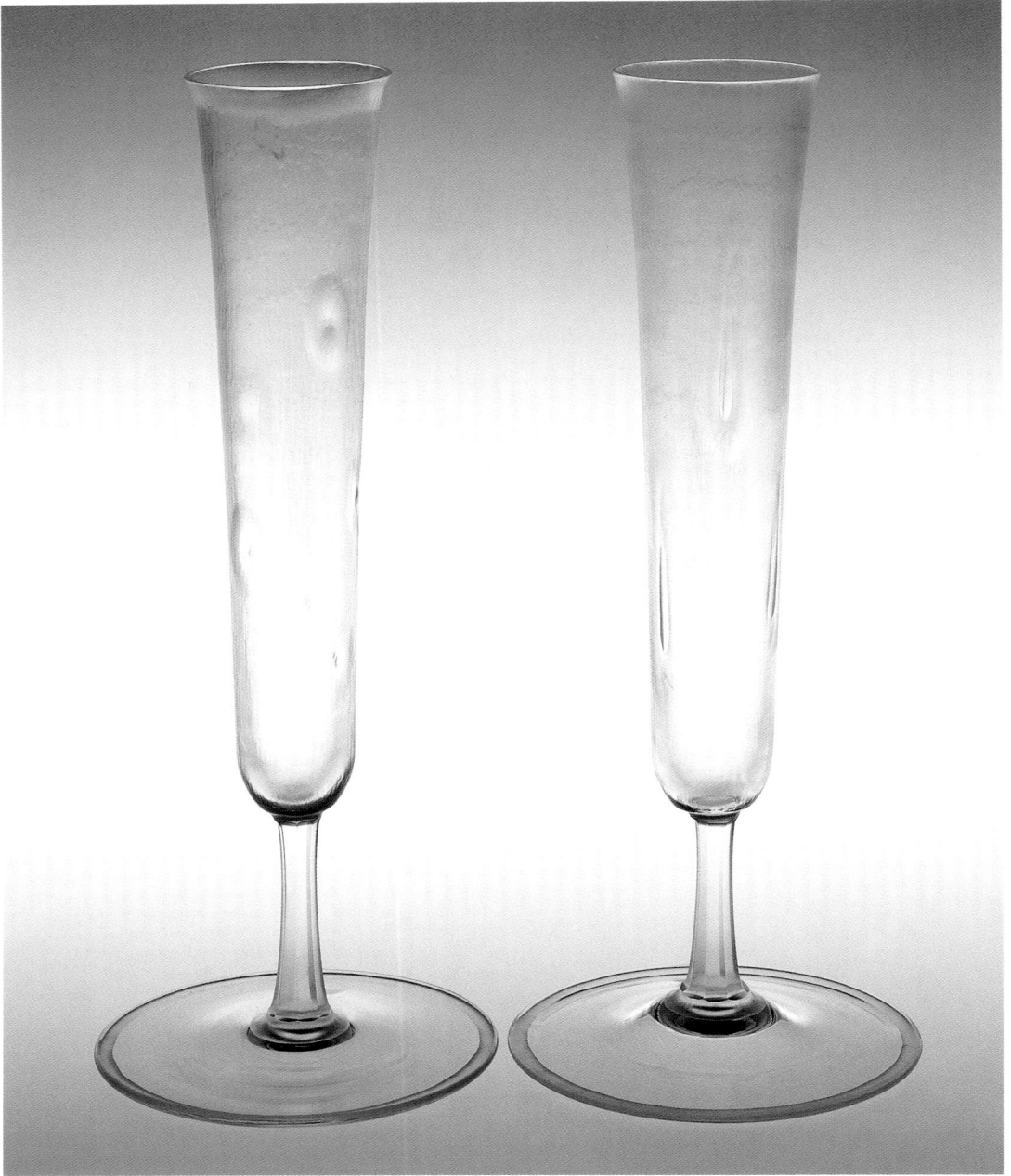

146. Two champagne glasses, c. 1928
Wilhelm von Eiff
Executed by the Von Eiff Workshop,
Kunstgewerbeschule Stuttgart, Stuttgart, Germany

Blown clear glass, engraved
22.6 × 9.1 × 9.1 cm, unsigned

146. Dos copas de champán, h. 1928.
Wilhelm von Eiff.
Realizado en el taller de Von Eiff, Kunstgewerbeschule Stuttgart, Stuttgart, Alemania.

Cristal soplado transparente, grabado.
22'6 × 9'1 × 9'1 cm, sin firma.

147. Vase, 1932
Hans Weber
Executed by Hans Weber, Kunstgewerbeschule Stuttgart, Stuttgart, Germany

Blown clear glass, cut and engraved
11.3 × 9.8 × 9.8 cm, signed: mark 49

Using the *Hochschnitt* technique and working roughly, like a sculptor carving marble, Hans Weber created this brooding, Rodinesque image of pensive male and female figures sitting side by side. After graduating from Wilhelm von Eiff's glass-cutting class, Weber established his own workshops in 1933 in Idar-Oberstein and Zweibrücken, Germany.

147. Jarrón, 1932.
Hans Weber.
Realizado por Hans Weber, Kunstgewerbeschule Stuttgart, Stuttgart, Alemania.

Cristal soplado transparente, tallado y grabado.
11'3 × 9'8 × 9'8 cm, firmado: ver marca num. 49.

Con la técnica de *Hochschnitt* y talla tosca, como un escultor que trabajara el mármol, Hans Weber creó esta imagen rodinesca de dos figuras pensativas, masculina y femenina, colocadas la una junto a la otra. Después de obtener el título en el curso de talla dirigido por Wilhelm von Eiff, Weber fundó sus propios talleres en 1933, en Idar-Oberstein y Zweibrücken, Alemania.

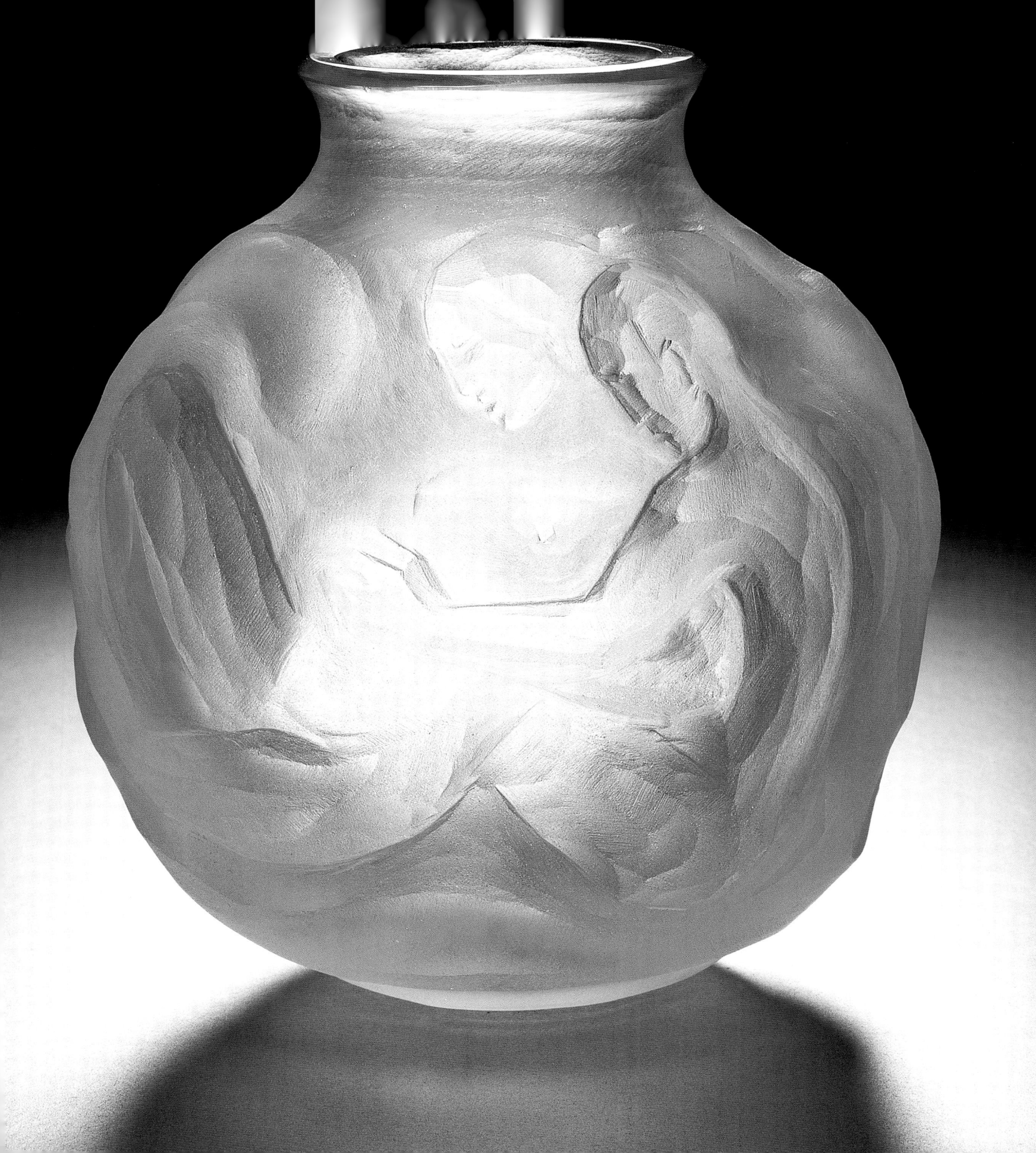

Designing for Industry

In the early twentieth century, designers of a modern persuasion sought to redefine taste not only by finding a new system of ornament but also by establishing beautiful, functional forms. This dichotomy paralleled another and equally important issue, namely striking a balance between the costly, handmade object and the less expensive object that could be industrially produced for large segments of society. Richard Riemerschmid, a member of Munich's United Workshops for Art in Handicraft (Vereinigte Werkstätten für Kunst im Handwerk), and Peter Behrens, first a member of the Munich group and later of the Darmstadt Artists' Colony, were concerned with these issues. Most often, even when designing objects to be made industrially, they used ornament as a final, though tasteful and fitting embellishment. But occasionally they created works—such as drinking glasses—that demonstrated that good form could be pure form, well designed, unornamented, and responsive to functional needs. By the end of the decade, when Behrens began designing products for AEG, Germany's largest electric company, he had turned away from ornament and was wholly concerned with industrial design. These developments encapsulate issues at the heart of twentieth-century decorative art, and which affected glass and all media.

In Vienna, things were no different. Perhaps the most famous and most extreme early denouncement of ornament came from the Viennese architect and theorist Adolf Loos. An essay of his, published in 1908, equated ornament with crime, which was a shockingly bold and singular position. His Austrian colleagues, such as Josef Hoffmann, favored strong forms that were occasionally unornamented but most often had sparse, geometric decoration. Yet one can see that in the years after 1910, as Hoffmann worked with industry, especially the glass industry, he too shunned applied ornament and became primarily the creator of forms.

One of the most important design organizations was the German Werkbund, an organization of artists and manufacturers which was established in Munich in 1907, and whose roster of founding members included Riemerschmid, Behrens, and Hoffmann. (It was soon followed by the formation of similar organizations in Austria, Hungary, and later Czechoslovakia.) The German Werkbund sought to improve the quality and commercial viability of industrial products, and was high-minded in its aims. It organized important design exhibitions, the most famous of which was held in Cologne in 1914. It was also the forum for a series of bitter debates about universality and standardization of "form types," as opposed to the expression of artists' personal idioms. In the postwar years the tide gradually turned: industrialization and the denial of ornament became dominant precepts. The Werkbund's important 1924 exhibition in Stuttgart was devoted to the theme of "Form," which included a special exhibition of "Form Without Ornament." The exhibition embraced all media and displayed not only modern examples of glass, but also juxtaposed this work with examples of Chinese and Roman

Diseño para la industria

Desde los albores del siglo XX los diseñadores de tendencia vanguardista buscaron una nueva definición del gusto basada no sólo en un nuevo sistema ornamental, sino también en la creación de formas bellas y funcionales.

Junto a esta dicotomía se planteó otra cuestión igualmente importante: encontrar un equilibrio entre los costosos objetos realizados a mano y los que pudieran ser producidos a menor precio para amplios sectores de la sociedad.

Richard Riemerschmid, miembro de los Talleres Unidos para el Arte en la Artesanía de Munich (Vereinigte Werkstätten für Kunst im Handwerk), y Peter Behrens, primero miembro del grupo de Munich y luego de la Colonia de Artistas de Darmstadt, se ocuparon de estas cuestiones. Muy a menudo, aún cuando diseñaban objetos para la producción industrial, emplearon la ornamentación, aunque apropiada y de buen gusto, como embellecimiento final. Sin embargo, ocasionalmente crearon piezas, como por ejemplo vasos para beber, que demostraban que una la buena forma debería ser pura, bien diseñada, desornamentada y adecuada a las necesidades funcionales. Hacia el final de la primera década del siglo, cuando Behrens comenzó a diseñar productos para la AEG, la mayor compañía eléctrica de Alemania, había abandonado ya la ornamentación para ocuparse por entero del diseño industrial. Sus innovaciones definieron los fundamentos del arte del siglo XX, y afectaron tanto al cristal y como al resto los medios de expresión plástica.

En Viena el panorama no era diferente. El pronunciamiento más temprano y severo contra el ornamento es quizá el del arquitecto y teórico vienés Adolf Loos. Uno de sus escritos, publicado en 1908, identificaba ornamento con delito, postura ésta sorprendentemente osada y singular. Sus colegas austríacos, como Josef Hoffmann, se inclinaron hacia formas poderosas que estaban ocasionalmente desornamentadas, aunque más a menudo recurrieran a contenidas decoraciones de carácter geométrico. Sin embargo, se puede observar que, en los años siguientes a 1910, a medida que Hoffmann desarrollaba sus trabajos para la industria y especialmente para la de vidrio, fue abandonando la ornamentación aplicada para convertirse en un creador de formas.

Una de las organizaciones más importantes relacionadas con el diseño fué la Werkbund alemana, constituida por artistas y artesanos, que fue fundada en Munich en 1907, y cuyo elenco de miembros iniciales incluyó a Riemerschmid, Behrens, y Hoffmann. Sería pronto seguida por otras organizaciones similares en Austria, Hungría y posteriormente en Checoslovaquia. La Werkbund alemana abordó la mejora de la calidad y de la viabilidad comercial de los productos industriales, a través de un programa de gran amplitud de miras. Organizó importantes exposiciones de diseño, la más famosa de las cuales se celebró en Colonia en 1914. Fué asimismo la sede de encarnizados debates acerca de la universalidad y la estandarización de "modelos formales" con el propósito de combatir los lenguajes personales de los artistas. Durante los años posteriores a la Guerra se apaci-

ceramics and glass—all proving that good form was universal, eternal, and, most important, unornamented. How different from the 1914 exhibition, where most of the glass was inevitably (but tastefully) decorated.

A similar evolution can be seen within the Bauhaus. Gradually, as the pedagogical basis of this school was shaped, the emphasis shifted to designing for industry, just as the school's aesthetics shifted toward a geometric Constructivism. Handicraft remained a necessary first stage in gaining mastery for machine production, but the intricacies of personally produced work gave way to simpler, unornamented objects made for the public at large. Much like what had occurred around 1850, taste became intertwined with issues of morality, and design was seen as the way to build a better society.

Wilhelm Wagenfeld, who had studied at the Bauhaus and then headed its metal workshop, provided some of the most significant designs for the German glass industry. In accord with the Bauhaus program of unifying art and technology, Wagenfeld designed objects with beautiful forms that exploited industrial production systems, new technologies of heat and cold-resistant glass, and satisfied utilitarian demands. These "cultural goods" were the rightful heirs to several decades of concern with design in Austria and Germany.

guaron los ánimos: la industrialización y la negación del ornamento se convirtieron en los preceptos dominantes. La gran exposición de la Werkbund de 1924, en Stuttgart, que estuvo dedicada a la "Forma", incluyó una muestra especial titulada "Forma sin ornamento". Abarcaba todos los medios de expresión plástica, y presentaba cristal moderno yuxtapuesto a ejemplos de cerámica y vidrio chinos y romanos para probar que la buena forma es universal, eterna y, lo que es aún más importante, desornamentada. ¡Qué diferente de la exposición de 1914, en la que la mayor parte del cristal estaba bella pero inevitablemente decorado!.

Se puede apreciar una evolución similar en la Bauhaus. Gradualmente, a medida que los fundamentos pedagógicos de esta escuela fueron precisándose, el énfasis se desplazó hacia el diseño para la industria, al tiempo que los presupuestos estéticos se deslizaban hacia un Constructivismo geométrico. El trabajo manual perduró como primer paso hacia la adquisición de las destrezas necesarias para la producción a máquina, pero las complejidades del trabajo personal cedieron terreno ante el interés por objetos simples y desornamentados, realizados para el público en general. Como había ocurrido un centenar de años antes, el gusto se entrelazó con posturas éticas, y el diseño se abordó como camino para construir una sociedad futura mejor. A Wilhelm Wagenfeld, que había estudiado en la Bauhaus y que más tarde dirigió su propio taller de metalistería, se le deben algunos de los más significativos diseños para la industria alemana del vidrio. De acuerdo con el programa de la Bauhaus de unificación del arte y de la técnica, Wagenfeld diseñó objetos de bellas formas que aprovechaban los sistemas de producción industrial y las nuevas técnicas de fabricación de cristal resistente al frío y al calor, y que satisfacían las demandas de uso. Estos "objetos cultos" fueron la herencia de varias décadas de interés por el diseño en Austria y Alemania.

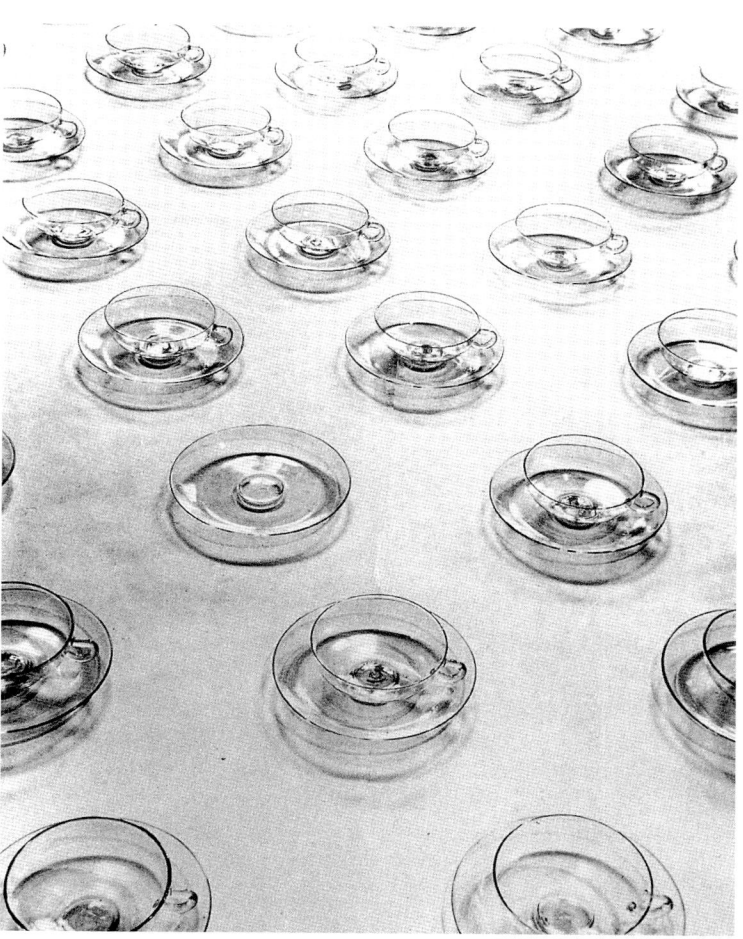

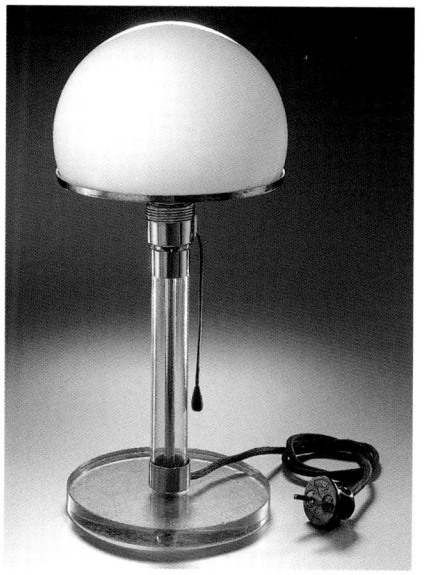

László Moholy-Nagy, photograph of Wilhelm Wagenfeld's tea cups and saucers, c. 1933–37 (courtesy Archiv Jenaer Glasfabrik).

László Moholy-Nagy, fotografía de teteras y platos de Wilhelm Wagenfeld, h. 1933–37 (Gentileza de Archiv Jenaer Glasfabrik).

Wilhelm Wagenfeld, Table lamp MT 9/ME 1, 1922–24, Utsunomiya Museum of Art, Utsunomiya, Japan.

Wilhelm Wagenfeld, Lámpara de mesa MT 9/ME 1, 1922–24, Utsonomiya Museo de arte de Utsonomiya, Japón.

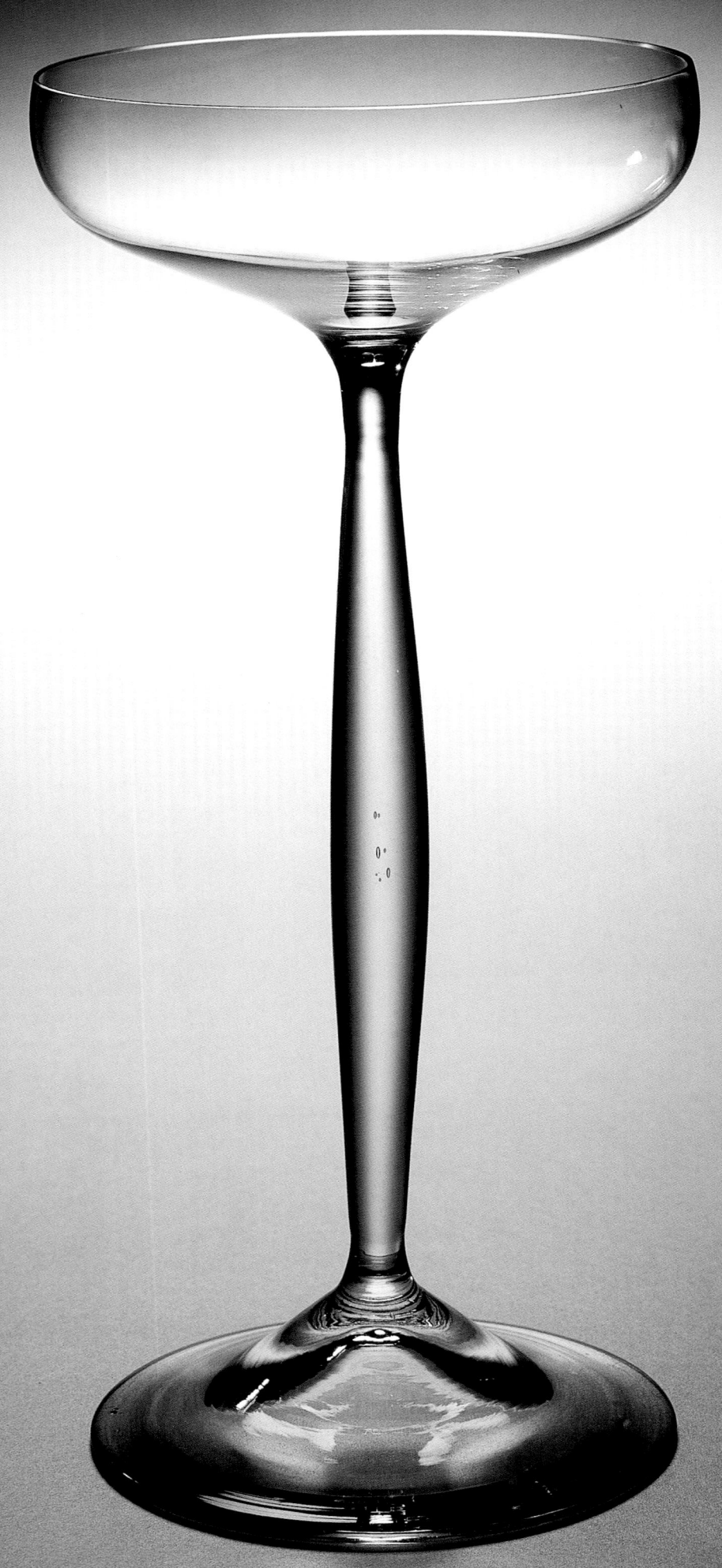

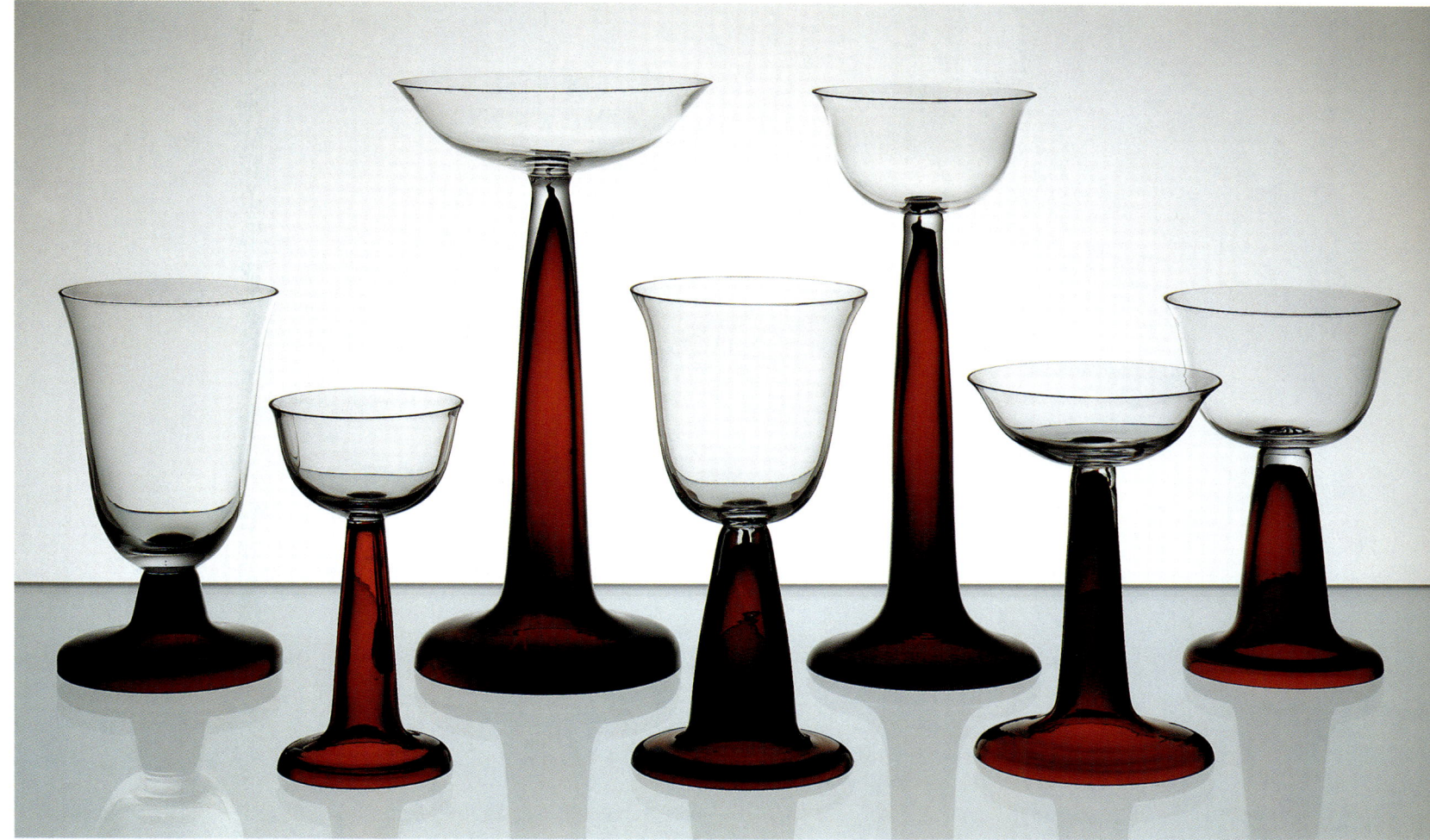

149.

148. **Champagne glass**, 1898
Peter Behrens
Produced by Kristallglasfabrik Benedikt von Poschinger, Lindberg Oberzwieselau (Oberzwieselau), Germany

Mold-blown clear glass
21.2 × 9.7 × 9.7 cm, unsigned

Peter Behrens, though trained as a painter, became increasingly involved in the decorative arts at the beginning of the twentieth century, especially after he moved to the newly-founded artists' colony in Darmstadt. This elegant champagne glass was part of the first series of drinking glasses he designed. In contrast to prevailing tastes for elaborately decorated Art Nouveau glassware, Behrens' unornamented set heralded a new era of functional yet elegant glass forms. Although designed for serial production, it was hand finished.

148. **Copa de champán**, 1898.
Peter Behrens.
Producido por Kristallglasfabrik Benedikt von Poschinger, Lindberg Oberzwieselau (Oberzwieselau), Alemania.

Cristal transparente y soplado a molde.
21'2 × 9'7 × 9'7 cm, sin firma.

Peter Behrens, pintor de formación, fue interesándose progresivamente por las artes decorativas en los primeros años del siglo XX, especialmente después de su traslado a la nueva Colonia de Artistas de Darmstadt. Esta elegante copa de champán era parte de una de las primeras cristalerías que diseñó. Contrastando con el elaborado gusto imperante en la producción de cristal de mesa Art Nouveau, las piezas desornamentadas de Behrens anuncian una nueva era de formas a la par funcionales y elegantes. Aunque fuera diseñada para la producción seriada, fue acabada a mano.

149. **Seven goblets**, 1900/01
Peter Behrens
Produced by Rheinische Glashütte AG, Cologne-Ehrenfeld, Germany

Blown clear and colored glass, partially overlaid with clear glass
Champagne glass: 21.3 × 11 × 11 cm, unsigned

This set of drinking glasses was designed by Peter Behrens for the dining room of his own home on the Matildenhöhe in Darmstadt, which was intended as a showplace. The set was shown publicly at the 1901 exhibition of the Darmstadt artists' colony. Its colorless, suavely shaped bowls are set off by the contrasting deep red of the flaring stems and the entire effect is predicated on the graceful geometry of balanced forms. Subsequently Behrens became one of the major forces in the German Werkbund, and created aesthetically attractive industrial products for the AEG electric company.

149. **Siete copas**, 1900/01.
Peter Behrens.
Producido por Rheinische Glashütte AG, Cologne-Ehrenfeld, Alemania.

Cristal soplado transparente y coloreado, parcialmente recubierto de cristal transparente.
Copa de champán: 21'3 × 11 × 11 cm, sin firma.

Esta cristalería fué diseñada por Peter Behrens para el comedor de su propia casa en la Matildenhöhe en Darmstadt, también concebida para ser visitada. El conjunto se mostró al público en la exposición de la Colonia de Artistas de Darmstadt de 1901. Sus copas incoloras de líneas suaves destacan gracias al contraste con el rojo profundo de los pies llameantes, y el efecto completo descansa en la elegante geometría de formas equilibradas. Posteriormente Behrens se convertiría en una de las principales fuerzas de la Werkbund alemana, y crearía productos industriales estéticamente atractivos para la compañía eléctrica AEG.

150. **Red wine glass**, 1898
Peter Behrens
Produced by Kristallglasfabrik Benedikt von Poschinger, Lindberg Oberzwieselau (Oberzwieselau), Germany

Mold-blown clear glass
20.8 × 7.6 × 7.6 cm, unsigned

150. **Copa de vino tinto**, 1898.
Peter Behrens.
Producido por Kristallglasfabrik Benedikt von Poschinger, Lindberg Oberzwieselau (Oberzwieselau), Alemania.

Cristal transparente soplado a molde.
20'8 × 7'6 × 7'6 cm, sin firma.

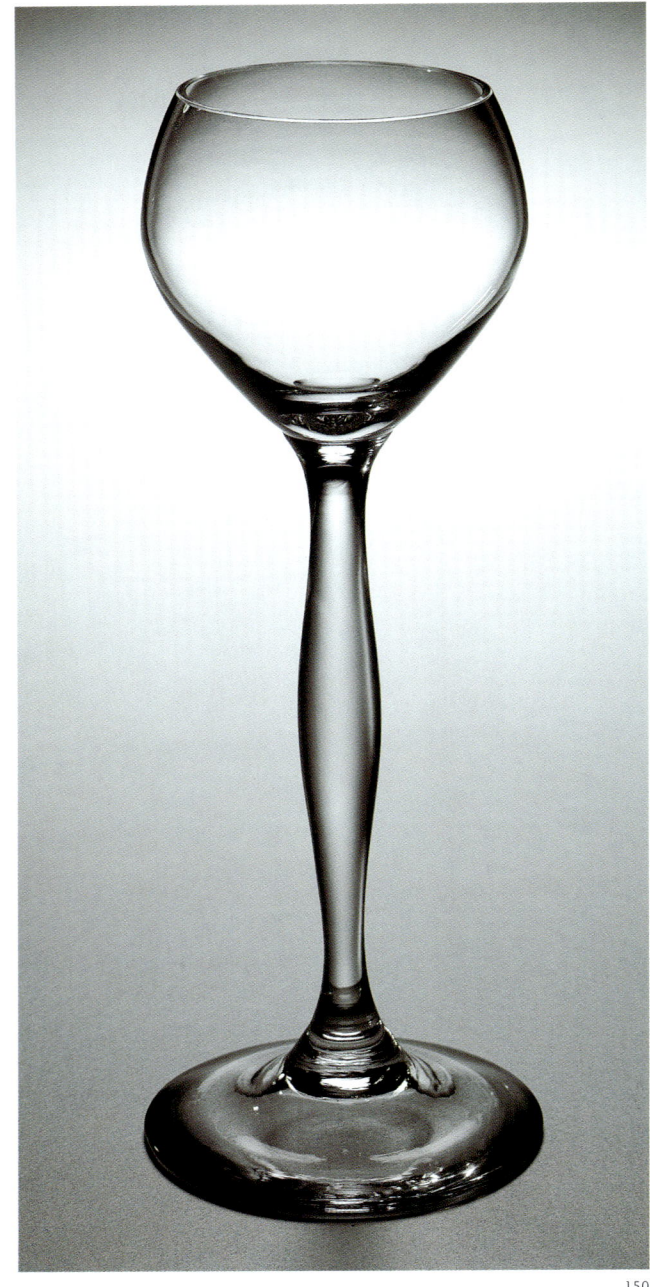

150

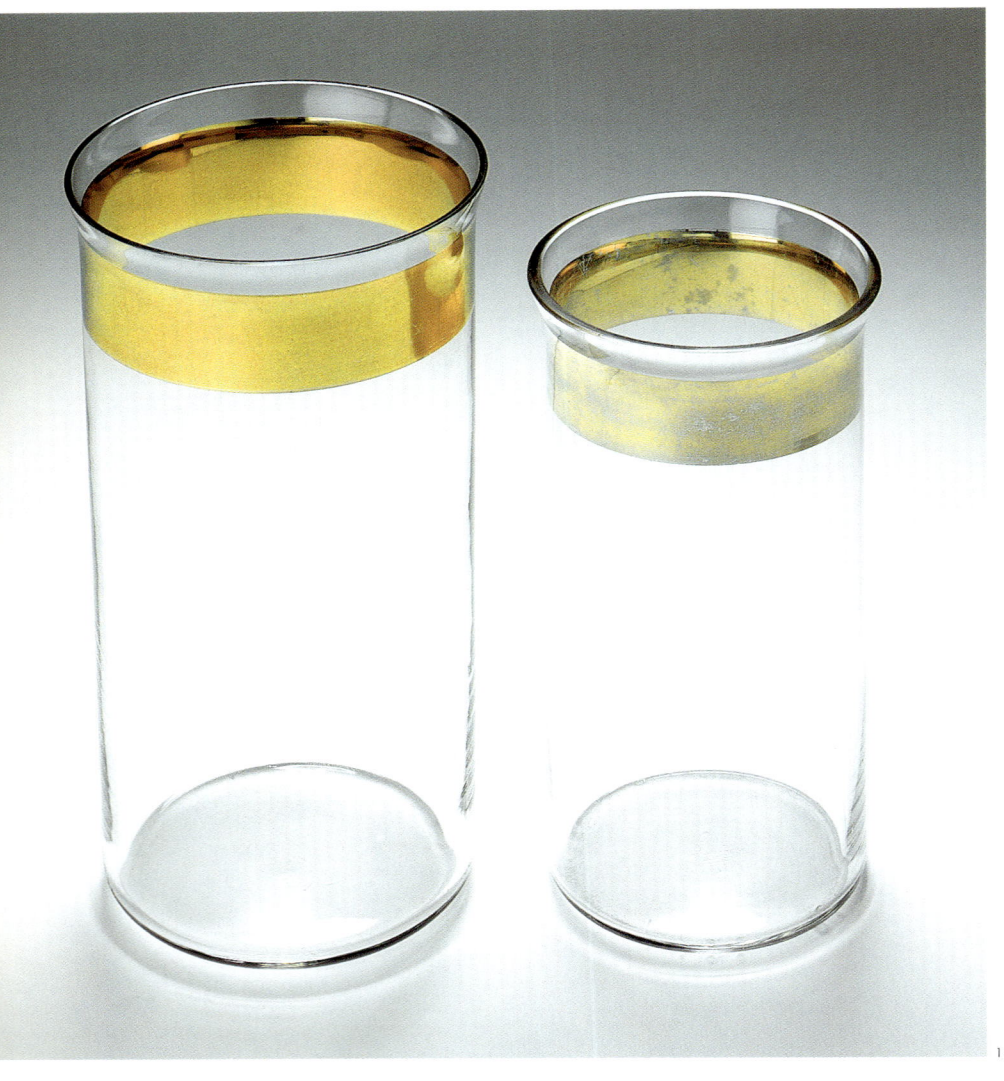

151

151. **Two water tumblers**, 1902
Peter Behrens
Produced by Kristallglasfabrik Benedikt von Poschinger, Lindberg Oberzwieselau (Oberzwieselau), Germany

Blown clear glass, gilt
Larger tumbler: 13.6 × 7.1 × 7.1 cm, unsigned

151. **Dos vasos de agua**, 1902.
Peter Behrens.
Producido por Kristallglasfabrik Benedikt von Poschinger, Lindberg Oberzwieselau (Oberzwieselau), Alemania.

Cristal soplado transparente, dorado.
Vaso mayor: 13'6 × 7'1 × 7'1 cm, sin firma.

— 154 —— Designing for Industry

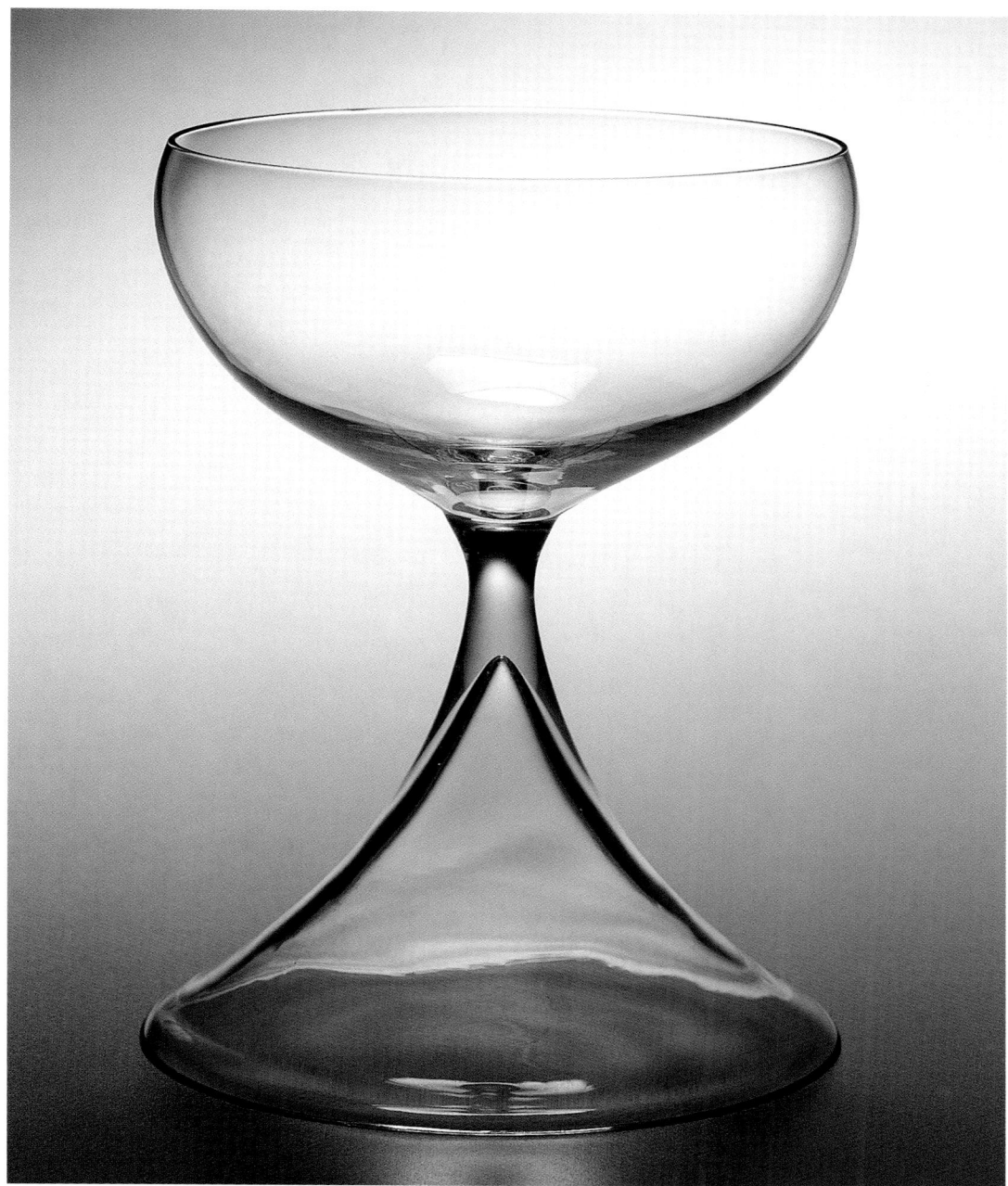

152.

152. **Wine glass**, 1900
Richard Riemerschmid
Produced by Kristallglasfabrik Benedikt
von Poschinger, Lindberg Oberzwieselau
(Oberzwieselau), Germany
Retailed by Keller & Reiner, Berlin,
Germany

Mold-blown clear glass
10.9 × 8 × 8 cm, unsigned

152. **Copa de vino**, 1900.
Richard Riemerschmid.
Producido por Kristallglasfabrik
Benedikt von Poschinger, Lindberg
Oberzwieselau (Oberzwieselau),
Alemania.
Comercializado por Keller & Reiner,
Berlin, Alemania.

Cristal transparente soplado a molde.
10'9 × 8 × 8 cm, sin firma.

Diseño para la industria

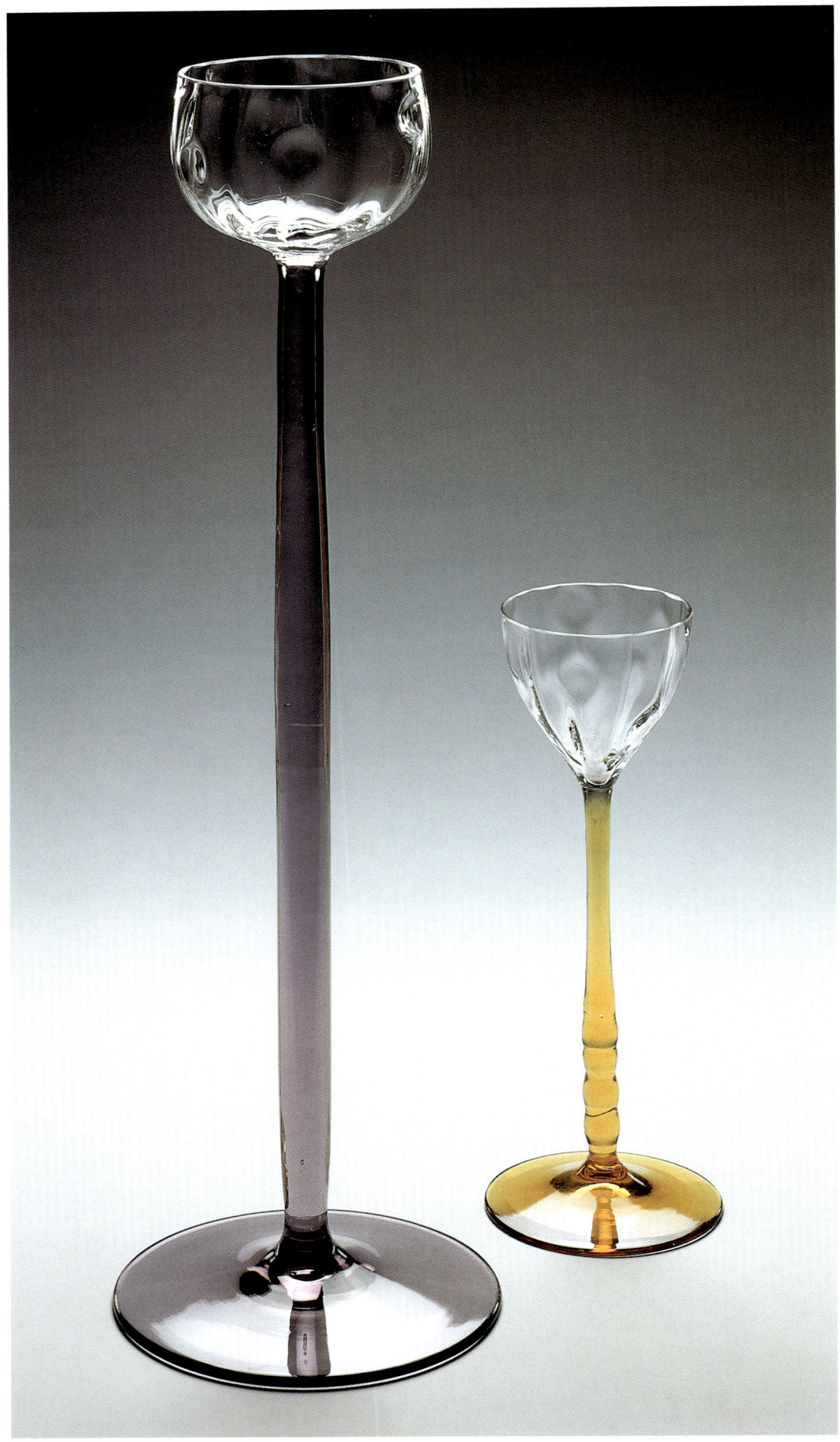

153. **Goblet**, c. 1900
Koloman Moser
Produced for E. Bakalowitz Söhne,
Vienna, Austria

Blown clear and colored glass
32 × 9.8 × 9.8 cm, unsigned

153. **Copa**, h. 1900.
Koloman Moser.
Producido para E. Bakalowitz Söhne,
Viena, Austria.

Cristal soplado transparente y coloreado.
32 × 9'8 × 9'8 cm, sin firma.

154. **Goblet**, c. 1900
Koloman Moser
Produced for E. Bakalowitz Söhne,
Vienna, Austria

Blown clear and colored glass
16.5 × 6.2 × 6.2 cm, unsigned

Featured at the Eighth Vienna Secession Exhibition in 1900, these extremely tall goblets were designed by the painter Koloman Moser, a founder of the Vienna Secession and the Wiener Werkstätte. In accord with avant-garde Viennese taste at the beginning of the twentieth century, the shapes are pure and undecorated but, on the other hand, the stems are extremely attenuated and enriched by a variety of charming colors.

154. **Copa**, h. 1900.
Koloman Moser.
Producido para E. Bakalowitz Söhne,
Viena, Austria.

Cristal soplado transparente y coloreado.
16'5 × 6'2 × 6'2 cm, sin firma.

Presentadas en la Octava Exposición de la Secesión de Viena en 1900, estas altísimas copas fueron diseñadas por el pintor Koloman Moser, uno de los fundadores de este grupo y de la Wiener Werkstätte. De acuerdo con el gusto de la vanguardia vienesa de principios del siglo XX, las formas son puras y desornamentadas, y los pies han sido adelgazados al máximo y enriquecidos con suaves colores.

153, 154

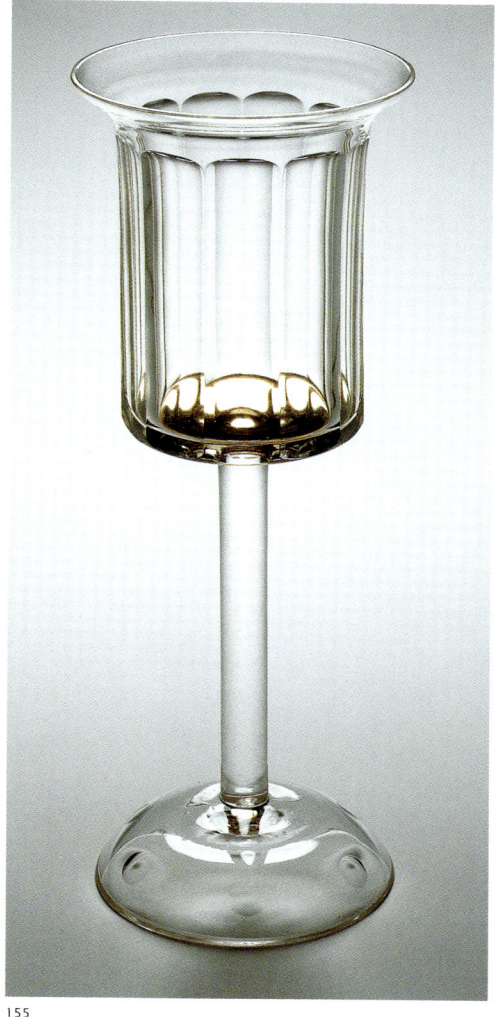

155

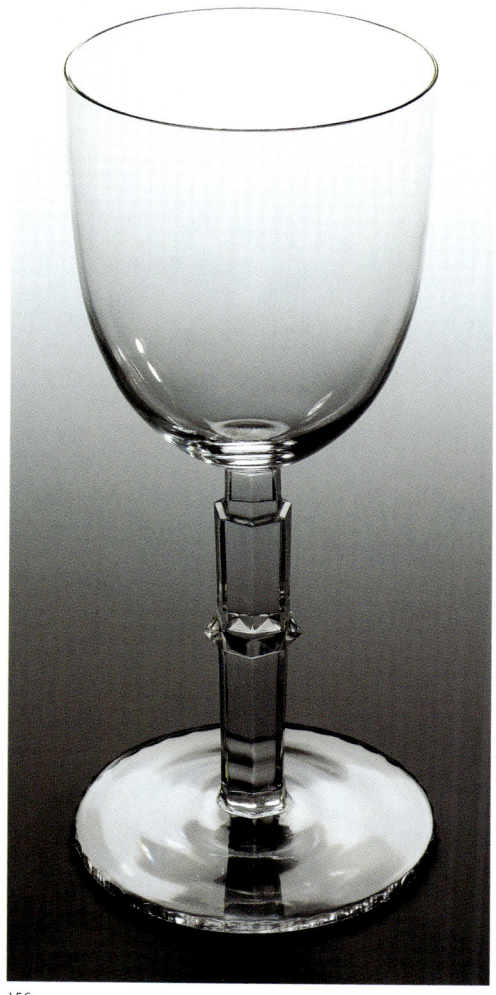

156

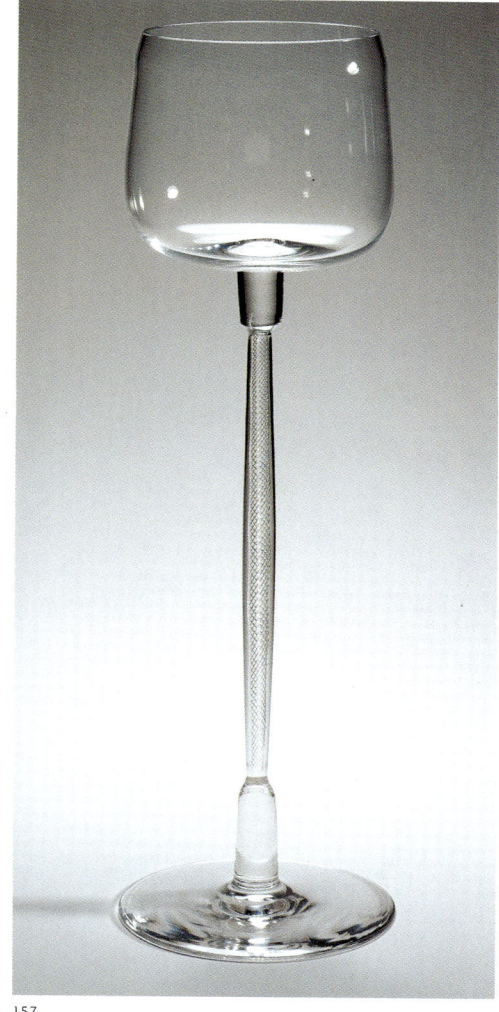

157

155. Wine glass, c. 1908
Albin Müller
Produced by Kristallglasfabrik Benedikt von Poschinger, Lindberg Oberzwieselau (Oberzwieselau), Germany

Blown clear glass, cut, gilt
20.5 × 7.8 × 7.8 cm, unsigned

155. Copa de vino, h. 1908.
Albin Müller.
Producido por Kristallglasfabrik Benedikt von Poschinger, Lindberg Oberzwieselau (Oberzwieselau), Alemania.

Cristal soplado transparente, tallado y dorado.
20'5 × 7'8 × 7'8 cm, sin firma.

156. Wine glass, 1912
Josef Hoffmann
Retailed by J. & L. Lobmeyr, Vienna, Austria

Mold-blown clear glass, cut
20.8 × 9 × 9 cm, unsigned

156. Copa de vino, 1912.
Josef Hoffmann.
Comercializado por J. & L. Lobmeyr, Viena, Austria.

Cristal transparente soplado a molde, tallado.
20'8 × 9 × 9 cm, sin firma.

157. Goblet, c. 1906
Erich Kleinhempel
Produced by Rheinische Glashütten AG, Cologne-Ehrenfeld, Germany

Blown clear and colored glass
25.7 × 7.8 × 7.8 cm, unsigned

157. Copa, h. 1906.
Erich Kleinhempel.
Producido por Rheinische Glashütten AG, Cologne-Ehrenfeld, Alemania.

Cristal soplado transparente y coloreado.
25'7 × 7'8 × 7'8 cm, sin firma.

Diseño para la industria

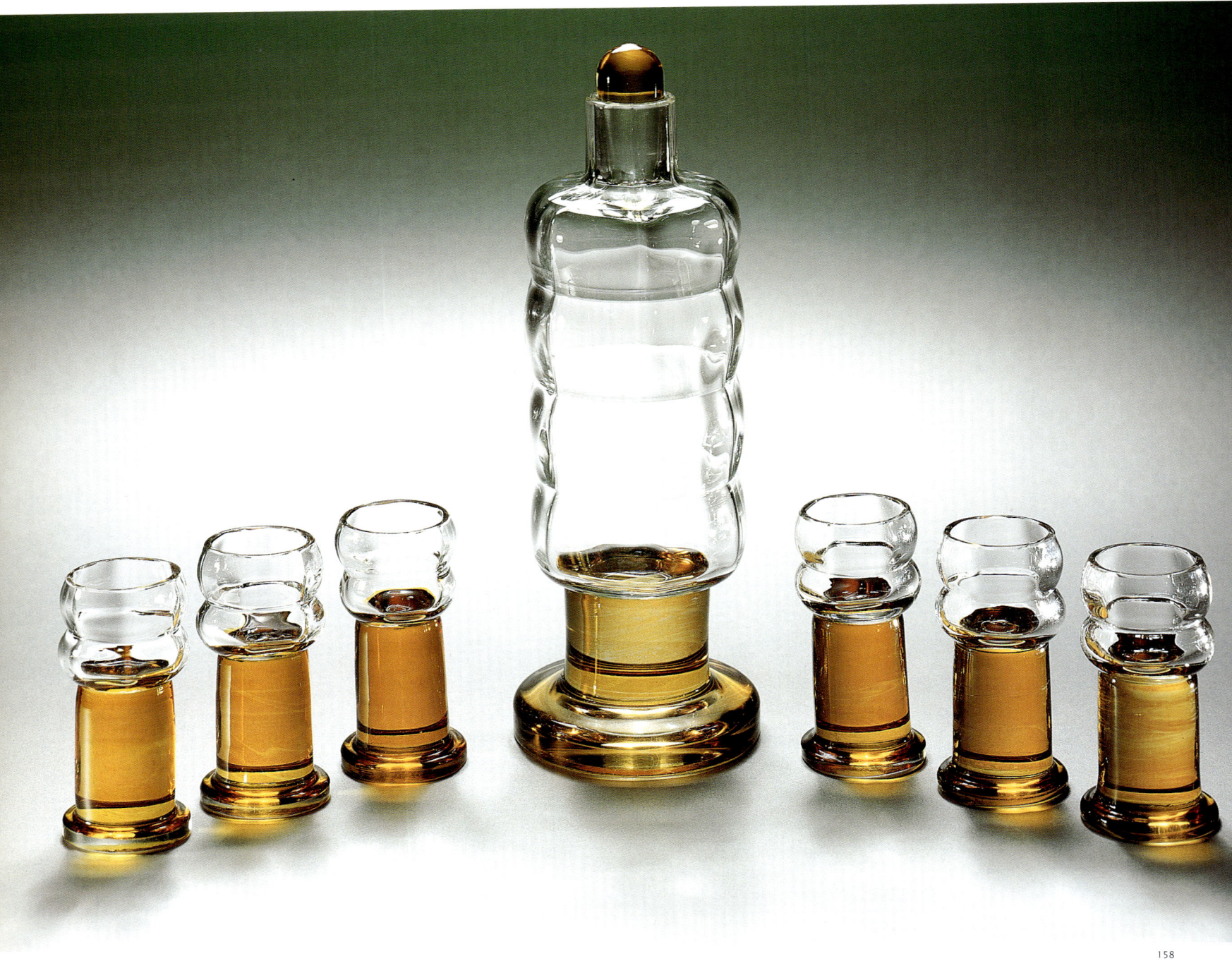

158. **Liqueur service**, 1910/11

Otto Prutscher

Produced by Meyr's Neffe, Adolfov (Adolf), Czech Republic
Retailed by the Wiener Werkstätte, Vienna, Austria

Mold-blown clear glass, stained
Decanter: 21.5 × 7.5 × 7.5 cm, unsigned

Otto Prutscher's architectural interests are reflected in these striking designs. Set on yellow, solid glass cylinders which impart a sense of great strength, these goblets and decanter appear buoyant but firm. Although their shapes might at first seem simple, the design is complex: the clear portions are annular sections whose curved contours contrast with the columnar bases. Prutscher's sense of form marks a significant transitional point between the aesthetics of 1900 and 1925.

158. **Servicio de licor**, 1910/11.

Otto Prutscher.

Producido por Meyr's Neffe, Adolfov (Adolf), República Checa.
Comercializado por la Wiener Werkstätte, Viena, Austria.

Cristal transparente soplado a molde y pintado.
Decantador: 21'5 × 7'5 × 7'5 cm, sin firma.

Las inclinaciones arquitectónicas de Otto Prutscher se reflejan en estos interesantes diseños. Construidos sobre sólidos cilindros de cristal amarillo que transmiten una impresión de gran estabilidad, estas copas y su decantador dan a la vez la impresión de ligereza y de firmeza. A pesar de que sus formas puedan parecer simples al principio, el diseño es complejo: las partes transparentes son secciones anulares cuyos contornos curvados contrastan con las bases columnarias. El sentido de la forma de Prutscher marca una significativa transición entre los preceptos estéticos de 1900 y 1925.

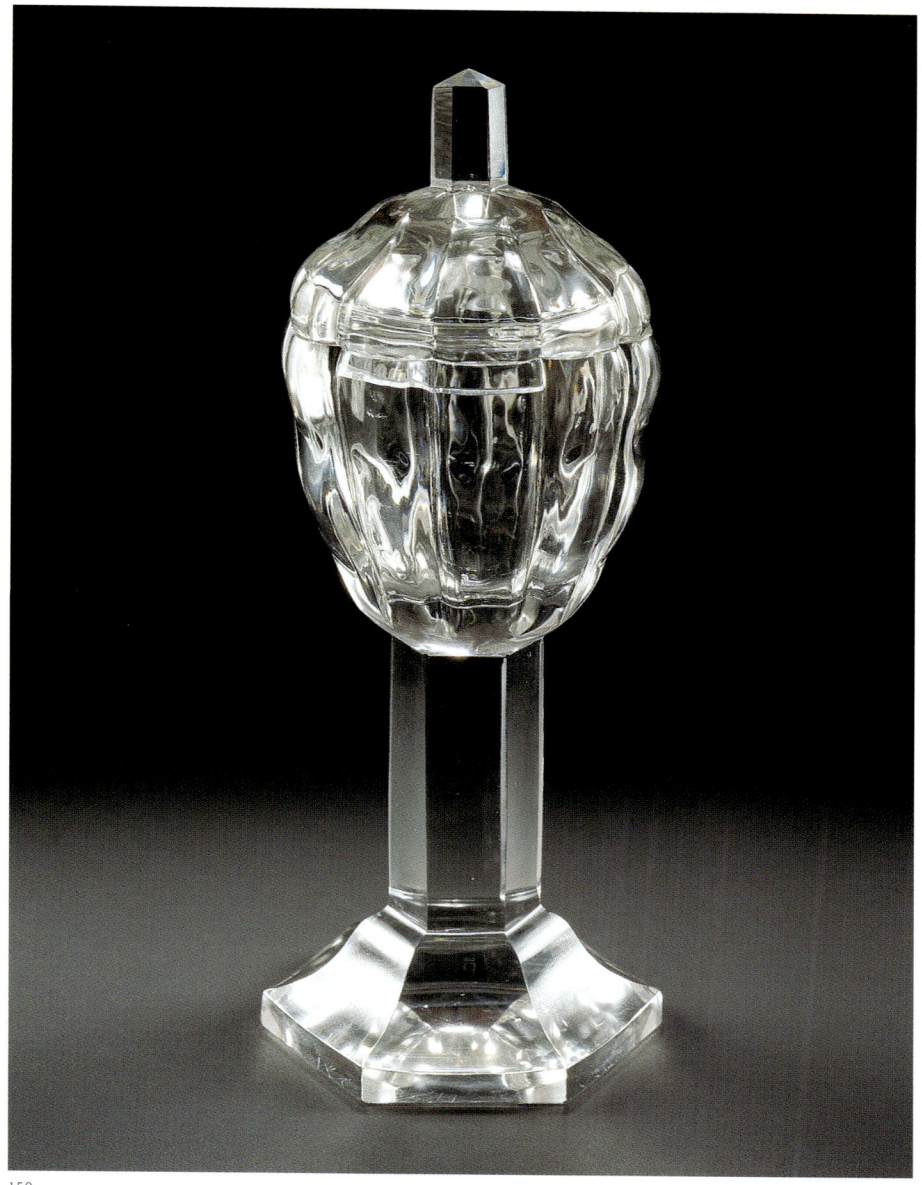

159

159. Covered vessel, c. 1915
Otto Prutscher
Produced by Karl Schappel, Nový Bor (Haida), Czech Republic

Mold-blown clear glass, cut
30 × 11.5 × 11.5 cm, unsigned

159. Copa con tapa, h. 1915.
Otto Prutscher.
Producido por Karl Schappel, Nový Bor (Haida), República Checa.

Cristal transparente soplado a molde, tallado.
30 × 11'5 × 11'5 cm, sin firma.

Diseño para la industria

160. **Footed bowl**, 1917

Josef Hoffmann
Produced by Meyr's Neffe, Adolfov (Adolf), Czech Republic
Commissioned and retailed by the
Wiener Werkstätte, Vienna, Austria

Blown colored glass, cut
17 × 25.2 × 25.2 cm, unsigned

160. **Cuenco con pie**, 1917.

Josef Hoffmann.
Producido por Meyr's Neffe, Adolfov (Adolf),
República Checa.
Encargado y comercializado por la Wiener
Werkstätte, Viena, Austria.

Cristal soplado coloreado, tallado.
17 × 25'2 × 25'2 cm, sin firma.

161. **Vase**, c. 1923/24

Josef Hoffmann
Produced for the Wiener Werkstätte, Vienna, Austria

Mold-blown colored glass
19.5 × 14.9 × 14.9 cm, unsigned

161. **Jarrón**, h. 1923/24

Josef Hoffmann.
Producido para la Wiener Werkstätte, Viena, Austria.

Cristal coloreado soplado a molde.
19'5 × 14'9 × 14'9 cm, sin firma.

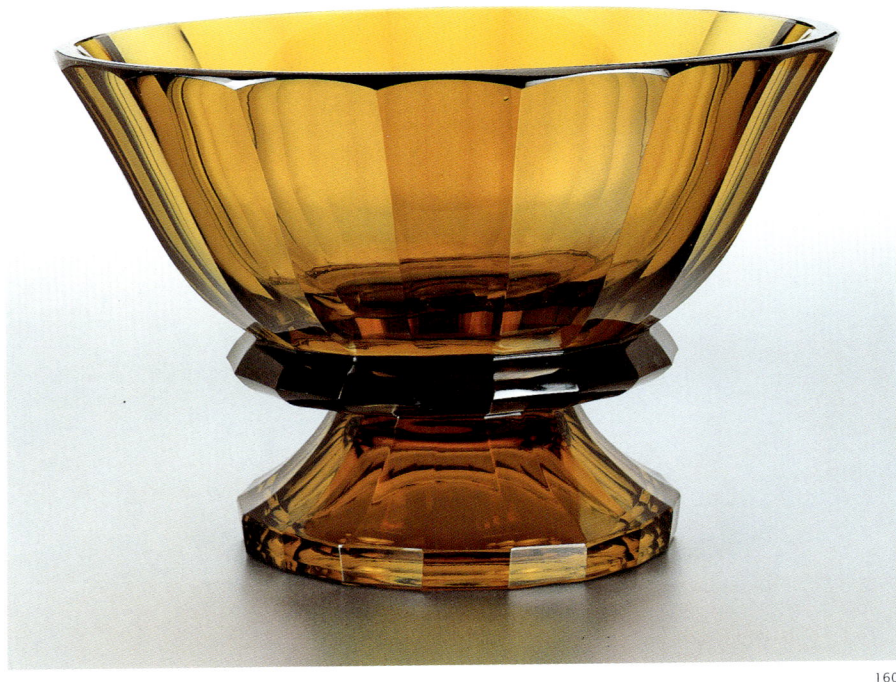

162. **Covered, footed bowl**, 1917

Josef Hoffmann
Produced by Meyr's Neffe, Adolfov (Adolf), Czech Republic
Retailed by the Wiener Werkstätte, Vienna, Austria

Blown colored glass, cut
17 × 18.3 × 18.3 cm, signed: mark 51

By the mid-1910s, most of the Wiener Wekstätte artists veered toward a quixotic and ornamental approach to design but Josef Hoffmann remained true to a more rational, architectonic style. This and the other vessels he designed at the time recall glass of the Biedermeier period in their forms as well as in the use of saturated color and faceting. Despite the seeming simplicity of Hoffmann's concept, the execution of the design was labor intensive as each facet had to be hand cut and polished.

162. **Cuenco con pie y tapa**, 1917.

Josef Hoffmann.
Producido por Meyr's Neffe, Adolfov (Adolf), República Checa.
Comercializado por la Wiener Werkstätte, Viena, Austria.

Cristal soplado coloreado, tallado.
17 × 18'3 × 18'3 cm, firmado: ver marca num. 51.

A mediados de la primera década del siglo la mayor parte de los artistas de la Wiener Wekstätte se volvieron hacia una exuberante y ornamentalista aproximación al diseño, pero Josef Hoffmann permaneció fiel a un estilo más racional y arquitectónico. Esta y otras de las piezas diseñadas por entonces, recuerdan al cristal del período Biedermeier tanto por sus formas como por el colorido saturado y el facetado. A pesar de la aparente simplicidad de las concepciones de Hoffmann, la ejecución de este diseño fue una labor compleja, ya que cada faceta debió ser cortada y pulida a mano.

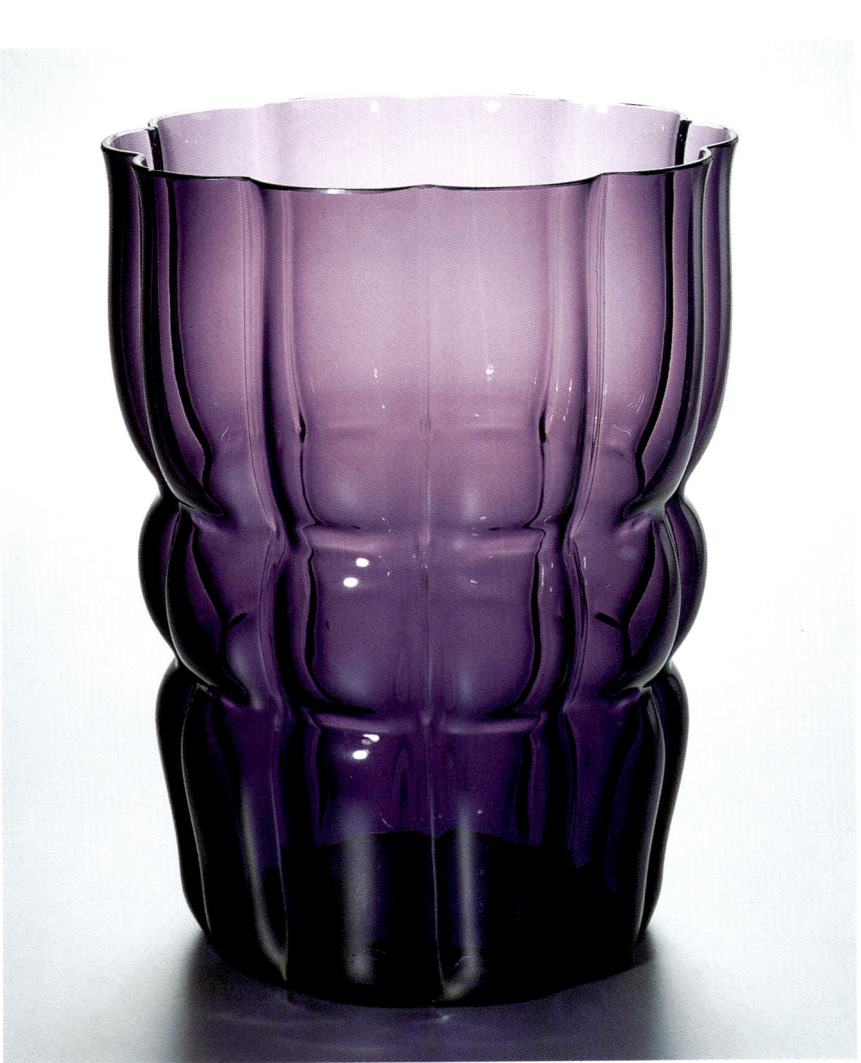

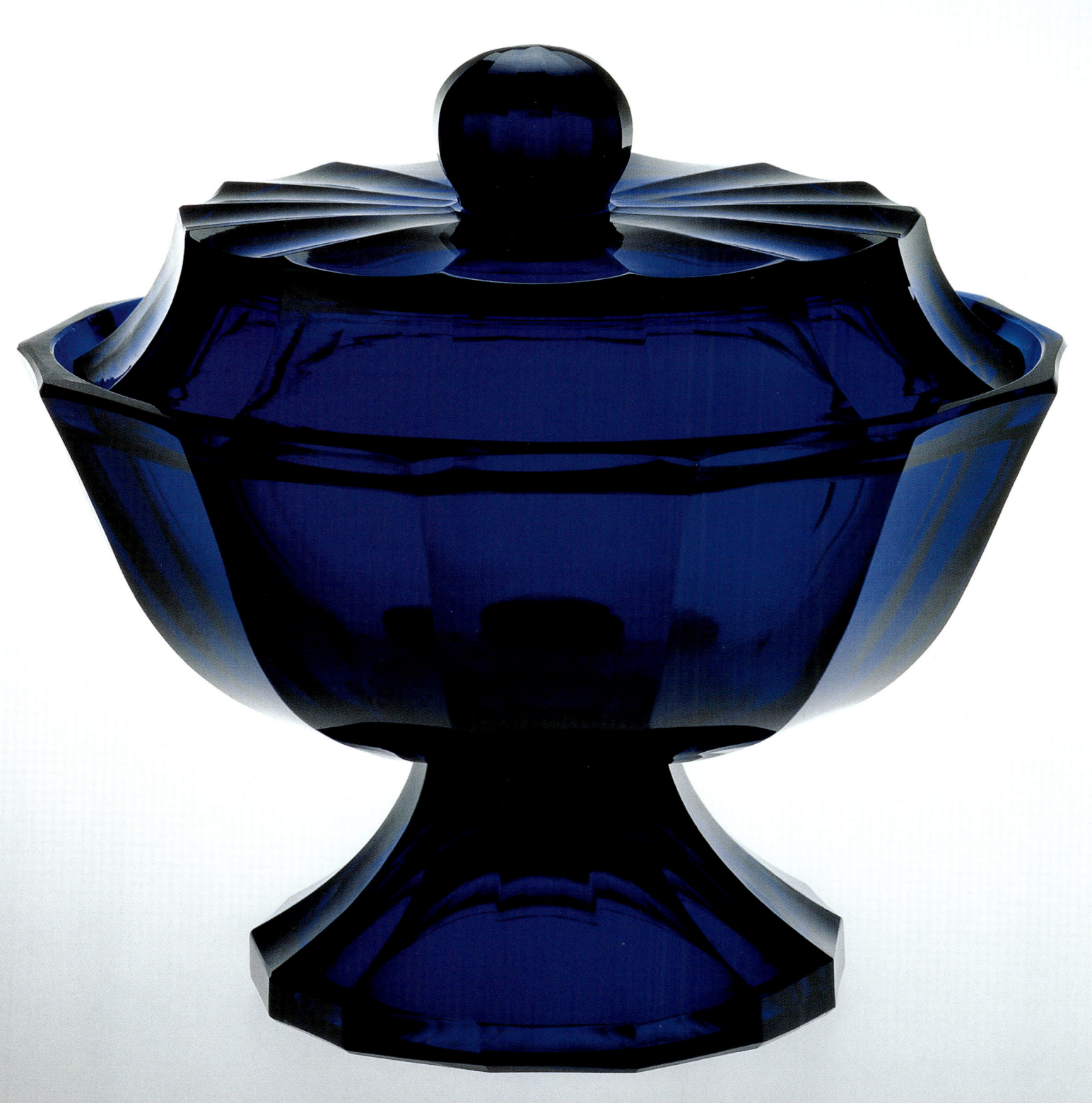

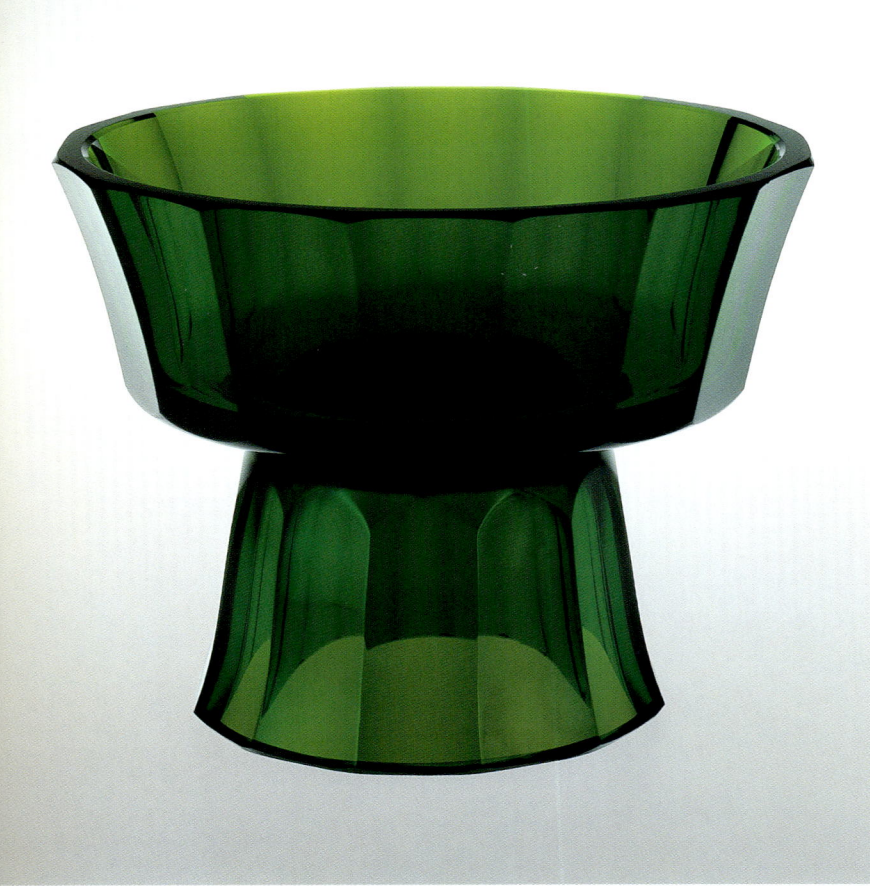

163. **Footed bowl**, c. 1923/24
Josef Hoffmann
Produced by Ludwig Moser & Söhne, Karlovy Vary (Karlsbad), Czech Republic
Commissioned and retailed by the Wiener Werkstätte, Vienna, Austria

Blown colored glass, cut
10.2 × 13 × 13 cm, signed: mark 53

163. **Cuenco con pie**, h. 1923/24.
Josef Hoffmann.
Producido por Ludwig Moser & Söhne, Karlovy Vary (Karlsbad), República Checa.
Encargado y comercializado por la Wiener Werkstätte, Viena, Austria.

Cristal soplado coloreado, tallado.
10'2 × 13 × 13 cm, firmado: ver marca num. 53.

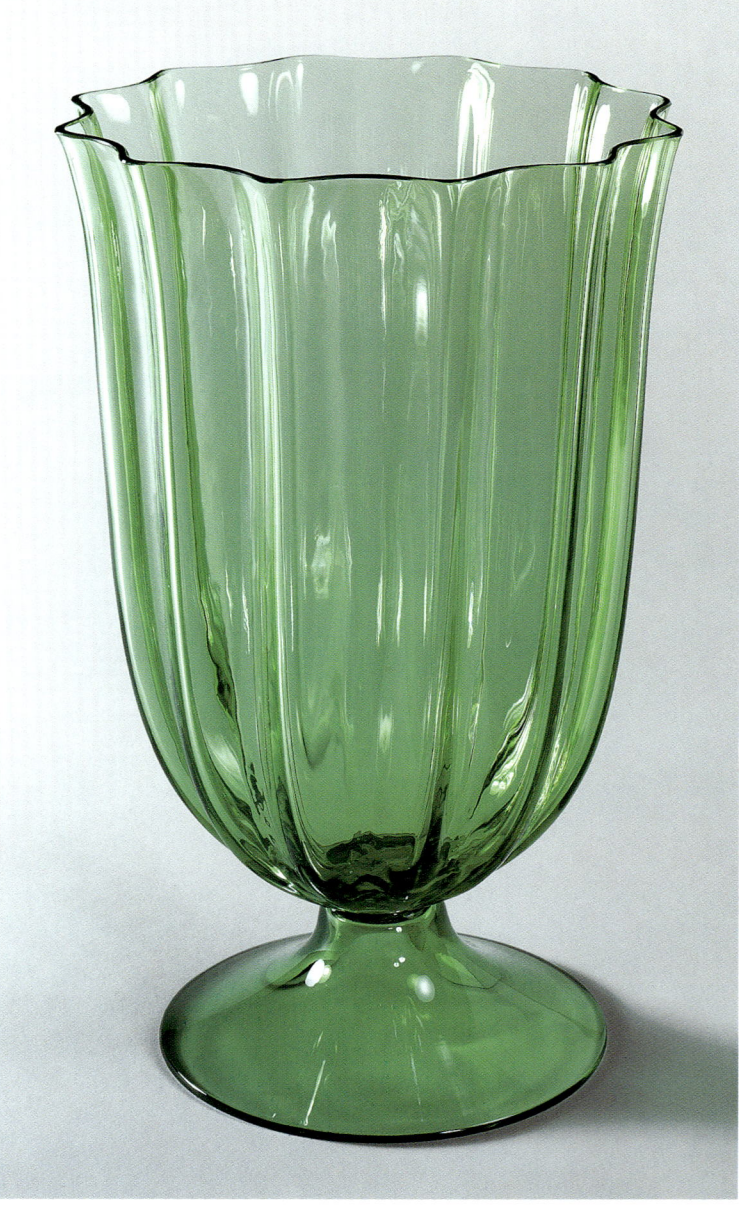

164. **Vase**, c. 1923
Josef Hoffmann
Produced for the Wiener Werkstätte, Vienna, Austria

Mold-blown colored glass
23.3 × 15 × 15 cm, unsigned

164. **Jarrón**, h. 1923.
Josef Hoffmann.
Producido para la Wiener Werkstätte, Viena, Austria.

Cristal coloreado soplado a molde.
23'3 × 15 × 15 cm, sin firma.

—— 162 —— Designing for Industry

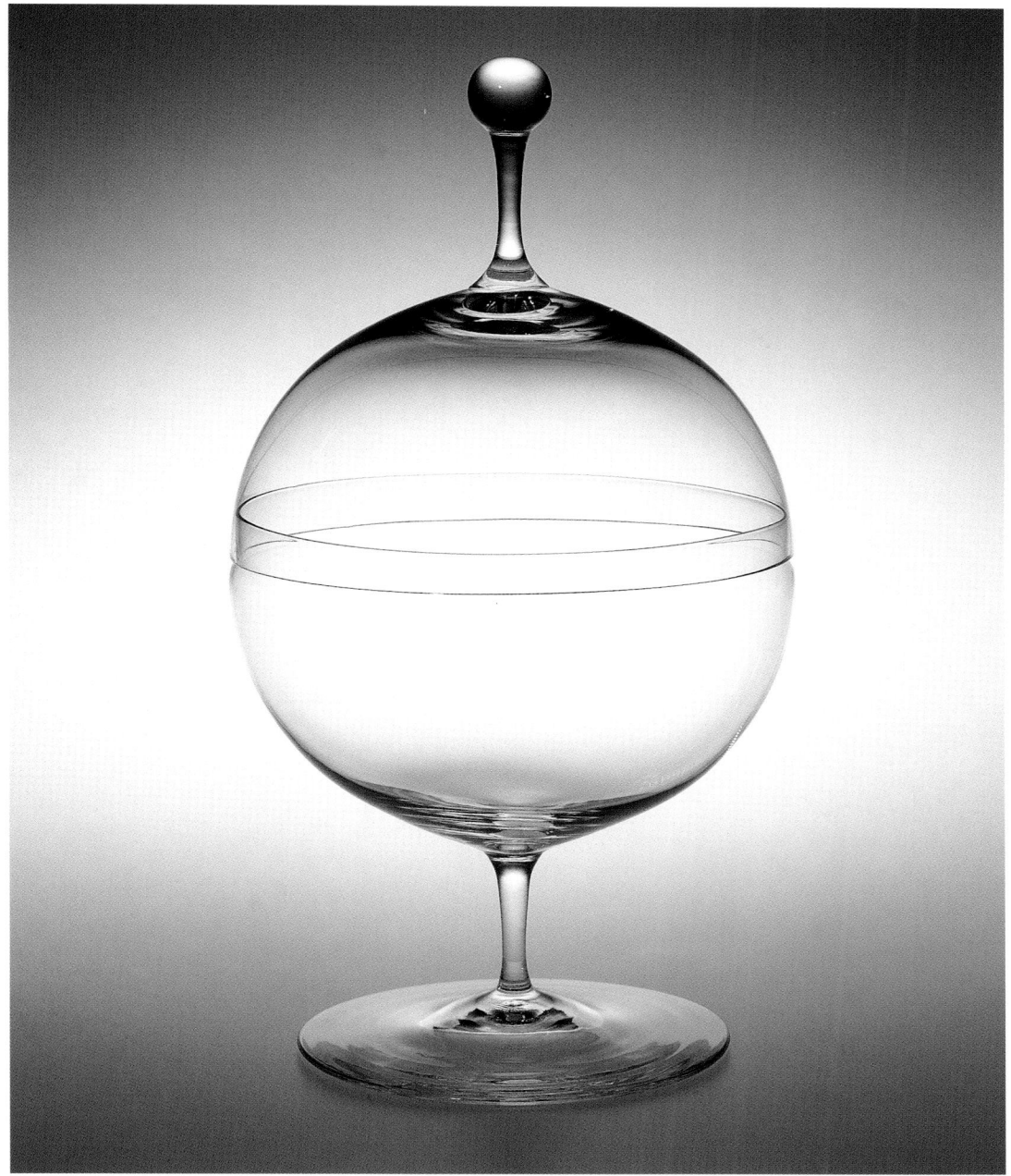

165

165. **Covered candy dish**, c. 1925
Oswald Haerdtl
Retailed by J. & L. Lobmeyr, Vienna, Austria

Blown glass
22.5 × 12.2 × 12.2 cm, unsigned

165. **Bombonera**, h. 1925.
Oswald Haerdtl.
Comercializado por J. & L. Lobmeyr, Viena, Austria.

Cristal soplado.
22'5 × 12'2 × 12'2 cm, sin firma.

Diseño para la industria

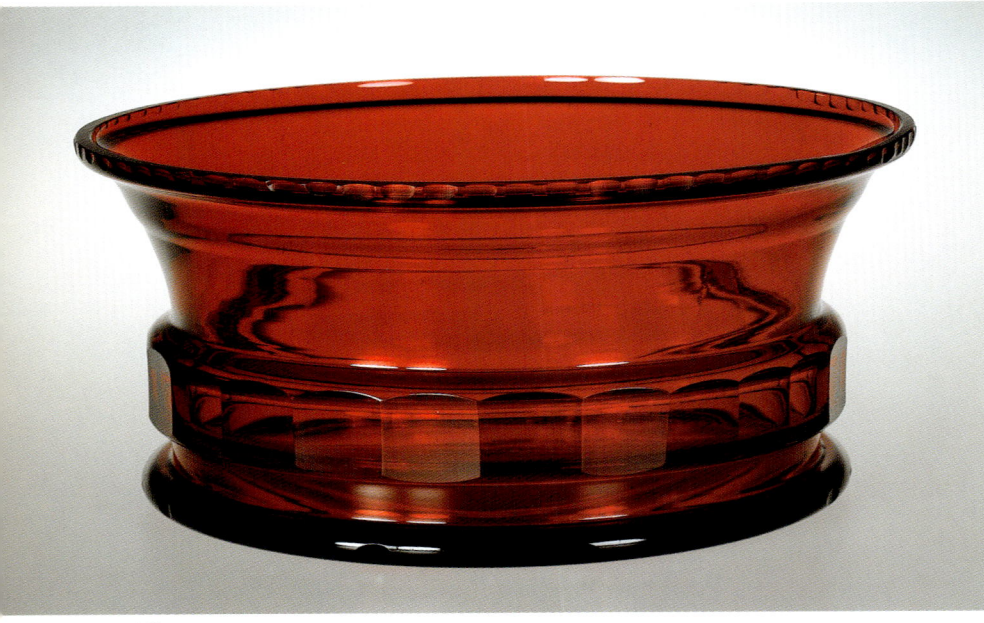

166.

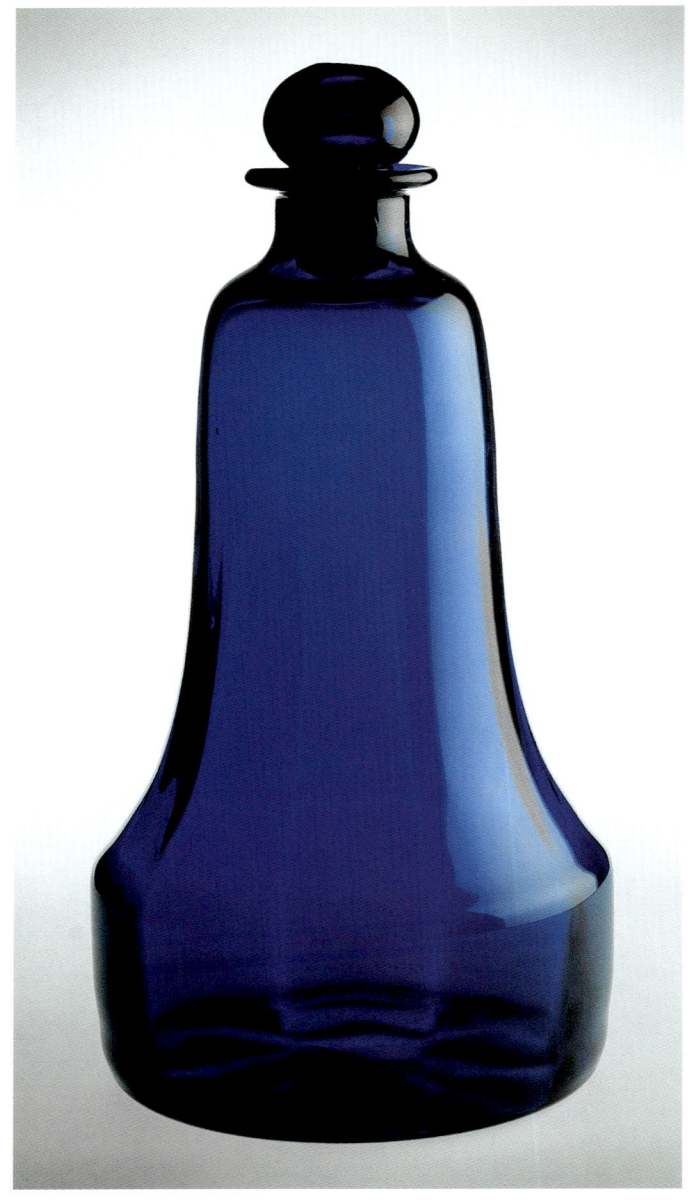

167.

166. Bowl, before 1925
Jean Beck
Produced by Jean Beck, Munich, Germany

Blown colored glass, cut
8.7 × 19.4 × 19.4 cm, signed: mark 1

166. Cuenco, anterior a 1925.
Jean Beck.
Producido por Jean Beck, Munich, Alemania.

Cristal soplado coloreado, tallado.
8'7 × 19'4 × 19'4 cm, firmado: ver marca num. 1.

167. Decanter, c. 1914
Paul Würzler-Klopsch, Leipzig
Produced by Kristallglasfabrik vorm. Steigerwald,
Bayerisch Eisenstein (Regenhütte), Germany
Commissioned by the Verband Deutscher Glas-, Porzellan-
und Luxuswarenhändler, Nuremberg, Germany

Blown colored glass
26.5 × 12.5 × 12.5 cm, signed: mark 54

167. Decantador, h. 1914.
Paul Würzler-Klopsch, Leipzig.
Producido por Kristallglasfabrik vorm. Steigerwald,
Bayerisch Eisenstein (Regenhütte), Alemania.
Encargo de Verband Deutscher Glas-, Porzellan- und
Luxuswarenhändler, Nuremberg, Alemania.

Cristal soplado coloreado.
26'5 × 12'5 × 12'5 cm, firmado: ver marca num. 54.

168. Vase, 1929
Karl Wiedmann
Produced by Württembergische Metallwarenfabrik,
Geislingen, Germany

Blown clear glass, metallic oxide inclusions
18 × 10.2 × 10.2 cm, unsigned

Karl Wiedmann, the director in the 1920s and 1930s of the glass division of the firm Württembergische Metallwarenfabrik (WMF), created a line of glass called *Ikora*. Walter Dexel had been tangentially associated with the Bauhaus, and this is one of two designs he contributed to the manufacturer. The embedded bubbles and polychromatic effects were achieved by capturing oxides below successive gathers of clear glass. Thus, although created within a factory situation, each example of *Ikora* was a unique piece. The thickness of the glass and the simplicity of the forms are typical of much glass from the 1920s, and parallels can be drawn even with the glass of the French master Maurice Marinot.

168. Jarrón, 1929.
Karl Wiedmann.
Producido por Württembergische Metallwarenfabrik,
Geislingen, Alemania.

Cristal soplado transparente, inclusiones de óxido metálico.
18 × 10'2 × 10'2 cm, sin firma.

Karl Wiedmann, director de la sección de cristal de la firma Württembergische Metallwarenfabrik (WMF) durante los años veinte y treinta, creó una línea de cristal denominada *Ikora*. Walter Dexel había estado tangencialmente asociado con la Bauhaus, y este es uno de los dos diseños que procuró al fabricante. Las burbujas inclusas y los efectos polícromos se obtuvieron encerrando los óxidos bajo sucesivas capas de cristal transparente. Así, aunque fueran creadas en un contexto industrial, cada ejemplar de *Ikora* era una pieza única. El grosor del material y la simplicidad de la forma son típicos de gran parte del cristal de los años veinte, pudiéndose establecer paralelismos con las obras del maestro francés Maurice Marinot.

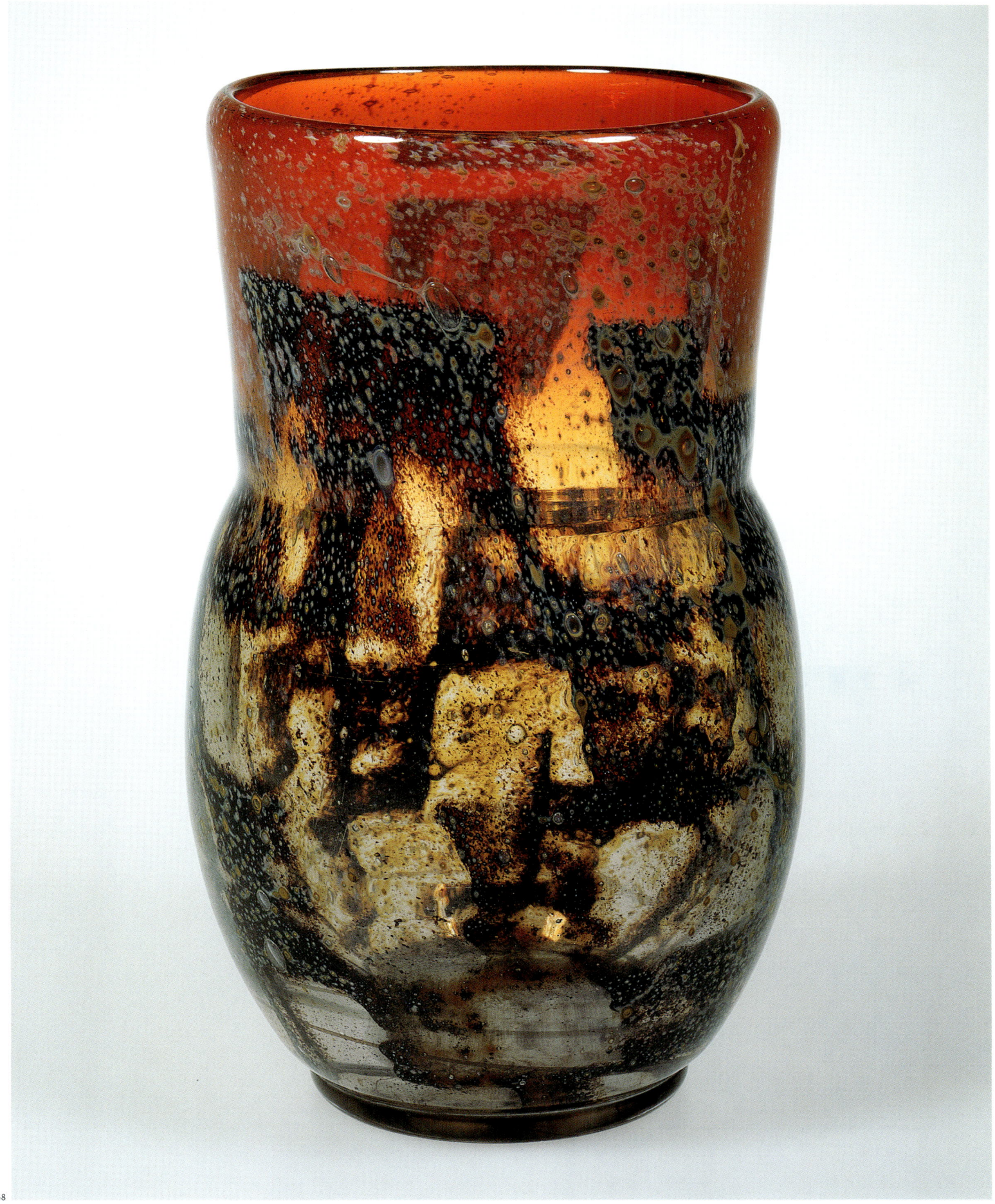

169. **Vase**, c. 1928
Karl Wiedmann
Produced by Württembergische Metall-
warenfabrik, Geislingen, Germany

Blown clear glass, metallic oxide inclusions
39.5 × 25 × 25 cm, unsigned

169. **Jarrón**, h. 1928.
Karl Wiedmann.
Producido por Württembergische Metall-
warenfabrik, Geislingen, Alemania.

Cristal soplado transparente, inclusiones
de óxido metálico.
39'5 × 25 × 25 cm, sin firma.

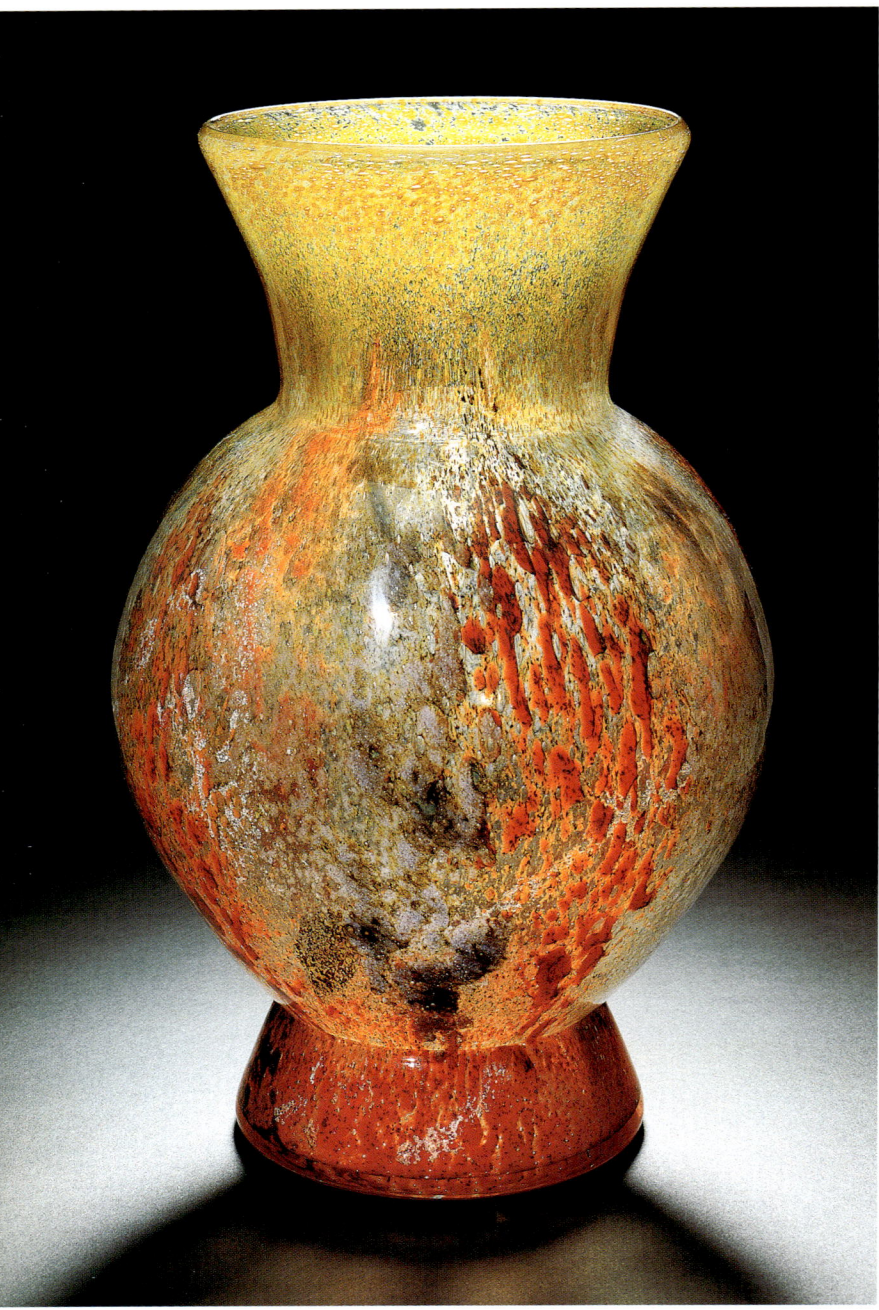

169

170. **Vase**, c. 1937
Walter Dexel
Produced by Württembergische Metall-
warenfabrik, Geislingen, Germany

Blown clear glass, metallic oxide inclusions
14.5 × 11.3 × 11.3 cm, unsigned

170. **Jarrón**, h. 1937.
Walter Dexel.
Producido por Württembergische Metall-
warenfabrik, Geislingen, Alemania.

Cristal soplado transparente, inclusiones de
óxido metálico.
14'5 × 11'3 × 11'3 cm, sin firma.

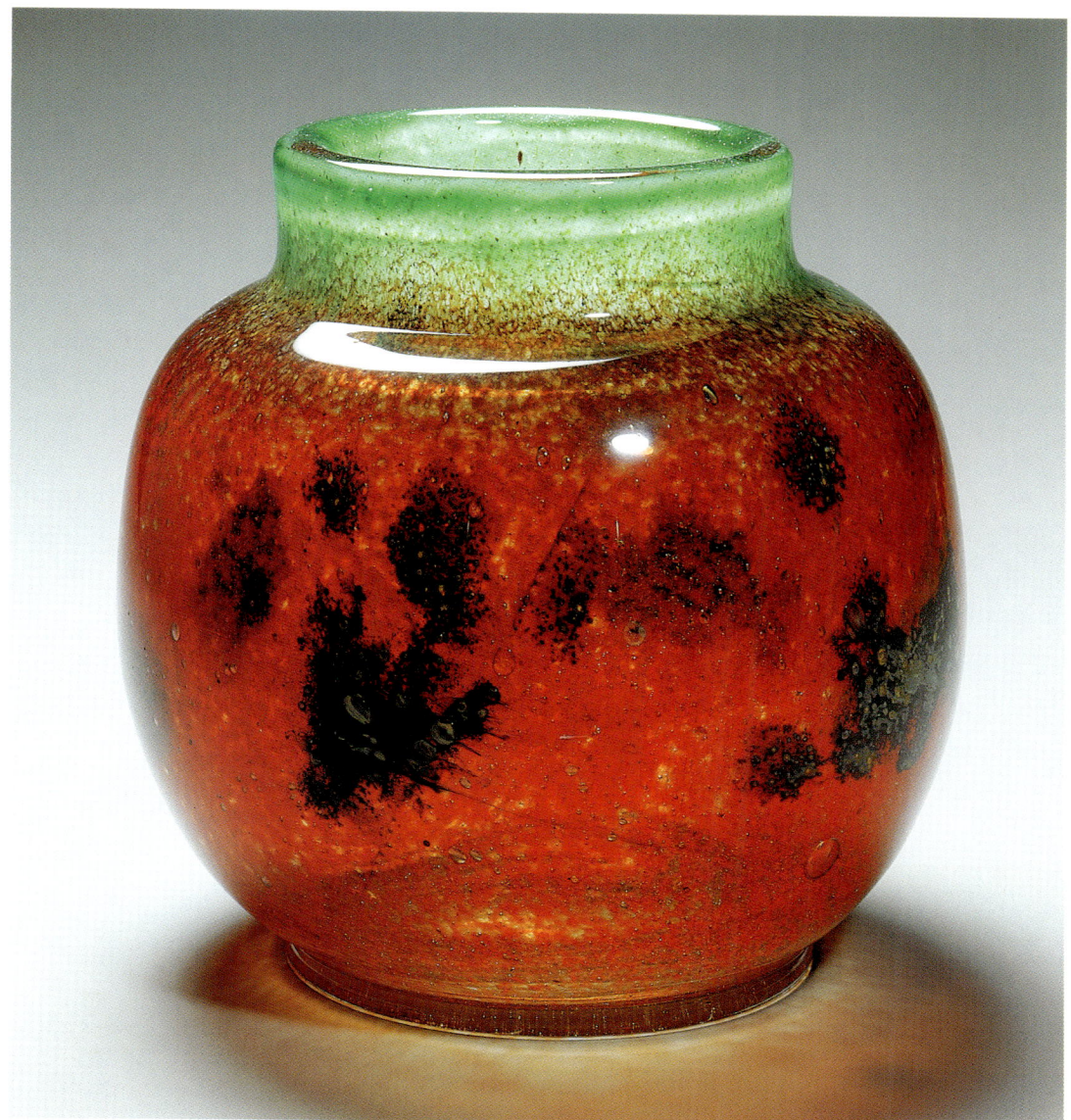

171.

171. **Vase**, c. 1932
Karl Wiedmann
Produced by Württembergische Metallwarenfabrik, Geislingen, Germany

Blown clear glass, metallic oxide inclusions
14.5 × 12.5 × 12.5 cm, unsigned

171. **Jarrón**, h. 1932.
Karl Wiedmann.
Producido por Württembergische Metallwarenfabrik, Geislingen, Alemania.

Cristal soplado transparente, inclusiones de óxido metálico.
14'5 × 12'5 × 12'5 cm, sin firma.

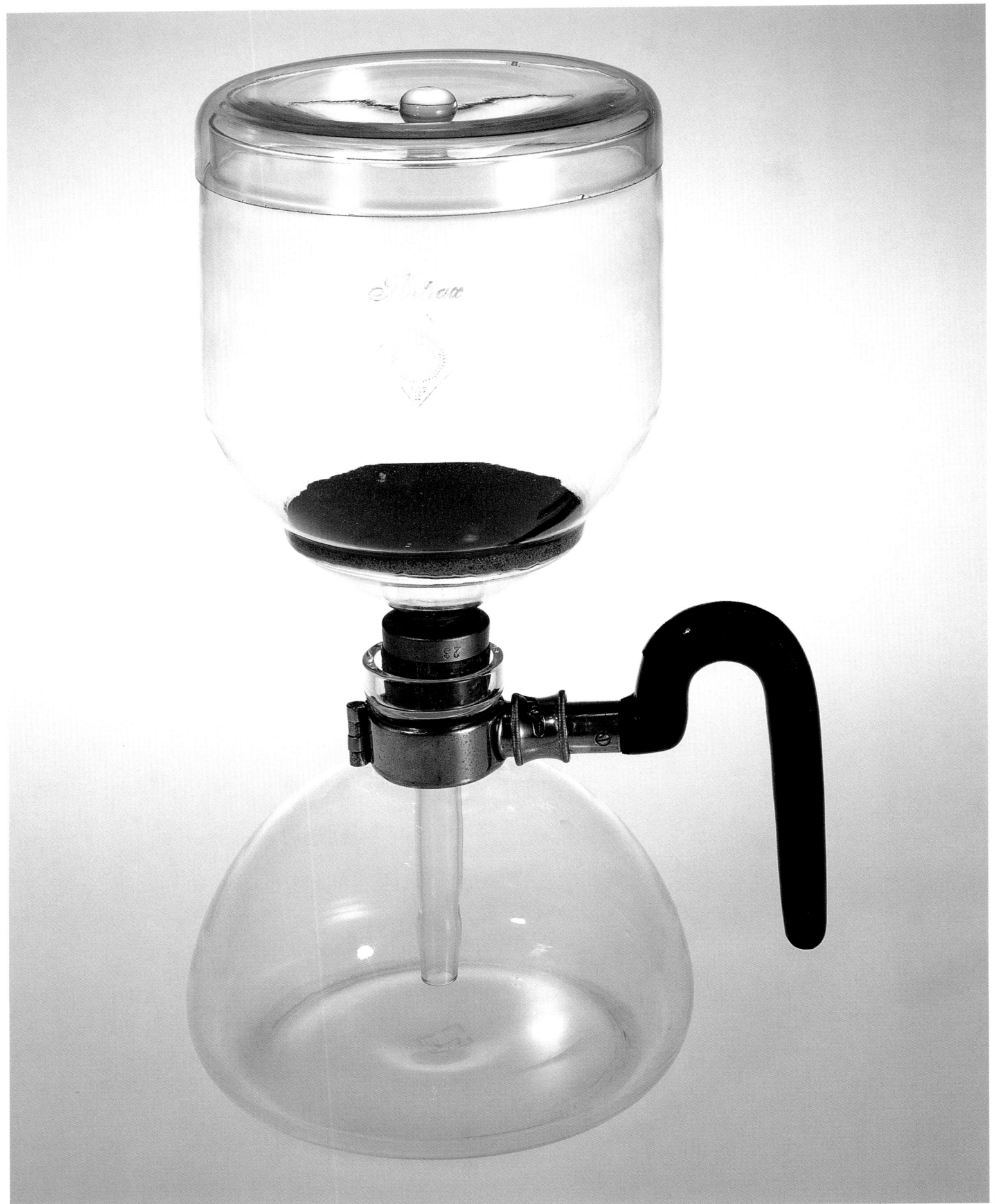

172. **Coffee maker**, c. 1925
Gerhard Marcks
Produced by Jenaer Glaswerke Schott & Gen., Jena, Germany

Mold-blown, heat-resistant clear glass, metal, ebonized wood, cork, porous stone
30.7 × 19.7 × 15.5 cm, signed: mark 39

The *Sintrax (Fast, Effortless)* coffee maker, with its starkly transparent, functionalist design, very much conformed to the goals for industrial production set by the German Werkbund and the Bauhaus. Following upon an initial contact established between Walter Gropius and the Jenaer Glassworks Schott & Gen., this coffee maker was commissioned from Gerhard Marcks, a sculptor and ceramist who taught at the Bauhaus. It employs a heat-resistant glass developed for scientific laboratories, and its unembellished parts were designed for serial production.

172. **Cafetera**, h. 1925.
Gerhard Marcks.
Producido por Jenaer Glaswerke Schott & Gen., Jena, Alemania.

Cristal transparente soplado a molde y resistente al calor, metal, madera ebonizada, corcho y piedra porosa.
30'7 × 19'7 × 15'5 cm, firmado: ver marca num. 39.

La cafetera *Sintrax (rápida, sin esfuerzo)*, con su diseño sobriamente transparente y funcional, testimonia los logros de la Werkbund alemana y de la Bauhaus en la producción industrial. Resultado de los contactos iniciados por Walter Gropius con la cristalería Schott & Gen. de Jena, esta cafetera fue encargada a Gerhard Marcks, un escultor y ceramista que daba clase en la Bauhaus. Empleó un cristal resistente al calor desarrollado para laboratorios científicos, y sus desornamentados componentes fueron diseñados para ser producidos en serie.

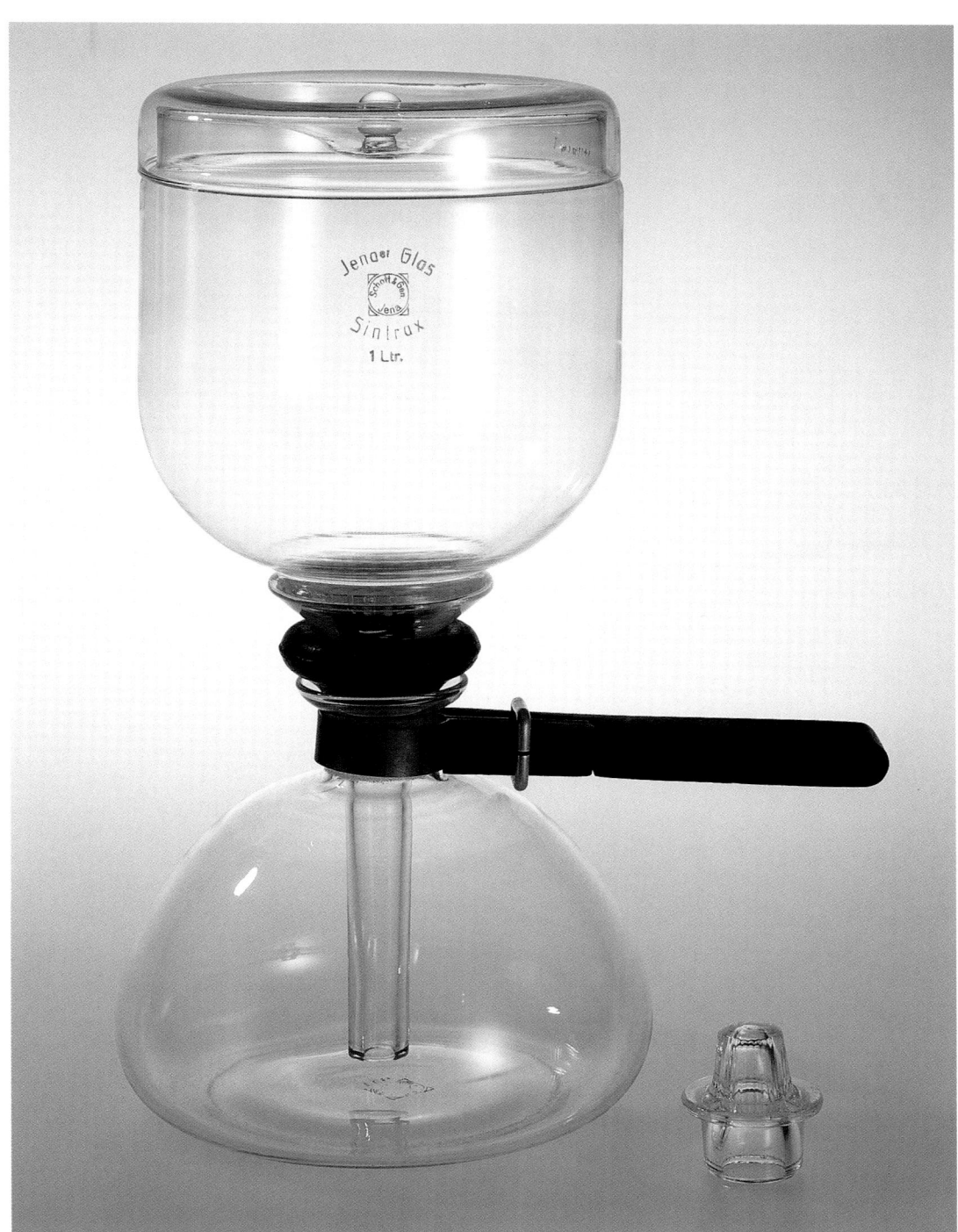

173. **Coffee maker**, c. 1931
Wilhelm Wagenfeld
Produced by Jenaer Glaswerke
Schott & Gen., Jena, Germany

Mold-blown, heat-resistant clear glass, plastic, steel, aluminum, ebonized wood
30 × 15.5 × 22.5 cm, signed: mark 41

173. **Cafetera**, h. 1931.
Wilhelm Wagenfeld.
Producido por Jenaer Glaswerke
Schott & Gen., Jena, Alemania.

Cristal transparente soplado a molde resistente al calor, plástico, acero, aluminio, madera ebonizada.
30 × 15'5 × 22'5 cm, firmado: ver marca num. 41.

Diseño para la industria

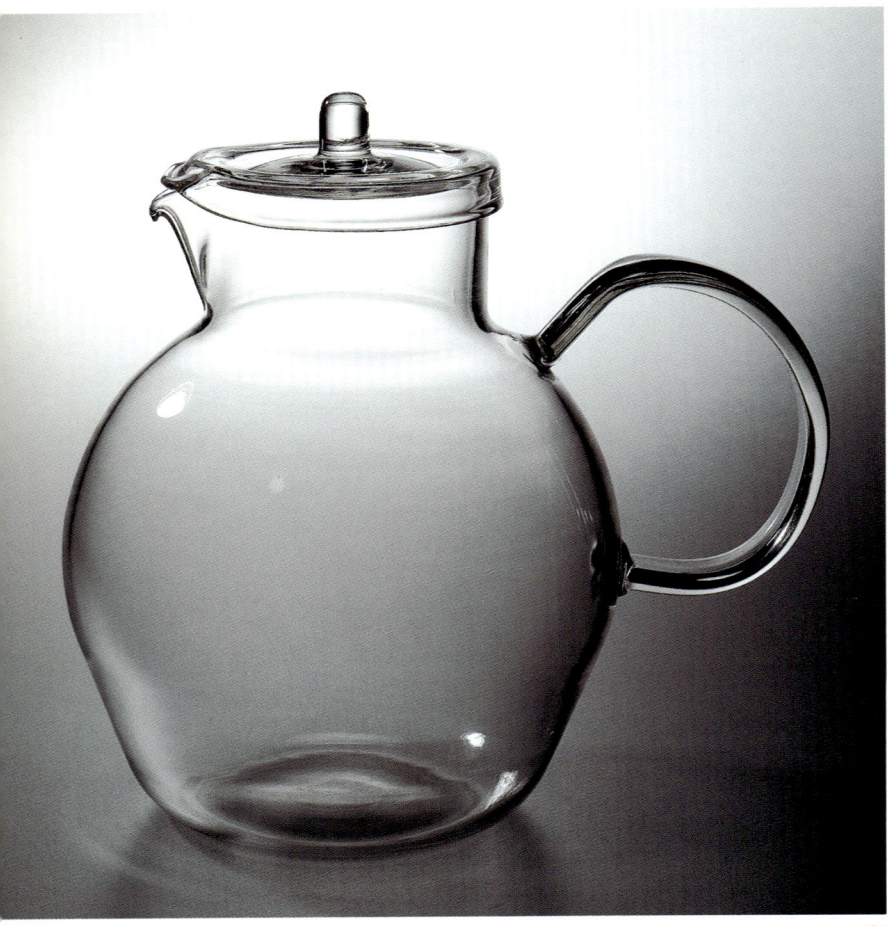

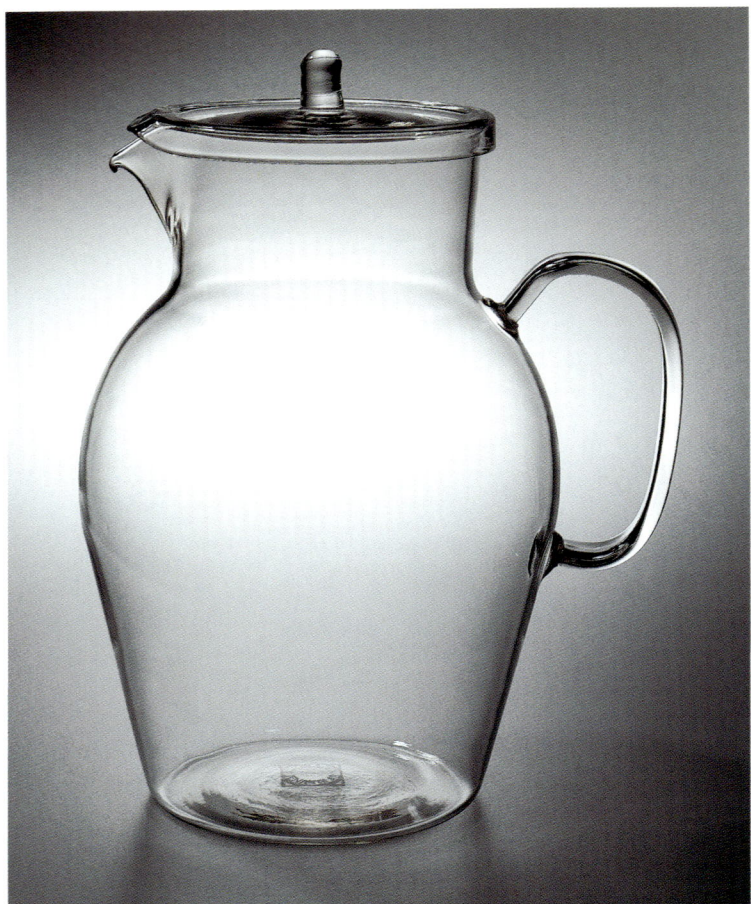

174. Covered cocoa jug, c. 1931
Wilhelm Wagenfeld
Produced by Jenaer Glaswerke Schott & Gen., Jena, Germany
Mold-blown, heat-resistant clear glass
18.5 × 18 × 14 cm, signed: mark 42

174. Jarra para cacao con tapa, h. 1931.
Wilhelm Wagenfeld.
Producido por Jenaer Glaswerke Schott & Gen., Jena, Alemania.
Cristal transparente resistente al calor, soplado a molde.
18'5 × 18 × 14 cm, firmado: ver marca num. 42.

175. Covered pitcher, c. 1931
Wilhelm Wagenfeld
Produced by Jenaer Glaswerke Schott & Gen., Jena, Germany
Mold-blown, heat-resistant clear glass
25.5 × 20 × 15.3 cm, signed: mark 42

175. Jarra con tapa, h. 1931.
Wilhelm Wagenfeld.
Producido por Jenaer Glaswerke Schott & Gen., Jena, Alemania.
Cristal transparente resistente al calor, soplado a molde.
25'5 × 20 × 15'3 cm, firmado: ver marca num. 42.

176. Sauce boat and under plate, c. 1932
Wilhelm Wagenfeld, c. 1931
Produced by Jenaer Glaswerke Schott & Gen., Jena, Germany
Mold-blown, heat-resistant clear glass
8.3 × 16 × 14.8 cm, signed: mark 42; also "Soser"

176. Salsera y su fuente, h. 1932.
Wilhelm Wagenfeld, h. 1931.
Producido por Jenaer Glaswerke Schott & Gen., Jena, Alemania.
Cristal transparente resistente al calor, soplado a molde.
8'3 × 16 × 14'8 cm, firmado: ver marca num. 42; también "Soser".

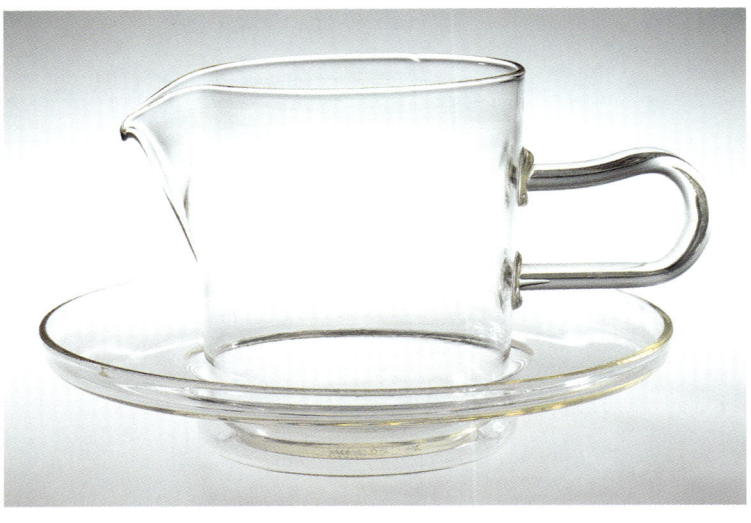

Designing for Industry

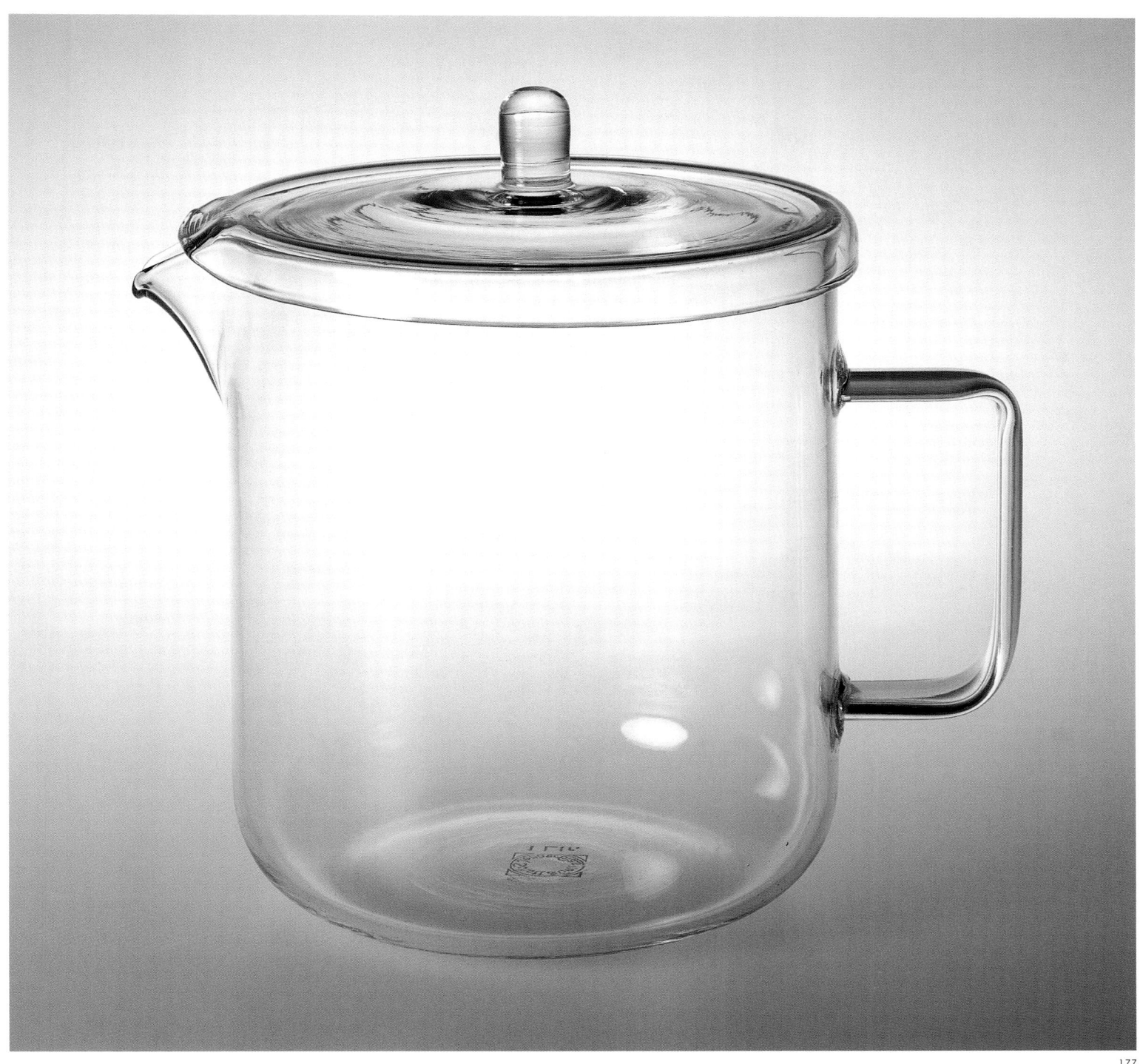

177. **Covered milk pitcher**, 1931
Wilhelm Wagenfeld
Produced by Jenaer Glaswerke Schott & Gen., Jena, Germany

Mold-blown, heat-resistant clear glass
16.5 × 18 × 13 cm, signed: mark 42; also "1 Litr."

After completing his studies at the Bauhaus and following a stint as head of the metal workshop at the Bauhochschule in Weimar, Wilhelm Wagenfeld began to work directly with industry. One of his first clients was the Jenaer Glaswerke Schott & Gen., the firm which had already manufactured Marcks' coffee maker. This milk pitcher, part of a kitchen set, is a functional object but of distinguished shape and proportions. Its unornamented form and its use of technologically innovative glass fulfill the Bauhaus ideal of joining art and industry.

177. **Jarra para leche con tapa**, 1931.
Wilhelm Wagenfeld.
Producido por Jenaer Glaswerke Schott & Gen., Jena, Alemania.

Cristal transparente resistente al calor, soplado a molde.
16'5 × 18 × 13 cm, firmado: ver marca num. 42; también "1 Litr."

Después de acabar sus estudios en la Bauhaus y de aceptar el puesto de jefe del taller de metal de la Bauhochschule de Weimar, Wilhelm Wagenfeld comenzó a trabajar directamente para la industria. Uno de sus primeros clientes fué la Jenaer Glaswerke Schott & Gen., la firma que había producido la cafetera de Marcks. Esta jarra para leche, parte de un servicio de cocina, es un objeto a la vez funcional, y de forma y proporciones elegantes. Su forma desornamentada y el empleo de un material técnicamente innovador cumplen con el ideal de la unión entre el arte y la industria de la Bauhaus.

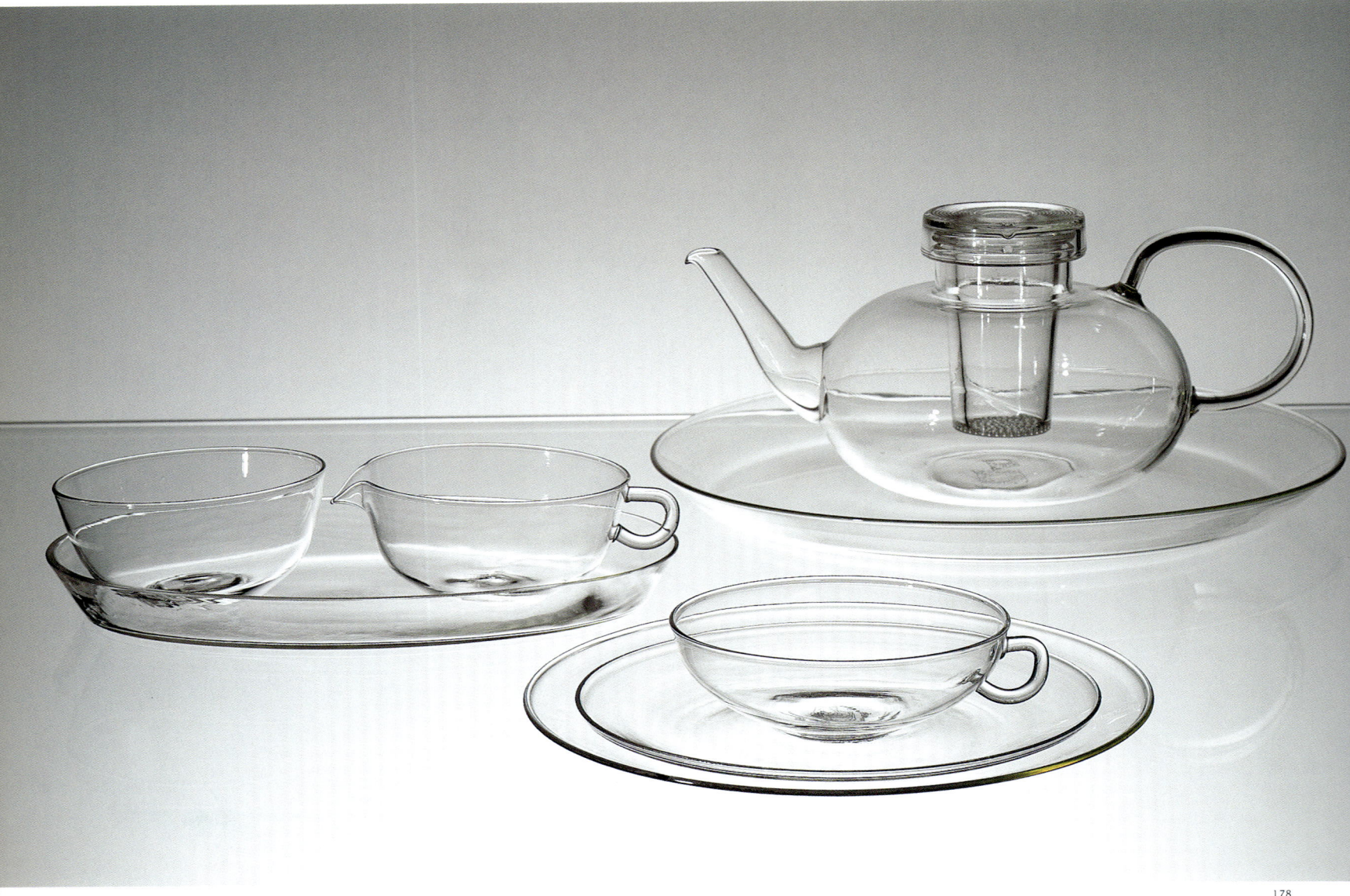

178. Tea service, c. 1930
Wilhelm Wagenfeld
Produced by Jenaer Glaswerke Schott & Gen., Jena, Germany

Mold-blown, heat-resistant clear glass
Teapot: 11.5 × 26 × 14.5 cm, signed: some with mark 42; some with mark 43 and "Soser"

This teapot of tempered glass was Wagenfeld's first design for Jenaer Glaswerke Schott & Gen. Aesthetic appeal and functionalism converge in its elegant, bubble-like form. The service remained in continuous production but was subsequently modified by other designers. Because of its timeless appeal, Wagenfeld's original design was reissued by Jenaer Glaswerke, nearly seventy years after its introduction.

178. Servicio de té, h. 1930.
Wilhelm Wagenfeld.
Producido por Jenaer Glaswerke Schott & Gen., Jena, Alemania.

Cristal transparente resistente al calor, soplado a molde.
Tetera: 11'5 × 26 × 14'5 cm, firmado: para ciertas piezas ver marca num. 42; para el resto la num. 43; también "Soser".

Esta tetera de cristal templado fue el primer diseño de Wagenfeld para la firma Jenaer Glaswerke Schott & Gen. Funcionalidad y atractivo estético convergen en su elegante forma de burbuja. El juego al que pertenece continuó produciéndose, pero modificado en varias ocasiones por otros diseñadores. En la actualidad, casi setenta años después de su creación, la fábrica ha recuperado el diseño original de Wagenfeld debido a su aspecto atemporal.

179. Hot water pitcher, c. 1931
Wilhelm Wagenfeld
Produced by Jenaer Glaswerke
Schott & Gen., Jena, Germany

Mold-blown, heat-resistant clear glass
11 × 11.5 × 8.3 cm, unsigned

179. Jarra para agua caliente,
h. 1931.
Wilhelm Wagenfeld.
Producido por Jenaer Glaswerke
Schott & Gen., Jena, Alemania.

Cristal transparente resistente al calor,
soplado a molde.
11 × 11'5 × 8'3 cm, sin firma.

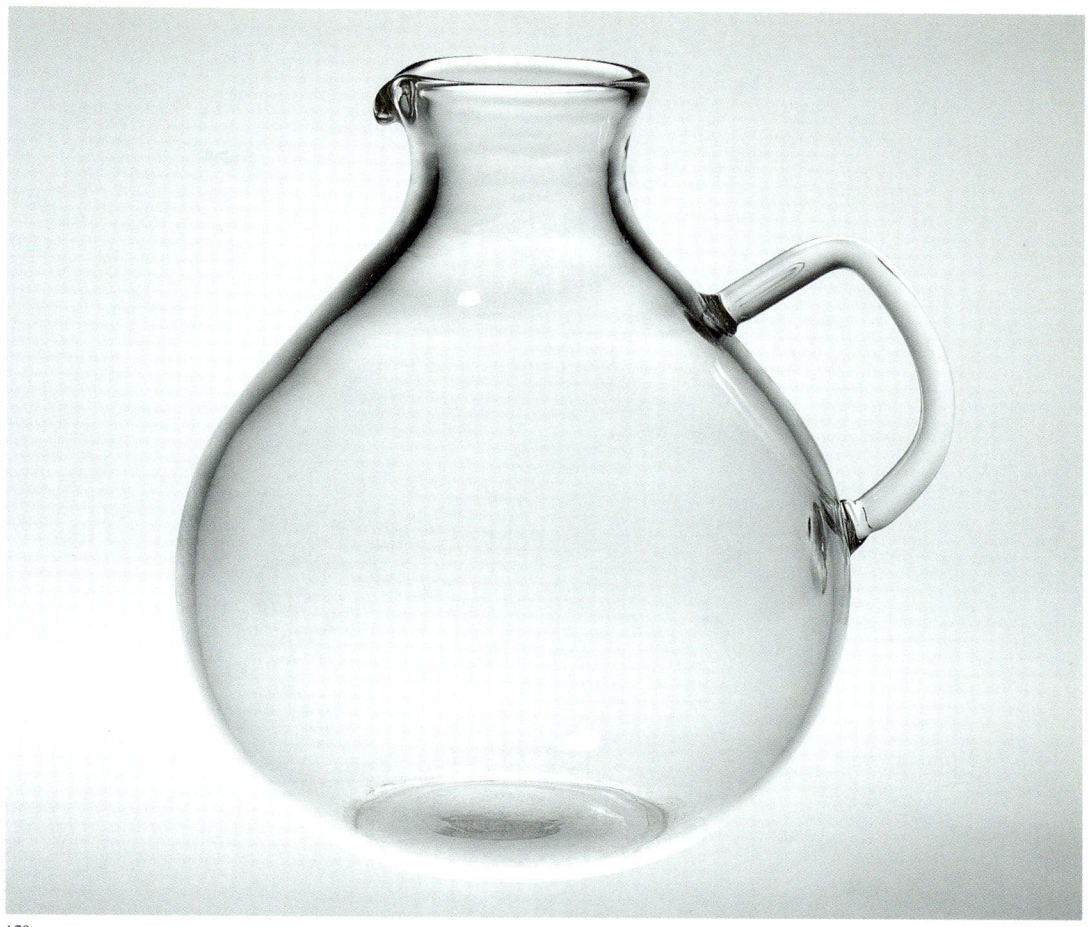

179

180. Egg cooker and under plate,
c. 1934
Wilhelm Wagenfeld, c.1931
Produced by Jenaer Glaswerke
Schott & Gen., Jena, Germany

Press-molded, heat-resistant clear glass, metal
9.3 × 13.6 × 13.6 cm, signed: mark 40

180. Huevera y su fuente, h. 1934.
Wilhelm Wagenfeld, h. 1931.
Producido por Jenaer Glaswerke
Schott & Gen., Jena, Alemania.

Cristal transparente prensado resistente al calor, metal.
9'3 × 13'6 × 13'6 cm, firmado: ver marca núm. 40.

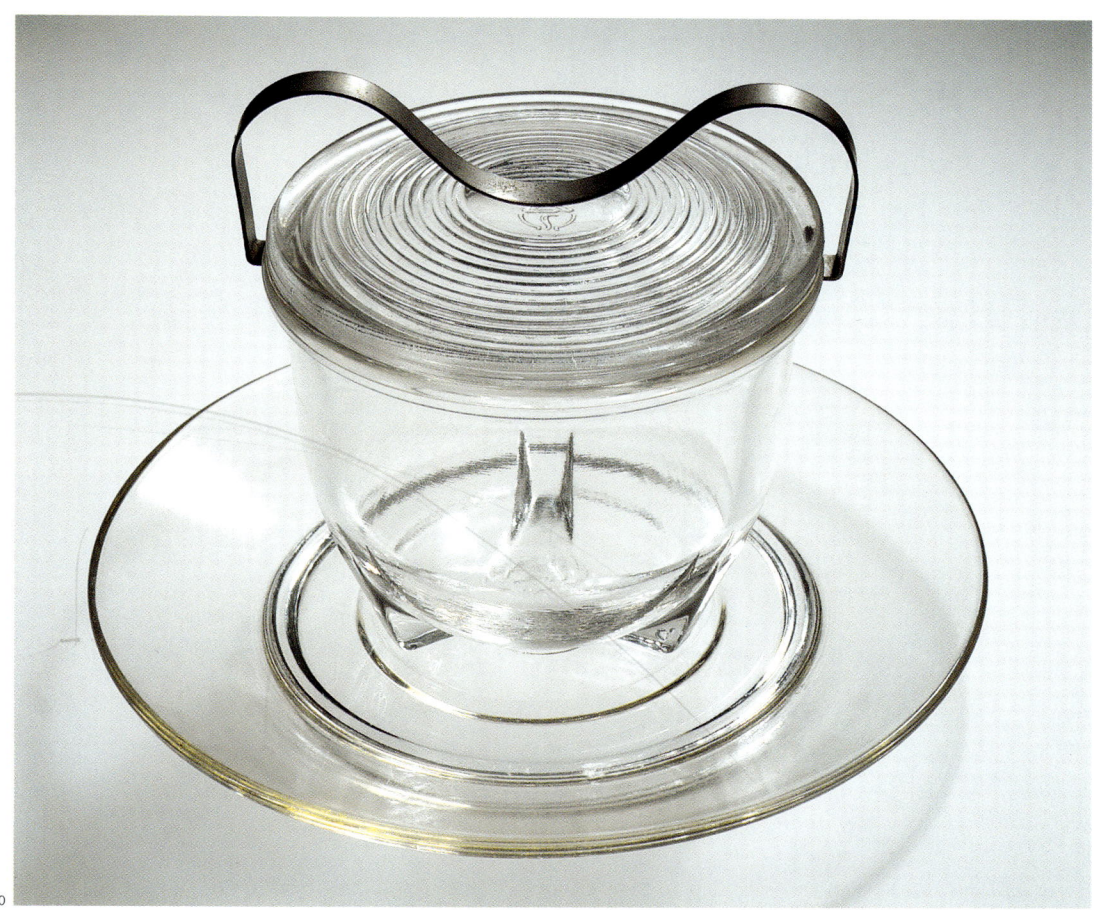

180

Diseño para la industria ——— 173 ———

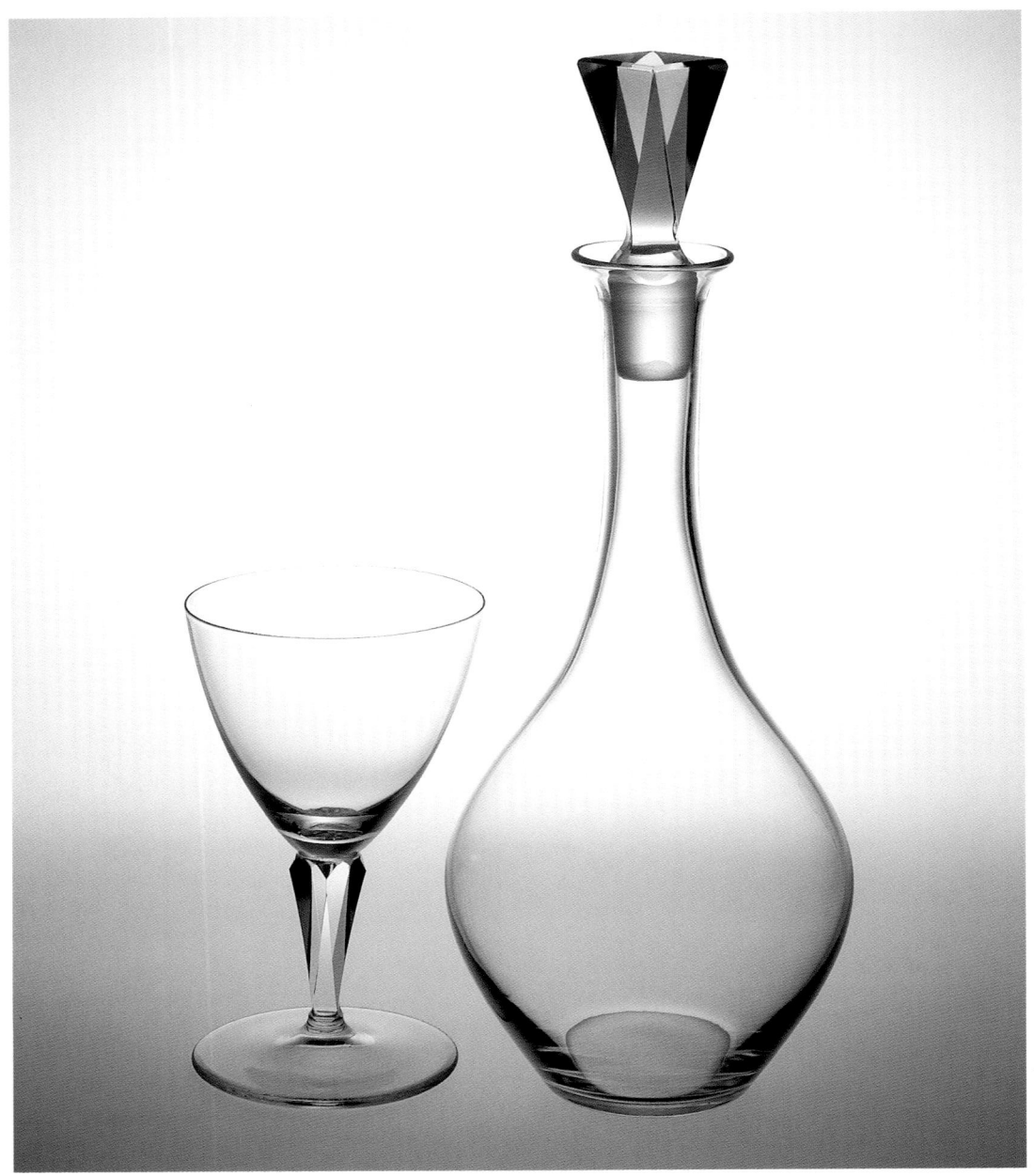

181.

181. Liqueur service, 1937
Wilhelm Wagenfeld
Produced by Vereinigte Lausitzer
Glaswerke AG, Weisswasser, Germany

Mold-blown clear glass, cut
Decanter: 24.5 × 9.1 × 9.1 cm, unsigned

181. Servicio de licor, 1937.
Wilhelm Wagenfeld.
Producido por Vereinigte Lausitzer
Glaswerke AG, Weisswasser, Alemania.

Cristal transparente soplado a molde, tallado.
Decantador: 24'5 × 9'1 × 9'1 cm, sin firma.

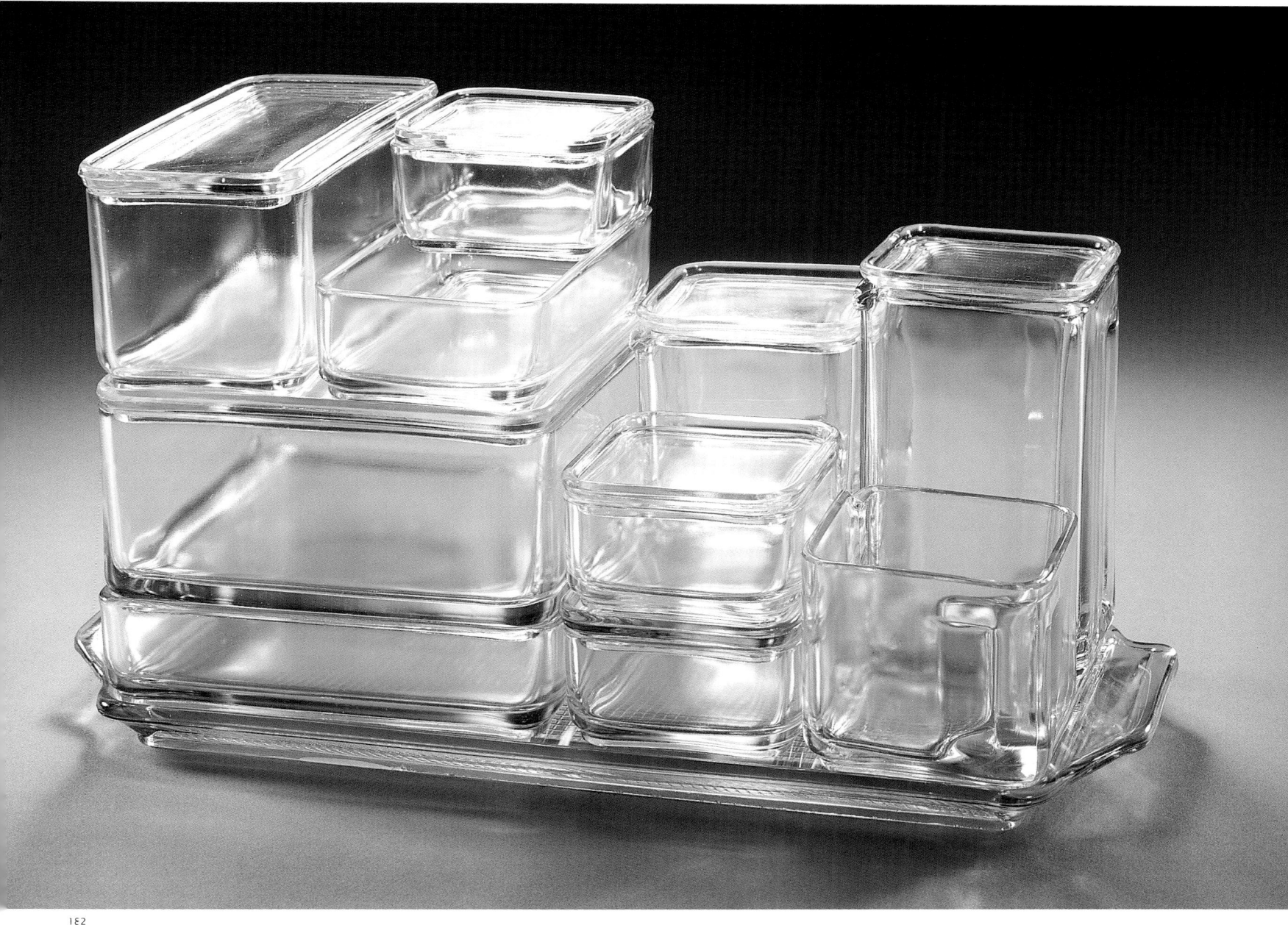

182. Storage containers and tray, 1938
Wilhelm Wagenfeld
Produced by Vereinigte Lausitzer Glaswerke AG, Weisswasser, Germany

Press-molded clear glass
Assembled: 23 × 42 × 18.5 cm, signed: mark 19

This storage system, named *Kubus*, was designed after Wagenfeld assumed the position of artistic director of the Vereinigte Lausitzer Glaswerke. Made of pressed glass, it was affordable and designed for use in the new electric refrigerators that were becoming available for domestic kitchens. These refrigerators, because of their small size, required a practical, compact storage system. Thus the individual units, of various shapes and sizes to accommodate different kinds of food, stack together to form a self-contained Cubist sculpture.

182. **Bandeja y recipientes para conservas**, 1938.
Wilhelm Wagenfeld.
Producido por Vereinigte Lausitzer Glaswerke AG, Weisswasser, Alemania.

Cristal transparente prensado.
Conjunto: 23 × 42 × 18'5 cm, firmado: ver marca num. 19.

Este sistema de almacenamiento, denominado *Kubus*, fué diseñado después de que Wagenfeld se hiciera cargo del puesto de Director artístico de la firma Vereinigte Lausitzer. Realizado en cristal prensado, de precio económico, había sido diseñado para las nuevas neveras eléctricas que empezaban a ser asequibles para las cocinas domésticas, y que por su pequeño tamaño exigían un sistema de almacenamiento práctico y compacto. De esta manera, las distintas unidades de varias formas y tamaños, adecuadas a diferentes géneros de comida, se apilan para formar una escultura cubista contenida en sí misma.

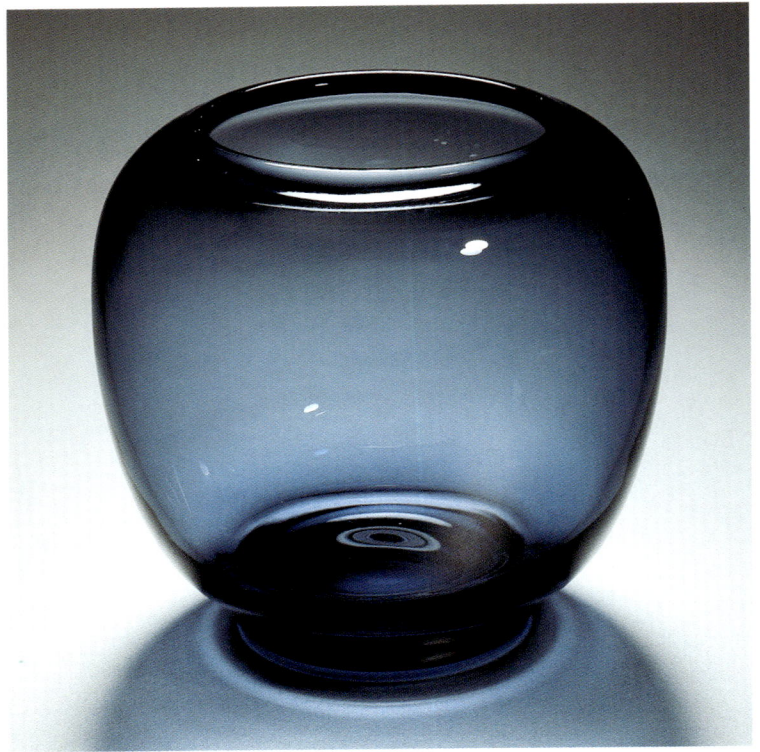

183

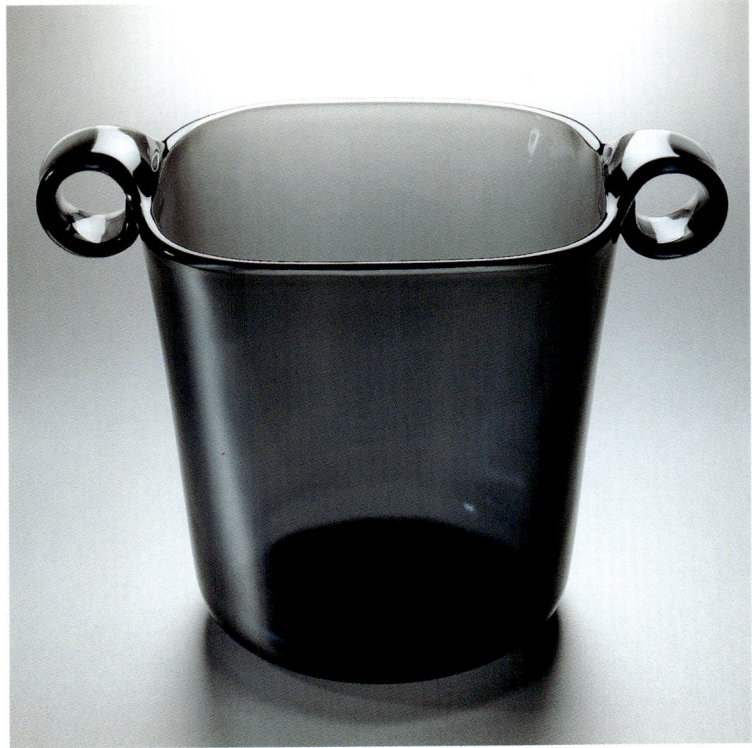

184

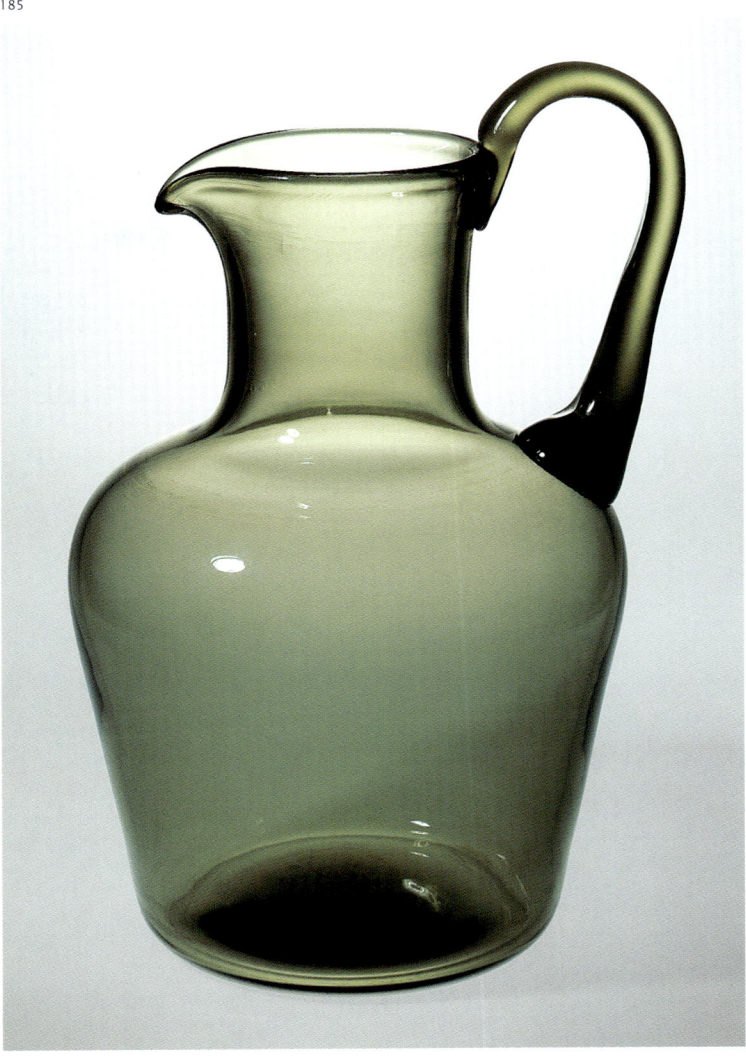

185

183. Vase, 1938
Wilhelm Wagenfeld
Produced by Vereinigte Lausitzer Glaswerke AG, Weisswasser, Germany
Mold-blown colored glass
15 × 16.5 × 16.5 cm, unsigned

183. Jarrón, 1938.
Wilhelm Wagenfeld.
Producido por Vereinigte Lausitzer Glaswerke AG, Weisswasser, Alemania.
Cristal coloreado soplado a molde.
15 × 16'5 × 16'5 cm, sin firma.

184. Wine cooler, 1938
Wilhelm Wagenfeld
Produced by Vereinigte Lausitzer Glaswerke AG, Weisswasser, Germany
Press-molded colored glass
23 × 31.5 × 21 cm, unsigned

184. Enfriador, 1938.
Wilhelm Wagenfeld.
Producido por Vereinigte Lausitzer Glaswerke AG, Weisswasser, Alemania.
Cristal coloreado prensado.
23 × 31'5 × 21 cm, sin firma.

185. Pitcher, 1935
Wilhelm Wagenfeld
Produced by Vereinigte Lausitzer Glaswerke AG, Weisswasser, Germany
Mold- and free-blown colored glass
19.5 × 14.5 × 12 cm, unsigned

185. Jarra, 1935.
Wilhelm Wagenfeld.
Producido por Vereinigte Lausitzer Glaswerke AG, Weisswasser, Alemania.
Cristal coloreado soplado al aire y a molde.
19'5 × 14'5 × 12 cm, sin firma.

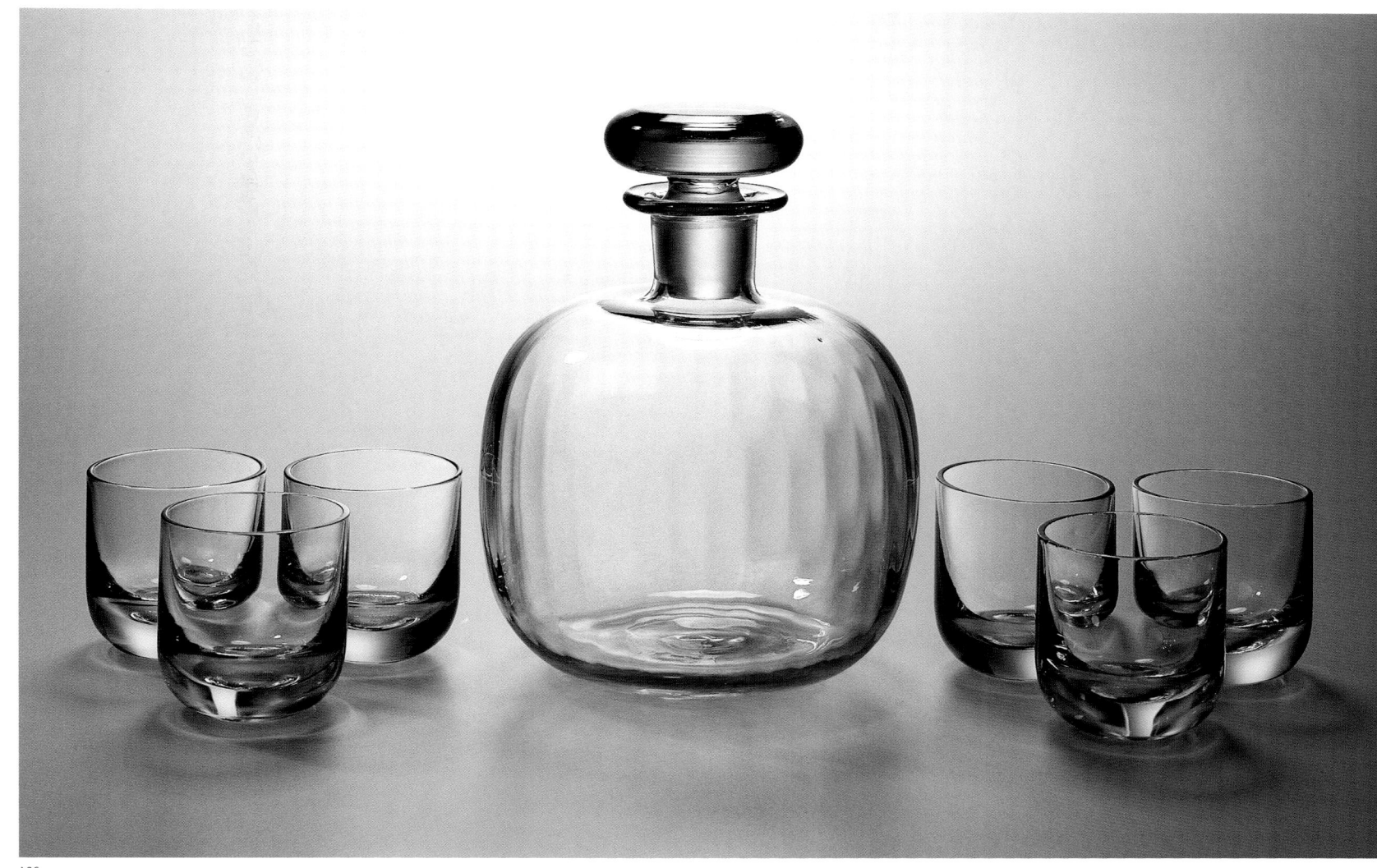

186. **Liqueur service**, 1938
Josef Hoffmann
Produced by Vereinigte Lausitzer
Glaswerke AG, Weisswasser, Germany

Blown colored glass
Decanter: 15 × 10.8 × 10.8 cm, unsigned

186. **Servicio de licor**, 1938.
Josef Hoffmann.
Producido por Vereinigte Lausitzer
Glaswerke AG, Weisswasser, Alemania.

Cristal soplado coloreado.
Decantador: 15 × 10'8 × 10'8 cm, sin firma.

Additional Glass Objects in the Bröhan Collection

Otros objetos cristal de la Colección Bröhan

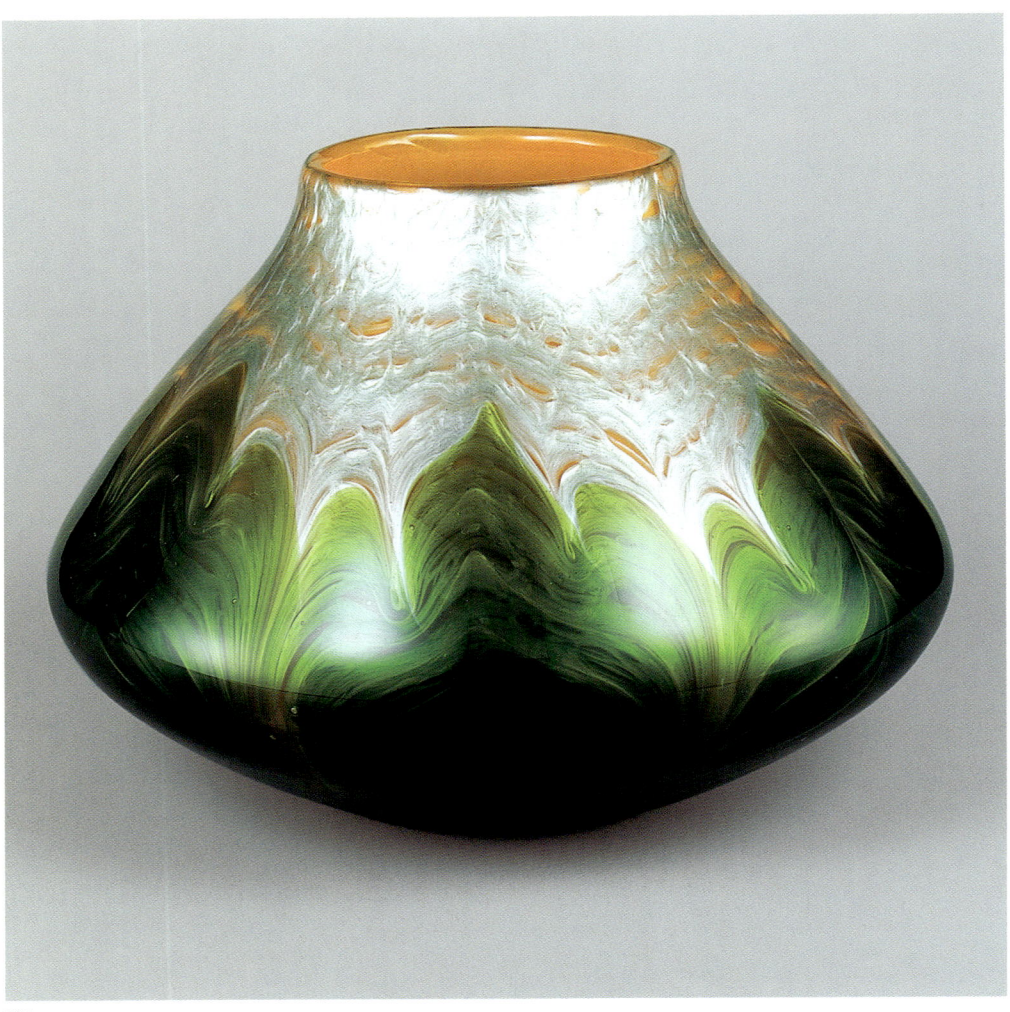

187.

187. **Vase**, c. 1906
Leopold Bauer
Produced by Lötz Witwe, Klásterŝý Mlýn (Klostermühle), Czech Republic

Mold-blown colored glass, overlaid colored glass, iridized
15.8 x 23 x 23 cm, unsigned

187. **Jarrón**, h. 1906.
Leopold Bauer.
Producido por Viuda Lötz, Klásterŝý Mlýn (Klostermühle), República Checa.

Cristal coloreado soplado a molde, cristal coloreado superpuesto, irisado.
15'8 × 23 × 23 cm, sin firma.

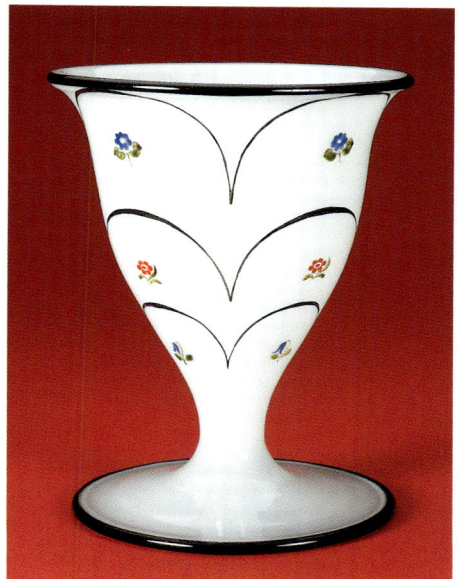

188

188. Vase, 1915
Hans Bolek
Produced by Lötz Witwe, Klásterśý Mlýn (Klostermühle), Czech Republic

Blown clear glass, overlaid colored and clear glass, enameled
14.1 × 11.4 × 11.4 cm, signed: mark 6

188. Jarrón, 1915.
Hans Bolek.
Producido por Viuda Lötz, Klásterśý Mlýn (Klostermühle), República Checa.

Cristal soplado transparente, cristal coloreado y transparente superpuesto, esmaltado.
14'1 × 11'4 × 11'4 cm, firmado: ver marca num. 6.

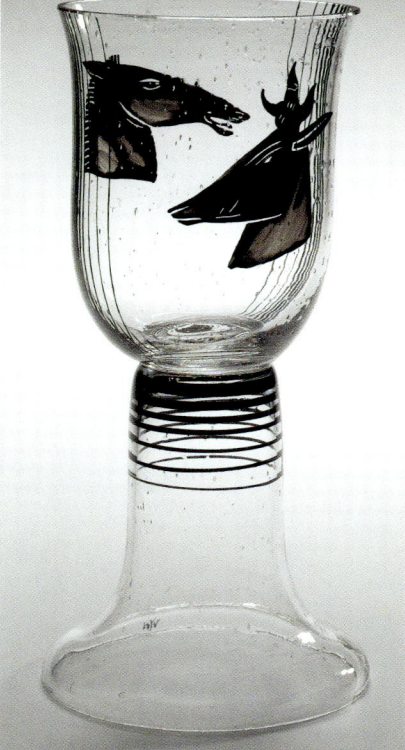

189

189. Drinking glass, c. 1917
Form: Josef Hoffmann
Produced for Joh. Oertel & Co., Nový Bor (Haida), Czech Republic
Decoration: Dagobert Peche
Executed at the Wiener Werkstätte, Vienna, Austria

Blown clear glass, enameled
19 × 8.4 × 8.4 cm, signed: mark 50

189. Vaso, h. 1917.
Forma: Josef Hoffmann.
Producido para Joh. Oertel & Co., Nový Bor (Haida), República Checa.
Decoración: Dagobert Peche.
Ejecutado en la Wiener Werkstätte, Viena, Austria.

Cristal soplado transparente, esmaltado.
19 × 8'4 × 8'4 cm, firmado: ver marca num. 50.

190. Footed bowl, c. 1920
Form: Josef Hoffmann
Produced by Ludwig Moser & Söhne, Karlovy Vary (Karlsbad), Czech Republic
Decoration: Artist unknown
Executed at the Wiener Werkstätte, Vienna, Austria

Blown clear glass, enameled
13 × 18.2 × 18.2 cm, signed: mark 52

190. Cuenco con pie, h. 1920.
Forma: Josef Hoffmann.
Producido por Ludwig Moser & Söhne, Karlovy Vary (Karlsbad), República Checa.
Decoración: artista desconocido.
Ejecutado en la Wiener Werkstätte, Viena, Austria.

Cristal soplado transparente, esmaltado.
13 × 18'2 × 18'2 cm, firmado: ver marca num. 52.

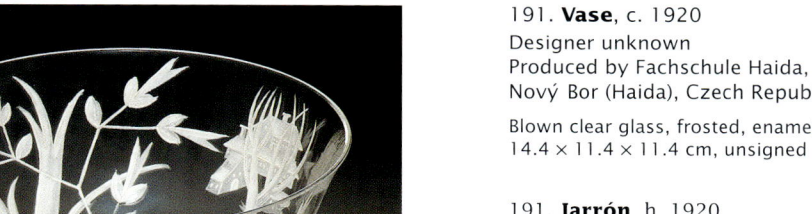

190

191. Vase, c. 1920
Designer unknown
Produced by Fachschule Haida, Nový Bor (Haida), Czech Republic

Blown clear glass, frosted, enameled
14.4 × 11.4 × 11.4 cm, unsigned

191. Jarrón, h. 1920.
Diseñador desconocido.
Producido por Fachschule Haida, Nový Bor (Haida), República Checa.

Cristal soplado transparente, esmerilado y esmaltado.
14'4 × 11'4 × 11'4 cm, sin firma.

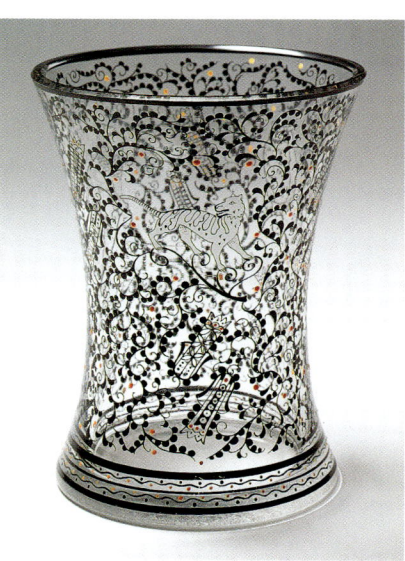

191

Otros objetos cristal ——— 179 ———

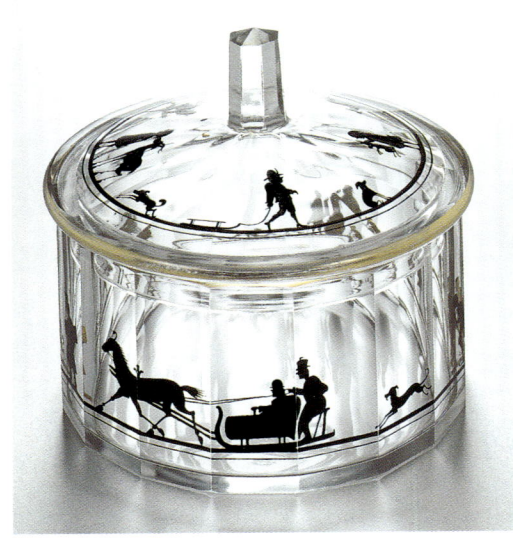

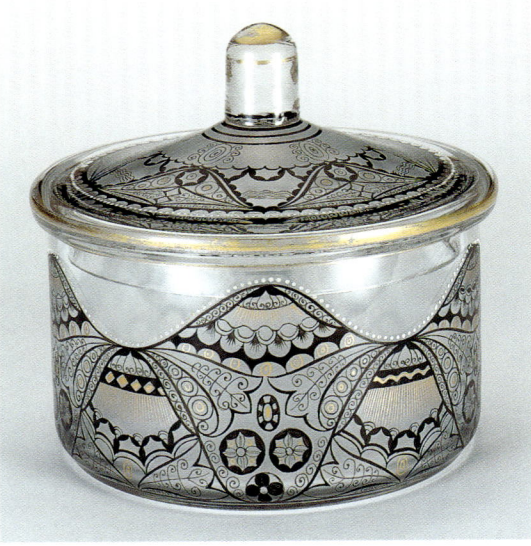

192

193

193. **Covered jar**, c. 1915
Produced by K. u. K. Fachschule Steinschönau, Kamenický Senov (Steinschönau), Czech Republic
Commissioned by Friedrich Pietsch, Kamenický Senov (Steinschönau), Czech Republic

Blown clear glass, cut, enameled, gilt
10.7 × 11.3 × 11.3 cm, signed: monogram of unknown artist

193. **Tarro con tapa**, h. 1915.
Producido por K. u. K. Fachschule Steinschönau, Kamenický Senov (Steinschönau), República Checa.
Encargo de Friedrich Pietsch, Kamenický Senov (Steinschönau), República Checa.

Cristal soplado transparente, tallado, esmaltado y dorado.
10'7 × 11'3 × 11'3 cm, firmado: monograma de un artista desconocido.

192. **Covered jar**, c. 1916
Produced by K. u. K. Fachschule Steinschönau, Kamenický Senov (Steinschönau), Czech Republic
Commissioned by Friedrich Pietsch, Kamenický Senov (Steinschönau), Czech Republic

Blown clear glass, frosted, enameled, gilt
12.8 × 14.1 × 14.1 cm, unsigned

192. **Tarro con tapa**, h. 1916.
Producido por K. u. K. Fachschule Steinschönau, Kamenický Senov (Steinschönau), República Checa.
Encargo de Friedrich Pietsch, Kamenický Senov (Steinschönau), República Checa.

Cristal soplado transparente, esmerilado, esmaltado y dorado.
12'8 × 14'1 × 14'1 cm, sin firma.

195. **Covered vessel**, c. 1920
Adolf Beckert
Produced by K. u. K. Fachschule Steinschönau, Kamenický Senov (Steinschönau), Czech Republic

Blown clear glass, cut, frosted, stained, enameled, gilt
19.7 × 10.7 × 10.7 cm, unsigned

195. **Recipiente con tapa**, h. 1920.
Adolf Beckert.
Producido por K. u. K. Fachschule Steinschönau, Kamenický Senov (Steinschönau), República Checa.

Cristal soplado transparente, tallado, esmerilado, pintado, esmaltado y dorado.
19'7 × 10'7 × 10'7 cm, sin firma.

194. **Footed, covered jar**, c. 1916
Adolf Beckert
Produced by K. u. K. Fachschule Steinschönau, Kamenický Senov (Steinschönau), Czech Republic
Commissioned by Friedrich Pietsch, Kamenický Senov (Steinschönau), Czech Republic

Blown clear glass, stained, enameled, gilt
15.3 × 10.1 × 10.1 cm, unsigned

194. **Tarro con tapa y pie**, h. 1916.
Adolf Beckert.
Producido por K. u. K. Fachschule Steinschönau, Kamenický Senov (Steinschönau), República Checa.
Encargo de Friedrich Pietsch, Kamenický Senov (Steinschönau), República Checa.

Cristal soplado transparente, pintado, esmaltado y dorado.
15'3 × 10'1 × 10'1 cm, sin firma.

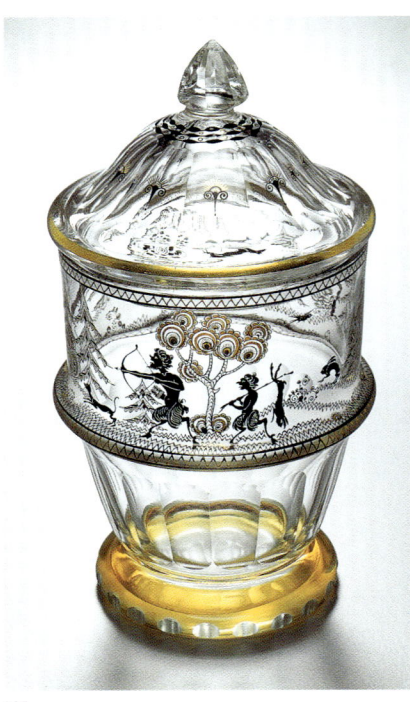

194

195

Additional Glass Objects

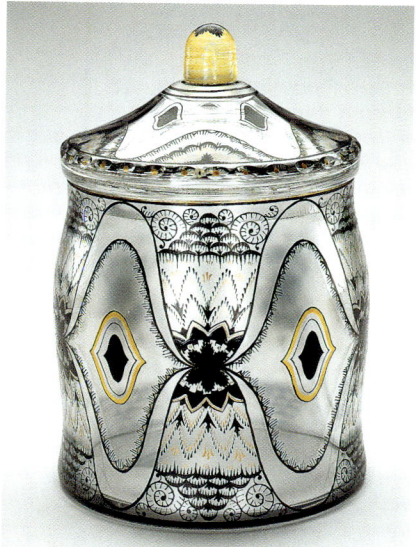

196

196. **Covered jar**, c. 1916

Produced by K. u. K. Fachschule Steinschönau, Kamenický Senov (Steinschönau)

Blown clear glass, frosted, stained, enameled, gilt
16.8 × 11.9 × 11.9 cm, unsigned

196. **Tarro con tapa**, h. 1916.

Producido por K. u. K. Fachschule Steinschönau, Kamenický Senov (Steinschönau), República Checa.

Cristal soplado transparente, esmerilado, pintado, esmaltado y dorado.
16'8 × 11'9 × 11'9 cm, sin firma.

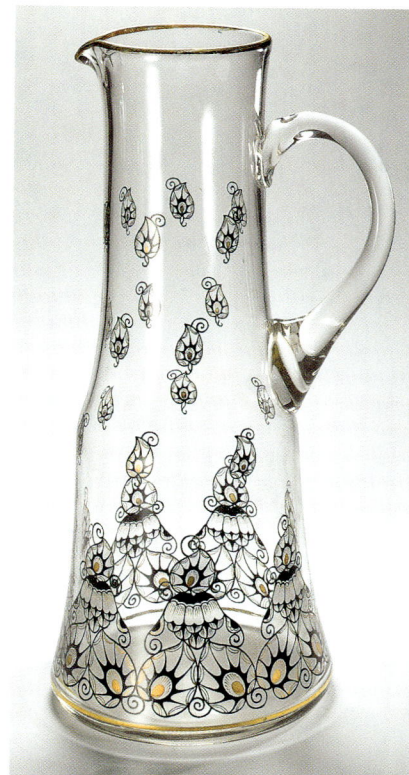

197

197. **Pitcher**, c. 1920

Produced by K. u. K. Fachschule Steinschönau, Kamenický Senov (Steinschönau), Czech Republic

Blown clear glass, enameled, gilt, frosted
32.7 × 13.4 × 17.4 cm, unsigned

197. **Jarra**, h. 1920.

Producido por K. u. K. Fachschule Steinschönau, Kamenický Senov (Steinschönau), República Checa.

Cristal soplado transparente, esmaltado, dorado y esmerilado.
32'7 × 13'4 × 17'4 cm, sin firma.

199. **Tumbler**, c. 1914

Form: Oskar Strnad, Vienna, Austria
Decoration: Karl Massanetz
Decoration executed by Workshop of Karl Massanetz, Kamenický Senov (Steinschönau), Czech Republic
Retailed by J. & L. Lobmeyr, Vienna, Austria

Blown clear glass, enameled, gilt
9 × 7.8 × 7.8 cm, unsigned

199. **Vaso**, h. 1914.

Forma: Oskar Strnad, Viena, Austria.
Decoración: Karl Massanetz.
Decoración realizada en el taller de Karl Massanetz, Kamenický Senov (Steinschönau), República Checa.
Comercializado por J. & L. Lobmeyr, Viena, Austria.

Cristal soplado transparente, esmaltado y dorado.
9 × 7'8 × 7'8 cm, sin firma.

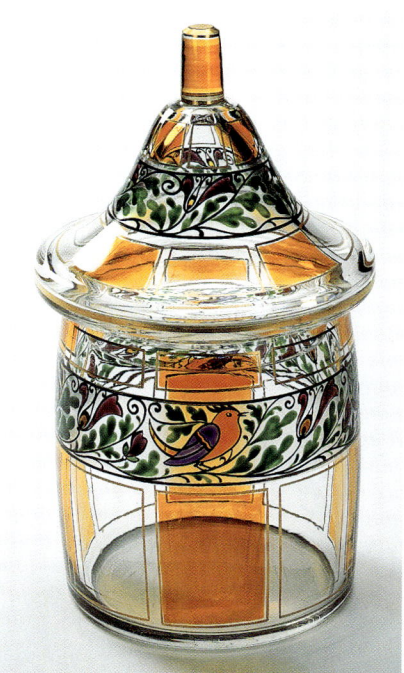

198

198. **Covered jar**, c. 1916

Design and execution: K. u. K. Fachschule Steinschönau, Kamenický Senov (Steinschönau), Czech Republic
Retailed by Conrath & Liebsch, Kamenický Senov (Steinschönau), Czech Republic

Blown clear glass, frosted, stained, enameled, gilt
17.3 × 10 × 10 cm, unsigned

198. **Tarro con tapa**, h. 1916.

Diseño y ejecución: K. u. K. Fachschule Steinschönau, Kamenický Senov (Steinschönau), República Checa.
Comercializado por Conrath & Liebsch, Kamenický Senov (Steinschönau), República Checa.

Cristal soplado transparente, esmerilado, pintado, esmaltado y dorado.
17'3 × 10 × 10 cm, sin firma.

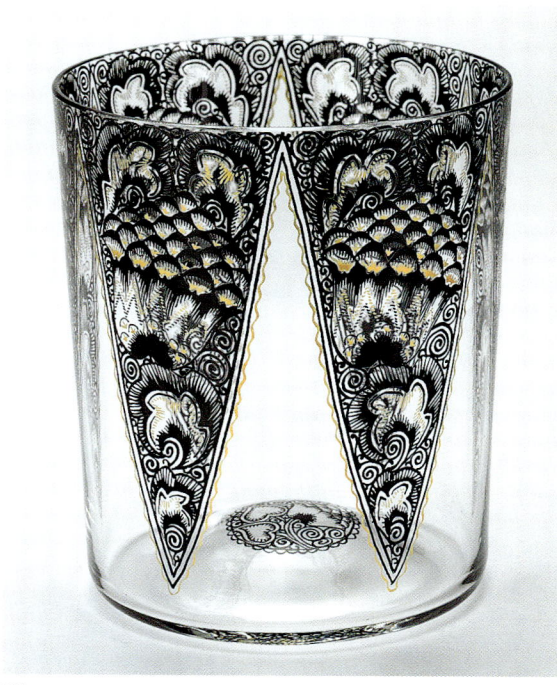

199

Otros objetos cristal ——— 181 ———

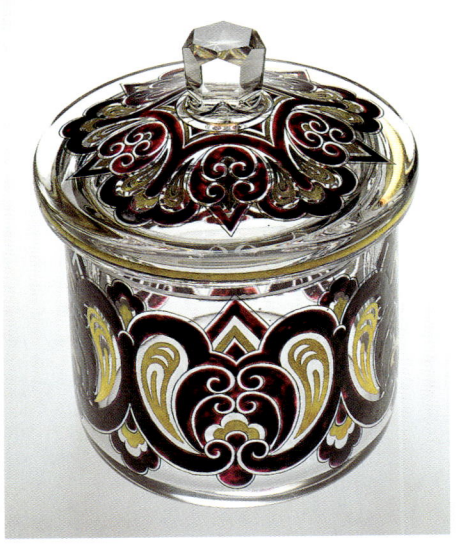

200

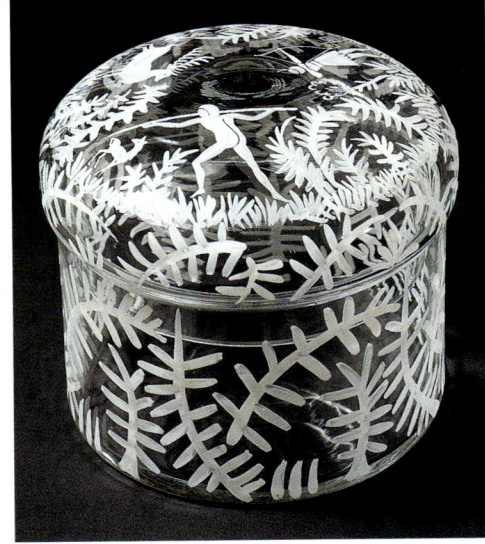

201

201. **Covered jar**, c. 1925

Design and execution: Ida Paulin, Augsburg, Germany

Blown clear glass, enameled
10.4 × 11.8 × 11.8 cm, signed: mark 37

Tarro con tapa, h. 1925.

Diseño y ejecución: Ida Paulin, Augsburgo, Alemania.

Cristal soplado transparente, esmaltado.
10'4 × 11'8 × 11'8 cm, firmado: ver marca num. 37.

200. **Covered jar**, c. 1922

Design and execution: Paul Thomas, Kamenický Senov (Steinschönau), Czech Republic

Blown clear glass, cut, enameled, gilt
13.7 × 11.7 × 11.7 cm, unsigned

200. **Tarro con tapa**, h. 1922.

Diseño y ejecución: Paul Thomas, Kamenický Senov (Steinschönau), República Checa.

Cristal soplado transparente, tallado, esmaltado y dorado.
13'7 × 11'7 × 11'7 cm, sin firma.

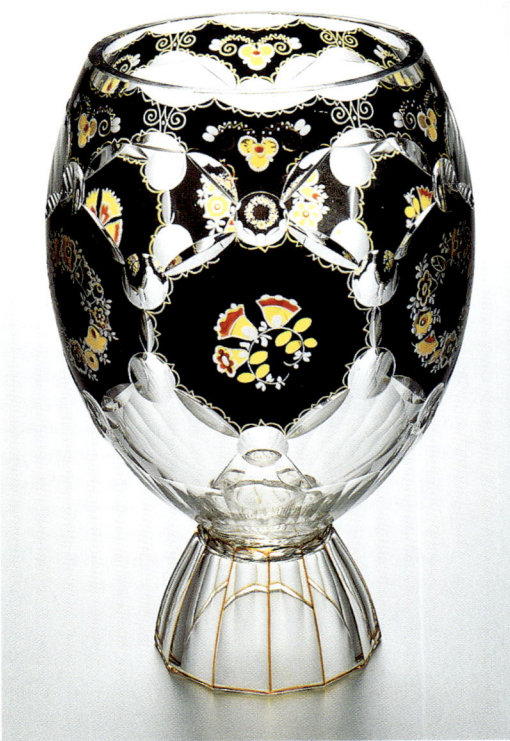

202

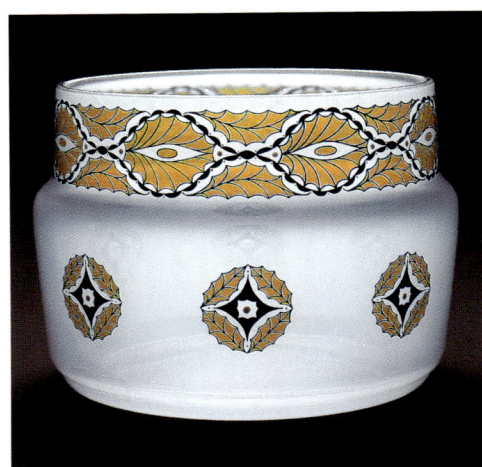

203

202. **Footed vase**, c. 1925

Design: Fachschule Haida, Nový Bor (Haida), Czech Republic
Executed by Karl Hosch, Nový Bor (Haida), Czech Republic

Blown clear glass, cut, stained, enameled
20.7 × 13.9 × 13.9 cm, unsigned

202. **Jarrón con pie**, h. 1925.

Diseño: Fachschule Haida, Noký Sor (Haida), República Checa
Realizado por Karl Hosch, Nový Bor (Haida), República Checa.

Cristal soplado transparente, tallado, pintado y esmaltado.
20'7 × 13'9 × 13'9 cm, sin firma.

203. **Bowl**, c. 1910

Design and execution: K. u. K. Fachschule Steinschönau, Kamenický Senov (Steinschönau), Czech Republic

Blown colored glass, stained, enameled
16.2 × 20.7 × 20.7 cm, signed: mark 44; also "T.R./[in circle] M"

203. **Cuenco**, h. 1910.

Diseño y ejecución: K. u. K. Fachschule Steinschönau, Kamenický Senov (Steinschönau), República Checa.

Cristal soplado coloreado, pintado y esmaltado.
16'2 × 20'7 × 20'7 cm, firmado: ver marca num. 44; también "T.R./[en circulo] M".

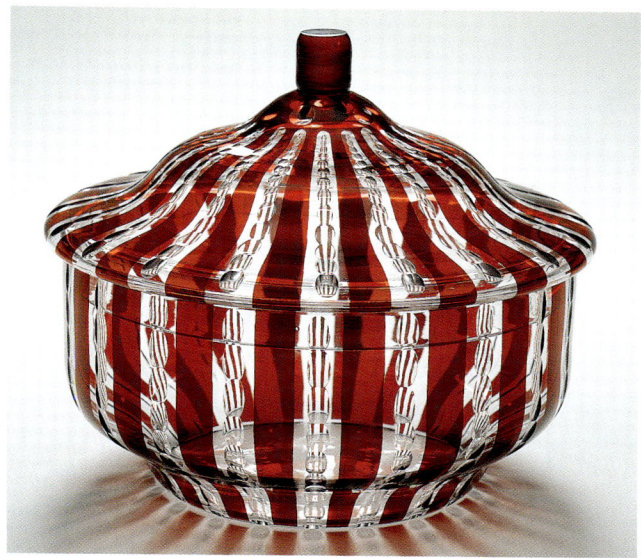

204

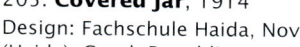

205. Covered jar, 1914
Design: Fachschule Haida, Nový Bor (Haida), Czech Republic
Retailed by Joh. Oertel & Co., Nový Bor (Haida), Czech Republic

Blown colored glass, overlaid clear glass, cut, engraved
28.4 × 11 × 11 cm, unsigned

205. Tarro con tapa, 1914.
Diseño: Fachschule Haida, Nový Bor (Haida), República Checa.
Comercializado por Joh. Oertel & Co., Nový Bor (Haida), República Checa.

Cristal soplado coloreado, cristal coloreado superpuesto, tallado, grabado.
28'4 × 11 × 11 cm, sin firma.

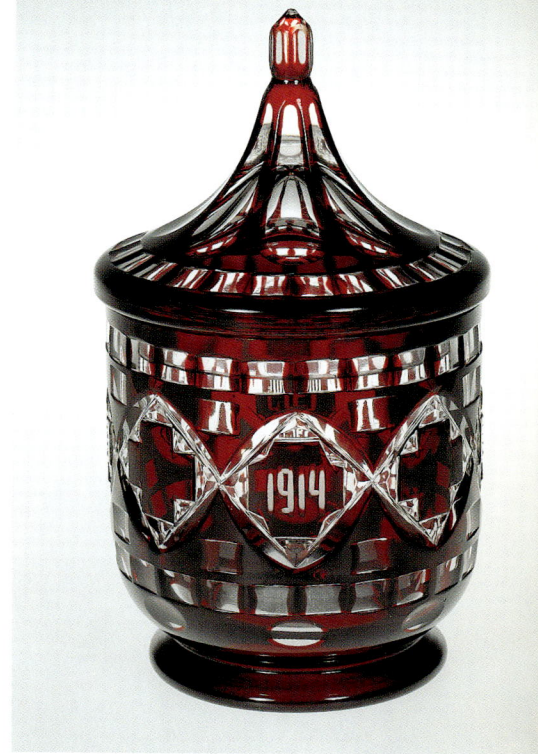

205

204. Covered jar, c. 1923
Design: Fachschule Haida, Nový Bor (Haida), Czech Republic
Retailed by Joh. Oertel & Co., Nový Bor (Haida), Czech Republic

Blown clear glass, cut, stained
16.4 × 19.7 × 19.7 cm, unsigned

204. Tarro con tapa, h. 1923.
Diseño: Fachschule Haida, Nový Bor (Haida), República Checa.
Comercializado por Joh. Oertel & Co., Noký Sor (Haida), República Checa.

Cristal soplado transparente, tallado y pintado.
16'4 × 19'7 × 19'7 cm, sin firma.

206. Vase, c. 1917
Design: Fachschule Haida, Nový Bor (Haida), Czech Republic
Retailed by Joh. Oertel & Co., Nový Bor (Haida), Czech Republic

Blown clear glass, cut, stained, engraved
22.5 × 12.8 × 12.8 cm, unsigned

206. Jarrón, h. 1917.
Diseño: Fachschule Haida, Nový Bor (Haida), República Checa.
Comercializado por Joh. Oertel & Co., Noký Sor (Haida), República Checa.

Cristal soplado transparente, tallado, pintado y grabado.
22'5 × 12'8 × 12'8 cm, sin firma.

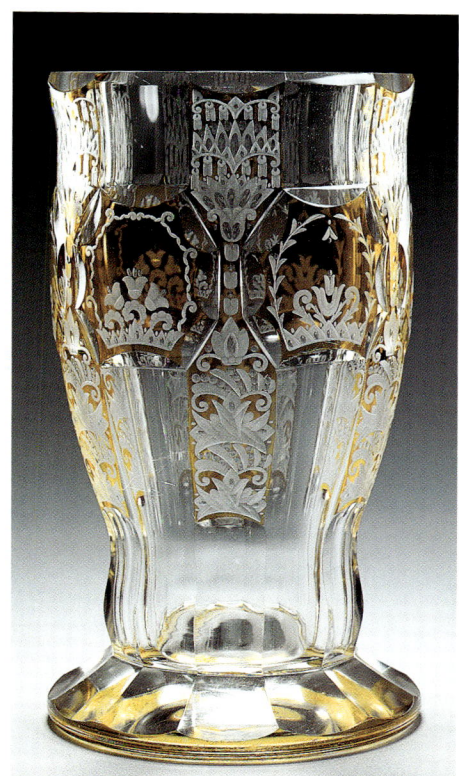

206

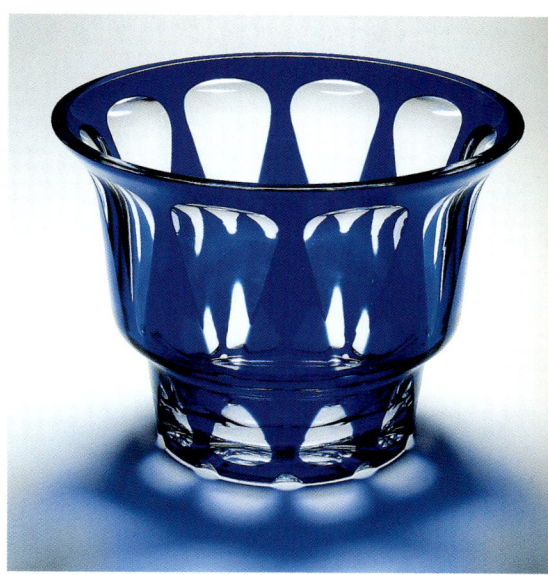

207

207. Bowl, before 1925
Design and execution: Wenzel Kulka, Nový Bor (Haida), Czech Republic

Blown clear glass, overlaid colored glass, cut
15.5 × 21.4 × 21.4 cm, unsigned

207. Cuenco, anterior a 1925.
Diseño y ejecución: Wenzel Kulka, Nový Bor (Haida), República Checa.

Cristal soplado transparente, cristal coloreado superpuesto, tallado.
15'5 × 21'4 × 21'4 cm, sin firma.

Otros objetos cristal ——— 183 ——

208. Medallion, 1925

Design and execution: Josef Drahonovsky, Prague, Czech Republic

Rock crystal, cut, engraved
D. 5.5 cm, signed: mark 8

208. Medallón, 1925.

Diseño y ejecución: Josef Drahonovsky, Praga, República Checa.

Cristal de roca, tallado y grabado.
Diámetro: 5'5 cm, firmado: ver marca num. 8.

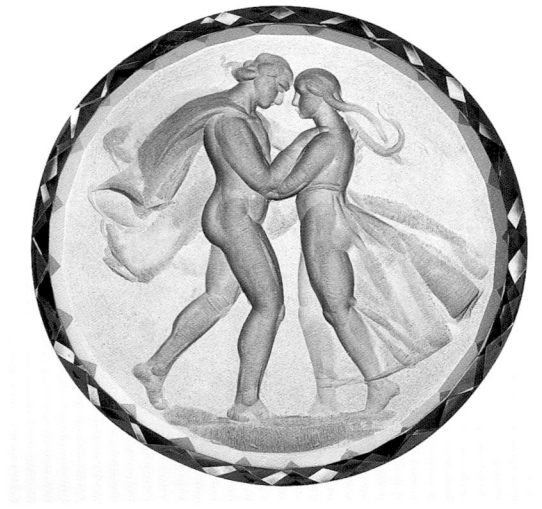

209. Goblet, c. 1937

Design: Konrad Habermeier
Produced by Gral-Glas Workshop, Göppingen, Germany

Blown clear glass, engraved
10.2 × 8.8 × 8.8 cm, unsigned

209. Copa, h. 1937.

Diseño: Konrad Habermeier.
Producido por Talleres Gral-Glas, Göppingen, Alemania.

Cristal soplado transparente, grabado.
10'2 × 8'8 × 8'8 cm, sin firma.

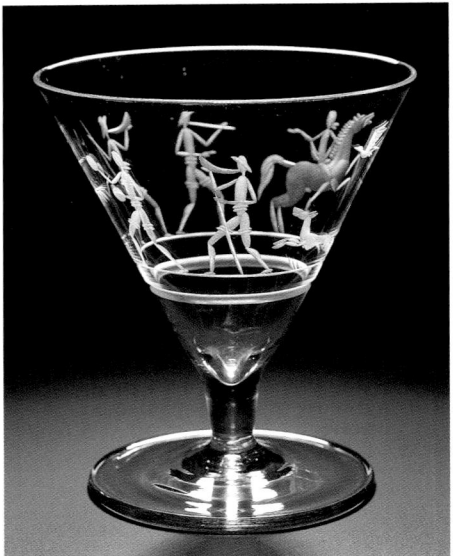

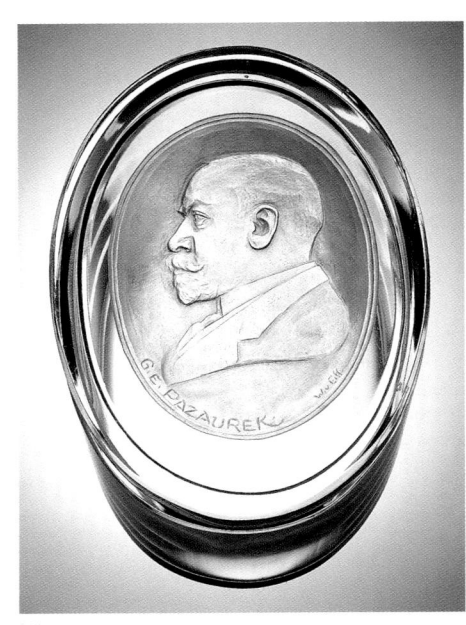

210. Vase, c. 1930

Design: Wilhelm von Eiff
Executed by the Von Eiff Workshop, Kunstgewerbeschule Stuttgart, Stuttgart, Germany

Blown clear glass, cut
14 × 10.8 × 10.8 cm. signed: mark 46

210. Jarrón, h. 1930.

Diseño: Wilhelm von Eiff.
Realizado en el taller de Von Eiff, Kunstgewerbeschule Stuttgart, Stuttgart, Alemania.

Cristal soplado transparente, tallado.
14 × 10'8 × 10'8 cm, firmado: ver marca num. 46.

211. Covered jar, 1919

Design and execution: Wilhelm von Eiff, Stuttgart, Germany

Blown clear glass, cut, engraved
0.5 × 5.5 × 5.5 cm, signed: mark 9

211. Tarro con tapa, 1919.

Diseño y ejecución: Wilhelm von Eiff, Stuttgart, Alemania.

Cristal soplado transparente, tallado y grabado.
0'5 × 5'5 × 5'5 cm, firmado: ver marca num. 9.

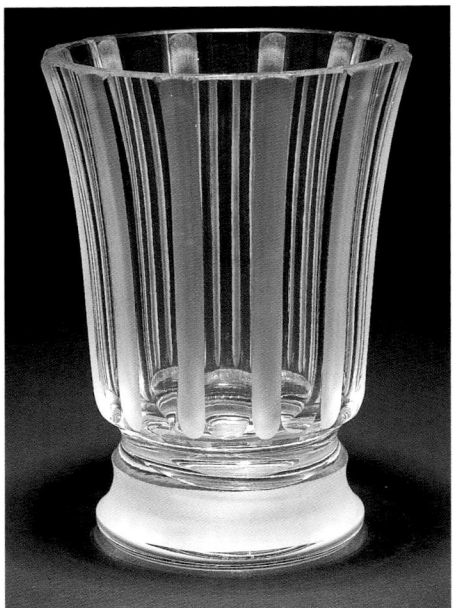

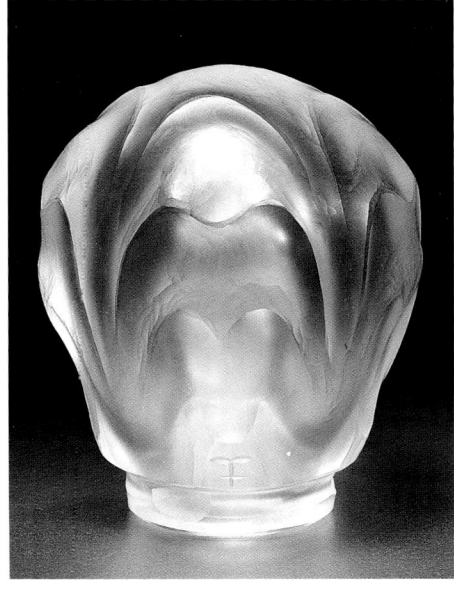

212

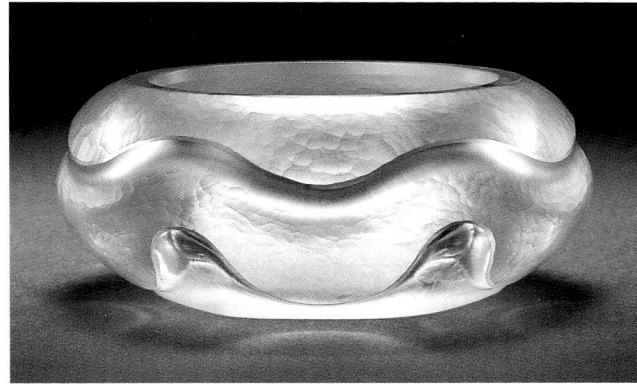

213

212. **Door knob**, c. 1930
Wilhelm von Eiff, Stuttgart, Germany
Executed by the Von Eiff Workshop, Kunstgewerbeschule Stuttgart, Stuttgart, Germany
Commissioned by the Verein der Freunde künstlerischer Glas- und Edelsteinbearbeitung

Blown clear glass, cut and engraved
8.5 × 7.5 × 7.5 cm, signed: mark 47

212. **Tirador de puerta**, h. 1930.
Wilhelm von Eiff, Stuttgart, Alemania.
Realizado en el taller de Von Eiff, Kunstgewerbeschule Stuttgart, Stuttgart, Alemania.
Encargado por Verein der Freunde künstlerischer Glas- und Edelsteinbearbeitung.

Cristal soplado transparente, tallado y grabado.
8'5 × 7'5 × 7'5 cm, firmado: ver marca num. 47.

213. **Bowl**, c. 1928
Wilhelm von Eiff, Stuttgart, Germany
Executed by the Von Eiff Workshop, Kunstgewerbeschule Stuttgart, Stuttgart, Germany

Blown clear glass, cut and engraved
4.5 × 10.7 × 10.7 cm, signed: mark 46

213. **Cuenco**, h. 1928.
Wilhelm von Eiff, Stuttgart, Alemania.
Realizado en el taller de Von Eiff, Kunstgewerbeschule Stuttgart, Stuttgart, Alemania.

Cristal soplado transparente, tallado y grabado.
4'5 × 10'7 × 10'7 cm, firmado: ver marca num. 46.

214. **Bowl**, c. 1928
Max Hagl, Stuttgart, Germany

Blown clear glass, cut
6.1 × 26.8 × 26.8 cm, signed: mark 13

214. **Cuenco**, h. 1928.
Max Hagl, Stuttgart, Alemania.

Cristal soplado transparente, tallado.
6'1 × 26'8 × 26'8 cm,
firmado: ver marca num. 13.

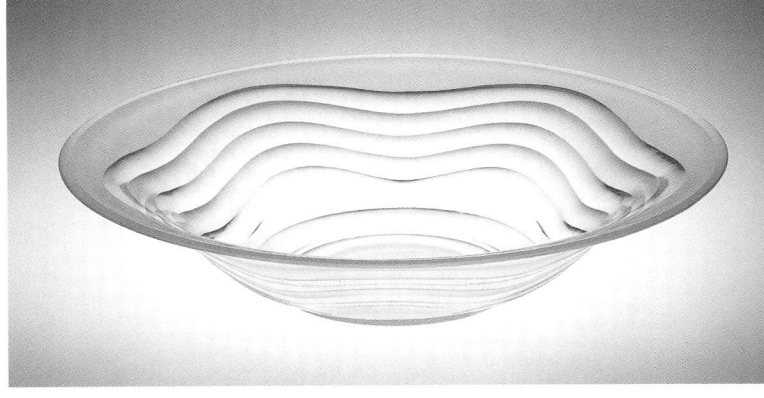

214

215. **Bowl**, c. 1928
Max Hagl, Stuttgart, Germany

Blown clear glass, cut
7.2 × 12.8 × 12.8 cm, signed: mark 13

215. **Cuenco**, h. 1928.
Max Hagl, Stuttgart, Alemania.

Cristal soplado transparente, tallado.
7'2 × 12'8 × 12'8 cm,
firmado: ver marca num. 13.

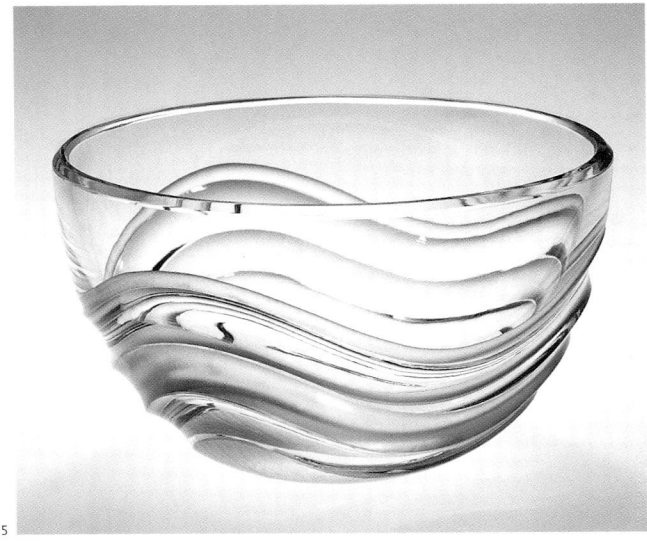

215

Otros objetos cristal

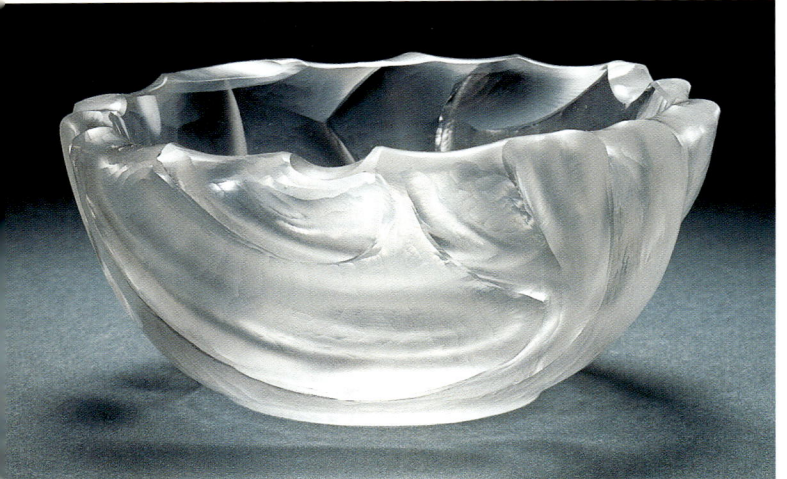

216

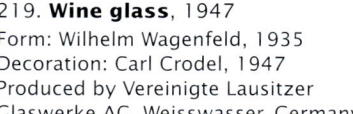

216. Bowl, c. 1928
Hanns Model
Executed by Hanns Model, Kunstgewerbeschule Stuttgart, Stuttgart, Germany
Blown clear glass, cut and engraved
6.3 × 13.3 × 13.3 cm, signed: mark 26

216. Cuenco, h. 1928.
Hanns Model.
Realizado por Hanns Model, Kunstgewerbeschule Stuttgart, Stuttgart, Alemania.
Cristal soplado transparente, tallado y grabado.
6'3 × 13'3 × 13'3 cm, firmado: ver marca num. 26.

217. Vase, c. 1923/24
Josef Hoffmann
Produced by Ludwig Moser & Söhne, Karlovy Vary (Karlsbad), Czech Republic
Commissioned by the Wiener Werkstätte, Vienna, Austria
Blown colored glass, cut
11.5 × 15 × 15 cm, signed: mark 53

217. Jarrón, h. 1923/24.
Josef Hoffmann.
Producido por Ludwig Moser & Söhne, Karlovy Vary (Karlsbad), República Checa.
Encargo de la Wiener Werkstätte, Viena, Austria.
Cristal soplado coloreado, tallado.
11'5 × 15 × 15 cm, firmado: ver marca num. 53.

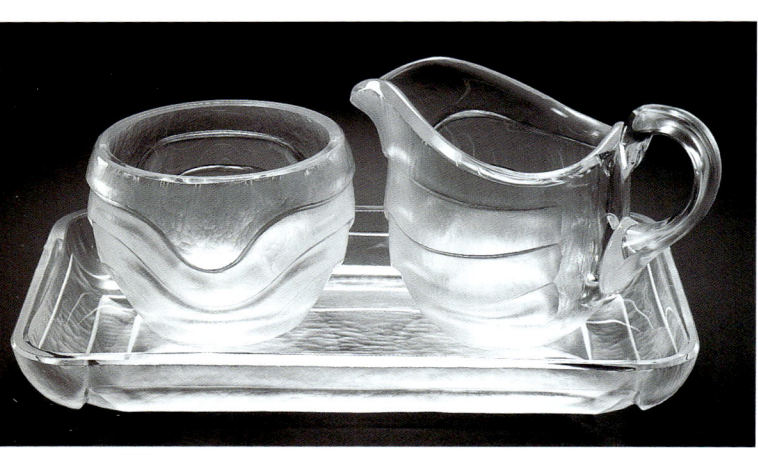

218

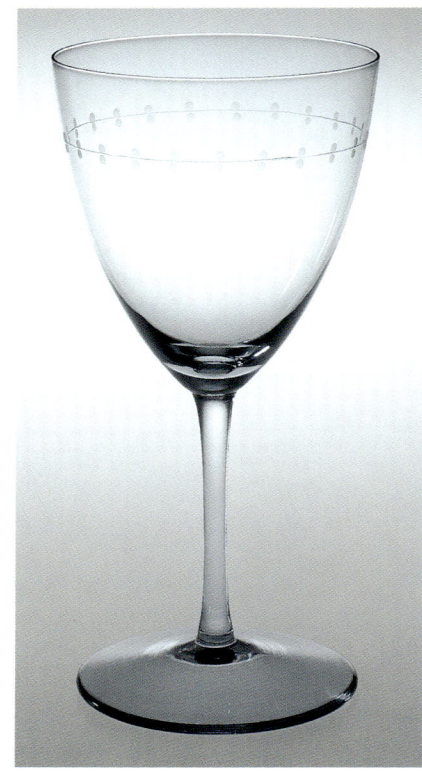

218. Cream and sugar service, c. 1937
Marianne Schoder, Stuttgart, Germany
Blown clear glass, cut
Creamer: 8.2 × 9.5 × 12.7 cm, signed: mark 46

218. Servicio de leche y azúcar, h. 1937.
Marianne Schoder, Stuttgart, Alemania.
Cristal soplado transparente, tallado.
Jarra: 8'2 × 9'5 × 12'7 cm, firmado: ver marca num. 46.

219. Wine glass, 1947
Form: Wilhelm Wagenfeld, 1935
Decoration: Carl Crodel, 1947
Produced by Vereinigte Lausitzer Glaswerke AG, Weisswasser, Germany
Mold-blown colored glass, acid-etched
15.2 × 7.8 × 7.8 cm, unsigned

219. Copa de vino, 1947.
Forma: Wilhelm Wagenfeld, 1935.
Decoración: Carl Crodel, 1947.
Producido por Vereinigte Lausitzer Glaswerke AG, Weisswasser, Alemania.
Cristal coloreado soplado a molde y grabado al ácido.
15'2 × 7'8 × 7'8 cm, sin firma.

Additional Glass Objects

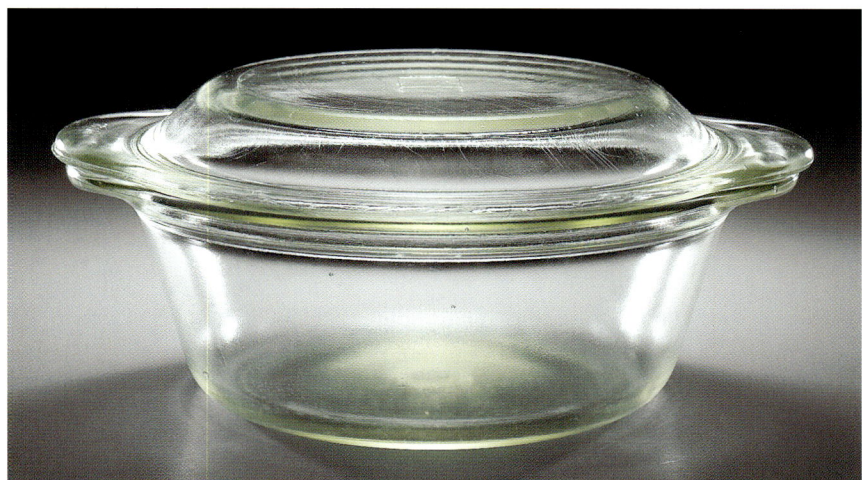

220

220. **Covered casserole**, 1938/39

Wilhelm Wagenfeld
Produced by Jenaer Glaswerke Schott & Gen., Jena, Germany

Press-molded, heat-resistant clear glass
7.8 × 24.4 × 24.4 cm, signed: mark 42

220. **Cacerola con tapa**, 1938/39.

Wilhelm Wagenfeld.
Producido por Jenaer Glaswerke Schott & Gen., Jena, Alemania.

Cristal transparente resistente al calor, prensado.
7'8 × 24'4 × 24'4 cm, firmado: ver marca num. 42.

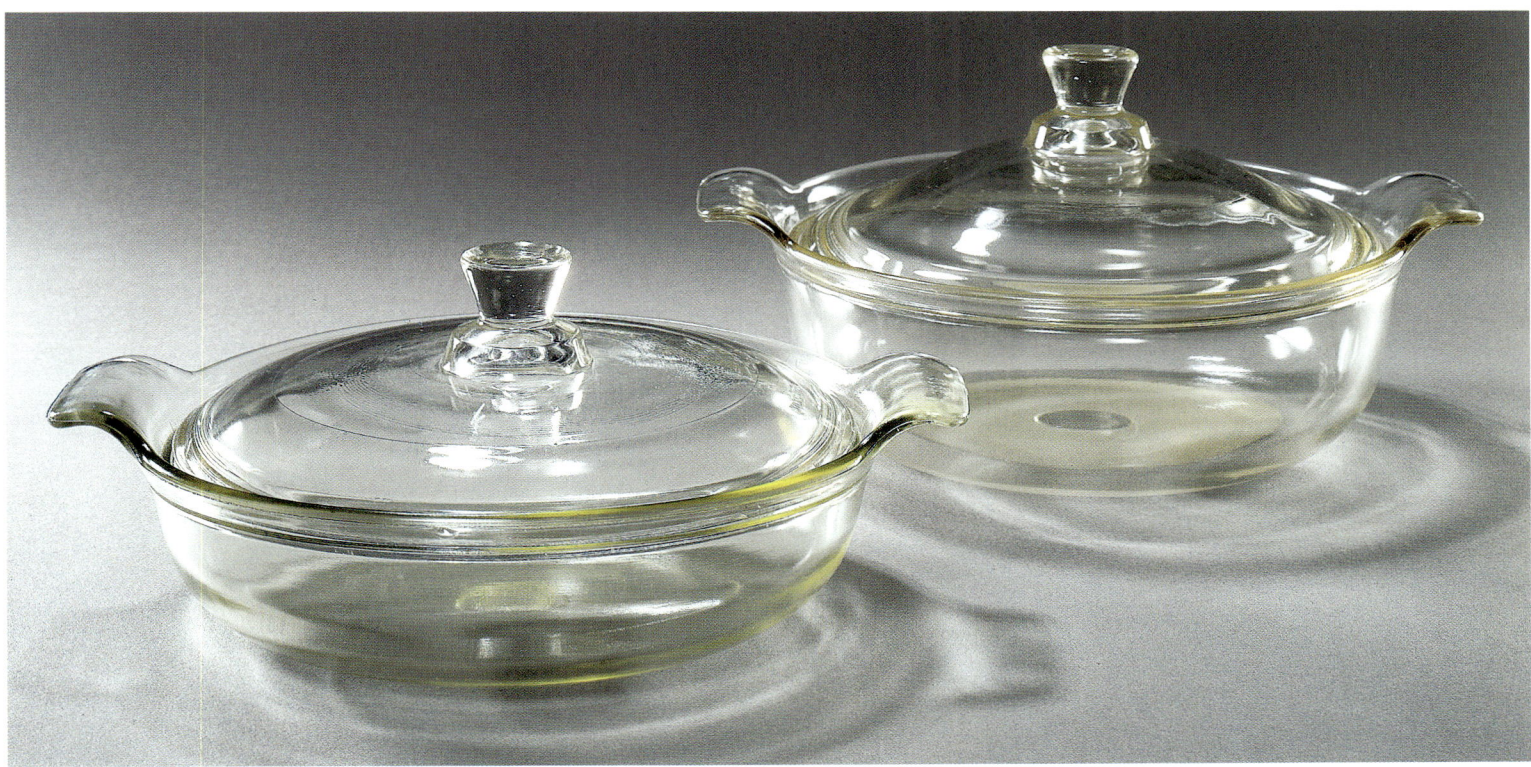

221, 222

221. **Covered casserole**, 1936

Wilhelm Wagenfeld
Produced by Jenaer Glaswerke Schott & Gen., Jena, Germany

Press-molded, heat-resistant clear glass
11 × 26.5 × 26.5 cm, signed: mark 42

221. **Cacerola con tapa**, 1936.

Wilhelm Wagenfeld.
Producido por Jenaer Glaswerke Schott & Gen., Jena, Alemania.

Cristal transparente resistente al calor, prensado.
11 × 26'5 × 26'5 cm, firmado: ver marca num. 42.

222. **Covered casserole**, 1936

Wilhelm Wagenfeld
Produced by Jenaer Glaswerke Schott & Gen., Jena, Germany

Press-molded, heat-resistant clear glass
14 × 26.5 × 26.5 cm, signed: mark 42

222. **Cacerola con tapa**, 1936.

Wilhelm Wagenfeld.
Producido por Jenaer Glaswerke Schott & Gen., Jena, Alemania.

Cristal transparente resistente al calor, prensado.
14 × 26'5 × 26'5 cm, firmado: ver marca num. 42.

Otros objetos cristal

Table of Marks   Elenco de marcas

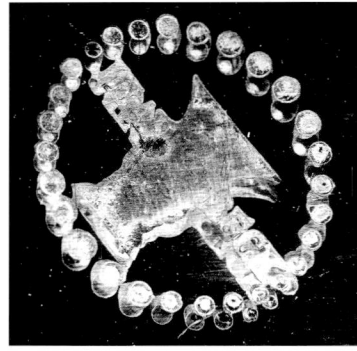
1. Beck, Jean (1862–1938)

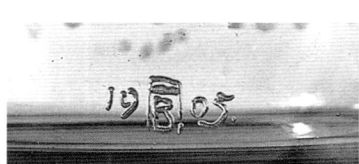
2. Beckert, Adolf (1884–1929)

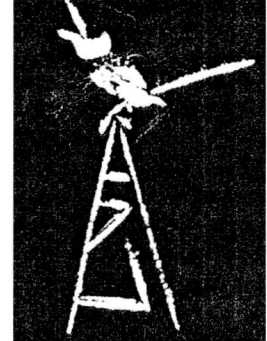
3. Beckert, Adolf (1884–1929)

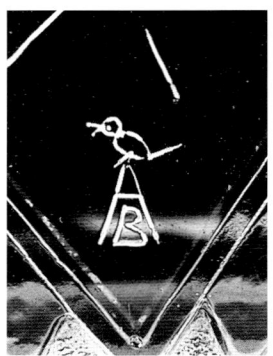
4. Beckert, Adolf (1884–1929)

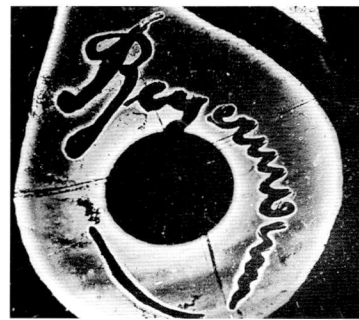
5. Beyermann & Co. (Nový Bor [Haida])

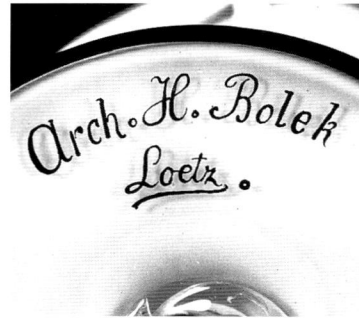
6. Bolek, Hans (1890–1978)

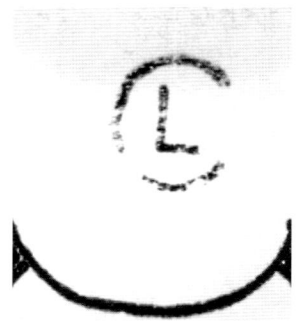
7. Conrath & Liebsch (Kamenický Senov [Steinschönau])

8. Drahonovsky, Josef (1877–1938)

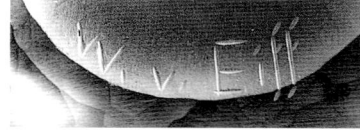
9. Eiff, Wilhelm von (1890–1943)

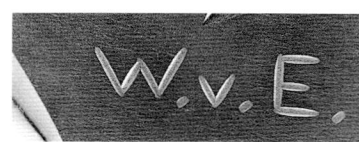
10. Eiff, Wilhelm von (1890–1943)

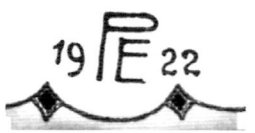
11. Eiselt, Paul (1887–1961)

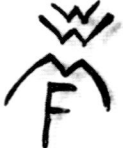
12. Flögl, Mathilde (1883–1951)

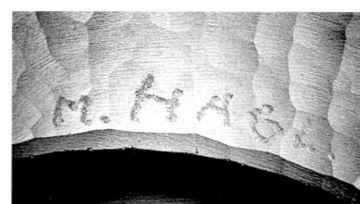
13. Hagl, Max (1899–1945)

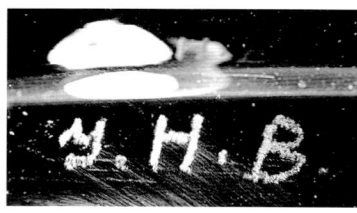
14. Hilker-Bohn, Irmgard (b. 1907)

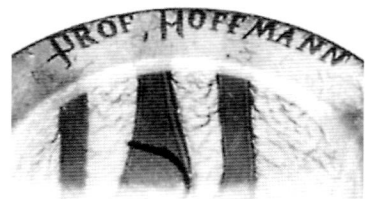
15. Hoffmann, Josef (1870–1956)

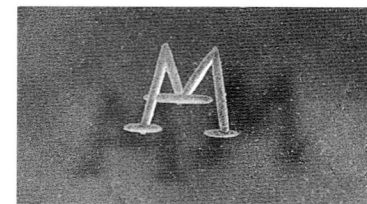
16. Kirschner, Marie (1852–1931)

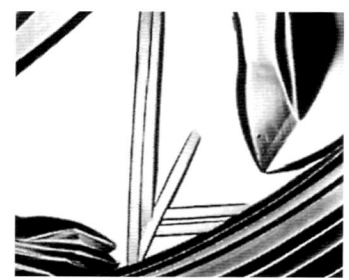
17. Klein, Hans (1902–1981)

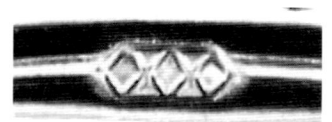
18. Kromer, Emil (1898–?)

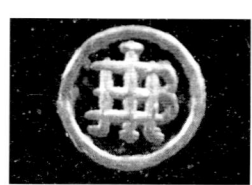
20. Lobmeyer, J. & L. (Vienna)

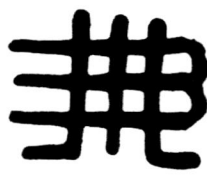
21. Lobmeyer, J. & L. (Vienna)

19. Lausitzer (Vereinigte) Glaswerke, Weisswasser

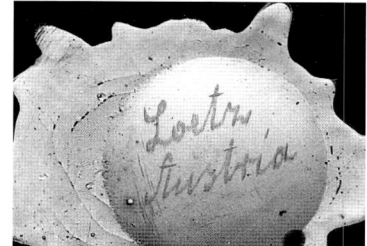
22. Lötz Witwe (Klásterský Mlýn [Klostermühle])

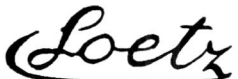
23. Lötz Witwe (Klásterský Mlýn [Klostermühle])

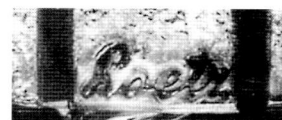
24. Lötz Witwe (Klásterský Mlýn [Klostermühle])

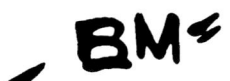
25. Mauder, Bruno (1877–1948)

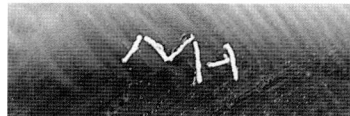
26. Model, Hanns (1908–1983)

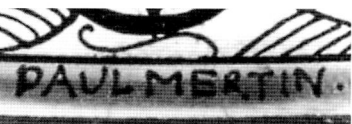
27. Mertin, Paul (?–?)

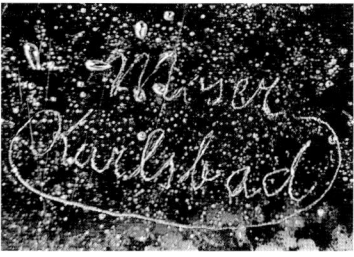
28. Moser & Söhne, Ludwig (Karlovy Vary [Karlsbad])

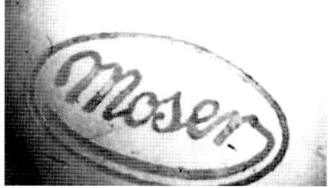
29. Moser & Söhne, Ludwig (Karlovy Vary [Karlsbad])

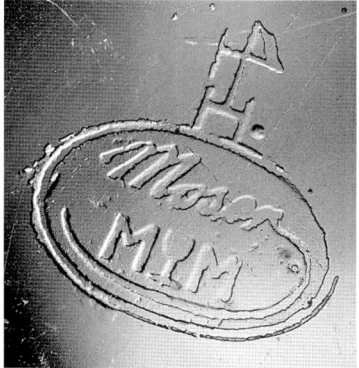
30. Moser & Söhne, Ludwig (Karlovy Vary [Karlsbad])

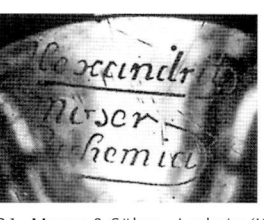
31. Moser & Söhne, Ludwig (Karlovy Vary [Karlsbad])

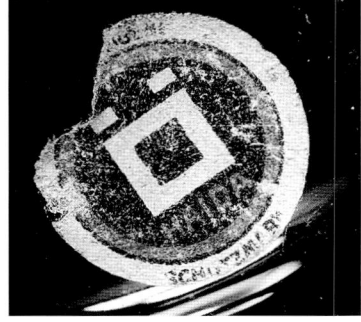
32. Oertel & Co., Johann (Nový Bor [Haida])

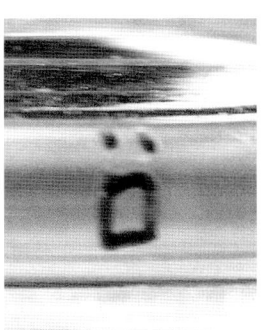
33. Oertel & Co., Johann (Nový Bor [Haida])

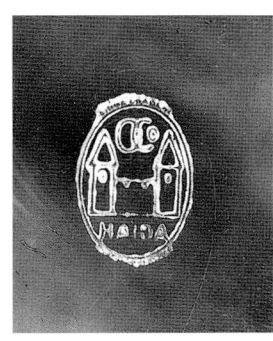
34. Oertel & Co., Johann (Nový Bor [Haida])

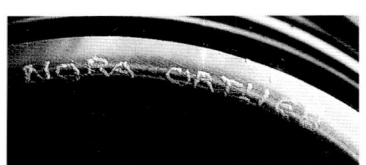
35. Ortlieb, Nora (1904–1984)

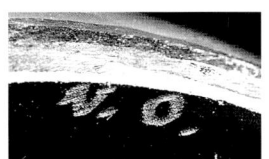
36. Ortlieb, Nora (1904–1984)

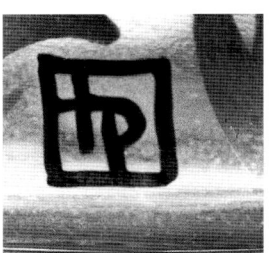
37. Paulin, Ida (1890–1955)

38. Pietsch Sr., Otto (1868–?)

Elenco de marcas

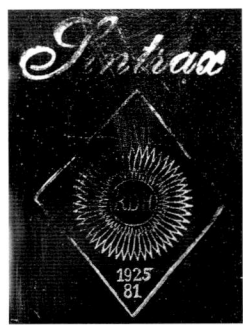
39. Schott & Gen., Jenaer Glaswerke (Jena)

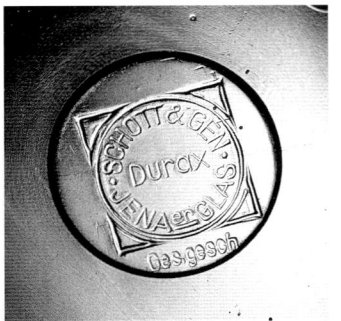
40. Schott & Gen., Jenaer Glaswerke (Jena)

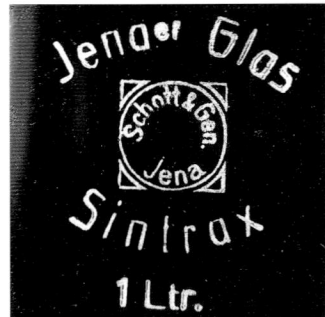
41. Schott & Gen., Jenaer Glaswerke (Jena)

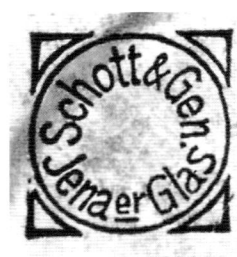
42. Schott & Gen., Jenaer Glaswerke (Jena)

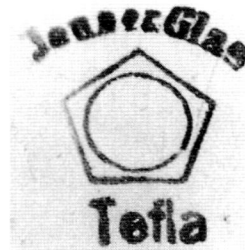
43. Schott & Gen., Jenaer Glaswerke (Jena)

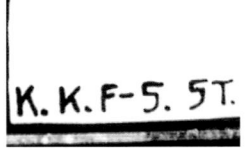
44. Steinschönau, Fachschule für Glasindustrie

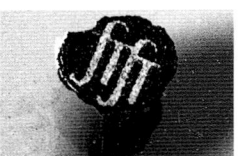
45. Steinschönau, Fachschule für Glasindustrie

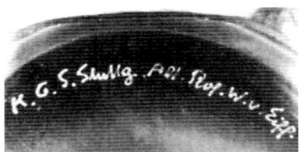
46. Stuttgart, Kunstgewerbeschule

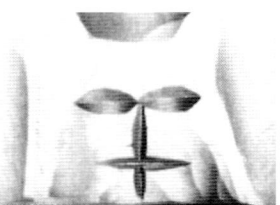
47. Stuttgart, Kunstgewerbeschule

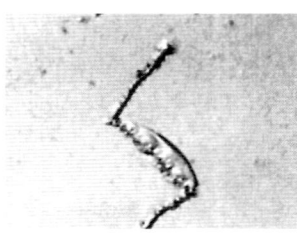
48. Süssmuth, Richard (1900–1974)

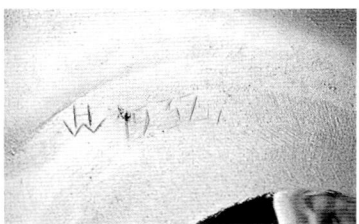
49. Weber, Hans (b. 1911)

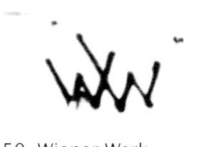
50. Wiener Werkstätte (Vienna/Viena)

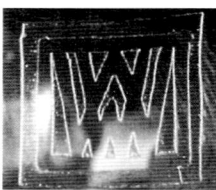
51. Wiener Werkstätte (Vienna/Viena)

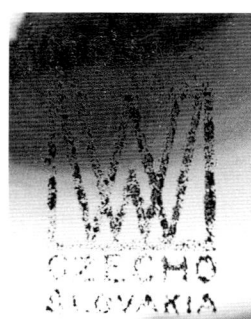
52. Wiener Werkstätte (Vienna/Viena)

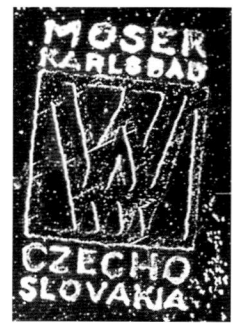
53. Wiener Werkstätte (Vienna/Viena)

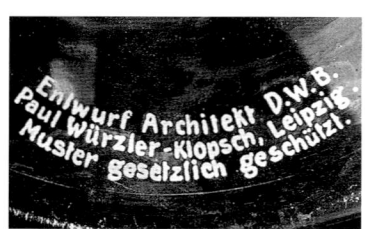
54. Würzler-Klopsch, Paul (1872–1937)

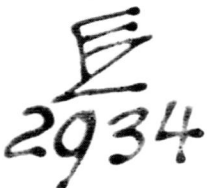
55. Zwiesel, Fachschule für Glasindustrie

56. Zwiesel, Fachschule für Glasindustrie

Index/Indice

Alexandrite 118
Art Deco 74
Ashbee, C. R. 15

E. Bakalowitz Söhne 14, 156
Bauer, Leopold 33, 178
Bauhaus 18, 20, 151, 169, 171
Beck, Jean 164, 188
Beckert, Adolf 25, 26, 31, 32, 83, 84, 108, 109, 110, 127, 180, 188
Beckert (-Schider), Marey 59
Behrens, Peter 15, 20, 75, 150, 153
Beyermann & Co. 101, 188
Bolek, Hans 36, 44, 48, 58, 179, 188
Bronzite 43, 51, 52, 54
Brunner (-Frieberger), Maria Vera 66, 67

Conrath & Liebsch 109, 181, 188

Deutscher Werkbund 15, 16, 17, 19, 20, 37, 44, 47, 48, 51, 150, 153, 169
Dexel, Walter 164
Dorn, Alfred 76
Drahonovsky, Josef 184, 188

Eiff, Wilhelm von 122, 123, 129, 131, 138, 140, 142, 145, 146, 147, 148, 184, 185, 188
Eiselt, Joseph 106
Eiselt, Paul 109, 110, 188

Fachschule für Glasindustrie Zwiesel 17, 18, 19, 104, 105, 190
Fachschule Haida 19, 86, 88, 89, 90, 91, 93, 94, 96, 97, 98, 100, 101, 110, 112, 114, 128, 179, 182, 183
Fachschule Steinschönau 19, 83, 84, 85, 86, 95, 100, 106, 108, 109, 110, 125, 180, 181, 182, 190
Fink, Lotte 76
Flögl, Mathilde 61, 71, 72, 188

Gallé, Emile 26, 31
Gräfl. Harrachsche Glasfabriken 114
Gral-Glas-Werkstätten 133, 134, 184

Habermeier, Konrad 133, 134, 184
Haerdtl, Oswald 163
Hagl, Max 185, 188
Hilker-Bohn, Irmgard 134, 188
Hochschnitt 122, 138, 148

Hoffmann, Josef 14-16, 18, 19, 26, 30, 36, 37, 39, 43, 44, 51, 52, 54, 60, 63, 64, 66, 67, 68, 70, 71, 72, 124, 125, 150, 157, 160, 162, 177, 179, 186, 188
Hofstätter, Franz 29
Hokusai, Katsushika 25
Holubetz, Robert 14
Horejc, Jaroslav 128
Hosch, Karl 88, 182
Hussmann, Heinrich 118, 120

Janke, Urban 54
Jelinek, Julius 114
Jenaer Glaswerke Schott & Gen. 169, 170, 171, 172, 173, 187, 190
Jesser, Hilda 60, 61, 63, 70
Jugendstil 25, 26
Jungnickel, Ludwig Heinrich 51, 52, 54

Kandinsky, Wassily 75, 76, 106
Keller & Reiner 15, 155
Kirchner, Ernst-Ludwig 74, 76
Kirschner, Marie 34, 188
Klein, Hans 122, 144, 188
Kleinhempel, Erich 157
Klimt, Gustav 25, 30
Kristallglasfabrik vorm. Steigerwald 164
Kromer, Emil 108, 127, 188
Kulka, Wenzel 183
Kunstgewerbeschule Stuttgart 122, 129, 131, 132, 138, 140, 142, 144, 145, 146, 147, 148, 184, 185, 186, 190

Lalique, René 138
Lobmeyr, J. & L. 43, 51, 52, 54, 77, 78, 79, 80, 81, 103, 117, 124, 125, 127, 128, 157, 163, 181, 188
Loos, Adolf 36, 150
Lötz Witwe 11, 15, 17, 25, 26, 28, 29, 30, 31, 32, 33, 34, 35, 44, 46, 47, 48, 56, 57, 58, 59, 117, 178, 179, 189

Mackintosh, Charles Rennie 15
Marcks, Gerhard 169
Massanetz, Karl 74, 76, 77, 78, 79, 80, 81, 83, 181
Matisse, Henri 76, 144
Mauder, Bruno 17, 18, 19, 21, 74, 75, 76, 103, 104, 105, 189
Max, Hugo 17, 86
Meltzer, Karl & Komp. 112
Mertin, Paul 86, 189
Meyr's Neffe 19, 39, 40, 41, 158, 160
Model, Hanns 145, 186, 189

Moser, Koloman 14, 25, 30, 36, 39, 156
Moser & Söhne, Ludwig 19, 68, 70, 118, 120, 162, 179, 186, 189
Müller, Albin 15, 157

Nechansky, Arnold 125
Nolde, Emil 75, 76

Oertel & Co., Johann 19, 60, 63, 64, 66, 67, 71, 72, 86, 90, 93, 96, 98, 100, 112, 114, 116, 179, 183, 189
Olbrich, Josef Maria von 15
Oppenheimer, Edgar 123, 142
Ortlieb, Nora 122, 129, 131, 132, 140, 189
Österreichischer Werkbund 15, 17, 44, 46, 47, 48
Österreichisches Museum für Kunst und Industrie 16, 37, 44, 52

Paulin, Ida 75, 76, 106, 182, 189
Pazaurek, Gustav E. 9, 122
Peche, Dagobert 17, 19, 48, 56, 57, 60, 63, 64, 67, 68, 116, 179
Phenomenon 29
Pietsch, Friedrich 83, 84, 86, 180
Pietsch, Otto 125, 189
Poschinger, Benedikt von, Kristallglasfabrik 15, 31, 32, 153, 155, 157
Powolny, Michael 17, 36, 46, 47, 51, 117, 122, 124, 125
Prochaska, Eduard 35
Prutscher, Otto 17, 35, 36, 39, 40, 158, 159

Rheinische Glashütten AG 153, 157
Riemerschmid, Richard 15, 150, 155
Rottenberg, Ena 76, 103

Schappel, Karl 110, 159
Schaschl, Reni 71
Schneckendorf, Josef Emil 15
Schoder, Marianne 186
Schwarzlot 74, 77, 83, 86, 93, 103
Sezession 36, 37
Sezessionsstil 25
Sika, Jutta 14, 34
Strnad, Oskar 77, 80, 81, 181
Süssmuth, Richard 123, 134, 136, 137, 138, 190

Thomas, Paul 95, 182
Tiefschnitt 124, 138

Tiffany, Louis C. 25, 26, 29

Vereinigte Werkstätten für Kunst im Handwerk 15, 150
Vereinigte Lausitzer Glaswerke 20, 174, 175, 176, 177, 186, 188

Wagenfeld, Wilhelm 20, 21, 151, 169, 170, 171, 172, 173, 174, 175, 176, 186, 187
Walter, Alfred 85
Wärndorfer, Fritz 15
Weber, Hans 122, 148, 190
Weinberger, Trude (Gertrude) 72
Werkstätten Richard Süssmuth 134, 136, 137, 138
Wiedmann, Karl 164, 166, 167
Wiener Kunstgewerbeschule 14, 16, 36
Wiener Werkstätte 14, 15, 17, 19, 30, 36, 52, 56, 60, 61, 63, 64, 66, 67, 68, 70, 71, 72, 74, 76, 98, 116, 122, 158, 160, 162, 179, 186, 190
Wieselthier, Vally (Valerie) 61, 123, 127
Witt, Anton Peter 138
Witzmann, Carl 16, 17, 48
Württembergische Metallwarenfabrik 164, 166, 167
Würzler-Klopsch, Paul 164, 190

Ziersaum 110, 114

Photo credits/Créditos fotográficos

Photographs of all glass objects in the Torsten Bröhan Collection © Angela Bröhan.

Courtesy of the Museo Nacional de Artes Decorativas, Madrid: p. 6
Courtesy of Torsten Bröhan: pp. 9, 11, 14–15, 17–18, 20, 122–23, 151 (Wagenfeld)
John Gould: pp. 12–13
Courtesy of the Österreichische Galerie Belvedere, Vienna: p. 25 (Klimt)
Courtesy of the Cooper-Hewitt, National Design Museum, Smithsonian Institution/Art Resource, NY; photo by Matt Flynn: p. 37
Courtesy of MAK-Österreichisches Museum für angewandte Kunst, Vienna: p. 60
Prestel archive: p. 74 (Kirchner)
© Nolde-Stiftung Seebüll: p. 75 (Nolde)
© 2001 Artists Rights Society (ARS), New York/ADAGP, Paris; photo by David Heald © Soloman R. Guggenheim Museum: p. 76 (Kandinsky)
Courtesy of the Archiv Jenaer Glasfabrik: p. 151 (Moholy-Nagy)

Every effort has been made to contact and correctly acknowledge the source and/or copyright holder of each picture. Any errors or omissions are unintentional and should be brought to the attention of Prestel Verlag, Munich, for correction in future editions.